Début d'une série de documents en couleur

BIBLIOTHÈQUE DE
L'INSTITUT CATHOLIQUE DE PARIS

Don

Gabriel BUISSON

Chartres

(1929)

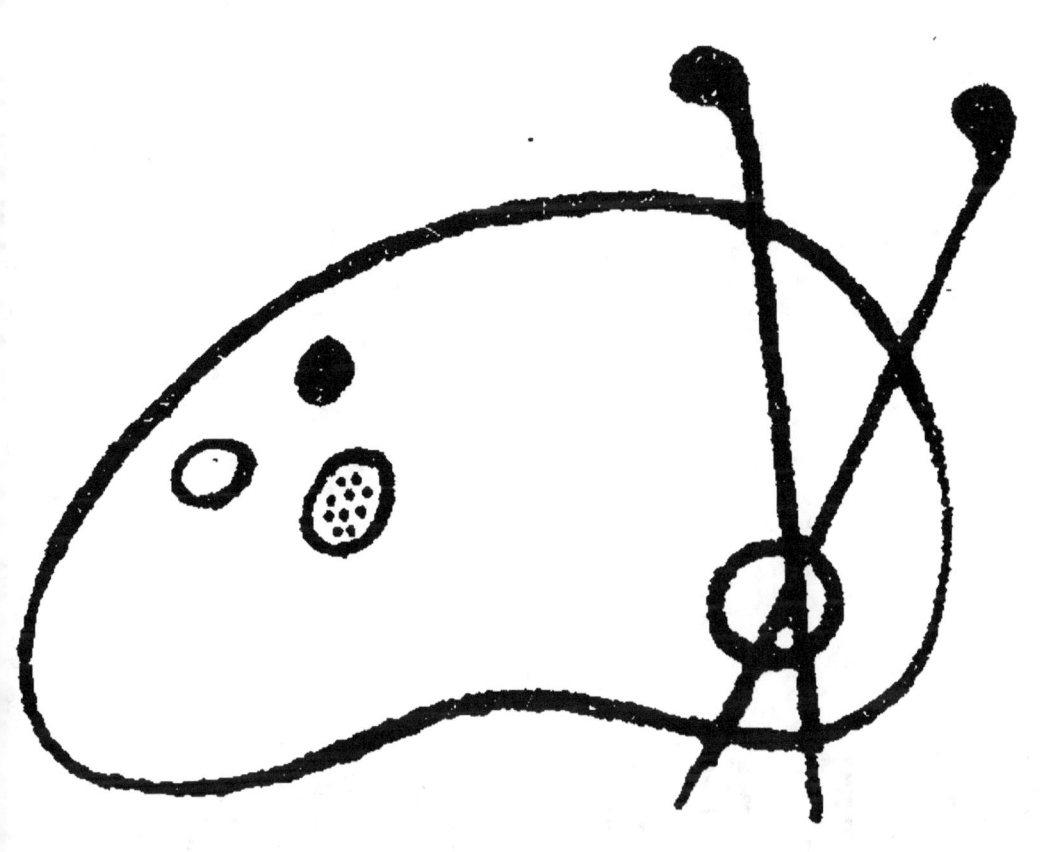

Fin d'une série de documents en couleur

SAINT JEAN-BAPTISTE

Paris. — G. TÉQUI. 92, rue de Vaugirard.

SAINT JEAN-BAPTISTE

SA VIE, SON CULTE

ET

SA LÉGENDE ARTISTIQUE

PAR

ERNEST RAZY

PARIS
G. TÉQUI, LIBRAIRE-ÉDITEUR
DE L'ŒUVRE SAINT-MICHEL
6, RUE DE MÉZIÈRES, 6
—
1880

DÉDICACE

Ô mon père, vous vous nommiez Jean-Baptiste! J'éprouve donc une double émotion, en inscrivant, au frontispice de ce livre, le nom du Précurseur du Christ. C'est le souvenir du plus tendre des pères qui m'inspira la pensée de retracer la vie du plus illustre des saints!

E. R.

24 juin 1879.

INTRODUCTION

LES PROPHÉTIES

De tout temps, la grande figure du Précurseur a occupé, dans l'histoire sacrée, une place considérable, et provoqué des études fécondes en hauts et salutaires enseignements; mais c'est surtout aux jours des lamentables défaillances, tels que la religion chrétienne en a connus quelquefois, qu'il importe de la contempler dans son imposante majesté.

Il semble, alors, que le prêcheur antique des bords du Jourdain vienne, non plus annoncer au monde que la vérité est descendue sur la terre, mais renouveler au Christ, attaqué au sein même de son triomphe, le magnifique témoignage qu'il lui rendit jadis, au début de sa divine mission. Par le triple ascendant de sa vie, de sa parole, de sa mort, il rassure, il entraîne de nouveau la conscience de l'humanité, inquiétée dans l'heureuse sérénité de ses croyances. On croit entendre, et l'on écoute avec une pieuse émotion, comme un secours venu du ciel, ces accents irrésistibles, ces voix mystiques qu'il jetait au désert, et dont l'écho retentit encore aujourd'hui dans les âmes. Involontairement on se rappelle le célèbre « *Non licet* » qui devrait être gravé dans toutes les mémoires, afin de fortifier tous les cœurs ; parole, hélas ! trop oubliée de nos jours, et qu'en aucune circonstance, pourtant, dès que le devoir lui en fait une loi, le véritable chrétien ne saurait, soit par faiblesse, soit par indifférence, s'abstenir de prononcer.

Mais nous ne voulons faire à ce livre qu'une très-courte introduction ; laissons donc, en ce moment, les considérations générales : elles se rencontreront sous notre plume dans la suite de cet ouvrage. Notre unique but, ici, est la démonstration d'une vérité qui, dès l'abord, met vivement en lumière le caractère tout particulier de la vie et de la mission de saint Jean-Baptiste : c'est que le Précurseur partage seul avec le Christ et sa divine Mère l'honneur d'avoir été annoncé au monde par les prophètes ; honneur insigne qui élève, si j'osais m'exprimer ainsi, d'un degré au-dessus de l'humanité, celui que le Sauveur lui-même a proclamé le plus grand des enfants des hommes.

Voici d'abord Isaïe, le prophète au langage sublime, le premier des quatre grands prophètes :

« *Consolez-vous, ô mon peuple, consolez-*
» *vous, dit le Seigneur votre Dieu. Prêtres,*
» *parlez au cœur de Jérusalem, et assurez-*
» *la que ses maux sont finis, que ses iniquités*
» *lui sont pardonnées, et qu'elle a reçu de la*
» *main du Seigneur une double grâce pour*
» *l'expiation de tous ses péchés. J'entends*
» *celui qui crie dans le désert : Préparez*
» *la voie du Seigneur, rendez droits dans la*
» *solitude les sentiers de notre Dieu. Toutes*

» *les vallées seront comblées ; toutes les mon-*
» *tagnes et les collines seront abaissées ; les*
» *chemins tortueux seront redressés, ceux*
» *qui étaient raboteux seront aplanis. Et la*
» *gloire du Seigneur sera manifestée, et*
» *toute chair verra en même temps que c'est*
» *la bouche du Seigneur qui a parlé.* »

Les interprètes sont unanimes à reconnaître saint Jean-Baptiste dans ces paroles du chapitre XL du livre d'Isaïe, et l'Évangile lui-même les reproduit en parlant du Précurseur. (Saint Luc, III, 4 à 6.)

D'un autre côté, saint Justin, le plus ancien des Pères de l'Église (ce qui rend son autorité considérable), et qui fut, au IIᵉ siècle, tout à la fois, philosophe, docteur, apologiste et martyr, applique au fils de Zacharie, non-seulement cet admirable préambule du chapitre XL d'Isaïe, mais encore toute la suite, non moins admirable, du même passage, jusqu'au verset 18 inclusivement :

« *Montez sur une haute montagne,* poursuit énergiquement le prophète, *vous qui*
» *annoncez l'heureuse nouvelle à Sion ; élevez*
» *votre voix avec force, vous qui annonces*

» *l'heureuse nouvelle à Jérusalem, élevez-*
» *là! ne craignez point. Dites aux villes de*
» *Juda: Voici votre Dieu; voici le Seigneur*
» *qui vient dans la puissance de son bras*
» *dominateur...* »

Isaïe dit encore (chap. XLIX) : « *Écoutez,*
» *îles, et vous, peuples éloignés, prêtez l'o-*
» *reille. Le Seigneur m'a appelé dès le sein*
» *de ma mère; il s'est souvenu de mon nom*
» *avant ma naissance. Il m'a donné une*
» *bouche semblable à un glaive acéré, et il*
» *m'a protégé à l'ombre de sa main; il m'a*
» *réservé comme une flèche choisie.* »

Bien que, de l'avis des commentateurs, ces dernières paroles concernent le Christ lui-même, l'Église en fait aussi l'application à saint Jean-Baptiste, puisqu'elle en a composé textuellement l'épître de la messe de la Nativité du Précurseur, comme elle a rappelé, dans le graduel, ce passage du prophète Jérémie: « *Je vous connaissais avant de*
» *vous former dans les entrailles de votre*
» *mère; je vous ai sanctifié avant que vous*
» *fussiez sorti de son sein.* » (chap. I.)

A son tour, Malachie, le douzième et le

dernier de ceux qu'on appelle les petits prophètes, s'exprime ainsi : « *Voilà que je vous envoie mon ange, et il préparera la voie devant ma face*[1]. *Et aussitôt viendra dans son temple le Dominateur que vous cherchez, l'Ange si désiré de l'Alliance......* »
Ici, franchissant du regard l'espace de plusieurs siècles, Malachie désigne, en termes non moins précis qu'Isaïe, saint Jean-Baptiste que, dans les lointains horizons, aux premières lueurs du christianisme, il aperçoit semblable à l'étoile du matin, et annonçant au monde le Soleil de justice [2].

Eternel et merveilleux sujet d'admiration !

---

1. Jésus-Christ lui-même a confirmé cette prophétie, et dans des termes identiques. (Voir saint Math., ch. XI, v. 10, et saint Luc, ch. VII, v. 27.)

2. Des commentateurs autorisés voient une figure du Précurseur dans la personne d'Eliézer, recevant d'Abraham l'importante mission de choisir une compagne à Isaac. (*Genèse*, ch. XXXIV.) — Jean, aussi, fut envoyé de Dieu pour préparer l'union du Christ avec l'Église, sa mystique épouse.

On a dit également que ces mots du roi-prophète : « *J'ai préparé un flambeau à mon Christ* » (Ps CXXXI) font allusion au Précurseur ; mais l'avis général est que ce texte s'applique à la maison de David.

Avoir été annoncé par les prophètes; plus que prophète lui-même, avoir marché devant le Christ s'avançant à la conquête du monde, et l'avoir désigné de sa main à l'humanité; — avoir été salué par plusieurs comme un ange incarné; par d'autres, comme Élie sorti de la nuée; par d'autres encore, comme le Messie lui-même, au milieu des foules étonnées de ses prodigieuses austérités, et subjuguées par la puissance de sa parole; — avoir, le premier, versé son sang par dévouement à la vérité et pour le triomphe de la justice; — enfin, après sa mort, avoir été, en tous temps, en tous lieux, le glorieux objet du culte le plus fervent, et célébré par les œuvres les plus éclatantes des plus grands génies de l'art chrétien :

Quelle destinée!... Et ce fut celle de saint Jean-Baptiste!

PREMIÈRE PARTIE

VIE
DE
SAINT JEAN-BAPTISTE

CHAPITRE PREMIER

LA VISION DE ZACHARIE

A l'époque de la naissance du Précurseur, le Temple de Jérusalem s'élevait sur le mont Moria, couvrant de sa vaste étendue l'emplacement même de celui de Salomon. Dans le but de se rendre populaire et de faire oublier son origine étrangère, Hérode le Grand, l'Iduméen devenu roi des Juifs par la volonté toute puissante d'Octave dont il secondait la politique en Judée, l'avait fait reconstruire avec une rare magnificence. Aussi l'aspect de ce grandiose édifice, qu'il avait fallu quarante-six ans pour achever, frappait-il d'admiration non-seulement les Israélites, mais encore les Romains eux-mêmes, ces fiers vainqueurs du monde.

Formées de blocs énormes de pierre, les murailles du nouveau Temple atteignaient une hauteur prodigieuse et enveloppaient la montagne tout entière dans leur majestueuse enceinte. Le monument présentait une forme conique comme le Moria qui lui servait d'assise. On avait employé pour sa construction, tant à l'intérieur qu'au dehors, un marbre des plus précieux et d'une éclatante blancheur; le toit lui-même était de cette substance. Les plus riches dorures, répandues à profusion sur toute la surface du monument, le faisaient étinceler de mille feux aux rayons ardents du soleil et briller, au loin, comme cet astre éblouissant.

On parvenait, de quatre points différents, à ses diverses portes par de larges escaliers également en marbre. Celle qui regardait l'Orient, connue sous le nom de *Belle Porte*, était en bronze de Corinthe dont la valeur dépassait celle de l'argent.

Des vestibules, superposés les uns aux autres en forme de terrasses, entouraient ce splendide édifice. Le premier s'appelait le vestibule des païens, parce qu'il leur était permis d'y pénétrer. C'était une sorte de galerie, soutenue par une colonnade où se tenaient les vendeurs de victimes. — Quatorze marches conduisaient au second vestibule: celui des Israélites. On voyait, dès l'entrée, gravées sur les premières colonnes, des inscriptions en hébreu, en grec et en latin, qui en interdisaient l'accès aux païens et aux impurs. Ce vestibule offrait deux divisions : l'une pour les hommes, l'autre pour les femmes. — Un emplacement carré, ménagé dans ce même endroit, formait le vestibule des Prêtres. Là s'élevait l'autel des holocaustes; il était d'une hauteur de trente-six coudées sur une largeur et une longueur de cent trente-deux, et tout entier construit en pierres brutes.

Un vaste parvis s'ouvrait ensuite aux regards; puis on rencontrait l'entrée de la partie du Temple appelée le *Saint*, séparée elle-même d'une autre partie, nommée le *Saint des Saints*, au moyen d'un voile tramé d'or et rehaussé de magnifiques broderies représentant des chérubins. Le Grand-Prêtre seul, et une fois l'an, pouvait pénétrer derrière ce voile mystérieux. Ce lieu redoutable à tous abritait autrefois l'Arche d'alliance; mais, enlevée avec l'autel des parfums et le Tabernacle de Moïse, lors du pillage de Jérusalem par les Chaldéens, puis transportée par Jérémie dans une caverne du mont Nébo, elle avait, depuis, à jamais disparu.

C'est dans la partie appelée le *Saint* que les Prêtres Juifs remplissaient devant Dieu leurs fonctions dans le rang de leur famille et suivant la désignation du sort. Ces fonctions étaient au nombre de quatre : la première consistait à immoler les victimes ; la deuxième, à allumer les lampes du chandelier aux sept branches ; la troisième, à déposer, tous les samedis, douze pains nouveaux sur la table des pains de proposition ; la quatrième, à brûler de l'encens sur l'autel des parfums. Cette dernière était considérée comme la plus solennelle, la plus pure et la plus agréable aux yeux de Dieu.

L'abbé Barret, — l'un des biographes les plus complets de saint Jean-Baptiste, et que nous aurons souvent l'occasion de citer dans le cours de cette première partie de notre ouvrage, — s'appuyant sur l'autorité de Denys le Chartreux et de Dom Calmet, donne la description suivante de l'offrande de l'encens : « Lorsque, dit-il, l'Agneau, offert pour le sacrifice du soir, était entièrement consumé, le prêtre, après s'être préalablement lavé les pieds et les mains, prenait sur l'autel des holocaustes des charbons ardents qu'il plaçait dans un encensoir d'or ; puis, entrant dans la première partie du Temple, appelée le *Saint*, il brûlait des parfums sur *l'autel de l'encens*, nommé aussi *autel d'or*. On renouvelait ce sacrifice deux fois par jour. Celui du matin précédait l'holocauste, mais celui du soir terminait les cérémonies de la journée ; il était solennel, et rassemblait une multitude considérable de Juifs. Pendant ce temps, le peuple, qui ne pénétrait pas dans l'intérieur du Temple proprement dit, se tenait dans l'enceinte extérieure, et ne prenait part à ce sacrifice qu'en unissant sa prière à celle du prêtre. L'encens, qui se consumait en exhalant sa suave odeur et sa mystique fumée, en était l'emblème sensible.

« Tel était le sacrifice de chaque jour; mais celui qui avait lieu à la fête de l'*Expiation* était beaucoup plus solennel encore et ne se renouvelait qu'une fois chaque année. Il n'était pas précédé seulement de l'immolation d'un agneau, car le sacrificateur offrait d'abord un taureau et un bélier pour ses péchés et pour ceux des autres prêtres. Après s'être ainsi purifié lui-même, il procédait à l'expiation du Temple et du sanctuaire, et enfin à celle de tout le peuple, pour lequel il immolait un des deux boucs offerts à ce sujet, tandis que l'autre était chassé dans le désert, portant sur sa tête la malédiction encourue par le peuple. Pour purifier le sanctuaire, le Pontife prenait, comme nous l'avons dit, dans un encensoir d'or, du feu sacré de l'autel des holocaustes, et s'avançait seul jusque derrière le voile mystérieux, pendant que le peuple, saisi de respect et de crainte, était prosterné jusqu'à terre; il déposait ensuite l'encensoir sur l'autel d'or, et, prenant dans la main un parfum précieux, composé avec art, il le répandait sur les charbons enflammés en formulant une prière pour les vœux d'Israël. La prière du sacrificateur devait être courte, de peur que le peuple ne s'effrayât, s'il demeurait trop longtemps dans le sanctuaire ; car il y avait toujours du danger à pénétrer dans ce lieu que Dieu remplissait de sa présence. »

C'est, précisément, à ce moment solennel entre tous, que s'ouvre le récit des événements considérables que nous nous proposons de retracer.

Les cérémonies de la journée sont accomplies. Le sacrifice du soir touche lui-même à sa fin. Un Pontife, dont le visage respire la noblesse et la douceur, et que rend plus vénérable encore la longue barbe blanche qui tombe jusqu'à sa ceinture, se dirige, à pas lents, vers le voile, religieusement baissé, qui le sépare encore du *Saint des Saints*. Ses mains débiles soutiennent avec peine le pesant encensoir dont l'odorante fumée l'environne comme d'un nuage protecteur ; elles s'agitent, tremblantes, sous l'empire d'une respectueuse et profonde émotion plus encore que sous le poids des années. Ce n'est point Mathias, le Grand-Prêtre actuel des Juifs ; sans doute une maladie, quelque souillure légale, — comme l'histoire en offre des exemples, — ou plutôt les adorables desseins de la Providence le tiennent éloigné du *Saint des Saints* dont lui seul a le droit de franchir aujourd'hui le seuil ; c'est un prêtre de la famille d'Abia, c'est l'époux de la vertueuse Elisabeth, issue du sang d'Aaron, et demeurée jusqu'alors stérile, c'est l'auguste Zacharie qui le remplace[1].

Le costume du saint vieillard est d'une incomparable beauté. Son front, ceint d'une tiare, porte ces mots gravés sur une lame d'or : « *La Sainteté est à celui qui est.* » Une ample robe de couleur

---

[1]. Nous n'ignorons pas que la question de savoir si Zacharie a été ou non Grand-Prêtre des Juifs a été fort controversée. Les Pères de l'Eglise et les commentateurs ont été d'avis différents à ce sujet. Les interprètes les plus anciens se sont prononcés pour l'affirmative ; les plus récents pour la négative. Des deux côtés, les autorités sont considérables et les arguments sérieux. Nous ne nous permettrons donc pas de trancher la question. Nous nous bornerons simplement à dire qu'une lecture attentive du texte de l'Evangile nous porte à partager la dernière opinion. St Luc ne nous montre, en effet, Zacharie que comme un simple prêtre, en remplissant les fonctions au rang de sa famille et offrant l'encens par la désignation du sort. D'ailleurs, l'historien Josèphe, dans la liste qu'il donne des Grands-Prêtres Juifs, ne fait pas mention de Zacharie.

Mais si Zacharie n'était pas revêtu de cette souveraine dignité, s'ensuit-il qu'il n'en ait point exercé accidentellement les fonctions ? Les faits, du reste, autorisent cette supposition, car l'illustre père de saint Jean-Baptiste remplit l'office de sacrificateur le jour de l'Expiation, qui se

hyacinthe descend presque jusqu'à ses pieds et laisse apercevoir la longue tunique de lin sur laquelle elle flotte. Au bas de la première de ces deux robes brillent attachées, au nombre de soixante-douze, de grandes et de petites sonnettes d'or entremêlées. L'*Éphod*, le plus noble insigne des pontifes, passé par dessus la robe d'hyacinthe, le revêt jusqu'à mi-corps. C'est une courte tunique d'une étoffe richement brodée, comme la ceinture sacerdotale qui s'enroule autour de ses reins. Elle

célébrait le 10 du mois de Tirsi, répondant à nos mois de septembre et d'octobre. Or, c'était dans cette unique solennité que le Pontife suprême pouvait pénétrer dans le Saint des Saints. Il résulte, en outre, du récit de saint Luc que Zacharie était *seul* dans le lieu où l'ange lui apparut, puisque, même parmi les autres enfants d'Aaron qui attendaient avec anxiété la sortie du sacrificateur, nul n'osa se permettre d'aller voir la cause du retard. Cependant il était loisible à tous, au témoignage de saint Jean Chrysostôme, de pénétrer partout, excepté dans le Saint des Saints, derrière le voile, lieu réservé au seul Grand-Prêtre. Enfin, comme le fait observer l'abbé Barret auquel j'emprunte une partie de ces détails, on ne voit nulle part que le prêtre qui offrait, chaque jour, matin et soir, le sacrifice des parfums sur l'autel d'or, dût éloigner avec soin non-seulement le peuple, mais encore les prêtres eux-mêmes. Il semble donc très-possible d'induire de ces considérations qu'au moins ce jour-là Zacharie remplaçait Mathias dans les fonctions du Pontificat suprême. C'est pourquoi nous avons adopté cette opinion qui concilie les diverses interprétations.

n'a d'autre ouverture que celle du haut et se referme sur les épaules ; toutes deux sont ornées d'une pierre précieuse d'une étonnante grosseur. Ces pierres portent gravés les noms des douze tribus : six sur l'une, six sur l'autre. Une place d'un pied carré est ménagée sur le devant de l'*Éphod*, pour recevoir le pectoral retenu par quatre chaînes d'or, et enrichi lui-même de douze pierres précieuses ; sur chacune d'elles est écrit le nom d'une des douze tribus[1].

Enfin, sur une autre lame d'or, se lisent deux mots hébreux : *Urim* et *Thummim*, qui signifient : *Science* et *Pureté*.

Le Grand-Prêtre n'apparaît que rarement dans cet antique costume. Hérode le Grand, voulant s'arroger un droit exclusif sur le sacerdoce suprême dont il a dépouillé la famille des Asmonéens, a fait placer l'*Éphod* dans une tour. Il y demeure confié à une garde vigilante, et, depuis la domination romaine, on ne le met qu'à certains jours déterminés à la disposition des Pontifes, afin d'en ruiner ainsi le prestige. Conduite barbare, dictée

---

1. Noms des pierres précieuses :   Noms des tribus :
    Sardoine. . . . . Ruben
    Topaze. . . . . Siméon
    Émeraude. . . . . Lévi
    Escarboucle . . . . Juda
    Saphir. . . . . Dan

PREMIÈRE PARTIE

par une perfide politique, car les Israélites ne peuvent contempler, sans frémir d'indignation et de joie, de regret et d'espérance, la pompe inusitée dans laquelle se montre Zacharie en ces trop courts instants où revit pour eux, avec tant de force, le souvenir, déjà lointain, des jours heureux.

Zacharie vient de pénétrer dans le *Saint des Saints*. Le peuple tout entier se prosterne, en priant, sur le sacré parvis, attendant, avec une sorte d'anxiété, le retour du bien-aimé Pontife qui, selon l'usage, va s'avancer pour le bénir.

Pendant ce temps, Zacharie, élevant son cœur et ses yeux vers le ciel, laisse échapper de ses lèvres suppliantes une prière plus ardente que le feu des holocaustes : « Dieu Tout-Puissant, s'écrie-t-il, que votre nom soit à jamais glorifié et sanctifié dans le monde dont vous êtes le Créateur; faites régner votre règne; que la Rédemption fleurisse et que le Messie vienne promptement ! »

A peine a-t-il achevé ces paroles, qu'un ange

Jaspe	Nephtali
Ligure	Gad
Agathe	Aser
Améthyste	Issachar
Chrysolithe	Zabulon
Onyx	Joseph
Béryl	Benjamin

apparaît tout à coup à la droite de l'autel des parfums. Ses vêtements projettent une lumière

Ménologe de Basile.

Lectionnaire du Vatican.

surnaturelle ; son visage a de célestes rayonnements ; tout son aspect, enfin, indique un messager du Très-Haut.

A sa vue, le saint prêtre demeure glacé d'effroi ; mais l'ange le rassure bientôt en disant : « *Ne craignez point, Zacharie, parce que votre prière a été exaucée ; et Élisabeth, votre femme, vous enfantera un fils, auquel vous donnerez le nom de Jean. Vous en serez dans la joie et le ravissement, et beaucoup de personnes se réjouiront de sa naissance, car il sera grand devant le Seigneur ; il ne boira pas de vin ni rien de ce qui peut enivrer, et il sera rempli du Saint-Esprit dès le sein de sa mère. Il convertira plusieurs des enfants d'Israël au Seigneur leur Dieu, et il marchera devant lui dans l'esprit et la vertu d'Élie, pour unir les cœurs des pères à ceux des fils, rappeler les désobéissants à la prudence des justes, et préparer au Seigneur un peuple parfait.* »

L'ange dit, et des torrents de joie inondent le cœur du vénérable Pontife. Point de doute : la prière que l'envoyé du Seigneur lui annonce devoir être exaucée est celle-là même qu'il vient, à l'instant, de faire monter, sur les ailes de la foi, jusqu'au pied du trône de Jéhovah. C'est pour le salut du peuple, c'est pour la rédemption d'Israël, et non pour lui, qu'il a prié, et voici que, dans sa miséricorde, le Tout-Puissant le rend l'objet d'une double grâce : Il daigne le choisir pour l'instrument des premiers effets de son amour infini pour les hommes ; il lui accorde, en même temps, ainsi qu'à son épouse Élisabeth, une faveur inespérée par eux aujourd'hui, mais ardemment sollicitée jadis dans les supplications et les larmes de leur jeunesse. C'est ainsi qu'une vieillesse stérile, bravant l'injure des ans et devenant tout à coup féconde, produira bientôt un rejeton béni auquel le ciel lui-même assigne un nom et prédit d'incomparables destins.

Pourquoi faut-il, hélas ! que les âmes les plus belles payent aussi, parfois, à la faiblesse humaine un tribut passager ? Un doute a traversé l'esprit de Zacharie, non point sur la venue prochaine du Messie, objet principal de l'annonce du divin messager, mais sur la faveur personnelle qui vient de lui être promise. S'adressant donc, plein de trouble encore, à l'ange qui se tient à ses côtés : « *A quoi connaîtrai-je*, lui répond-il, *la vérité de ce que vous me dites, car je suis vieux, et ma femme est déjà avancée en âge ?* »

Imprudente question, indice d'une foi un instant chancelante ! L'ange y fait cette réponse à la fois consolante et sévère : « *Je suis Gabriel*[1], *qui me tiens devant Dieu, et j'ai reçu mission de venir*

---

1. Ce nom, bien connu du peuple Juif, ne pouvait manquer de rassurer Zacharie. Jadis Daniel avait désigné Gabriel, dont le nom signifie *force de Dieu*, comme le

vous parler pour vous annoncer cette heureuse nouvelle, et voici que vous serez sourd et vous ne pourrez parler jusqu'au jour où ceci arrivera, parce que vous n'avez pas cru en mes paroles qui s'accompliront en leur temps. »

L'ange disparaît à ces mots. La parole expire sur les lèvres du Pontife ; c'est le châtiment de son doute, mais, en même temps, la confirmation mystérieuse, demandée par lui, de la promesse d'un fils qui lui est faite en ce moment. Neuf mois durant, ses oreilles et sa bouche vont demeurer scellées ; mais son cœur reste ouvert à la reconnaissance, car ses premiers accents, lorsqu'il recouvrera la parole, seront un cantique d'actions de grâces pour célébrer la venue prochaine du Messie et la grandeur future de son enfant.....

Cependant le peuple attendait Zacharie et s'étonnait qu'il demeurât si longtemps dans le Temple. Une indicible angoisse étreignait tous les cœurs ; tous les yeux s'attachaient immobiles sur le voile qui leur dérobait la vue du Pontife.

Enfin ce voile sacré se soulève, donnant passage à Zacharie. Ses traits, ordinairement si calmes,

---

protecteur des enfants d'Israël. — Dieu choisit le même ange pour annoncer la naissance du Précurseur et celle du Sauveur du monde.

sont profondément altérés ; nul ne saurait dire, cependant, s'ils portent l'empreinte de la douleur et de la crainte, ou de l'espérance et du bonheur : c'est un inexplicable mélange de ces deux sentiments.

L'auguste vieillard s'avance vers le peuple ; puis il étend successivement, selon l'usage, les mains vers les quatre parties du monde, vers le ciel, sur la terre, à sa gauche et enfin à sa droite; mais les paroles sacramentelles de la bénédiction ne sauraient franchir ses lèvres qu'un miracle a rendues muettes. Il s'efforce de le faire comprendre par signes au peuple dont la surprise est d'abord à son comble, et qui reconnaît ensuite, à cet émouvant spectacle, que le Grand-Prêtre vient d'avoir une vision dans le Temple.

La foule s'écoule alors avec respect, s'entretenant de ce prodige que tant d'autres allaient bientôt suivre ! Quant à Zacharie, abîmé dans de vastes pensées, il regagne les chambres réservées dans le Temple aux prêtres de semaine; ils y demeuraient, pendant le temps de leurs fonctions, menant une vie chaste et sobre, sans aucune communication avec le dehors.

CHAPITRE DEUXIÈME

LA VISITATION

Quand *les jours de son ministère furent accomplis, Zacharie s'en retourna en sa maison.* On était au 23 septembre.

Elisabeth, instruite par la renommée que Zacharie avait eu une vision dans le Temple, attendait son retour dans le recueillement et la prière.

L'union était étroite entre ces deux nobles époux, « tous deux avancés dans les jours de leur vie, » car elle puisait sa force dans une estime réciproque et l'irrésistible attrait de la vertu. L'Evangile nous apprend, en effet, que *tous deux étaient justes devant Dieu,* c'est-à-dire que le fond de leur cœur, où Dieu lisait, était aussi pur que leurs actes extérieurs, objet de l'admiration des hommes.

Saint Luc ajoute *qu'ils marchaient dans tous les commandements et toutes les ordonnances du Seigneur d'une manière irrépréhensible.* Or, les commandements comprenaient dans l'ancienne Loi les devoirs envers Dieu et le prochain. Les ordonnances étaient les préceptes cérémoniels concernant les sacrifices et les rites religieux. L'exact accomplissement en était fort compliqué à cause de leur nombre, et réclamait, par cela même, une éminente sainteté.

Combien de tels époux ne devaient-ils pas être agréables aux yeux de Dieu! Et qu'ils étaient dignes de recevoir les marques tout à fait exceptionnelles de la faveur du ciel! La promesse de l'ange reçoit son effet : malgré les ans et sa stérilité, Elisabeth porte déjà dans son sein le dépôt glorieux des destinées du plus grand des enfants des hommes.

Nous savons par l'Evangile qu'à partir de ce moment *elle se tint cachée pendant l'espace de cinq mois, parce que c'est là, disait-elle, ce que le Seigneur a fait en moi, pour me tirer de l'opprobre où j'étais devant les hommes.* Et, d'ailleurs, comme Bossuet le remarque à ce propos, « les grandes grâces demandent un grand recueillement pour être goûtées à loisir et dans le silence, et pour envoyer au ciel ses remerciements du fond de sa retraite. » Peut-être, aussi, Dieu permit-il que cette retraite de cinq mois, passée dans de longues extases et la contemplation constante des grands événements futurs, fût comme une préparation mystique à la Visitation.

Élisabeth était dans son sixième mois, lorsque l'ange Gabriel fut envoyé de Dieu en une ville de Galilée, appelée Nazareth, à une vierge fiancée à un homme de la maison de David, appelé Joseph, et cette Vierge se nommait Marie. L'ange, étant entré où elle était, lui dit : « Je vous salue, Marie, pleine de grâce, le Seigneur est avec vous ; vous êtes bénie entre toutes les femmes. » Mais elle, l'ayant entendu, fut troublée de ces paroles, et elle pensait en elle-même quelle pouvait être cette salutation. L'ange lui dit : « Ne craignez point, Marie, car vous avez trouvé grâce devant Dieu. Vous concevrez dans votre sein et vous enfanterez un Fils auquel vous donnerez le nom de Jésus. Il sera grand, et on l'appellera le Fils du Très-Haut ; le Seigneur Dieu lui donnera le trône de David, son père ; il régnera éternellement sur la maison de Jacob, et son royaume n'aura point de fin. »

Alors Marie dit à l'Ange :

« Comment cela se fera-t-il? car je ne connais point d'homme. » L'ange lui répondit : « Le Saint-Esprit surviendra en vous, et la vertu du Très-

Haut vous couvrira de son ombre; c'est pourquoi le fruit saint qui naîtra de vous sera appelé le Fils de Dieu. Aussi, je vous annonce qu'Elisabeth, votre cousine, a conçu un fils dans sa vieillesse, et c'est ici le sixième mois de celle qui est appelée stérile, parce qu'il n'y a rien d'impossible à Dieu. Alors Marie lui dit : « Voici la servante du Seigneur ; qu'il me soit fait selon votre parole. »

« A ces mots, dit saint Paulin de Nole, dans un poëme aussi charmant qu'élevé, composé par lui en l'honneur de saint Jean-Baptiste, à ces mots, l'ange se dérobe aux yeux de Marie, quitte la terre, et d'un facile essor remonte vers les régions saintes qu'il habite. La Vierge croit sans hésiter. Sa foi profonde double ses mérites accoutumés. — L'ordre de Dieu s'accomplit. Le doux et sacré fardeau commence à se faire sentir. Marie porte en son sein le Seigneur et le Maître des cieux.

« Bientôt ce divin fils, quoiqu'invisible encore, inspire à sa sainte Mère d'aller visiter Elisabeth, Elisabeth qui, presqu'au déclin de l'âge, va donner le jour à un enfant chéri de Dieu. Marie suit l'inspiration de son Fils, tant est grande sa foi. Elle vient où l'ordre secret lui commande de venir [1]. »

La Mère du Rédempteur s'éloigne de Nazareth,

---

1. Traduction de M. l'abbé Planus.

lieu sacré de l'Annonciation; elle dépasse les limites de la Galilée et s'enfonce dans les montagnes de Judée. Les difficultés s'accumulent sous ses pas.

Vue du site où s'élevait primitivement la maison des champs de Zacharie.

(V. deuxième partie, ch. vii.)

Elle suit péniblement une route parsemée de roches grisâtres dont les blocs énormes semblent soudés les uns aux autres. Çà et là se dressent des tours d'une forme gigantesque ; puis, surgissent des montagnes plus élevées encore que celles déjà traversées ; dans leur intervalle se creuse la profondeur des précipices. Parfois, selon les caprices du sentier, apparaît un instant, à travers l'écartement des pics, l'horizon lointain de la mer d'Egypte. Mais voici les sépulcres vénérés des héroïques Machabées ; Marie touchera bientôt au terme du voyage. Enfin, elle aperçoit la petite ville sacerdotale d'Aïn ; c'est la résidence de Zacharie, c'est la patrie future de saint Jean. Quelques pas encore, et la Mère du Sauveur aura gagné la maison des champs du Pontife. Hébron n'est qu'à peu de distance, Hébron, cité sacerdotale aussi, célèbre par son antiquité et par des traditions chères aux Juifs. Autrefois Abraham y fixa sa tente ; là se trouvent les tombeaux des patriarches, non loin de la vallée de Mambré et du fameux Térébinthe, sous lequel les trois anges annoncèrent la naissance d'Isaac ; là fut sacré le roi David, l'auguste aïeul de Marie.

La divine voyageuse éprouve la plus vive joie à la pensée de revoir Elisabeth, à laquelle l'unit une étroite parenté. Jadis Nathan, de la tribu de Lévi, épousa Marie, de la tribu de Juda ; il en eut trois filles : Marie, épouse de Cléophas ; Sobé, épouse d'un prêtre qui fut père d'Elisabeth, et Anne, épouse de Joachim, père de la très-sainte Vierge. Elisabeth et Marie, filles des deux sœurs, sont, par conséquent, des cousines germaines.

La Vierge immaculée, « toute resplendissante de la lumière qu'elle a conçue, » franchit le seuil de Zacharie et, d'une voix céleste, salue sa parente que le Seigneur a bénie comme elle. O prodige! à ces accents suaves, l'enfant d'Elisabeth tressaille dans le sein de sa mère, comme si, pour aller au devant de son Dieu, il voulait franchir la barrière qui le retient captif!

Elisabeth est, au même instant, remplie du Saint-Esprit : « *O Marie*, s'écrie-t-elle, *vous êtes bénie entre toutes les femmes, et le fruit de vos entrailles est béni. D'où me vient ce bonheur que la mère de mon Sauveur daigne me visiter? Car, au moment où vos paroles de salutation ont frappé mon oreille, mon enfant a tressailli de joie dans mon sein.* » Puis, faisant un retour sur l'incrédulité passée de Zacharie, elle poursuit en disant : « *Bienheureuse, ô vous qui avez cru, parce que les choses qui vous ont été dites de la part du Seigneur s'accompliront.* »

Ainsi parle Elisabeth, et, se jetant dans les bras que lui ouvre Marie, elle couvre, des plus pieuses et des plus tendres caresses, Celle qui porte le Dieu qui vient sauver l'humanité. Scène délicieuse, où plutôt divine, car le ciel, mieux encore que la terre, était digne de lui servir de théâtre!

Que de hautes méditations inspire cet adorable spectacle! Combien le plan divin à l'égard de saint Jean se déroule ici avec une merveilleuse netteté! Et d'abord, saint Jean est rempli du Saint-Esprit avant sa naissance, parce qu'il est nécessaire qu'il jouisse à l'instant même, au moment de la Visitation, du plein usage de la raison, puisque Dieu lui dévoile alors le mystère et l'économie de l'Incarnation. C'est l'enfant qui communique à la mère la science des prophètes; il lui ouvre la bouche pour lui faire confesser en parole Celui qu'elle ne voit pas encore en personne; car, remarquons-le bien, si Elisabeth a, la première, entendu la voix de Marie, Jean, le premier, a senti la grâce. Ce tressaillement mystérieux est pour lui une sorte de baptême anticipé, qui le purifie de la tache originelle; c'est également par cette manifestation miraculeuse que Jean commence, avant de naître, son office de Précurseur! Heureux Jean! s'écrie Pierre Chrysologue, vous méritâtes de chanter sous l'inspiration divine avant de pousser les premiers gémissements de l'humanité; vous connûtes le ciel avant la terre; vous annonçâtes l'avenir avant d'avoir vu le présent! Heureux, oui, bien heureux, parce que vous acquîtes le mérite, avant d'être en état de le rechercher ! Ce n'est point par les œuvres que vous parvîntes à la grâce, car vous ne vous êtes appliqué aux œuvres qu'après avoir été comblé de grâces ! Quelle admirable faveur, dit, de son côté, saint Bernard ! A peine conçu, il s'agite par un mouvement d'allégresse ; il veut, serviteur fidèle, aller témoigner sa reconnaissance à son Seigneur encore dans le sein virginal. — Puis s'élève, à son tour, la voix de saint Thomas d'Aquin : « Dès le sein de sa mère, dit-il, Jean connut le Seigneur ; il ne l'embrassa pas des lèvres, mais de l'esprit et du cœur. — Puis enfin celle de tant d'autres docteurs, non moins illustres par leur sainteté que par leur science ; je passe, hélas ! car un volume ne suffirait pas à les citer tous. Trop nombreux nous parviennent les sons que rendent les siècles futurs au retentissement d'un tel prodige !

Ensuite, saint Jean est rempli du Saint-Esprit, dès le sein maternel, parce qu'il est destiné, selon les paroles de l'ange, à précéder le Christ dans l'esprit et la vertu d'Elie. Aussi le fils de Zacharie possédera-t-il, sous un triple rapport, la même vertu et le même esprit que ce grand prophète. Il lui ressemble par le ministère : il précède le Seigneur, lors de sa première venue, comme Elie le précédera lors de la seconde. Par le genre de vie : son existence, comme celle d'Elie, sera des plus austères sous le rapport des aliments et du costume. Par la doctrine : il reprendra, à son exemple, les défauts et les vices des grands.

Enfin, et je termine ces brèves réflexions par cette dernière considération, Jean est rempli du Saint-Esprit, parce que sa mission consistera non-seulement à rendre témoignage à la lumière, mais encore à unir les cœurs des pères à ceux des fils, à ramener les incrédules à la prudence des justes; en résumé, à préparer au Seigneur un peuple parfait, digne de recevoir la grâce de l'Evangile et du Nouveau Testament, car la Loi nouvelle, que l'on appelle la Loi d'amour, est essentiellement parfaite, tandis que l'ancienne Loi, que l'on nomme la Loi de crainte, n'a pas, dans son ensemble, le même caractère de perfection. Aussi l'ange a-t-il annoncé à Zacharie que son fils sera grand devant le Seigneur, et que non-seulement ses parents, mais encore beaucoup de personnes, se réjouiront de sa naissance.

Mais revenons à Marie et à Elisabeth, dont notre regard, contemplant l'avenir, s'est, pour de courts instants, détourné.

Elisabeth a répondu à la salutation de la Vierge immaculée. Elle vient, dans un langage inspiré, de proclamer les dons du Seigneur à l'égard de Marie, secret que l'humble jeune fille a cependant, jusqu'ici, tenu caché au plus profond de son cœur. La Mère du Messie n'en saurait donc douter : son auguste parente a prophétisé ; un miracle lui a révélé l'approche du Sauveur. Alors, donnant un libre cours aux sentiments d'adoration dont elle-même est remplie pour Dieu qui l'a comblée d'inestimables bienfaits, elle laisse échapper de ses lèvres ce cantique de louanges, d'allégresse et de triomphe, qui se nomme le *Magnificat*. C'est Marie qui chante, mais c'est le Verbe de Dieu qui est l'auteur du cantique. Touchante merveille ! Jésus et Jean se parlent par la bouche de leurs mères dont le sein les renferme encore.

Quel souffle divin anime ce cantique de la Vierge ! Et ne peut-on lui appliquer ces paroles grandioses du Psalmiste : « Le jour l'annonce au jour, et la nuit l'annonce à la nuit ; quelle bouche humaine n'en fait pas résonner les accents ! Le son s'en est répandu dans toute la terre ; les mots en sont répétés jusqu'aux extrémités du monde. » O Marie, l'Eglise, aux accords des orgues saintes, aux feux éblouissants de ses autels, fait monter vers vous, d'âge en âge, ce *Sursum Corda* sublime, sur les nuages parfumés de l'encens, et cet écho sacré de votre voix, quand vous habitiez ici-bas, vient retentir harmonieusement dans les cieux dont vous êtes à jamais la Reine !

CHAPITRE TROISIÈME

LA NATIVITÉ DE SAINT JEAN-BAPTISTE

Lorsque se fut écoulé le temps marqué par la nature, l'enfant illustre vint au monde, affirmant de nouveau, et, cette fois, par ses premiers cris (*vox clamantis*), la venue prochaine du Sauveur dont sa naissance miraculeuse était la preuve vivante, irrécusable, selon la double promesse venue du ciel.

Penchons-nous, avec Elisabeth et Zacharie, sur la précieuse corbeille où dort, en ce moment, sous le regard des anges, le Précurseur sanctifié du Messie. Contemplons l'ineffable félicité des deux époux : le spectacle du bonheur est aussi doux qu'il est rare ! Quelle tendresse infinie, quelle admiration mêlée de respect dans leurs yeux attendris qui s'attachent longuement sur leur enfant !

Mais voici les parents et les amis que l'Évangile nous montre accourant, de toutes parts, pour se réjouir avec eux de la grâce signalée que Dieu leur fait, et assister bientôt aux cérémonies de la circoncision ! Une sainte fierté remplit l'âme d'Elisabeth ! Plus glorieuse que les autres est, en effet, cette fécondité tardive, résultat d'un miracle et de la visible protection du Très-Haut. Aussi le noble cœur de la descendante d'Aaron déborde-t-il, comme celui de Zacharie, de reconnaissance et d'amour. Joies suaves du berceau, d'autant mieux goûtées au crépuscule de la vie, qu'elles illuminent les ombres du soir !

Et puis, et surtout, quel charme incomparable répandu sur toute cette scène par la présence de Marie et de l'Enfant divin qu'elle porte dans son sein !

J'admets, en effet, sur la foi de très-sérieux commentateurs, que la sainte Vierge n'avait point quitté Hébron au moment de la naissance de Jean, et je puis, dès lors, supposer, comme saint Bonaventure, que Marie prit, la première, entre ses bras l'auguste nouveau-né, tout palpitant de joie de se sentir ainsi rapproché de son divin Maître ; qu'elle lui prodigua les premières caresses et lui donna la première bénédiction.

Le huitième jour arrive. « Les proches et les amis, dt saint Paulin dans le gracieux poëme que nous avons déjà cité, s'assemblent, suivant la coutume, pour donner à l'enfant un nom qui tienne, à la fois, du nom des ancêtres et des merveilleuses circonstances de son apparition à la vie. Mais Elisabeth affirme que les parents n'ont pas la liberté du choix[1]. On consulte le père dont la parole, depuis longtemps enchaînée, se refuse à tout langage. S'il ne peut parler, du moins il indiquera ce qu'il pense en écrivant. On l'interroge. Il demande des tablettes. Il écrit : « Jean »... Surprise universelle. On fait remarquer que ce nom ne fut jamais porté par aucun des ancêtres. Mais combien efficace est la foi, même tardive ! Parce que la main de Zacharie a tracé ce que croit son âme, la peine de son péché lui est soudain remise. Sa langue est tout à coup débarrassée des obstacles qui la gênaient. Le vieillard se fait entendre à son tour. Il révèle à la famille les ordres jusque là voilés de Dieu, et, par l'accomplissement qu'il donne des prophéties passées, il offre une garantie de l'avenir. »

---

[1]. On peut supposer, avec plusieurs interprètes, que Zacharie avait exprimé sur ce point sa volonté à Elisabeth en employant le moyen des tablettes.

PREMIÈRE PARTIE

Magnifique et grandiose est ce cantique d'actions de grâces, ce *Te Deum* admirable, que l'Esprit-Saint inspire à Zacharie, au moment où la foi vient de délier le nœud qu'avait formé l'incrédulité. Transporté d'enthousiasme et de reconnaissance, comme pontife et comme père, à l'égard du Tout-Puissant, le saint vieillard lève vers le Ciel ses mains consacrées et ses yeux mouillés de larmes, en s'écriant : « *Béni soit le Seigneur, le Dieu d'Israël, parce qu'il a visité son peuple, et nous a suscité un puissant sauveur dans la maison de David, son serviteur, ainsi qu'il avait promis, par la bouche des saints Prophètes, depuis le commencement des siècles, qu'un jour il nous sauverait de nos ennemis et de tous ceux qui nous portent de la haine, en faisant miséricorde à nos Pères et en se souvenant de son alliance sainte. Il en a fait le serment à Abraham, notre Père; il lui a juré qu'il se donnerait à nous, afin qu'étant libres de toute crainte et délivrés de nos ennemis, nous le servions tous les jours de notre vie.* »

Puis, reportant ses regards vers son fils :

« *Et toi, petit enfant, tu seras appelé le Prophète du Très-Haut, car tu marcheras devant la face du Seigneur, pour lui préparer ses voies, pour donner à son peuple la science du salut, afin qu'il obtienne la rémission de ses péchés par les entrailles de la miséricorde de Notre Dieu, suivant laquelle ce Soleil levant nous a visités d'en haut, pour éclairer ceux qui sont assis dans les ténèbres et les ombres de la mort, et pour diriger nos pas dans le chemin de la paix.* »

Il était d'usage chez les Hébreux de composer des cantiques pour célébrer les grands événements. Zacharie, dans cette circonstance, ne fit donc que se conformer à la coutume générale de la nation ; mais cet hymne sublime à la Rédemption était animé d'un bout à l'autre d'un tel souffle prophétique, il annonçait une succession de faits si merveilleux que, pendant toute sa durée, les assistants, dont la plus grande partie certainement n'en saisit qu'imparfaitement le sens mystique, demeurèrent partagés entre l'admiration et l'étonnement.

Disons-le même : une sorte de terreur religieuse commençait à s'emparer des esprits. En effet, quelle accumulation de prodiges en peu de temps ! Et la vision dans le Temple, et la stérilité devenue tout à coup féconde vers les dernières limites de l'âge, et ce nom de Jean donné à l'enfant contre tous les usages du pays, car il n'est pas celui de sa famille, et ce Pontife muet qui recouvre la parole après neuf mois de silence, et cette prophétie enfin annonçant avec tant d'éclat la venue prochaine du Messie, ainsi que les hautes destinées du Précurseur !

On se sépara sous cette impression. Aussi l'Évangile dit-il que *tous ceux qui demeuraient dans les lieux voisins furent saisis de crainte. Le bruit s'en répandit dans tout le pays des montagnes de Judée. Et tous ceux qui entendaient ces merveilles les conservaient dans leur cœur, et disaient entre eux : « Que pensez-vous que sera un jour cet enfant, car la main du Seigneur est avec lui ?*

Ecoutons la réponse de saint Augustin : « Cet enfant, dit-il, est plus qu'un homme ; il est pareil aux anges ; c'est la trompette du ciel, le héraut de Jésus-Christ, le dépositaire du secret du Père, le messager du Fils, le porte-enseigne du Souverain Monarque du monde, l'ambassadeur de la paix entre Dieu et les hommes ; il ne la fait pas lui-même, il est vrai, mais il l'annonce à tous les pécheurs. Jean est la correction des Juifs, la vocation des Gentils ; c'est, pour parler justement, la jonction de l'Ancien et du Nouveau Testament, l'intermédiaire qui unit les Prophètes aux Apôtres, la liaison de la grâce avec la Loi, l'accomplissement des promesses, la fin des figures et le commencement de la vérité, et, pour tout dire en un mot, l'abrégé, le recueil et comme la quintessence de tout ce qu'il y de plus admirable dans la Loi, dans les Prophètes et dans l'Évangile. »

La main du Seigneur était avec lui ; voilà, d'ailleurs, la principale explication de tous ces prodiges accumulés. Saint Thomas la développe en disant : « Dieu, en réparant le monde, procéda de la même manière qu'en le créant. Lors de la création, il plaça l'étoile du matin devant le soleil pour précéder et annoncer l'astre du jour ; de même, quand il voulut faire naître le Christ, le Soleil de justice, il eut soin de susciter un nouvel astre du matin, qui, comme précurseur et avant-coureur du soleil, le précèderait et lui préparerait la voie par sa naissance, par sa vie et par sa mort. »

La cérémonie de la circoncision imprima à saint Jean-Baptiste un triple caractère de sainteté. « En effet, selon la remarque de l'abbé Barret, il fut présenté comme premier-né de sa mère, ainsi que que l'avait prescrit Moïse ; comme fils d'un pontife, il fut offert pour le service du temple et de l'autel, et destiné à remplir un jour les fonctions de sacrificateur, selon les prescriptions de la loi et les intentions de ses parents. Enfin, il fut consacré comme Nazaréen, d'après l'ordre de l'ange qui avait annoncé *qu'il ne boirait point de vin ni d'aucune liqueur enivrante.*

» Les Nazaréens étaient, chez les Israélites, ce que sont les religieux parmi les chrétiens.

Leur institution, que l'on pouvait embrasser sans distinction de sexe, pour un temps ou pour toujours, avait Dieu même pour auteur. Ils prenaient l'engagement de s'abstenir de toute sorte de boisson enivrante et de conserver la chasteté. A moins qu'ils n'eussent contracté une souillure légale, ils ne pouvaient se couper la barbe ni les cheveux qui leur servaient comme de couronne distinctive et les faisaient remarquer au milieu du peuple. Ils devaient éviter avec soin le contact des morts. Ceux-mêmes qui n'étaient Nazaréens que pour un temps étaient en grande vénération chez les Juifs, et leur nazaréat se terminait par des sacrifices très-solennels. L'Ancien Testament ne nous cite que deux hommes, Samson et Samuel, voués, dès le sein de leur mère, à un nazaréat perpétuel; tous deux, comme Jean, enfants de miracle, furent aussi des Prophètes bénis de Dieu. »

Ce nom même de Jean, donné à l'enfant par l'ange, au moment de la circoncision, était un indice de plus de ses futures destinées, car il signifie *grâce*, ou *surabondance de grâce*. Plein de grâce, en effet, était celui qui avait pour mission d'annoncer au genre humain la venue de la Grâce elle-même !

Après les cérémonies de la circoncision et le départ des parents et des amis, Marie elle-même se disposa à reprendre le chemin de Nazareth. Puis vint la scène infiniment touchante des adieux.

J'aime à me représenter les augustes vieillards dépassant, à pas lents, le seuil de leur demeure, pour aider, avec une respectueuse tendresse, la douce et chaste voyageuse à se placer commodément sur l'ânon qui va lui servir de monture, selon la coutume des femmes de Judée. Leurs nobles visages se couvrent de larmes abondantes. Zacharie tend les bras vers Marie qui s'éloigne, comme pour la retenir encore; Elisabeth, autant que ses forces le lui permettent, soulève le petit Jean dans les siens, afin qu'il puisse jouir plus longtemps de la vue adorable de la Mère de son Dieu. De son côté, Marie, avant de disparaître aux regards de ses hôtes vénérés, tourne une dernière fois vers eux son beau et modeste visage; il s'éclaire, à leur vue, d'un angélique sourire en même temps que s'y peint la douleur partagée de la séparation. Ah! que les jours heureux sont courts!

CHAPITRE QUATRIÈME

LE DÉSERT

Six mois se sont écoulés depuis les derniers événements. Le Sauveur du monde naît à Bethléem; les bergers et les mages, c'est-à-dire les pauvres et les riches, les ignorants et les savants s'empressent, à l'envi, autour de l'humble crèche où le Dieu fait homme a poussé les premiers gémissements de l'humanité. Hérode le Grand s'émeut d'un tel concours; les prophéties lui sont connues; un roi puissant tremble devant le berceau d'un enfant.

Deux ans se passent cependant sans que ce prince cruel se décide à prendre un parti; il fait chercher l'Enfant pour le tuer, et le massacre des innocents va commencer. L'Ange du Seigneur apparaît alors à Joseph; sur son ordre, la sainte Famille s'enfuit en Egypte.

D'après une tradition fort ancienne, Hérode L'Ascanolite voulait immoler à son ambition jalouse non-seulement l'enfant Jésus, mais encore son saint Précurseur, bien qu'il n'habitât pas le territoire de Bethléem. Sans doute le bruit des merveilles qui avaient signalé la naissance du fils de Zacharie lui faisait redouter aussi cet enfant comme un compétiteur futur au trône de Judée. L'idée d'un Messie conquérant était, à cette époque, fort répandue dans toutes les classes de la nation; ce n'était pas la paix, mais la guerre que, selon l'opinion générale, sa naissance devait apporter. Aussi toute circonstance pouvant avoir rapport à cet ordre de faits était-elle de nature à troubler le repos d'Hérode et à surexciter sa cruauté naturelle.

Élisabeth, peut-être alors à Jérusalem, apprend la funeste nouvelle. Frémissant à la pensée du danger qui menace son enfant, dont la tendre jeunesse appelle le glaive des bourreaux, elle l'entraîne d'une main tremblante et précipite ses pas vers le désert.....

L'Évangile est muet sur les premières années de saint Jean-Baptiste. Saint Luc se borne à dire:

« *Il demeura dans les déserts jusqu'au jour de sa manifestation aux yeux d'Israël.* »

Les commentateurs ont longuement discuté sur le sens à donner à ce mot : « *les déserts*. » Les uns ont prétendu qu'on devait entendre nécessairement par là une région aride, rocailleuse, inhabitée, hantée seulement par les animaux sauvages; c'est l'acception propre du mot *désert*, celle qui résulte de l'hébreu dans lequel il signifie *terre nue et dévastée*. D'autres, au contraire, veulent qu'il s'agisse ici de solitudes sans doute, mais de solitudes riantes et fertiles; et souvent, en effet, l'Ecriture désigne sous ce nom des contrées offrant cet heureux aspect. En Palestine, il y avait donc tout à la fois, et comprises sous le même nom, des solitudes pleines de charme et d'autres entièrement désolées. Nous mettrons facilement d'accord entre eux les commentateurs en disant que saint Jean-Baptiste habita successivement les unes et les autres.

Le Carmel servit de premier refuge au jeune Précurseur. La description suivante de Lamartine en fait comprendre tous les agréments : « Sa ligne d'un vert sombre se détache sur un ciel d'un bleu foncé, tout verdoyant de vapeurs chaudes comme la vapeur qui sort de la gueule d'un four. Ses flancs ardus sont semés d'une forte et mâle végétation. C'est partout une couche fourrée d'arbustes dominés çà et là par les têtes élancées des chênes; des roches grises, taillées par la nature en formes bizarres et colossales, percent, de temps en temps, cette verdure et réfléchissent les rayons du soleil... Les mamelons que l'on aperçoit entre la Palestine et la Syrie maritime sont un des sites les plus doux et les plus solennels à la fois que l'on puisse contempler. Çà et là des forêts de chênes abandonnés à leur seule végétation forment des clairières étendues, couvertes d'une pelouse aussi veloutée que dans nos prairies d'Occident; derrière, la cime du Thabor s'élève comme un majestueux autel, couronné de guirlandes vertes dans un ciel de feu; plus loin, la cime bleue des monts de Gelboé et des collines de Samarie tremble dans le vague de l'horizon. »

C'est au mont Carmel que se trouvent les grottes d'Elie et des prophètes. « La principale de ces grottes, dit encore Lamartine, évidemment taillée de main d'homme dans le roc le plus dur, est une salle d'une prodigieuse élévation ; elle n'a d'autre vue que la mer sans bornes, et l'on n'y entend d'autre bruit que celui des flots qui se brisent continuellement contre l'arête du cap. Les traditions disent que c'était là qu'Elie enseignait les sciences des mystères et des hautes poésies. L'endroit était admirablement choisi, et la voix du vieux prophète, maître de toute une innombrable génération de prophètes, devait majestueusement retentir dans le sein creusé de la montagne qu'il sillonnait de tant de prodiges et à laquelle il a laissé son nom ! »

Là se rendit l'infortunée Elisabeth. Elle s'ensevelit avec son enfant dans une de ces nombreuses et profondes excavations où les Juifs avaient coutume de se réfugier, aux jours fréquents du péril, en ces temps de troubles politiques. Aussi la légende dit-elle que Dieu offrit un asile à cette mère éplorée en ouvrant devant ses pas les flancs d'un rocher qui se referma sur elle. Des anges prirent soin de nourrir les deux pauvres fugitifs, mais bientôt le petit saint Jean resta seul. Elisabeth mourut quarante jours après son arrivée dans cette retraite, égorgée par les satellites d'Hérode. Le martyrologe romain fait mention d'elle et de son saint époux à la date du 5 novembre.

Certains auteurs prétendent, il est vrai, que saint Jean fut élevé dans la maison paternelle jusqu'à l'âge de sept ans; qu'il ne perdit sa mère que plus tard, et que son père Zacharie l'initia lui-même à la science des Livres saints. Si l'on adoptait cette opinion, il faudrait nécessairement abandonner celle qui fait périr Zacharie entre le Temple et l'autel, à l'époque de la fuite d'Elisabeth, ou, du moins, admettre que le prêtre qui fut ainsi mis à mort n'est pas le père de saint Jean-Baptiste. — On sait, en effet, qu'Hérode fit égorger un sacrificateur

de ce nom, peu de temps après le massacre des Innocents, et Tertullien rapporte que, de son temps, les taches du sang de ce prêtre infortuné étaient encore imprimées en caractères qui semblaient indélébiles sur les dalles du vestibule du temple.
— Mais la première opinion, d'après laquelle saint Jean a vécu dans le désert depuis l'âge de trois ans, nous semble mieux fondée[1]. Le prêtre mis à mort par l'ordre d'Hérode est bien l'illustre Zacharie, le père du Précurseur, le saint prophète qui mérita d'être loué par le Saint-Esprit lui-même, comme son fils le fut plus tard par le divin Sauveur. Victime de son dévouement paternel, il périt pour avoir refusé d'indiquer l'endroit où se tenait caché son enfant. Aussi, comme je le disais tout à l'heure, l'Eglise romaine le place au nombre de ses saints, et, de leur côté, les Grecs le considèrent comme un martyr.

On a fait cette question : comment un enfant de trois ans a-t-il pu vivre seul dans le désert? J'ai déjà, tout à l'heure, résolu implicitement cette difficulté, en disant que la montagne du Carmel servait

---

1. Le moyen âge s'est rangé à cet avis, comme le prouve le passage suivant d'une hymne extraite d'un Recueil du XIIe siècle :

....................Βαπτιστά,
'Εξ αὐτῶν τῶν σπαργάνων
Τὴν ἔρημον οἰκήσας,................

de refuge à un assez grand nombre de personnes obligées de quitter Jérusalem à la suite de mouvements populaires. Faut-il s'étonner qu'un jeune orphelin persécuté, fils d'un prêtre tué par Hérode et d'une mère qui avait donné sa vie pour son enfant, ait trouvé des cœurs compatissants? Toutes les mères lui auront ouvert leurs bras, tous les pères se seront constitués ses protecteurs.

Il ne faut pas, non plus, perdre de vue qu'il s'était formé dans ces lieux, antique demeure d'Elie, une école de prophètes, sorte d'institut religieux qui existait encore du temps de saint Jean, et qu'en outre la secte des Esséniens habitait alors ces contrées. « Plusieurs auteurs, remarque l'abbé Barret, ont cru même pouvoir affirmer que saint Jean fut élevé parmi ces derniers, et qu'il faisait partie de leur corporation. Les évangélistes et les écrivains les plus anciens se taisent sur ce point; on ne peut donc tirer que des inductions pour le soutenir; il faut reconnaître, néanmoins, que la vie austère et retirée de ces habitants du désert, leurs mœurs, leurs occupations, leur aversion pour les Pharisiens et les Saducéens, si souvent repris par saint Jean, le peu de distance qui séparait son désert des montagnes qui leur servaient de retraite, tout concourt à faire croire que le saint Précurseur aurait pu trouver un asile, et, plus tard, prendre rang parmi ces solitaires de l'Ancien Testament, ou que, du moins, il connaissait leur association et ne la blâmait pas. »

Le jeune saint Jean séjourna plusieurs années dans les solitudes du Carmel. Cependant, à mesure qu'*il croissait et se fortifiait en esprit*, selon le texte de l'Evangile, sa passion pour la retraite grandissait aussi, et il se sentait tourmenté de l'irrésistible besoin d'une vie plus austère encore. S'abandonnant enfin aux impulsions du Saint-Esprit dont sa jeune âme ressentait sans cesse le divin aiguillon, il dirigea ses pas vers les solitudes plus sévères d'Hébron ; elles confinaient aux lieux bénis où sa mère Elisabeth avait reçu, jadis, en sentant tressaillir de joie le fruit de ses entrailles, la visite d'une Vierge, mère d'un Dieu que la nature et la grâce avaient fait son parent.

Franchissons donc avec le pèlerin prédestiné les montagnes de Gelboé, célébrées par David dans un si magnifique langage ; puis, descendant vers Jéricho, parcourons à sa suite les contrées qui le séparent du but de sa course, sites enchanteurs, mais impuissants à le retenir ou même à retarder sa marche inspirée.

Et pourtant, à cette heureuse époque, la partie de la Judée, comprise entre Jéricho et Engaddi, qui avoisine Hébron, offrait l'image d'une admirable fécondité. C'était une délicieuse contrée où se succédaient, presque sans interruption, les plus riants paysages.

Au printemps, les prairies verdoyantes s'émaillaient de violettes et de roses. La giroflée, le narcisse, l'anémone, le jasmin formaient, par la variété de leurs couleurs, les plus agréables parterres et répandaient dans l'air les plus doux parfums. Les branches odorantes des acacias et des amandiers en fleurs s'épanouissaient au milieu des palmiers gigantesques, des sapins élancés et des cèdres au majestueux feuillage. Plus tard, les lis des champs, dont les Juifs, après la moisson, formaient des guirlandes autour des monceaux de blé, revêtaient leur blanche parure, tissée par la main de la Providence et plus brillante « que celle de Salomon dans toute sa gloire. »

En été, autour des habitations, de nombreux figuiers confondaient leurs ombres épaisses avec celle des platanes aux larges feuilles et des genévriers toujours verts. Les grenadiers touffus offraient aux regards charmés tantôt leurs fleurs d'un rouge éclatant, tantôt leurs fruits que l'Epoux du Cantique compare au teint charmant de l'Epouse. Les myrtes, couverts d'une neige parfumée, ornement gracieux de toutes les portes, quand on célébrait la fête de la Dédicace du Temple, mêlaient leur odeur délicate aux senteurs exquises de la lavande et du nard.

Ici, les oliviers, les orangers, les citronniers et la vigne pliaient sous l'abondance de leurs fruits; les mûriers se couvraient d'une verdoyante et soyeuse chevelure. Le lierre attachait sa faible tige aux flancs robustes des peupliers et des chênes. Non loin des noirs cyprès, des hauts sycomores dont l'un devait, un jour, seconder la pieuse curiosité de Zachée, et des thérébintes, d'où découle une précieuse liqueur, on apercevait de ravissants bosquets de chênes nains et de lauriers roses. Là, croissaient le nopal aux palettes épineuses, l'aloès, l'aneth, qui ressemble au fenouil, et ces herbes amères, de cinq espèces différentes, avec lesquelles on mangeait l'agneau pascal.

Ces belles campagnes produisaient aussi la mandragore somnifère aux fruits d'or qui passaient pour un philtre; l'hysope, employée à la confection des aspersoirs sacrés et dont la tige servit, hélas! à présenter le fiel et le vinaigre à Jésus crucifié; enfin le nakal, qui fournit à ses insulteurs les épines de sa couronne sanglante.

Au bord des eaux se dressaient, parmi des forêts de joncs, d'innombrables glaïeuls aux feuilles étroites et pointues. Leurs fleurs charmantes embellissaient ces rives fortunées, bordées de saules, qui rappelaient aux Juifs ceux auxquels leurs ancêtres suspendaient, en pleurant, leurs lyres pendant la captivité de Babylone.

Les bocages étaient peuplés d'une multitude de tourterelles et de colombes bleues qui roucoulaient doucement sous la feuillée. L'hirondelle traversait l'air en jetant son cri perçant, et mille passereaux remplissaient d'un bruit joyeux les buissons du chemin.

En un mot, depuis Jéricho, la ville des palmiers, Jéricho l'embaumée, comme on l'appelait alors, à cause de ses merveilleux jardins, jusqu'à Engaddi, dont les plants se couvrirent d'une floraison miraculeuse dans la nuit de la naissance du Sauveur, tout était fleurs, parfums, harmonies, enchantements.

Mais que peuvent les charmes de la nature et le doux commerce des hommes sur une âme altérée de solitude, et dont l'unique aspiration est de se mettre, de jour en jour, plus étroitement en rapport avec Dieu! Qu'importe aux ascétiques amours l'aspect des sites les plus délicieux, si la contemplation perpétuelle et plus intime du bien-aimé ne leur prête point son charme suprême!

Saint Jean ne s'arrêta qu'au désert montagneux d'Hébron.

En le défendant complétement contre les bruits du monde, le séjour d'Hébron convenait parfaitement à ses austères méditations. De tous côtés des collines élevées, arrondies à leur sommet dépouillé et pressées l'une contre l'autre comme les têtes d'un troupeau, élevaient dans les airs leurs fronts chauves, ne laissant que du côté du ciel un champ libre au regard de l'anachorète. Dans ce nouveau désert, dans cette sorte de monastère immense, seconde étape du fils d'Elisabeth dans la voie de plus en plus ardue de la pénitence, comment son union avec la Divinité ne se resserrerait-elle pas davantage? Plus il va s'éloigner des hommes, plus il se rapprochera du divin Maître qu'il est chargé d'annoncer. Désormais, c'est avec les anges qu'il va converser dans l'oraison ; il interrogera la solitude dans une contemplation féconde, et la solitude fera entendre dans son cœur de mâles et mystérieux accents. Désormais aussi, un peu de miel sauvage, quelques insectes réputés purs par la Loi et les tiges de certains arbustes lui serviront de nourriture; il trempera ses lèvres dans l'eau du torrent ; une peau de chameau couvrira ses membres amaigris. Les rochers aux flancs caverneux, repaires des animaux sauvages, les sombres gorges des montagnes seront, à la tombée de la nuit, les seuls refuges du jeune et ardent anachorète, marqué du sceau du Seigneur.

On ne saurait douter cependant que Jean ne

s'arrachât parfois à ses chères solitudes pour monter à Jérusalem, afin d'y satisfaire aux préceptes de la Loi. Moïse avait ordonné aux Israélites de se présenter, chaque année, devant le Tout-Puissant pour lui offrir le tribut de leurs adorations. L'Évangile rapporte que le Christ lui-même se conformait à cet ordre. Nous n'avons aucun motif de penser que saint Jean, de race sacerdotale, ait cru devoir tenir une autre conduite. Plus que tout autre, le plus illustre des prophètes, et surtout le Précurseur du Messie, était obligé d'observer ces prescriptions de la Loi, auxquelles les Juifs attachaient tant d'importance. N'hésitons donc pas à croire qu'à la fête des Semaines, à celles des Tabernacles et des Trompettes, à l'occasion de la Pâque, il ait quitté son désert pour se rendre au Temple de Jérusalem.

Du reste, d'après une pieuse légende, il semble certain que le fils d'Elisabeth et le fils de Marie se seraient, plusieurs fois, rencontrés sous les regards de la sainte Vierge et de saint Joseph, à l'époque de ces augustes solennités, quand la sainte Famille fut de retour d'Egypte. Jean eut ainsi le bonheur de partager les jeux de Jésus, de jouir de sa divine présence et de converser avec Lui. Tendre union que les aspirations communes de leurs âmes devaient rendre si délicieuses, je renonce à vous peindre, et je laisse à l'imagination de mes lecteurs le soin de se faire, avec l'aide de Dieu, quelque idée de votre charme infini!

Ah! combien le moment de la séparation devait être cruel pour Jean, malgré son amour de la solitude! Qu'il lui fallait de résignation pour retourner au désert en s'éloignant ainsi de Jésus! L'âme si sensible de saint François de Sales s'émeut à cette pensée. «Nul homme, dit-il, sur la terre n'a exercé une abnégation de lui-même semblable à celle de saint Jean-Baptiste, puisqu'il resta dans le désert et se priva de la société du Christ pour la gloire de Dieu et le salut des hommes. C'est une sorte de prodige, ajoute Bossuet, que Jean n'ait point quitté son désert pour vivre avec Jésus parmi les hommes. Pousser la retraite jusqu'à se priver de la vue et de la conversation de son Dieu, c'est une sorte d'abstinence plus divine et plus admirable que toutes celles que nous voyons en lui.»

Il convenait, d'ailleurs, que le Précurseur venant prêcher la pénitence commençât lui-même par en donner au monde le plus auguste spectacle; il convenait que l'apôtre par excellence de la retraite, du jeûne et de la mortification, méritât, par l'éclat incomparable de ses exemples, le surnom glorieux de prince des anachorètes, de patriarche des solitaires, en même temps qu'il apparaissait aux yeux de tous comme l'athlète et le géant de la charité, selon l'énergique expression de saint Jean Chrysostome.

L'existence de saint Jean-Baptiste dans le désert était celle d'un ange descendu du ciel. « Il n'avait pas, selon la remarque d'un de ses biographes les plus éminents, la nature céleste des anges, ainsi que l'ont cru beaucoup d'entre les Juifs, et même des chrétiens illustres cependant par leur science, tels que Origène, car ils prétendaient que le fils de Zacharie n'était autre qu'un ange incarné comme le Fils de Dieu, pour être son précurseur et le servir sous la même forme d'esclave qu'il avait daigné aussi revêtir. C'est pour réfuter cette erreur que l'évangéliste saint Jean dit expressément, dès le début de son livre, que le Précurseur envoyé de Dieu était un homme.

» Néanmoins, au point de vue de la grâce, Jean était un ange ; car Dieu l'avait envoyé comme un héraut pour amener les hommes à Jésus-Christ. Semblable aux esprits célestes, il n'avait point eu d'enfance, puisque, dès le sein de sa mère, il fut sanctifié, doué de l'esprit de prophétie et de l'usage de la raison..... Selon l'opinion de la plupart des Docteurs, confirmé dans la grâce comme les anges, il ne commit point de faute. L'austérité de sa vie, la sévérité de sa pénitence, ses privations en fait de nourriture, de vêtements, de repos, de sommeil, qui faisaient de son existence un continuel martyre, lui méritèrent ce privilége. Enfin, un dernier caractère qui rendait saint Jean semblable aux anges, c'est qu'il n'eut, comme eux aussi, d'autre maître que le Saint-Esprit. Ce fut par ses soins qu'il connut les mystères les plus profonds, non pas selon les bornes d'une intelligence humaine, mais avec toute la pénétration d'un esprit céleste. C'est ce que nous enseignent saint Ambroise et saint Jean Chrysostome. C'est à l'école du Saint-Esprit que Jean reçut l'intelligence des Écritures et le pouvoir de parler avec l'autorité des auteurs sacrés. C'est là qu'il puisa la science et le zèle qui lui étaient nécessaires, comme docteur et comme prédicateur, pour concilier au Christ la foi du monde entier. »

Ne fallait-il pas, en effet, une science divine, communiquée par le Saint-Esprit à son disciple le plus cher, ne fallait-il pas la pureté des anges, acquise au prix des plus longues et des plus dures privations, pour l'accomplissement de la mission de saint Jean-Baptiste? Quelques jours encore, et l'ange terrestre va déployer les ailes mystiques qui, si longtemps, ont voilé son visage et l'ont dérobé à tous les regards ; à la voix du Seigneur il va s'élancer vers de nouvelles régions et planer à des hauteurs infinies au-dessus de l'humanité.

C'est, d'après la tradition, au sein des solitudes d'Hébron, que *la voix du Seigneur se fit entendre à Jean, fils de Zacharie*. Saint Luc nous annonce ce fait considérable avec une mystérieuse simplicité, tout en prenant grand soin d'en bien préciser l'époque dans une courte et solennelle préface. L'empire du monde est, depuis quinze années, entre les mains de Tibère; Ponce Pilate gouverne la Judée au nom du César romain; Hérode (un Iduméen) est tétrarque de la Galilée; son frère Philippe, de l'Iturée et de la Trachonite, et Lysanias, son autre frère, d'Abylène. Le sceptre du royaume des Juifs, enlevé à leur race, est, par conséquent, tombé entre des mains étrangères, et toute la Judée s'agite, frémissante, au souvenir de la prophétie de Jacob, qui jadis annonça la venue du Messie, l'Attente des nations, pour le moment où le pouvoir souverain échapperait à la postérité de Juda.

« Ce n'était pas seulement le sceptre qui était sorti de Judas, a dit un très éloquent écrivain [1], c'était la liberté qui avait disparu; c'était la patrie qui s'évanouissait. Cette terre que Dieu leur avait donnée au prix de tant de miracles, dont Abraham avait reçu la promesse, où Joseph avait fait porter ses os; que David avait délivrée de son épée et

---

1. M. l'abbé Bougaud.

chantée sur sa lyre; où Salomon avait élevé au vrai Dieu le seul temple qui fut digne de lui; cette terre dont toutes les montagnes, les vallées, les plaines, les fleuves racontaient aux Juifs les merveilles de leurs pères, un étranger la leur prenait! Les dieux allaient entrer à Jérusalem, et déjà les aigles romaines y étaient. Comment les Juifs auraient-ils supporté un pareil spectacle? Aussi c'étaient tous les jours de nouvelles insurrections. Tantôt d'austères docteurs de la Loi s'élevaient, comme autrefois Moïse, renversaient les aigles, brisaient les images placées sur les écussons romains, les inscriptions entachées d'idolatrie, et, en mourant pour la Loi, laissaient sur leur tombe le souvenir d'un zèle qui leur créait des imitateurs et des vengeurs. Tantôt d'ardents jeunes gens, comme Juda Gaulonite ou le pharisien Sadok, évoquaient l'image de la liberté et de la patrie, refusaient de payer le cens, déclaraient impie et inique toute domination étrangère, et augmentaient l'exaltation générale en périssant martyrs. D'autres, d'un esprit tout différent, se disaient le Messie et exploitaient l'attente qui devenait, chaque jour, plus fiévreuse. Car enfin, comment nier que l'heure ne fût venue? Le sceptre était sorti de Judas. Le souverain sacerdoce était aux mains des incirconcis. Les aigles romaines brillaient honteusement sur les portes du Temple.

Toute l'histoire du peuple juif, l'idée qui l'avait créé et le faisait vivre, n'était qu'une immense et amère illusion, ou le Christ allait paraître. »

Levez-vous donc, ô saint Précurseur, ceignez vos reins, car voici qu'a sonné pour vous l'heure de la vie publique! La voix de l'Eternel vient de retentir à vos oreilles. Vous connaissez votre mission et vous avez l'âge requis par la Loi pour exercer le ministère de la parole. Quittez ce désert d'Hébron, où vous avez passé de l'adolescence à l'âge d'homme. Ange du Seigneur, continuez à marcher devant sa face, selon la prophétie de Malachie et, d'un cœur intrépide et brûlant d'ardeur, avancez-vous vers les hommes dont trente années d'austérités vous séparent! Envoyé du Très-Haut, faites-leur entendre vos prophétiques clameurs : criez dans le désert pour commander la pénitence et pour annoncer la venue prochaine du Sauveur! Les Prophètes qui vous ont précédé n'ont entrevu le Messie qu'à travers la nuit des siècles et les obscurités de l'avenir; vous, plus que Prophète, un signe de votre main va le désigner à l'humanité!

Quelle dut être l'émotion du fils d'Elisabeth à ce moment solennel de sa vie! Que se passa-t-il dans cette âme ardente, inspirée, lorsque lui vint de Dieu lui-même l'ordre de commencer sa mission?

Comment enfin la voix divine se manifesta-t-elle à Jean ?

Lui fut-il donné, comme à Moïse, d'entendre ces tout puissants accents sortir d'un buisson enflammé, lui commandant d'aller, avec la promesse d'*être sur ses lèvres et de lui dire tout ce qu'il devait annoncer?* La voix du Très-Haut vint-elle frapper son oreille, comme celle d'Isaïe, en s'échappant d'un tourbillon mystérieux et du sein des phalanges célestes? Ou bien, encore, lui parvint-elle, comme le Saint-Esprit aux apôtres, sur les ailes d'un vent impétueux, irrésistible, divin?

L'Évangile ne nous l'a point dit; respectons un silence prescrit par Dieu lui-même [1].

Le Précurseur sortit donc de sa retraite, et, faisant un nouveau pas, le dernier, dans la voie de la pénitence, *il vint au désert de Judée*, entre Jéricho et le Jourdain ; puis il passa ce fleuve à Beth-Abara, non loin des lieux célèbres où les enfants d'Israël, guidés par Josué, avaient franchi miraculeusement les eaux qui s'écartèrent pour leur livrer passage, à leur retour de la terre des Pharaons.

Cette fois, le fils d'Élisabeth va s'ensevelir dans

---

[1]. Ce qui est certain, c'est que saint Jean a dû recevoir, d'une manière précise, l'ordre de commencer sa mission, car lui-même s'exprime ainsi : « *Celui qui m'a envoyé baptiser dans l'eau* M'A DIT, etc. »

un véritable désert, bien autrement âpre à l'existence et aux regards que les deux premières solitudes qui ont successivement abrité sa jeunesse. Quel contraste avec les pentes embaumées du Carmel, où saint Jean, tout enfant, en présence d'une mer sans bornes et bleue comme l'azur du ciel, s'essayait à de précoces méditations ! Quel contraste même avec la chaîne aride des montagnes d'Hébron !

Ici rien qu'un sol labouré dans toute son étendue par les vagues énormes d'une mer de sables sans fin ; partout de monotones collines se revêtant « d'une teinte rougeâtre et funèbre » aux derniers rayons du soleil, dont la course brûlante s'achève dans un ciel de feu, où plane parfois un grand aigle aux ailes immobiles. L'incomparable pinceau de Lamartine a retracé la physionomie de ces lieux désolés qui avoisinent le lac Asphaltite. « Ce désert dit-il, est une immense plaine à plusieurs gradins qui vont en s'abaissant successivement jusqu'au fleuve du Jourdain par des degrés réguliers comme les marches d'un escalier naturel ; l'œil ne voit qu'une plaine aride ; mais, après avoir marché une heure, on se trouve tout à coup au bord d'une de ces terrasses ; on descend par une pente rapide, on marche une heure encore, puis une nouvelle descente, et ainsi de suite. Le sol est un sable blanc, solide et recouvert d'une croûte concrète et saline produite sans doute par les brouillards de la mer Morte qui, en s'évaporant, laisse cette croûte de sel : il n'y a ni pierre, ni terre, excepté en approchant du fleuve ou des montagnes ; on a partout un horizon assez vaste. »

Ces imposantes solitudes, toutes peuplées des souvenirs de l'Ancien et du Nouveau Testament, s'étendent au nord-ouest de la montagne des Oliviers et portent le nom de Désert de la Quarantaine, parce que le Rédempteur y a jeûné quarante jours et quarante nuits. On montre encore aux voyageurs les pierres que le démon lui disait de changer en pains. Cette contrée peut être déterminée par une ligne qui, partant des portes de Jérusalem, se prolonge au couchant de la mer Morte, et va se réunir vers le sud aux sables arabiques; c'est un sol calciné, bouleversé dans toute son étendue et sur lequel a passé la vengeance céleste. « Un feu s'est
» allumé dans ma colère, a dit le Seigneur, et il
» brûlera jusque dans les entrailles de l'enfer ; il
» dévorera la terre avec ses germes et il consu-
» mera les fondements de la montagne. »

Aux abords de la mer du Désert, les ondulations de terrain diminuent. La pente vient mourir doucement au rivage. Des sables d'un jaune foncé enlacent d'un cercle d'or les ondes du lac Asphaltite, polies et brillantes comme du plomb fondu. A la place même où l'on voit aujourd'hui, ainsi que du temps de saint Jean-Baptiste, s'étendre immobiles ses flots fameux, tantôt étincelants sous l'éblouissante lumière du soleil, tantôt miroitant aux molles clartés de la lune, — admirable spectacle qu'il nous fut donné à nous-même de contempler! — s'élevaient, à une époque reculée, les florissantes et voluptueuses cités de Sodome et de Gomorrhe. Elles sont maintenant ensevelies à peu de profondeur sous les eaux, et il arrive parfois, dit-on, que, sous l'influence de certaines conditions atmosphériques, l'humide linceul s'abaisse et laisse à découvert les ruines des villes englouties. A vingt-trois siècles de distance, l'Apôtre de la pénitence a pu montrer à ses auditeurs leurs squelettes de pierre, impérissable monument de la justice divine.

Dans un semblable milieu, l'inspiration du dernier et du plus grand des Prophètes dut atteindre des sommets inconnus à tous les mortels. La pensée acquiert une force surnaturelle dans ce face à face sublime avec l'immensité. L'espace lui communique sa grandeur et sa puissance. L'air illimité, que l'on respire à plein souffle au désert, n'apporte aucun son d'ici-bas : c'est du ciel seul que viennent tous les échos!

La nuit, les cieux sont éclatants d'étoiles ; une

absolue sérénité règne dans les profondeurs azurées de l'éther. L'anachorète sent l'infini qui pénètre tout son être : il lui semble que la Divinité va déchirer pour lui le voile qui la dérobe à ses regards. Il demeure abîmé dans une muette contemplation; son âme s'élance vers Dieu dans les transports du plus ardent amour. Autour de lui et sous ses pieds le vaste désert; sur sa tête, le vaste ciel. Comme on prie bien au milieu de ce silence! Quelle poésie dans cette solitude!

A ce moment de sa vie, pouvait-il être pour la grande âme de saint Jean-Baptiste un plus auguste sanctuaire, et, dans une telle retraite, qu'il ne quittera que pour aller au martyre, « que ne lui disait pas ce Dieu qui était en lui? »

Mais il ne lui sera donné, désormais, qu'à de bien courts intervalles, de goûter encore le charme de la solitude et du silence! L'instant est venu pour lui d'agir et de parler. Aussi bien ses premiers et pathétiques appels ont vivement frappé ceux qui les ont entendus. Bientôt, de toutes parts, se répand le bruit qu'un prophète a surgi du sein du peuple juif, événement inouï depuis plus de trois siècles! Il habite, assure-t-on, des lieux déserts, voisins du Jourdain, annonçant le royaume de Dieu et prêchant le baptême de pénitence pour la rémission des péchés. A cette nouvelle une indicible émotion s'empare de la Judée toute entière. Un prophète, dans de semblables circonstances politiques ! c'est le signal de la venue prochaine du Messie ! Peut-être est-ce le Libérateur lui-même attendu depuis tant de siècles, le Sauveur mille fois béni qui va délivrer les Juifs du joug odieux de l'étranger, le Rédempteur suprême qui leur rendra la gloire et la majesté du passé !

Et, semblables aux flots impétueux des torrents, les foules se précipitent à sa rencontre. Et toute la ville de Jérusalem, toute la Judée et tout le pays des environs du Jourdain accourent pour recevoir le baptême de ses mains et recueillir de sa bouche des paroles de consolation et de salut !

Les circonstances dans lesquelles le Précurseur allait faire solennellement son entrée dans la vie publique et inaugurer ses incomparables fonctions étaient, d'ailleurs, éminemment favorables. L'année de son apparition se trouvait être une année sabbatique, une année de Jubilé, un temps de prières publiques et de renouvellement chez les Juifs. Le peuple se disposait, de plus, à célébrer la fête des Trompettes, à laquelle s'attachait une importance toute spéciale. Pendant plusieurs jours, il interrompait ses travaux pour offrir au Seigneur de pompeux sacrifices et lire avec recueillement le Livre de la Loi, dictée par le Tout-Puissant à

Moïse, sur les hauteurs du Sinaï, au milieu des nuées sillonnées par l'éclair, des éclats de la foudre et du retentissement des trompettes. Les Juifs choisissaient également cette époque, coïncidant avec le premier jour de leur année civile, pour se livrer à de grandes réjouissances, sans oublier pourtant de se purifier religieusement des souillures contractées, pendant l'année, en recourant aux baptêmes et aux ablutions en usage.

CHAPITRE CINQUIÈME

L'AUDITOIRE DU PRÉCURSEUR

INTRODUISONS-NOUS un instant par la pensée sous les tentes qui abritent, dans les sables du désert, ces multitudes venues de tous les points de l'horizon, et parcourons rapidement leurs groupes nombreux et variés. Avant que retentisse, une fois de plus, la voix de saint Jean-Baptiste, rendons-nous compte aussi de la pensée générale qui anime son vaste auditoire et des passions particulières qui l'agitent. Cette connaissance est utile à l'intelligence des événements qui vont suivre.

Nos regards sont tout d'abord attirés par une foule considérable de personnages couverts de vêtements magnifiques ; jusqu'à leurs pieds descendent, en plis élégants, des tuniques de soie blanche ou violette, ornées de broderies et bordées de pourpre. Sur leurs épaules flotte un riche manteau retenu par des agrafes d'or ou de pierreries. Ce vêtement, comme celui, du reste, de tous les Israélites, porte des bandes de couleur hyacinthe : à ses coins sont suspendues des touffes violettes, destinées à rappeler sans cesse aux Juifs la loi du Seigneur, selon l'ordre donné par Dieu lui-même à Moïse. Ces personnages, malgré leur faste, ont attaché sur leur front et enroulé autour de leur bras gauche des bandelettes de parchemin, plus grandes que celles du commun et sur lesquelles sont écrits les préceptes du Décalogue. Que ne les ont-ils plutôt inscrits dans leur cœur, car la feinte gravité de leur maintien, leurs airs mortifiés[1], les coups d'œil obliques qu'ils jettent sur les passants, et où se trahit un secret désir d'exciter l'admiration générale, font craindre qu'ils n'offrent que les dehors de la simplicité et de la vertu, tandis que l'orgueil et l'hypocrisie règnent dans leurs cœurs.

Ce sont les Pharisiens ! Leur secte est une des plus nombreuses et des plus influentes chez les Juifs.

---

1. Les Pharisiens se jaunissaient le visage pour lui donner la teinte austère du jeûne.

Son nom signifie *séparation*, parce que les Pharisiens semblent se distinguer des autres Israélites par une observance plus rigoureuse des pratiques de la loi. Un siècle avant Jésus-Christ, leur nombre était déjà considérable, puisqu'Alexandre Jannée en extermina, dit-on, cinquante mille dans une guerre civile qu'ils avaient allumée sous le règne d'Auguste, et l'on en vit sept mille refuser de payer le tribut aux Romains. Ils n'avaient pas encore appris qu'il faut rendre à César ce qui appartient à César. Leur origine remonte aux Machabées. Le peuple les a toujours entourés d'une grande vénération; il les a même honorés du nom d'anciens austères croyants.

Mais, hélas, ce sont ces marques mêmes de respect qui les perdirent, en surexcitant outre mesure leur vanité. L'orgueil, en s'emparant de leur cœur, en a chassé la vertu, et, devenus peu soucieux de se conformer intérieurement à l'esprit de la loi qui vivifie, ils s'en sont tenus extérieurement à la lettre qui tue. La partie cérémonielle est restée seule importante à leurs yeux; quant à la partie morale, ils en ont fait un commentaire à leur usage. C'est ainsi que, lorsqu'il s'agit de l'amour du prochain, ils ne comprennent sous ce titre que leurs amis, se croyant permis de haïr leurs ennemis. A leurs yeux la colère et les pensées impures ne sont que des fautes légères, à condition de ne point succomber aux suites de ces mauvais sentiments; d'autres, cependant, plus endurcis, ne se font aucun scrupule de séduire la veuve et de dépouiller l'orphelin. Sépulcres blanchis, magnifiquement décorés au dehors, mais renfermant dans leurs flancs la corruption du tombeau.

Du reste, scrupuleux observateurs de leurs rites, ils ont vingt-six manières de se laver les mains le matin. Avant d'entamer le moindre morceau de pain, ils tiennent une main en l'air pour ne l'abaisser qu'après avoir terminé. Ils ont grand soin de passer l'eau qu'ils boivent, dans la crainte d'avaler un moucheron, déclaré impur par la Loi. Voyez-les, à la fin des repas, laver leurs mains seulement jusqu'aux jointures, et, au sortir des tentes, plonger dans l'eau leurs doigts écartés. Ils jeûnent deux fois la semaine : le jeudi, jour où Moïse est monté sur le mont Sinaï, et le lundi, en mémoire de sa descente. Avides de louanges, ils se livrent volontiers en public à des pratiques religieuses, et, dans l'exercice de l'aumône, leur main gauche est loin d'ignorer ce que la main droite laisse tomber ostensiblement aux pieds du pauvre [1].

---

1. Tous ne furent point ainsi, cependant : Nicodème, Joseph d'Arimathie, Gamaliel et quelques autres encore donnèrent des preuves de la plus haute vertu.

Les Pharisiens croient à l'immortalité de l'âme ; ils attendent la résurrection, des récompenses futures et des peines éternelles ; mais, pour eux, la résurrection n'est qu'une transmigration des âmes dans un corps plus ou moins heureux, selon les mérites de l'existence précédente : aussi Hérode Antipas, très-imbu de l'esprit pharisaïque, se figurera-t-il, à la nouvelle des merveilles opérées par Jésus, que le Christ est saint Jean ressuscité. Par une étrange contradiction, ces mêmes hommes, aux yeux desquels existent le mérite et le démérite, admettent une sorte de fatalisme et l'influence des astres sur leur destinée.

Erreurs d'autant plus funestes que les Scribes, qui sont les savants de la nation, font presqu'exclusivement partie de la secte des Pharisiens. En qualité de Docteurs de la Loi, ils sont chargés de l'expliquer au peuple, qui les respecte au point de les prendre souvent pour arbitres. Ils corrompent leurs enseignements par des allégations mensongères : celle, entr'autres, d'une tradition orale qu'ils prétendent avoir été donnée à Moïse sur le mont Sinaï, en même temps que les Tables de la Loi.

La secte des Hémérobaptistes, d'ailleurs peu nombreuse, et que l'on appelle ainsi parce que ses membres se baignent tous les jours, dans la crainte, s'ils manquaient une seule fois à cette pratique, de perdre la vie éternelle, a la plus grande analogie avec celle des Pharisiens dont elle suit toutes les traditions. Elle nie cependant la résurrection des morts.

Ces deux sectes sont tout particulièrement odieuses aux Samaritains, qui n'admettent que les cinq livres de Moïse, et s'en tiennent à la seule parole écrite. Les Samaritains ne se rendent pas à Jérusalem pour adorer le Seigneur ; ils ont un temple, un autel à part, et leurs prêtres ne reconnaissent pas le Grand-Prêtre des Juifs. C'est d'eux que le fils de Sirach a dit avec mépris : « Ces gens, que je hais, ne sont pas un peuple. » Et pourtant leur passé n'a point été sans gloire. Dieu, jadis, suscita parmi eux de grands prophètes : c'est du milieu de Samarie que se sont dressées les austères figures d'Élie et d'Élisée dont saint Jean Baptiste rappelle si vivement le souvenir ; leur antique cité n'existe plus aujourd'hui. Un fils de Simon Machabée, Hircan, la détruisit de fond en comble, mais la politique habile d'Hérode le Grand, jaloux de se créer des partisans, l'a récemment relevée de ses ruines sous le nom de Sébaste. C'est ce même Hérode qui, de même, par politique peut-être, mais, à coup sûr, par orgueil, tenta, lui aussi, de se faire passer pour le Messie, donnant ainsi naissance à la secte des Hérodiens.

Cette secte puisa sa force dans un des vices les

plus honteux de l'humanité : la flatterie. Pour jouer plus facilement son rôle, et faire disparaître à jamais la preuve qu'il n'était pas de la famille de David, Hérode le Grand avait ordonné de livrer aux flammes les archives établissant la généalogie de cette illustre maison. Alors des hommes sans conscience, et n'écoutant que la voix d'une basse ambition, s'efforcèrent de seconder ses vues criminelles, en affectant de le proclamer hautement le Messie libérateur, le Roi conquérant destiné à rendre son lustre à la postérité d'Israël. Le crédit dont ils jouissaient sous le règne précédent, les faveurs dont ils furent comblés leur créèrent, est-il besoin de le dire, de trop nombreux imitateurs. Hérode Antipas les couvre encore aujourd'hui de sa puissante protection.

Aussi, les partisans de Juda le Gaulonite nourrissent-ils contre les Hérodiens des sentiments de haine et de mépris. Leur chef n'a-t-il point, au temps d'Auguste, levé l'étendard de la révolte contre ces Romains détestés qui firent tomber le sceptre aux mains d'Hérode ? N'a t-il pas su persuader à un grand nombre de Juifs que lui, le Galiléen, lui, l'enfant du peuple, était leur véritable Libérateur, tandis qu'Hérode, l'étranger, n'était qu'un imposteur couronné ? Pauvres sectaires, plus à plaindre qu'à blâmer ! Eux, du moins, n'obéissent point, comme les Hérodiens, aux viles inspirations de l'ambition ; ils écoutent la voix trompeuse de Juda, noblement abusés, noblement entraînés vers lui par l'amour de la patrie.

La secte des Saducéens est loin de partager ces illusions généreuses. Ce sont les sceptiques, les libres penseurs, les égoïstes de l'époque. Cette secte date déjà de trois siècles. Elle eut pour fondateur Sadoc. Celui-ci professa qu'il n'y avait, après cette vie, ni peines, ni récompenses, point de résurrection pour les corps, point d'immortalité pour les âmes. Il nia l'existence des anges, prétendit qu'il ne fallait servir Dieu qu'en vue des récompenses temporelles, et que la fin suprême de l'homme était la satisfaction de ses passions.

De tels principes ne pouvaient manquer de conduire bientôt les Saducéens à l'épicurisme le plus grossier. Aussi vivent-ils plongés dans le luxe et la mollesse. Les biens de la terre sont devenus leur unique préoccupation ; ils se font une vaine gloire de leur rang, de leur dignité, de leurs immenses richesses. Au sein de l'abondance et des plaisirs, on ne les voit jamais jeter un regard de compassion sur le pauvre qui dévore de l'œil les miettes tombées de leurs tables. Malheureusement, les Saducéens comptent dans leur nombre les principaux de la nation et quelques-uns même d'entre les Docteurs de la Loi. Ils n'admettent qu'un seul livre sacré, le Pentateuque, et se rient des prétendues traditions des Pharisiens dont ils partagent les vices, et, disons-le, l'hypocrisie. Ces hommes, en effet, qui affectent de ne former commerce avec personne, pas même entre eux, ont trouvé moyen, par une apparente sévérité, de mériter le beau nom de Saducéens, qui veut dire *Justes*. Mais cette sévérité n'est, au fond, que le masque de l'égoïsme, car leur vie s'écoule insensible aux joies comme aux douleurs d'autrui ; tel un fleuve, en son cours, reflète, avec une égale indifférence, tantôt l'azur du ciel et tantôt les sombres nuages.

Ecartons nos regards de ces personnages corrompus et trop souvent corrupteurs, pour les porter sur les vertueux Esséniens. Les opinions sont partagées sur leur origine. Les uns la font remonter aux Réchabites, auxquels Dieu promit, par la bouche de Jérémie, que leur institut n'aurait point de fin ; d'autres la rapportent au temps des Machabées, à cette époque tourmentée où ceux des Juifs demeurés fidèles allaient demander un asile aux cavernes et aux déserts ; quelques autres enfin regardent les Esséniens comme les successeurs des anciens Mages.

Considérez leur démarche recueillie ; remarquez ces longues robes de laine blanche et grossière qui les couvrent pudiquement tout entiers, ces instruments de bois pendus à leur ceinture et qui leur servent à creuser la terre; voyez enfin ces visages tout empreints d'austérité. Ils observent le jeûne jusqu'après le coucher du soleil, ne prenant pour toute nourriture qu'un peu de pain bis assaisonné de sel ou d'hysope. Encore s'en trouve-t-il parmi eux qui ne mangent que tous les trois jours; d'autres seulement tous les six jours. Au spectacle de cette étonnante sobriété, sans doute leurs ennemis disent d'eux, comme on le dira plus tard du Précurseur lui-même, qu'ils ne boivent ni ne mangent, et qu'ils sont possédés du démon. Mais qu'importe les vains dires des hommes à ceux qui n'écoutent que la voix de leur conscience !

Les Esséniens fuient les villes pour habiter les campagnes où ils vivent en communauté. L'amour de l'agriculture, à laquelle ils sont adonnés et qui satisfait complétement à leurs besoins si limités, leur inspire le mépris des richesses. C'est, d'ailleurs, une règle fondamentale de la secte de renoncer, en y entrant, à tous les biens temporels. Ces hommes simples exercent, avec leur superflu, une généreuse hospitalité. Beaucoup d'entre eux renoncent au mariage et se plaisent à former, de bonne heure, à la vertu des enfants qui ne sont pas les leurs. Ils apprennent à détester la mollesse, à dédaigner l'usage des parfums, à coucher sur la dure et à ne donner que quelques heures au sommeil.

Bien avant le lever du soleil, les Esséniens se mettent en prière; dès le point du jour, ils se livrent à leurs champêtres travaux. Ils font ensuite leurs ablutions et poursuivent en commun, dans le plus profond silence, la tâche incombant à chacun. Leur extrême sobriété explique le grand nombre de vieillards qu'on aperçoit parmi eux.

On n'est admis dans leur secte qu'après un an d'épreuves, suivi d'un noviciat très-sévère de deux années. Malheur au novice qui serait convaincu de péché, un terrible châtiment l'attendrait! Éloigné de la communauté, il se verrait condamné à faire pénitence tout le reste de sa vie, en se nourrissant d'herbe comme les animaux des champs.

Scrupuleux observateurs du sabbat, les Esséniens s'assemblent, ce jour-là, pour lire la loi que les anciens leur expliquent. Ils croient à l'existence des anges, aux destinées immortelles, à des peines et à des récompenses futures. Ils se font, toutefois, sur ce dernier point, des idées assez singulières; selon eux, les âmes des justes s'en vont, après leur mort, jouir d'un bonheur sans mélange dans de délicieuses contrées situées au delà de l'océan, tandis que celles des méchants sont confinées dans des régions désolées par les frimas et les tempêtes.

Les croyances des Esséniens sont, de plus, entachées de quelques autres erreurs et de beaucoup de superstitions ; mais, d'une manière générale, leur genre de vie peut être cité comme le modèle d'une très-haute sainteté.

Quelques-uns d'entre eux sont désignés sous le nom de Thérapeutes. Ceux-là se vouent entièrement à la contemplation ; ils passent exclusivement leur temps à lire, à méditer et à prier. Plusieurs même, parvenus à un éminent degré de vertu, sont favorisés du don de prophétie ; ce qui leur attire le respect de tout le peuple et la faveur des princes. Hérode le Grand entourait les Thérapeutes des plus grands égards, parce que l'un d'eux lui prédit jadis son avénement futur à la royauté.

Quel édifiant spectacle présentent les Esséniens ! En vain, le désert offre, en ce moment, l'image et le mouvement d'une vaste cité, leur cœur reste environné de solitude. Ni leurs yeux ni leurs oreilles ne sauraient être distraits par les scènes animées et bruyantes qui les entourent.

De tous côtés, en effet, on aperçoit des groupes nombreux de danseurs, de chanteurs et de musiciens : les uns tiennent à la main des trompettes, en corne de bélier, semblables à celles des prêtres qui ont annoncé, au point du jour, la fête que l'on célèbre en ce moment ; les autres jouent de la flûte et du tambour; d'autres encore de la cithare et de la harpe ; d'autres enfin, au son du psalterion et du cinnor, font retentir les airs du chant des psaumes composés par David.

Les femmes juives, dans une toilette luxueuse, écoutent avec ravissement ces mélodieux accords et contemplent fixement, de leurs grands yeux cerclés de noir, les danses auxquelles l'usage leur interdit de se mêler, parce qu'elles vivent séparées des hommes. Elles sont couvertes, comme jadis la courageuse Judith, de bracelets, de colliers et de pendants d'oreilles tout étincelants de pierreries, car les Israélites sont de merveilleux joailliers. Une mitre, en forme de couronne, embellit leur front [1]; une ceinture de bysse, espèce de soie d'un jaune doré, qui croît dans de grandes coquilles, emprisonne leur taille svelte, et de petits souliers violets renferment coquettement leurs pieds. Peut-être cet amour exagéré de la parure explique-t-il l'éloignement, presque général, des Esséniens pour le mariage, ainsi que leur scepticisme absolu à l'égard de la vertu des femmes.

---

1. Les hommes portaient une sorte de tiare, semblable à celle des Perses et des Chaldéens, lorsque le deuil ne les obligeait pas à rester tête nue. Cette coiffure s'harmonisait à merveille avec leur barbe, qu'ils laissaient croître.

Il ne faut pas croire, pourtant, que l'existence de ces dernières s'écoule dans l'oisiveté. Laborieuses comme les hommes, elles travaillent dans le fond de leurs demeures, préparent les repas de leurs époux et confectionnent des étoffes sur le métier, d'où sortiront des tuniques sans coutures. Elles soignent avec amour leurs enfants qu'elles allaitent jusqu'à l'âge de deux ans. Regardez autour des tentes, et, pêle-mêle avec les paisibles chameaux, les patientes ânesses et les agneaux bondissants, vous verrez se jouer les jeunes Israélites, revêtus de leurs robes de couleurs diaprées, privilége exclusif de l'enfance; devenus plus âgés, ils s'exercent à la course, au tir de l'arc et au maniement des armes que tous les Hébreux sont tenus de porter sans exception.

Aussi, dans cette foule animée qui, durant ces jours solennels de réjouissances publiques et de cérémonies religieuses, peuple si pittoresquement les confins du désert et les bords sacrés du Jourdain, apercevons-nous beaucoup de soldats. La plus grande partie relève du préfet du Temple, et leur mission consiste à veiller à la garde de ce pompeux et vénérable édifice; d'autres, étrangers soldés par les Romains ou Romains eux-mêmes, sont placés sous les ordres du gouverneur de la Judée; d'autres, enfin, appartiennent à Hérode, mais la guerre faite par ce prince à Arétas en retient le plus grand nombre en Arabie.

La plupart de ces hommes sont avides, insolents et cruels; loin de se contenter de leur solde, ils usent souvent de la calomnie, de l'intimidation et de la violence pour exercer d'infâmes concussions, n'hésitant pas à produire les accusations les plus fausses afin d'atteindre leur but. Ces menées odieuses leur procurent parfois des sommes considérables. Aussi le peuple les a-t-il justement en horreur ; il les exècre presqu'autant que les publicains.

Ces derniers forment ces groupes que nous distinguons dans la multitude; ce sont les collecteurs des impôts publics.

Un très-grand nombre d'entre eux appartient à la nation juive, mais cette circonstance ne fait qu'augmenter le mépris qu'ils inspirent. Aussi l'entrée du Temple et des synagogues leur est-elle formellement interdite; on n'y reçoit point leurs offrandes. Exclus des charges de la magistrature, ils ne peuvent même pas rendre témoignage en justice.

Leurs princes, ou, pour mieux dire, leurs chefs, sorte de fermiers généraux, sous-louent la levée des impôts à d'indignes subalternes, qui, pour s'enrichir promptement, opèrent, au moyen des plus viles exactions, des perceptions de beaucoup supérieures à celles prescrites par la Loi.

En un mot, les publicains ont, en général, le cœur dur et animé des plus bas sentiments; ils vivent dans la débauche; ils sont sans conscience et sans foi, si bien que le peuple les place au même niveau que les païens. Mais ce qui les lui rend par-dessus tout odieux, c'est leur dévouement, honteusement intéressé, aux oppresseurs de la nation, courbée sous le joug des Romains.

Toutes les sectes juives, en effet, si profondément divisées entre elles au point de vue religieux, si différentes dans leurs mœurs, si jalouses les unes des autres, se sentent étroitement unies, néanmoins, dans une même pensée : la haine implacable de l'étranger.

Aussi (j'insiste sur ce point), est-ce un courant, tout à la fois religieux et politique, qui entraîne les foules au baptême de Jean. Ce royaume de Dieu, dont aucun patriarche, aucun prophète ne leur a jusqu'à présent parlé, cette nouveauté pour tout le peuple, si j'ose ainsi m'exprimer, provoque en lui, depuis les plus puissants jusqu'aux plus humbles, une ardente et patriotique curiosité. Et comme, chez les Israélites, aucun acte de la vie soit privée, soit publique, ne s'accomplit sans les cérémonies de la religion, nul ne songe à s'étonner que, pour se préparer à des événements considérables, il soit nécessaire de confesser ses péchés avec des sentiments de contrition, et de recevoir le baptême de pénitence.

Ces deux pratiques, dont la première est sacramentelle, existent, d'ailleurs, depuis longtemps dans leurs rites, et constituent l'un des usages les plus antiques de l'humanité.

Sous l'ancienne loi, cependant, la confession n'était qu'une preuve de regrets pour le passé, de douleur pour le présent, un gage précieux pour l'avenir. Le Précurseur y ajoute une force spéciale : il en fait, pour ainsi dire, la préface de son baptême et le moyen efficace de *préparer à Dieu un peuple parfait*; mais, remarquons-le bien, le Christ seul lui donnera son caractère définitif et divin.

De même pour le *baptême de pénitence*. « Quelque excellent, dit l'abbé Barret, que fût celui de saint Jean, tant en lui-même que par son origine divine; tant par la sainteté et la vertu de celui qui le donnait que par les dispositions de charité qu'il rencontrait dans ceux qui le recevaient ; quoiqu'il l'emportât, sous tous les rapports, sur les purifications de la loi ; bien qu'il fût destiné à faire oublier aux Juifs leur ancienne confiance dans la vertu et l'efficacité des rites mosaïques, et qu'il remplaçât à lui seul toutes les nombreuses figures de l'Ancien

Testament, ses effets cependant venaient de l'homme. Il ne conférait pas la grâce, mais il disposait à la recevoir ; il n'imprimait pas de caractère, car il ne se donnait que dans l'eau ; il venait du ciel, mais il ne devait durer que peu, et cesser aussitôt que serait préparée la voie du Seigneur ; il précédait le baptême de Jésus-Christ, mais il ne le remplaçait pas [1].

« Le baptême de Jean faisait voir le supplice dû aux péchés ; le baptême du Christ ouvre les trésors du pardon. Jean baptisait dans la pénitence, Jésus-Christ dans le Saint-Esprit. Le baptême de l'un ne faisait qu'initier ; celui de l'autre perfectionne. Celui-là retirait et éloignait du péché ; celui-ci unit et incorpore à Dieu. Le baptême du Précurseur était le terme de la Loi, la conclusion des prophéties et la cessation de tous les sacrifices anciens ; celui du Sauveur est le principe et le fondement inébranlable de l'innocence et de la régénération nouvelle. »

---

[1]. Aussi saint Paul obligea-t-il les Éphésiens qui avaient reçu le baptême de Jean à recevoir celui de Jésus-Christ. (Actes, XIX, 3-5.)

CHAPITRE SIXIÈME

LA PRÉDICATION

SAINT JEAN s'était d'abord arrêté dans le désert de Judée, auprès des bords du Jourdain, pour y prêcher le baptême de pénitence ; mais bientôt, voyant le nombre toujours croissant de la multitude qui se portait vers lui, il traversa le fleuve, et vint habiter les environs de Beth-Abara [1].

---

1. « Les recherches de plusieurs savants paraissent établir que le nom de la bourgade où Jean baptisait n'est pas Béthanie. Nous lisons ce nom, il est vrai, dans l'Evangile de saint Jean (chap. I, vers. 28) ; mais il paraît qu'il y aurait eu erreur de copiste : erreur qui, après tout, n'altère en rien la véracité du récit évangélique. Le nom véritable de la bourgade serait Beth-Abara. Parmi les

Là, comme le mot hébreu l'indique, il y avait un bac, qui rendait très fréquenté ce passage par lequel on gagnait le grand désert d'Arabie. Le rivage formait, de plus, en cet endroit, une petite anse dont les eaux assez profondes facilitaient l'administration du baptême par immersion.

La retraite de saint Jean ne devait pas être bien éloignée de Beth-Abara, puisqu'il y vint souvent baptiser et faire entendre sa parole.

On s'imagine aisément la scène qui se passa le jour de la fête des Trompettes. Cette fois, par suite des circonstances que nous avons indiquées, l'auditoire est considérable ; chacun répète, en attendant la venue du prophète, ce qu'il sait sur le genre de vie de l'ascète : il ne se nourrit que de sauterelles, des tiges insipides de certains arbustes, du miel amer que font les mouches sauvages !

anciens Pères, saint Chrysostôme et d'autres ont adopté ce dernier sentiment, qui nous semble d'autant mieux fondé, que Béthanie n'est ni au-delà du Jourdain ni dans le désert, mais à une distance peu éloignée de Jérusalem, entre cette ville et le lac Asphaltite. D'autres écrivains, et, parmi eux, Théodore de Bèze, ont pensé qu'il existait peut-être une autre Béthanie, située sur les bords du Jourdain, et qui aurait été détruite ; mais on n'en trouve aucune trace dans les monuments historiques. Il nous paraît plus rationnel d'admettre une erreur de copie portant *Béthanie* au lieu de *Beth-Abara* »

Soudain un mouvement immense, profond comme celui d'une mer qu'agite la houle, se manifeste au sein de la multitude. Des acclamations retentissent de toutes parts : « Le *Baptiste!* voici le *Baptiste !* » Car on désignait Jean sous ce nom depuis qu'il avait inauguré son ministère en appelant tous les hommes au baptême de pénitence. La foule se précipite à sa rencontre ; bientôt ses rangs pressés entourent le tertre élevé sur lequel il est monté pour mieux faire entendre sa parole.

L'impression que produit sa vue est à elle seule une prédication. Ses yeux creux brillent d'une sainte ardeur ; ses joues, amaigries par les austérités du désert, ont la teinte jaune et transparente du jeûne ; sa peau est brûlée par le soleil, sa barbe inculte, sa chevelure en désordre. Un vêtement de poils de chameau, retenu autour des reins par une ceinture de cuir, descend à peine jusqu'à ses genoux, laissant à découvert la poitrine et les jambes.

Mais, sous cette écorce sauvage, contemplez l'âme de saint Jean. Qu'elle est belle ! Qu'elle est agréable au Seigneur ! Pas une tache ne la souille. Elle apparaît toute éclatante de la grâce divine, toute resplendissante des lumières de l'Esprit-Saint ; c'est le sublime modèle de la perfection chrétienne !

Le Précurseur promène, de tous côtés, un humble mais ferme regard sur la foule qui l'environne. Son œil s'arrête avec une infinie tendresse sur les Esséniens, dont son séjour au Carmel lui apprit jadis à apprécier les vertus, et peut-être aussi la bonté paternelle pour l'orphelin dans l'exil ; mais ce même œil, si plein d'amour tout à l'heure, s'enflamme d'une apostolique indignation à la vue des Pharisiens et des Saducéens qui se présentent au baptême de pénitence. Saint Jean lit, à la lumière du Saint-Esprit, jusque dans les profondeurs intimes de leurs âmes. Il y découvre les sentiments d'hostilité et de jalousie que ces hommes pervers nourrissent à son égard, bien qu'ils s'efforcent de les dissimuler aux yeux de tous sous les dehors d'un faux respect ; il y trouve la crainte secrète de voir passer au nouveau Prophète la plus grande partie de l'ascendant qu'eux seuls, jusqu'à présent, ont exercé sur le peuple. Il connaît, d'ailleurs, le scepticisme des uns et les fausses doctrines des autres. Il sait que les Pharisiens, s'autorisant des promesses faites par Dieu à la nation juive dans la personne d'Abraham, se flattent de la pensée que les mérites du Patriarche, dont ils sont les descendants, suffiront à les sauver.

Il est temps que les masques tombent ; il est temps que les préjugés malsains soient détruits ! D'une voix tonnante, le Précurseur lance cette véhémente apostrophe : « *Race de vipères, qui donc vous a appris à fuir la colère à venir ? Faites de dignes fruits de pénitence, et ne croyez pas qu'il suffise de dire :* « *Nous avons Abraham pour père, car,* » *je vous le déclare, Dieu peut faire naître de ces* » *pierres mêmes des enfants à Abraham !* »

En prononçant ces mots, saint Jean étendait majestueusement la main vers les douze pierres énormes apportées, du milieu du fleuve, par les chefs des douze tribus d'Israël, et amoncelées sur le rivage, lors du passage miraculeux du Jourdain par Josué, monument que les Juifs appelaient l'autel du Témoignage, et qui avait fait surnommer cet endroit le « Gué des douze pierres. »

La prophétie du Précurseur s'est accomplie. Les descendants d'Abraham selon la chair ont péri, et Dieu lui a suscité des enfants du sein des Gentils et des idolâtres dont les pierres sont ici la métaphore. — Sans doute, dit saint Gaëtan, la promesse faite par Dieu à Abraham de prendre sa postérité sous sa protection doit être regardée comme réelle, quant à l'universalité des descendants de ce Patriarche, mais elle ne saurait s'appliquer à chacun d'eux en particulier [1].

---

1. Saint Paul nous montre, dans l'Epître aux Romains (chap. IV), Abraham justifié non par les œuvres, mais

Les commentateurs ont diversement interprété cette phrase du Baptiste : « *Qui donc vous a appris à fuir la colère à venir ?* » Les uns y voient une exclamation arrachée à saint Jean par la surprise, en présence de la conversion subite d'incrédules et d'impies qui se prennent à redouter la colère future de Dieu, c'est-à-dire les peines éternelles. D'autres, au contraire, y trouvent une interrogation : « On ne vous a donc point appris à fuir la colère à venir, puisque vous vous présentez ici avec des sentiments hypocrites et sans la contrition nécessaire? » Les Pharisiens, en effet, impénitents superbes, voulaient bien recevoir le baptême, mais non se reconnaître pécheurs ; et les Saducéens, ces matérialistes d'alors, ne s'y soumettaient que comme à une formalité sans conséquence, de nature à flatter les idées populaires du temps, qui

par la foi Abraham, justifié par la foi avant la circoncision, est le père des croyants circoncis ou incirconcis. C'est par la foi et non par la Loi qu'on est héritier d'Abraham. Ce patriarche eut une foi ferme, et ses imitateurs seront justifiés comme lui.

L'Apôtre, dans le chapitre ix, fait ressortir que la chute des Juifs ne rend pas les promesses de Dieu vaines et sans effet, car Dieu choisit par miséricorde et abandonne par justice ceux qu'il veut. Les Juifs avec la Loi se sont perdus, tandis que les Gentils se sont sauvés par la foi en Jésus-Christ.

entraînaient les Juifs vers le Baptiste ; aussi saint Jean repoussait-il également les uns et les autres.

C'est encore sous l'empire de ces sentiments, qu'il ajoute : « *Faites donc de dignes fruits de pénitence* », c'est-à-dire ayez un repentir sincère et prenez l'inébranlable résolution de devenir, par un labeur quotidien, des hommes nouveaux.

Le jeune Prophète s'adresse ensuite à la foule, et, faisant allusion à la destruction imminente de Jérusalem, que lui dévoile le sombre avenir, il poursuit son discours en disant : « *La cognée est à la racine des arbres ; tout arbre qui ne produit pas de bons fruits sera coupé et jeté au feu.* »

O race Juive, infortunée nation ! la terrible prophétie de Daniel commence à s'accomplir ; l'effroyable bête, armée de dents et d'ongles de fer, va bientôt achever son œuvre de destruction à ton égard. Encore un peu de temps et l'empire romain, qui te foule maintenant aux pieds, te broiera sous ses dents pour te dévorer ! Hier, c'était le plus grand des orateurs de Rome qui s'écriait, en parlant de ton antique cité : « O Jérusalem, combien ta puissance est changée ! Tu reconnais pour maître le César Tibère, un adorateur des idoles ! Tu as pour chef Pilate, qui ne connaît pas le vrai Dieu ; tu obéis aux Romains idolâtres ! Ton Pontificat, découronné de son ancienne auréole de sainteté et de noblesse, est l'apanage des hommes serviles qu'il plait aux étrangers de choisir. Voilà ce que tu as mérité par tes crimes ! » Aujourd'hui, le dernier de tes Prophètes ajoute : « Jérusalem ! Jérusalem ! le moment est venu où, semblable à un arbre stérile, ta gloire va disparaître ; la cognée est mise à la racine de l'arbre pour renverser le culte de tes enfants et fermer l'ère des temps judaïques. Hélas ! cette nouvelle ruine ne ressemblera pas à l'autre, qui n'a duré que soixante-dix ans ; c'est pour toujours que la cognée détruira l'arbre, *car tout arbre qui ne produit pas de bons fruits sera coupé et jeté au feu !* »

Ah ! je comprends l'indéfinissable émotion de la foule en entendant la prophétie du Baptiste, dont le caractère inspirait une confiance sans limites. Je comprends l'étendue de sa terreur ; je comprends cette question qui trahit l'anxiété générale, et qu'adressent à Jean tous les esprits, tous les yeux, toutes les bouches : « *Que devons-nous donc faire ?* »

Avant de répondre dans la forme que reproduit l'Evangile, le Baptiste, je le suppose (car rien n'oblige à croire que son discours fut prononcé selon l'ordre indiqué par saint Luc), répliqua d'abord à ses interlocuteurs par le texte habituel de ses prédications précédentes : « *Faites pénitence, car le royaume de Dieu est proche !* » Mais, comme il importait d'arracher de l'esprit des Juifs l'idée fausse qu'ils avaient conçue de ce royaume et du véritable objet de la venue du Messie, il est permis de croire qu'il profita de ce concours prodigieux des multitudes pour bien préciser sa pensée sur ce point.

Ce n'était ni par le glaive, ni par l'or, ni par la sédition que l'on pouvait espérer conquérir ce royaume ! « C'était un royaume d'un tout autre ordre, un royaume tout spirituel, le royaume des âmes, où l'on entrerait par la pénitence et où l'on vivrait dans l'amour. » Il n'apparaissait, aux temps de l'Ancien Testament, que dans une perspective lointaine ; on n'avait alors à ce sujet que de vagues données et de vagues aspirations ; l'ancienne Loi ne faisait aucune mention de ses délices et de sa perpétuité. Le regard des Prophètes eux-mêmes n'en avait pu sonder le mystère. L'Incarnation du Verbe fut le signal d'une ère nouvelle : le royaume des cieux s'entrouvrait ; on commença à le connaître, à le souhaiter, à comprendre qu'il approchait. Assurément saint Jean ne disait point : « il est venu », car ce céleste royaume ne fut entièrement ouvert qu'après la mort et la résurrection du Christ ; mais il disait : « Il est proche ! » c'est-à-dire voici le moment où l'on va l'aimer, le

chercher, le conquérir et le posséder. Le posséder !
Sans doute il faudra lutter aussi pour arriver à
cette conquête ; mais, ô lutte saintement violente !
c'est par le combat contre soi-même que les violents
le ravissent [1] !

Ces idées, il faut bien le reconnaître, vinrent se
heurter, tout d'abord, contre le sentiment général
de la nation. Les grands surtout, qu'atteignent
toujours plus que les petits les bouleversements
politiques, commencèrent à regarder saint Jean avec
colère et mépris. Eh quoi ! ce novateur téméraire,
vêtu d'une peau de chameau, ce mangeur de
sauterelles, cet habitant presque farouche du désert
ose venir avec audace dissiper, du souffle de sa
parole, leurs rêves politiques et renverser leurs
espérances ambitieuses, fondées sur la venue d'un
Libérateur guerrier ! Et lorsqu'ils attendent avec
certitude, pour leur pays et surtout pour eux-
mêmes, la royauté universelle d'ici-bas, un Prophète importun leur indique en échange, le
Royaume incertain des cieux !

---

[1]. *A diebus Johannis Baptistæ regnum cœlorum vim patitur et violenti rapiunt illud.* (St Math. c. XI, v. 10.) — Avant la prédication de saint Jean, la pénitence était également nécessaire pour mériter le ciel ; le Sauveur nous apprend seulement qu'auparavant personne n'avait encore enseigné, d'une manière aussi claire, le moyen de le conquérir. (Réflexion de Denys le Chartreux.)

Le peuple, comme les grands, éprouva, lui aussi, dans les premiers temps de la prédication de saint Jean, la plus amère déception ; et reconnaissons à ce signe la nécessité providentielle de la mission du Précurseur. Il importait qu'il marchât devant le Christ pour préparer sa voie, combler les vallées, abaisser les montagnes et les collines, redresser les chemins tortueux et aplanir ceux qui étaient raboteux, afin que tout homme vît le Sauveur envoyé par Dieu ; il importait, en d'autres termes, qu'avant la venue du Messie, Jean détruisît l'orgueil, la dureté de cœur, les préjugés et l'aveuglement d'un très-grand nombre de Juifs.

La multitude, revenue de ses premiers étonnements, se sentit plus irrésistiblement encore entraînée vers Jean. Beaucoup, abandonnant leurs espérances terrestres, regardèrent alors du côté du ciel.

La foule a parfois des égarements faciles, mais souvent aussi de prompts et nobles retours. L'attitude du saint prophète, sa parole, tout à la fois énergique et tendre, étaient bien faites pour les provoquer.

Après avoir entretenu son auditoire du royaume de Dieu et de la nécessité de le conquérir par la pénitence, le Baptiste indique l'exercice de l'aumône comme un puissant moyen pour les hommes de fléchir la colère du ciel et d'échapper au feu qui attend tout arbre stérile.

Que devons-nous donc faire? s'est écriée tout à l'heure la foule anxieuse.

Et Jean, répondant, lui dit : « *Que celui qui a deux* (et non pas DES) *tuniques en donne une à celui qui n'en a pas, et que celui qui possède des vivres les partage avec ceux qui en manquent.* » En d'autres termes, pratiquez les œuvres de miséricorde ; ne vous contentez pas de donner votre superflu, faites plus : partagez même le nécessaire avec l'indigent ; traitez et aimez votre prochain comme vous-même.

On le voit donc : au judaïsme qui interroge c'est déjà le christianisme qui répond ; car, selon la remarque de M. l'abbé Bougaud, « on sent dans la prédication de saint Jean comme le tressaillement du monde nouveau qui va naître ; ce monde de la vérité et de l'amour, où les vaines et froides formalités sont rejetées comme d'impures scories, et où rien n'aura de prix que ce qui sortira de l'âme dans un élan sincère. »

La charité ! telle est la recommandation expresse du Précurseur, telle est la loi primordiale de l'humanité chrétienne. Un Père de l'Eglise l'a dit éloquemment : « Dieu n'a pas créé les riches pour l'utilité des pauvres ; sa puissance avait mille moyens de nourrir autrement ces derniers ; mais il a créé les pauvres pour l'utilité des riches, car, sans les pauvres, les riches demeureraient stériles et inutiles. »

Cédant à l'entraînement général, et pénétrés, d'ailleurs, d'admiration, de crainte et de repentir, vinrent ensuite les publicains et les soldats dont nous avons précédemment esquissé la physionomie, en même temps que celle des différentes sectes juives. Eux aussi demandèrent à Saint Jean le baptême de pénitence en disant : « *Maître, que faut-il que nous fassions ?* » Jean répondit aux premiers : « *N'exigez rien de plus que ce qui vous est prescrit ;* » et aux seconds : « *Abstenez-vous de toute violence, de toute fraude, et contentez-vous de votre paye.* »

Le Prophète n'apostrophe point avec rudesse ces pécheurs endurcis devenus, à sa voix, des hommes de bonne volonté ; il rétablit la paix dans leurs âmes par sa mansuétude, en se bornant à les rappeler aux devoirs de leur état. Tout à l'heure, il bravait le courroux des grands ; bientôt il affrontera celui des rois ; en ce moment il encourage les efforts généreux du peuple, plus souvent égaré que coupable. Nous sommes à l'aube de l'Evangile.

A la suite des publicains et des soldats, de nouveaux questionneurs, Juifs et Gentils, se présentèrent encore en grand nombre, car saint Luc nous dit que le Précurseur *fit beaucoup d'autres exhortations à la multitude.* Je me figure cette foule diversement composée. Voici le laboureur et voici l'ouvrier ; voici le vieillard et voici le jeune homme ; voici les femmes de toutes les classes et de toutes les conditions ; voici les humbles et voici les superbes ; voici les chastes et voici les repentantes. A toutes et à tous, selon leur état, saint Jean montre les voies redressées ou les sentiers aplanis qui mènent au Christ futur.

Ai-je besoin de le faire remarquer ? Le prêcheur du désert, le vaillant missionnaire des bords du Jourdain offre le type accompli du véritable prédicateur de la parole évangélique : pureté de conscience et de doctrine, virginité d'âme et de corps, modestie et fermeté de l'attitude, simplicité du vêtement, amour de la pénitence et de la retraite, ardente charité pour Dieu, zèle brûlant pour les âmes. N'est-ce point là le prêtre vraiment digne de ce nom, et n'est-ce point là saint Jean-Baptiste ?

Au spectacle d'une si haute sainteté, que rendaient plus resplendissante encore des enseignements sublimes et une parole entraînante, le *peuple,* dit l'Évangile, *était dans une grande suspension d'esprit, et tous pensaient en eux-mêmes si Jean ne serait pas le Christ.* Déjà, cependant, le fils de Zacharie avait rendu au Messie un premier et solennel témoignage par le baptême de pénitence, puisqu'en l'administrant il disait au peuple, d'après les Actes des Apôtres et le sentiment des Pères et des Docteurs de l'Eglise, « de croire en Celui qui allait venir après lui. » Mais ce premier témoignage n'avait pas suffi à protéger son humilité contre les exagérations de l'enthousiasme populaire ; il importait de faire cesser toute équivoque. Tenu sans doute par ses disciples au courant de l'opinion générale, et certainement inspiré par l'Esprit-Saint, Jean s'empressa de rendre au Christ un second témoignage par lequel, se diminuant lui-même, il grandissait son Maître aux yeux des foules de toute la hauteur de sa propre renommée, et lui donnait la véritable place que lui assignait sa Divinité.

C'est pourquoi Jean dit en présence de tout le peuple : « *Pour moi je vous baptise dans l'eau, mais il en viendra un plus puissant que moi dont je suis indigne de délier la chaussure. C'est lui qui vous baptisera dans le Saint-Esprit et dans le feu* [1]. — *Son van est en sa main, et il*

---

[1]. Jean a baptisé dans l'eau, mais vous, vous serez baptisés dans l'Esprit-Saint sous peu de jours. *(Actes des Apôtres.)* — L'esprit n'avait pas encore été donné, parce que Jésus n'était pas encore glorifié. (St Jean, ch. vii, v. 39.)

nettoiera son aire; il amassera le blé dans son grenier, et il brûlera la paille dans un feu qui ne s'éteint pas. »

On le voit : Jean rabaisse, pour ainsi dire, son propre baptême pour exalter celui que donnera bientôt le Christ. Il ne baptise que dans l'eau; mais viendra un plus puissant que lui, qui baptisera dans le Saint-Esprit et dans le feu. Le Saint-Esprit ! c'est l'abondance des biens spirituels ; le feu ! c'est la ferveur de la grâce ; le feu ! c'est la purification suprême de l'humanité aux jours féconds de la Pentecôte. Point de comparaison donc entre les deux baptêmes : l'un est celui d'un homme ; l'autre, celui d'un Dieu. Aussi le Précurseur proclame-t-il bien haut son indignité vis-à-vis de ce plus puissant que lui. Quel aveu dans la bouche d'un tel Prophète et quel dût être l'étonnement des Juifs en l'entendant ! Eh quoi ! Jean, le modèle à leurs yeux de toutes les perfections, Jean qu'ils sont tentés de regarder comme le Messie, n'ose même pas exercer vis-à-vis de Celui dont il leur parle la vile fonction de l'esclave chargé, selon la coutume antique, de délier, avant le festin, pour les rattacher après, les sandales de son maître¹ ! Mais l'étonnement

---

1. Ces paroles : « Je suis indigne de délier sa chaussure » faisaient également allusion, a-t-on dit, à une coutume parfaitement connue des auditeurs de saint Jean. Quand un

va faire place à un religieux effroi ! Le Baptiste leur a montré le Messie-Rédempteur ; vienne maintenant le Messie-Juge !

Après avoir parlé du premier avénement du Christ, en disant : « Viendra un plus puissant que moi », et du Christ glorifié, après sa résurrection, en ajoutant : « Lui vous baptisera dans l'Esprit-Saint et dans le feu », le Précurseur fait allusion au second avénement, lors du Jugement dernier. *Son van est dans sa main.* Parole pleine d'épouvante et de mystère ! Le Christ, constitué le Juge souverain de l'humanité, après en avoir été le Sauveur, viendra juger les vivants et les morts, et,

homme refusait d'épouser une femme que la loi l'obligeait à prendre, il était tenu de se déchausser devant les magistrats de la ville, et de donner sa chaussure à son proche parent, à qui il cédait ainsi son droit.

Or, quel devait être l'époux de la synagogue, si ce n'est le Christ, à qui appartient tout l'héritage du Père, c'est-à-dire toute l'Église, depuis l'origine du monde jusqu'à la fin ? Mais le Fils ayant refusé de prendre l'épouse qui lui revenait légitimement en rejetant la synagogue, autrefois l'épouse du Seigneur, Jean-Baptiste, le plus proche parent du Christ, rend témoignage qu'il est indigne de délier les cordons de la chaussure du Sauveur, indiquant qu'il ne peut prétendre accepter ses droits d'époux et se substituer à lui en cette qualité.

Cette interprétation des paroles du Précurseur nous est fournie par saint Augustin, le vénérable Bède et l'abbé Rupert.

semblable au laboureur qui vanne pour séparer le grain de la paille, il opérera la séparation entre les justes et les réprouvés.

Saint Jean empruntait cette métaphore aux habitudes des Juifs, presque tous alors agriculteurs. Après la récolte, on plaçait les gerbes en cercle autour de l'aire, puis on les faisait piétiner par des bœufs, auxquels la Loi défendait de lier la bouche pendant l'opération ; ensuite, on prenait une large pelle chargée de grain, on se mettait contre le vent et l'on pratiquait le vannage en secouant légèrement cette pelle. L'opération terminée, on nettoyait l'aire. Aussi le Baptiste, continuant la comparaison, poursuit-il en disant : « *Et il nettoiera son aire ;* » rapprochement d'autant plus frappant, que le Temple, personnification du peuple Juif, avait été construit sur une aire. Il voulait faire entendre par là que le Messie-Juge purgera son Eglise de toute mauvaise semence, car, dans l'Eglise, les méchants se trouvent mêlés avec les bons, comme l'ivraie avec le grain. *Puis il rassemblera le blé dans son grenier,* c'est-à-dire les élus dans le Ciel qui leur a été préparé depuis la création du monde, *et il brûlera la paille,* figure des réprouvés, *dans un feu qui ne s'éteint pas,* figure de l'enfer. Déjà saint Jean a fait allusion aux châtiments de l'autre vie en parlant aux Pharisiens de la colère *à venir*. Combien plus effroyable aujourd'hui est la révélation du Prophète, puisqu'il s'agit non-seulement d'un châtiment futur, mais d'un châtiment éternel !

CHAPITRE SEPTIÈME

LE BAPTÊME

Saint Jean, par la prédication, vient de révéler magnifiquement le Messie ; il va le faire, d'une manière plus directe et plus éclatante encore, par le baptême auquel Jésus se dispose humblement à se soumettre, avant de commencer sa vie publique [1]. Pur de tout péché, le Sauveur du monde n'a nul besoin de faire pénitence ; mais, comme il a pris une chair semblable à notre chair corrompue, il veut, de même, en tant qu'homme, faire

---

1. Le moment exact du baptême du Christ par saint Jean a donné lieu à de nombreuses controverses.
Jésus-Christ fut-il baptisé la première année de la prédication de Jean, ou seulement l'année suivante ? L'Évangile est muet à cet égard. Saint Paul, au livre des

PREMIÈRE PARTIE

acte de pénitent aux yeux de tous. Il veut, de plus, selon la remarque unanime des Pères de l'Église, conférer, désormais, à l'eau, par le contact de sa chair sacrée, la vertu d'enfanter les fils de Dieu jusqu'à la consommation des siècles.

Ondes bénies du Jourdain! deux grands souvenirs vous désignaient à l'ineffable honneur de recevoir et d'ensevelir un instant le nouvel Adam, et, avec lui, toute l'humanité coupable. «C'est, en effet, dit l'abbé Doublet dans son admirable ouvrage sur saint Thomas, c'est en traversant le Jourdain que les enfants d'Israël entrèrent dans la

Actes, nous apprend que « *Jean, sur le point d'achever sa course, disait : Qui croyez-vous que je sois ? Je ne suis pas celui que vous pensez...* »

De l'avis de graves commentateurs, ces paroles de l'apôtre font supposer un certain espace de temps entre le commencement de la prédication du Précurseur et le baptême du Christ.

C'est ce que semblent indiquer encore, ajoutent-ils, ces autres paroles de l'ange à Zacharie : *Il unira les cœurs des pères à ceux des fils,* etc., car il fallait à saint Jean un temps assez long pour préparer Israël à recevoir le Messie. En effet, après avoir passé toute sa vie dans le désert jusqu'au jour où il se manifesta, ne faisant, d'ailleurs, aucun miracle, comment aurait-il pu, dans l'espace de quelques semaines seulement, s'acquérir une telle réputation, qu'au rapport de saint Luc : *Tout le monde pensait, dans son cœur, s'il n'était point le Christ?* De plus, l'Évangile semble déclarer assez clairement qu'il se passa bien des faits entre la vocation de saint Jean et le baptême de

terre de promission ; c'est en passant par les eaux régénératrices du baptême que l'humanité nouvelle fait son entrée dans la terre promise, dans la patrie d'en haut. Au moment où le char de feu allait emporter Elie dans les cieux, ce Prophète divisa les eaux du fleuve. A ces deux souvenirs se rattache le baptême chrétien : « Baptême dans l'eau et le feu. » L'eau purifie, le feu remplit les âmes des ardeurs de la charité divine ; le char enflammé, la grâce, emporte l'homme dans les sublimités de la vie déiforme et le dépose dans les bras et sur le cœur de Dieu. »

Jésus-Christ. Il dit même que tout le peuple était déjà venu trouver le Précurseur, quand le Fils de Dieu se présenta lui-même pour se faire baptiser.

De savants auteurs ont donc pensé que le Christ n'aurait été baptisé que dans la seconde année du ministère de saint Jean, c'est-à-dire que le Précurseur avait déjà prêché près de dix-huit mois, quand Jésus vint le trouver le 6 janvier. C'était l'opinion des Docteurs de Port-Royal.

Cependant il semble plus probable que Jésus fut baptisé dans le cours de la première année de la prédication de saint Jean ; car, depuis le mois de septembre jusqu'au mois de janvier, il y avait assez de temps pour permettre au saint Précurseur de réunir les multitudes sur les rives du Jourdain, surtout si l'on réfléchit qu'il ne parcourut pas d'abord toute la Judée, mais qu'il se contenta seulement de se faire entendre dans les plaines de Jéricho, aux environs de l'embouchure du fleuve. Tel est, du moins, le sentiment le plus généralement reçu.

Saint Mathieu rapporte en ces termes la scène mystérieuse et grandiose du baptême du Christ : « *Alors Jésus vint de la Galilée au Jourdain pour être baptisé par saint Jean. Or Jean s'en défen-*

Mosaïque de la basilique de saint Marc. (XI· siècle.)
(V. troisième partie, ch. I.)

dait en disant : C'est moi qui dois être baptisé par vous, et vous venez à moi. Mais Jésus lui fit cette réponse : « *Laissez-moi faire pour cette* » *heure, car c'est ainsi qu'il convient que nous* » *accomplissions toute justice. Alors Jean ne* » *résista plus. Or, ayant été baptisé, Jésus sortit*

» *aussitôt de l'eau, et voici que les cieux lui*
» *furent ouverts; il vit l'Esprit de Dieu des-*
» *cendre sur lui en forme de colombe. Et au même*
» *instant une voix se fit entendre du ciel qui*
» *disait :* « *Celui-ci est mon Fils bien-aimé en*
» *qui j'ai mis toutes mes complaisances.* »

Un jour donc que Jean remplissait les fonctions qui lui valurent son glorieux surnom, il vit s'avancer à sa rencontre, et se présenter à son baptême, un inconnu dont la présence le fit sans doute tressaillir, comme il avait tressailli jadis dans le sein de sa Mère, car il recula soudain, saisi de surprise et presque d'effroi, en prononçant ces mots: «*C'est* » *à vous de me baptiser, et c'est vous qui venez* » *à moi !* » Le Précurseur avait reconnu son Dieu, soit à sa douce majesté, soit aux clartés infaillibles du Saint-Esprit, et il n'osait consacrer le Consécrateur suprême.

L'abbé Barret retrace en termes élevés ces saintes hésitations : « Qui pourrais-je invoquer en vous baptisant? lui fait-il dire. Vous donnerai-je le baptême au nom du Père? mais vous avez en vous-même le Père tout entier, et vous êtes tout entier dans le Père. Au nom du Fils? mais il n'y a point d'autre Fils de Dieu que vous. Au nom du Saint-Esprit? mais il est toujours avec vous, puisqu'il vous est consubstantiel.... Baptisez donc, Seigneur, baptisez celui qui ne baptise que par votre ordre. Régénérez vous-même celui que vous avez envoyé pour régénérer les autres. Etendez votre main puissante et sanctifiez ma tête en la touchant ! »

Jésus lui répondit alors : « *Laissez-moi faire pour cette heure, car c'est ainsi qu'il convient que nous accomplissions toute justice.* »

C'est, d'après le commentaire de saint Jean Chrysostome, comme si le Messie eût dit à son Précurseur : « Je dois accomplir la justice dans toute son étendue ; de même que j'ai reçu la circoncision, offert les sacrifices de la loi, observé le sabbat, sanctifié les fêtes établies, ainsi je dois obéir au Prophète envoyé de Dieu pour baptiser ; car, si telle est sa mission, ne dois-je pas la reconnaître ? Si les publicains et toute la foule justifient le Seigneur en accourant au baptême de son hérant, puis-je moins faire ? et ne deviendrais-je pas semblable aux Scribes et aux Pharisiens qui méprisent les desseins de Dieu sur eux en refusant de recevoir le baptême ? »

D'ailleurs, d'après les Actes des Apôtres, le divin ministère pour lequel le Christ était descendu parmi les hommes ne date que du baptême de Jean. Ne convenait-il point, dès lors, qu'une telle mission fût précédée d'incomparables mystères ?

En présence de l'ordre du Maître, saint Jean cessa de résister ; il obéit humblement et le baptisa.

L'Ange de l'École, auquel nous sommes heureux de pouvoir emprunter le commentaire théologique qui va suivre, cherche, avec sa hauteur de vues accoutumées, à pénétrer le secret de ce baptême. Je laisse à son éminent interprète, dont j'ai cité le nom tout-à-l'heure, le soin d'en faire ici l'exposition ; nos lecteurs nous en sauront gré. M. l'abbé Doublet nous permettra cette longue citation, en voulant bien considérer qu'on peut tirer d'un seul flambeau une quantité indéfinie de lumière, sans altérer en rien son éclat.

« Quatre circonstances solennelles, dit saint Thomas, marquent le baptême de Jésus-Christ et préfigurent les effets du nôtre : l'eau où Jésus-Christ se plonge et d'où il s'élève, les cieux qui s'ouvrent, la descente de l'Esprit sous la forme de la colombe, la voix du Père qui retentit.

» Rien de vaste et de magnifique comme les enseignements qui jaillissent du baptême de Jésus. Deux actes complètent ce baptême : Jésus-Christ se plonge dans les eaux, puis il s'en relève. Ne l'oublions pas, Jésus-Christ est le chef de l'humanité déchue ; il s'identifie en elle ; c'est en elle qu'il se plonge et s'ensevelit sous les eaux : c'est là, dit saint Paul, une sépulture; le pécheur est mort et enseveli dans les eaux baptismales; toutes les iniquités du monde, tous les crimes qu'ont accumulés les siècles y sont engloutis, « nous tous nous sommes ensevelis dans la mort, » nous descendons dans les mêmes eaux, nous nous ensevelissons dans le même linceul. Puis après, avec le même Jésus-Christ, nous nous relevons. Quand Jésus sort des eaux et reparaît à la lumière, il élève, en sa personne, la nouvelle humanité, « glorieuse, sans tache, sans ride, sans rien de semblable, mais toute sainte et toute immaculée. »

» ....*Aperti sunt cœli*. C'est le grand effet du baptême : rouvrir le ciel à une humanité coupable et bannie. Durant combien de siècles le ciel fut d'airain sur la tête de l'homme ! Combien fermé ! Combien menaçant ! Aujourd'hui le Fils du Très-Haut, le Maître de la maison céleste, en demande l'entrée; à sa prière, *Jesu orante*, le ciel s'ouvre et pour Jésus et pour l'humanité dont il a daigné se faire le frère et le chef.

» Saint Thomas trouve deux autres significations également profondes dans cette circonstance des Cieux ouverts sur la tête de Jésus-Christ baptisé. Le baptême est la naissance céleste de l'homme; l'homme naît deux fois, comme Jésus-Christ le disait à Nicodème : il naît à la nature et à la grâce, à la terre et au ciel, à la vie terrestre et naturelle dont le tombeau est la limite, à la vie surnaturelle et divine dont l'éternité est l'épanouissement sans fin: *de terra terrenus, de cœlo cœlestis*. Or, dans la seconde naissance de l'homme, rien n'est humain ni terrestre, tout vient du ciel et est du ciel : la fécondité qui l'engendre, les dons qu'il reçoit, le terme qui lui est marqué, les moyens qu'on lui assigne pour y atteindre, *de cœlo cœlestis*. Rien, dit le Docteur angélique, ne marquait mieux cette condition de la seconde naissance de l'homme au baptême, que la radieuse ouverture qui laisse le ciel à nu, et par où s'échappent les forces surnaturelles et divines dont se forme le chrétien. *Ut ostenderetur quod de cætero cælestis virtus baptismum sanctificaret*. De plus, le baptême est le sacrement de la foi, *sacramentum fidei*. Il introduit l'homme dans le monde surnaturel, où cesse le regard humain et se déroulent aux yeux divinement ouverts les invisibles splendeurs de Dieu. Saint Paul rendait admirablement ce mystère, quand il disait : « Nous ne contemplons plus ce qui se voit, mais ce qui est invisible ; » et ailleurs : « Nous contemplons à face découverte la face du Seigneur.... »

» La troisième circonstance, pleine d'enseignements et de mystères, du baptême de Jésus-Christ, est la descente du Saint-Esprit sous la forme d'une colombe. Sans doute Jésus ne pouvait recevoir pour lui-même le Saint-Esprit, puisqu'il en possédait l'infinie plénitude, mais il le recevait pour l'Église « qui est son corps », pour le genre humain tout entier dont il était, au baptême, le mandataire et le représentant. La forme de la colombe, choisie par l'Esprit-Saint, attire toute l'attention de saint Thomas et provoque ses plus belles études. Par cette apparition le baptême est représenté, à la fois, dans les dispositions qu'il requiert et la vie nouvelle où il introduit l'homme; dans ses effets en chaque âme, dans son immense et universel résultat qui est la formation de l'Église de Dieu..... »

» La colombe préfigure aussi l'effusion de la grâce dans l'âme, et c'est cette effusion qui est le grand effet du baptême. *Columba fuit ad repræsentandam influentiam Spiritus sancti.* Dieu dépose dans l'âme, avec la grâce sanctifiante, ces divines influences, ces inclinations douces et puissantes que la théologie nomme les *dons du Saint-Esprit*, et que la colombe figure encore avec une saisissante vérité.

» Quatrième circonstance que note l'Evangéliste et que commente saint Thomas : la voix du Père retentit du haut des cieux entr'ouverts : « *Celui-ci est mon Fils bien-aimé dans lequel j'ai mis toutes mes complaisances.* » Que le Père se manifeste par la voix, c'est, dit le Docteur angélique, d'une convenance pleine de profondeur. C'est le Père qui parle : il parle infiniment, éternellement, substantiellement, et sa parole, c'est son Verbe, c'est sa Pensée, substantielle et infinie manifestation de lui-même, fruit infini d'une intelligence infinie. C'est donc au Père qu'il convient de parler, et de parler de son Fils, de son Verbe. Et quand devait-il parler de ce Fils, sinon au moment où le plus profond anéantissement le dérobait à la connaissance et aux hommages de la terre, où il venait s'humilier, souffrir et mourir ? A cette heure d'une charité à jamais incompréhensible, où le Verbe incarné, pour sauver les pécheurs, « se met au rang des pécheurs, » et entre avec eux dans les eaux purificatrices, qui ne sont pas faites pour lui, la voix du Père retentit et désigne son Fils aux respects et aux adorations de la terre et des cieux : Voici mon Fils bien-aimé !

» Mais une autre doctrine jaillit de ces mots, qui nous regarde, et consacre nos étonnantes grandeurs. Notre baptême tire exclusivement sa force de la vertu d'en haut ; ce n'est ni de la chair, ni du sang, ni de la volonté de l'homme, « c'est de Dieu seul ». que naît à la vie surnaturelle l'homme régénéré par le sacrement. De plus le baptême nous introduit dans la foi, et la foi n'est que l'assentiment surnaturel à tout ce qu'est Dieu; et Dieu, considéré en lui-même, c'est l'unité de nature dans la trinité des Personnes, un seul Dieu en trois personnes distinctes. Il fallait donc que les trois Personnes divines, au nom et par la vertu desquelles le baptême est conféré, et dont le baptisé doit confesser l'existence auguste, y fussent présentes et y présidassent dans une commune manifestation. Le Père y apparaît dans la voix, le Fils sous le vêtement de l'esclave et l'appareil de la Rédemption, le Saint-Esprit sous la forme de la colombe.

» Les paroles du Père ne s'arrêtent pas à Jésus-Christ, mais elles ont en nous leur extension et leur magnifique écho. Elles inaugurent dans nos destinées une révolution inattendue, terminant l'ère de nos infortunes et ouvrant celles de nos gloires divines et de nos éternelles espérances. L'homme était chassé du cœur de Dieu en même temps que du paradis de délices, et les dernières paroles sorties de la bouche du Très-Haut n'étaient que la formule foudroyante de sa condamnation au travail, à la douleur et à la mort. Voici une nouvelle parole de Dieu, aussi suave que la première était terrible et amère. A cette voix du Père, tout change pour l'humanité : c'est ici mon Fils bien-aimé en qui j'ai mis toutes mes complaisances ! Unie au vrai Fils de Dieu, sainte de sa sainteté et rayonnante de sa splendeur, elle montre au Père une beauté ravissante, et le Père, ému jusqu'au fond de son être et épris pour cette Epouse de son Verbe du même amour *infini dont il aime ce Verbe lui-même*, les confond l'un et l'autre dans la même exclamation de complaisance et d'amour : « Celui-ci est mon Fils bien-aimé dans lequel j'ai mis toutes mes complaisances ! »

Ces magnifiques développements ne sont pas en dehors de notre sujet, puisqu'ils font merveilleusement ressortir toute la grandeur du ministère qu'a rempli saint Jean, lors du baptême de Jésus. Ils nous montrent que, dans cette circonstance, le fils de Zacharie, le plus illustre des enfants d'Aaron, le plus digne représentant du sacerdoce antique fut le prêtre prédestiné par Dieu pour consacrer le Pontife de la Loi nouvelle.

Et maintenant parlerai-je des discussions innombrables qu'ont soulevées les commentateurs à l'occasion des prodiges qui s'accomplirent alors ? D'autres yeux que ceux du Christ virent-ils les cieux s'ouvrir ? Saint Jean et le peuple eurent-ils aussi cette vision ? La colombe, qui fut aperçue par le Christ et par le Précurseur, le fut-elle également par la foule ? Saint Jean la vit-il avant ou après le baptême ? Etait-ce réellement une colombe ou les apparences d'une colombe ? A qui la voix du Père se fit-elle entendre ? Est-ce au Christ seul et à saint Jean, ou bien à saint Jean et au peuple, en même temps qu'à Jésus-Christ lui-même ?

Sans prétendre, bien entendu, trancher ces questions délicates, dont quelques unes divisent les plus érudits, nous dirons simplement ce qui nous semble le plus probable, et ce que les interprètes ont le plus généralement admis.

La première question : d'autres yeux que ceux du Christ virent-ils les cieux s'ouvrir ? nous semble impliquer une réponse négative ; car, de l'aveu de presque tous les commentateurs, ce miracle ne se produisit que d'une manière spirituelle. Le ciel, dit saint Jérôme, ne fut point ouvert par une brèche sensible; il ne l'était qu'aux yeux de l'esprit. On peut donc supposer que le Christ seul (en prière, comme nous l'apprend saint Luc), et par les mérites duquel seul les cieux s'ouvrirent alors à l'humanité, eut cette grandiose et consolante vision.

Quant à la colombe, elle fut aperçue par le Christ et par son Précurseur. Point de doute : l'Évangile est formel sur ce point. Mais le fut-elle aussi par le peuple ? Nous ne le pensons pas, car si tous ceux qui assistèrent au Baptême du Sauveur l'avaient vue comme saint Jean, le Précurseur aurait-il eu besoin de constater une telle apparition devant ceux qui en auraient été les témoins, ou, s'il parlait à d'autres, eût-il dit, plus tard, en affirmant ce prodige : «J'ai vu » et non pas « nous avons vu »; ce qu'il n'aurait pas manqué de faire si la colombe eut été visible aux yeux de tous, pour fortifier son témoignage particulier par le témoignage général. C'est la très-judicieuse remarque de saint Jean Chrysostome.

Nous ne pensons pas, non plus, que le Précurseur ait eu la vision de la colombe avant le baptême. Et le texte suivant de saint Jean théologien : « *Pour moi je ne le connaissais pas, mais celui qui m'a envoyé baptiser m'a dit : Celui sur qui vous verrez descendre et demeurer le Saint-Esprit est celui qui baptise dans le Saint-Esprit* », texte sur lequel s'appuient les partisans de cette opinion, ne me semble pas concluant. On n'en peut induire nécessairement, en effet, que la vision de la colombe ait précédé le baptême ; il en résulte seulement que cette vision eut lieu au moment de la descente du Saint-Esprit, et que saint Jean connut alors celui qu'il ne connaissait pas auparavant ou qu'il ne connaissait, du moins, avant ce moment, que par une inspiration prophétique.

Les trois autres Evangélistes placent, du reste,

l'apparition de la colombe, après le baptême du Christ.

Les auteurs sacrés, ajoutons-le incidemment, se servent unanimement, en racontant ce fait, d'expressions qui emportent une idée de comparaison, telles que les suivantes : « *Tanquam, quasi et specie columbæ.* » Nul doute, par conséquent, que ce n'était point réellement une colombe, mais les apparences d'une colombe. C'est ainsi que, lorsque le Saint-Esprit descendit en langues de feu sur les Apôtres, ce n'étaient pas, non plus, de véritables langues de feu, mais des espèces de langues de feu.

Reste à savoir à qui la voix s'adressait. Ce point demeure plus douteux. Saint Marc et saint Luc rapportent qu'elle s'adressait au Christ : « *Tu es mon Fils bien-aimé.* » Saint Mathieu, au contraire, la fait s'exprimer à la troisième personne : « *Celui-là est mon Fils bien-aimé.* » Evidemment les paroles dont il s'agit n'ont été prononcées que sous une seule forme. Toutefois, étant donné que le Christ vit les cieux s'ouvrir devant ses yeux seuls, il semble assez logique d'admettre que la voix ait dit ces mots : « Tu es mon Fils bien-aimé. » Et si saint Mathieu emploie la troisième personne, c'est parce qu'il s'occupe de rapporter le sens des paroles, plutôt que les termes eux-mêmes.

Il paraît assez rationnel que le Baptiste, ainsi

que l'assistance, entendit cette voix, mais chacun d'une manière différente. Jean entendit et comprit; les autres, sauf un bien petit nombre peut-être menant une existence plus rapprochée de la perfection, entendirent sans comprendre. N'en fut-il pas de même, plus tard, de cette voix qui vint du ciel : « *Je l'ai glorifié et je le glorifierai encore* »; les uns la prirent pour le bruit du tonnerre, d'autres pour la voix d'un ange qui avait parlé à Jésus.

Une dernière question a provoqué, plus encore que les précédentes, les pieuses et ardentes controverses des plus respectables autorités : « Saint Jean a-t-il reçu le baptême de Jésus-Christ? » Il y a lieu de le supposer, mais on ne saurait avoir de certitude à cet égard. Voici cependant deux opinions d'un grand poids : celle, d'abord, de saint Evodius. Le disciple de saint Pierre, et son successeur dans la chaire d'Antioche, atteste que Jean-Baptiste fut baptisé par Jésus. Aurait-il avancé ce fait, sans en avoir acquis la conviction de la bouche même de saint Pierre? Celle, ensuite, de saint Augustin : « Cette faveur, dit-il, fut accordée à saint Jean dans ce lieu même; car, le Seigneur s'étant fait baptiser dans l'eau, Jean pouvait-il être dispensé du baptême? » Cet argument me semble décisif.

CHAPITRE HUITIÈME

LE TÉMOIGNAGE
(LE GUÉ DES DOUZE PIERRES.)

§

LES DEUX PREMIERS TÉMOIGNAGES

Nous avons vu saint Jean rendre un premier témoignage au Christ par le baptême de pénitence, qu'il accompagnait de ces paroles : « *Faites pénitence, car le royaume de Dieu est proche;* » puis un second, en proclamant « *qu'il en viendrait un plus puissant que lui, dont il n'était pas digne de dénouer la chaussure et qui baptiserait l'humanité dans le Saint-Esprit et dans le feu.*» Ces premières déclarations s'adressaient donc à un ordre de choses futures plutôt qu'à une série de faits actuels; mais, à partir du baptême du Christ et depuis la descente de la symbolique colombe, signe infaillible pour lui, — selon d'antérieures et mystérieuses indications, — de la présence et de la divinité du Rédempteur, son témoignage prend un nouveau caractère. Il le précise en désignant aux foules Celui même dont il n'avait parlé, jusqu'alors, qu'en termes voilés. Il ne se borne plus à faire connaître la puissance du Christ comme supérieure à la sienne; par un troisième témoignage, plus éclatant que les deux premiers, il annonce sa filiation divine et déclare sa supériorité sur tout et sur tous.

§

LE TROISIÈME TÉMOIGNAGE

(FILIATION DIVINE DU CHRIST.)

Rien n'est plus frappant que cette affirmation solennelle : « *C'est celui-là même dont je vous disais : Celui qui doit venir après moi m'a été préféré, parce qu'il était avant moi. Nous avons tous reçu de sa plénitude et grâce pour grâce; car la loi a été donnée par Moïse, mais la vérité a été apportée par Jésus-Christ. Nul homme n'a jamais vu Dieu; c'est le Fils unique qui est dans le sein du Père qui l'a fait connaître.* »

Ne nous arrêtons pas ici à la difficulté proposée

par quelques critiques qui veulent qu'une partie de ces paroles (versets 16, 17 et 18) soient une réflexion de l'Évangéliste et n'appartiennent point à Jean. Soutenir cette opinion, c'est, à nos yeux, violenter, dans une certaine mesure, le texte de l'Evangile ; elle est, d'ailleurs, contraire à l'avis général des commentateurs, partagé notamment par saint Thomas et Bossuet. Passons donc, de suite, à l'examen rapide de ce nouveau témoignage, et, pour nous y préparer, relisons quelques versets du préambule de l'Evangile de saint Jean.

Le disciple préféré ouvre, comme on sait, son récit par de sublimes considérations sur la divinité du Verbe ; puis, venant à parler du mystère de l'Incarnation, il s'exprime en ces termes : « *Il y eut un homme envoyé de Dieu dont le nom était Jean. Il vint pour servir de témoin, pour rendre témoignage à la lumière afin que tous crussent par lui. Il n'était pas la lumière, mais il vint pour rendre témoignage à celui qui était la lumière.* »

Il existe, d'après l'observation de saint Gaëtan, cette différence entre saint Jean-Baptiste et les autres saints, que ceux-ci rendent témoignage, il est vrai, à la divine lumière et contribuent à la glorification de Dieu par leur vie, leurs œuvres, leurs écrits et leurs discours, mais qu'ils n'ont pas reçu du ciel la mission et l'autorité d'être des témoins. Dieu les a choisis généralement pour enseigner, tandis que le fils de Zacharie a été spécialement envoyé pour rendre témoignage à la lumière, à cette lumière que l'Evangéliste appelle la lumière des hommes dans un des versets précédents. Il s'ensuit que Jean devait avoir sur ce point une connaissance claire et précise ; autrement il n'eût pas été propre à rendre témoignage : car, « *ce que nous savons, nous le disons, et ce que nous avons vu, nous l'attestons.* »

Le but de saint Jean, en venant faire jaillir cette lumière, inconnue jusqu'alors aux hommes, était que *tous crussent par lui;* non *par lui,* dans le sens absolu, mais *par lui,* dans le sens relatif, c'est-à-dire grâce à la lumière dont il venait rendre témoignage; il n'a pas, en effet, enseigné toutes les choses de la foi, tandis que Jésus-Christ les a toutes enseignées. Jean rendit donc témoignage à la lumière, afin que la lumière fût regardée comme telle, et pour inviter les hommes à s'instruire dans la foi [1].

---

[1] « Dans l'ordre des divins décrets, le témoignage de saint Jean était nécessaire pour l'établissement de notre foi, car le même évangéliste, qui nous apprend que Jean est venu pour rendre témoignage à la lumière, en rapporte aussitôt la raison : « *afin que tous crussent par lui.* » D'où il suit que notre foi en Jésus-Christ est originairement fondée sur le témoignage de ce grand saint, puisqu'en effet c'est par lui que nous avons cru ; par lui que la

Il n'était pas la lumière. L'Evangéliste, par ces paroles, insiste sur le ministère du Précurseur, qui consista seulement à affirmer la divinité de Jésus-Christ que les voiles humains cachaient alors à tous les regards. Jésus était la lumière, Jean était le flambeau qui fait briller la lumière. C'était, par dessus tout et avant tout, un témoin. Voyons s'il en remplit toutes les conditions.

« Cinq choses, dit Bourdaloue, sont nécessaires à quiconque est choisi pour témoin et en doit faire l'office : la fidélité et le désintéressement dans le témoignage qu'il porte, l'exacte connaissance du sujet dont il porte témoignage, le zèle pour la vérité en faveur de laquelle il rend témoignage, enfin la constance et la fermeté pour soutenir son témoignage. Or, je trouve que saint Jean a eu, dans le degré le plus éminent, ces cinq qualités ; car il a été, pour le Sauveur du monde, un témoin fidèle et désintéressé, un témoin instruit et pleinement éclairé, un témoin sûr et irréprochable, un témoin zélé et ardent, un témoin constant et ferme. » — Cette assertion se confirme à chaque pas de notre récit.

Après ces considérations générales, revenons au

---

voie du salut nous a été primitivement révélée ; en un mot, par lui que nous sommes chrétiens. » (Bourdaloue.)

témoignage spécial qui fait, en ce moment, l'objet de notre étude. Contemplons ce tableau d'une imposante grandeur : d'une part, le divin Sauveur, doux et pensif, s'éloigne, seul et à pas lents, des rives du Jourdain où Dieu le Père vient, par la main de saint Jean, de le consacrer de son onction pour prêcher l'Evangile aux pauvres, pour guérir ceux qui ont le cœur brisé, pour annoncer aux captifs leur délivrance, aux aveugles le recouvrement de la vue et le soulagement aux opprimés. Il se dirige vers le désert de Judée, sanctifié jadis par la présence du Précurseur, pour y jeûner quarante jours et quarante nuits. D'autre part, saint Jean, entouré par la foule bruyante et par ses disciples qui l'interrogent sur les merveilles qui viennent d'éclater, accompagne Jésus d'un long et respectueux regard, et, la main étendue vers le Sauveur qui va bientôt disparaître à l'horizon, il prononce avec amour les paroles que nous rapportions tout à l'heure : « *C'est celui-là même dont je vous disais : Celui qui doit venir après moi m'a été préféré, parce qu'il était avant moi.* »

Avant moi. Il ne s'agit point ici d'une mesure de temps, car, en tant que Dieu, Jésus n'a jamais été créé, et, en tant qu'homme, il ne le fut pas avant saint Jean. Cette expression signifie que, comme homme, le Christ a été antérieur à Jean dans l'ordre de la grâce, parce qu'il était avant lui sous le double rapport de la divinité et de la perfection infinie. Et c'est pourquoi il lui a été préféré.

Et nous avons tous reçu de sa plénitude.

C'est la même pensée que celle exprimée par l'Evangéliste, lorsqu'il déclare que Dieu est le Verbe, la vie et la lumière qui illumine tout homme venant en ce monde, et que l'univers entier est l'œuvre de ses mains. Jean parle également ici de la plénitude du Verbe qui a, pour ainsi dire, débordé sur le genre humain.

Et grâce pour grâce, car la Loi a été donnée par Moïse; la grâce et la vérité sont venues par Jésus-Christ. Deux expressions sont ici à observer : « grâce et vérité. » Jésus-Christ est, tout à la fois, en effet, l'auteur de l'ancienne Loi communiquée aux Juifs par l'intermédiaire de Moïse et l'initiateur de la Loi nouvelle qui est la Loi de grâce. Les commandements extérieurs furent donnés par Moïse et les prophètes, tandis que les dons intérieurs de la grâce et de la vérité viennent de Jésus-Christ. Grâce et Vérité! N'est-ce pas là, d'ailleurs, le résumé de toutes les opérations divines, comme l'indiquent ces paroles : « *Universæ viæ Domini, gratia et veritas.* »

Personne n'a jamais vu Dieu. Le savant docteur, saint Gaëtan, qui me sert de guide dans ces développements théologiques, dit, à ce propos, que si Dieu avait été vu par d'autres que par le Christ, il devenait, dès lors, inutile que la vérité se produisît par Jésus-Christ, puisque ceux qui avaient vu Dieu auraient pu remplir cet office; mais, comme jamais personne, si ce n'est son Fils, n'a vu Dieu, il était indispensable que la vérité fût manifestée par le Christ; et l'on doit entendre ici par le mot « vérité » la vérité des choses que l'on ne peut connaître sans avoir vu Dieu. En effet, « *nul*, a dit Jésus, *ne connaît le Père, si ce n'est le Fils, et nul ne connaît le Fils, si ce n'est le Père.* » Aussi saint Jean termine-t-il son témoignage par ces paroles : « *Le Fils unique qui est dans le sein du Père* (c'est-à-dire consubstantiel avec le Père) *est celui qui l'a fait connaître.* »

Incomparable mission vraiment que celle du Précurseur! Bourdaloue, que nous citions tout à l'heure, ne peut, en la considérant, contenir son admiration. « Tout ce que nous savons de Jésus-Christ, s'écrie-t-il avec son éloquence accoutumée, et tout ce que nous devons en savoir, tout ce que la foi nous en révèle d'important et de nécessaire au salut, c'est Jean-Baptiste qui nous l'a enseigné le premier par les différents témoignages qu'il a rendus à ce Dieu Sauveur; et, en effet, c'est lui qui nous a fait connaître Jésus-Christ, en qualité de

Dieu-homme, en qualité de Rédempteur, en qualité de Sanctificateur des âmes, en qualité d'Auteur de la grâce et des sacrements à quoi la grâce est attachée, en qualité de juste Juge qui récompense et qui punit, en un mot, dans toutes les qualités qui en ont fait un médiateur accompli. »

§

LE QUATRIÈME TÉMOIGNAGE
(LA DÉPUTATION DU SANHÉDRIN)

Au point où nous en sommes de ce récit, la renommée de saint Jean-Baptiste est à son comble. Toute la Judée retentit de son nom. Ses discours volent de bouche en bouche. Aux appels de sa voix puissante les cités sont abandonnées pour un temps et le désert étonné se peuple. En vain Jean se défend d'être le Christ ; malgré ses témoignages répétés, le peuple, sourd dans ses adorations comme dans ses haines, persiste à croire que le Messie demeure caché sous les traits aimés du Baptiste. Mais, hélas, si les hommes, providentiellement chargés d'une grande mission, recueillent sur leur passage l'expression touchante de l'enthousiasme, ils provoquent aussi les coups terribles de l'envie.

Jean, moins que tout autre, et précurseur, sous ce rapport encore, de son divin Maître, ne pouvait échapper à cette loi commune de l'humanité. Le Sanhédrin de Jérusalem supportait impatiemment ce prêcheur qui, ne sortant pas de ses rangs, professait une doctrine dont la hauteur éclipsait sa science et jouissait d'un crédit devant lequel pâlissait le sien.

Le Sanhédrin était le Grand Conseil des Juifs, le représentant de la Synagogue. D'après dom Calmet, il avait le droit de juger les rois, de contrôler l'enseignement des prophètes, d'examiner la légitimité de leur mission, d'autoriser, enfin, ou d'interdire leur ministère. Tous les Scribes en faisaient partie en qualité de Docteurs de la Loi, ainsi que les Princes des Prêtres que l'on nommait ainsi parce qu'ils étaient les chefs des vingt-quatre familles entre lesquelles David avait réparti les fonctions du Sacerdoce judaïque. Beaucoup de Pharisiens siégeaient donc dans la chaire de Moïse. Le Christ lui-même recommandait au peuple de leur obéir, tout en lui prescrivant de ne pas imiter leurs actes. Cette haute juridiction, ce sénat nomma une commission, composée de prêtres et de lévites, qu'il chargea de se rendre auprès du fils de Zacharie pour l'interroger; il n'osait point lui enjoindre de comparaître devant lui, tant était grand le prestige exercé alors par Jean sur le peuple.

On a diversement interprété les intentions des organisateurs perfides de cette mission. Voulaient-ils désabuser les Juifs de l'idée que le Baptiste pouvait bien être le Christ, en obtenant de lui une dénégation solennelle, afin de ruiner ainsi son crédit aux yeux des masses ; ou bien espéraient-ils que, dans un moment de vertige et d'orgueil, Jean, parvenu à l'apogée de la faveur populaire, se déclarerait le Messie, et que, dès lors, ils pourraient facilement le perdre au moyen de cette déclaration non moins impie qu'audacieuse ? Il semble certain, dans tous les cas, que la malveillance dicta leur conduite.

Les Prêtres et les Lévites se rendirent donc à Both-Abara, et, interrogeant le nouveau prophète en présence de toute la foule, ils lui posèrent cette première question : « *Qui es-tu ?* » Jean ne se méprend pas sur sa portée ; les envoyés ne peuvent ignorer que le Pontife Zacharie fût son père ; ce qu'ils veulent, c'est d'obtenir de lui la déclaration qu'il est le Christ ou celle qu'il ne l'est pas.

Le saint Précurseur pourrait-il hésiter un seul instant ? L'orgueil eut-il jamais accès dans son âme ; son humilité n'est-elle point connue ; son rôle n'est-il pas, d'ailleurs, assez beau ? Grande pour tout autre cependant eût été la tentation, car les

Juifs, émerveillés de ses vertus, le prenaient, on le sait, pour un ange incarné. Mais *Jean déclara, et il ne nia point* (remarquons bien l'insistance de l'Evangile), *et il déclara* : « *Je ne suis point le Christ.* » Ainsi, loin de nier le Messie, il le confesse ! Sa réponse brève, accentuée, est une ardente profession de foi.

Les envoyés doivent être intérieurement mécontents ; l'enquête ne tourne pas à leur gré ; mais le peuple est là qui écoute, et il convient d'aller jusqu'au bout. Ils font donc suivre la première question d'une seconde, où se trahit une certaine impatience : « *Quoi donc ? Es-tu Élie ?* » Nouveau piége tendu au Prophète, car beaucoup d'Israélites le considèrent comme Élie sorti de la nuée ; si donc il n'a pas osé se dire le Messie, peut-être aura-t-il la faiblesse de se faire passer pour Elie. Vaine attente ! « *Je ne le suis point*, » répond simplement saint Jean. Il n'était point, en effet, cet Elie annoncé et dont la venue n'aura lieu qu'au second avénement, bien qu'il en ait possédé l'esprit et la vertu, et que le Seigneur l'ait appelé figurativement de ce nom, au rapport de saint Mathieu : « *Il est lui-même Elie qui doit venir.* »

Les députés insistent et lui demandent : « *Es-tu le Prophète ?* » Et il leur fait cette réponse plus laconique encore : « *Non.* » Ils ne disent point :

« Es-tu Prophète ? » mais « Es-tu le Prophète ? » car, dans le texte grec, le substantif est précédé d'un article. C'est la preuve qu'ils ne cherchaient pas à savoir si Jean prétendait être prophète, mais *le* Prophète annoncé par Moïse dans les termes suivants : « *Le Seigneur ton Dieu te suscitera de ta nation et du milieu de tes frères un prophète comme moi.* » On voit, par là, qu'à cette époque les Juifs considéraient le Prophète et le Messie comme deux personnages différents. Il y a d'autres explications, je le sais, pour interpréter ce texte, mais elles me semblent victorieusement réfutées par cet argument : si le Prophète et le Messie n'avaient point été deux personnes distinctes, pourquoi cette question spéciale : « Es-tu le Prophète ? » lorsque Jean vient de leur déclarer ne pas être le Messie ?

Restent les interprètes qui lisent : « Es-tu Prophète ? » Ceux-là prétendent qu'en répondant négativement, Jean fit une réponse semblable à la précédente, en ce sens qu'il n'était aussi que figurativement Prophète. Les Prophètes avaient prédit l'avenir ; lui, montrait du doigt le présent. La Loi et les Prophètes avaient prophétisé jusqu'à Jean, mais Jean, témoin du Messie, était « *plus que Prophète,* » selon les paroles mêmes du Sauveur.

Les envoyés du Sanhédrin deviennent encore

plus pressants. « *Mais alors qui donc es-tu?* » ajoutent-ils avec un désir assez sincère d'être eux-mêmes édifiés, maintenant que leurs piéges ont tous échoué, et que leur vaine science est à bout de ressources. « *Qui donc est-tu ?* » car il faut que nous donnions une réponse à ceux qui nous ont envoyés. « *Que dis-tu de toi-même? — Je suis*, répondit-il, *la voix de celui qui crie dans le désert : Redressez la voie du Seigneur, comme l'a dit le prophète Isaïe.* »

Il est une voix, voilà sa simple réponse! Oh! si les députés de Jérusalem s'attendaient à surprendre ici l'orgueil, combien leur espoir n'est-il pas déçu! « Qu'est-ce qu'une voix ? s'écrie Bossuet. Un souffle qui se perd dans l'air. Je suis une voix, un cri, si vous le voulez. Comme saint Jean se baigne dans l'humilité et dans le néant [1] ! »

Il faut donc que ces Pharisiens s'y résignent; semblable à un géant, le Baptiste demeure inébranlable malgré leurs attaques répétées. La haine ingénieuse leur conseille une dernière perfidie. Jusqu'à présent, leurs questions n'ont eu trait qu'à la personne de saint Jean ; peut-être seront-ils

1. De même, dit saint Grégoire, que la parole précède et sert à faire entendre la pensée, ainsi Jean-Baptiste est la voix qui précède le Verbe du Père, qui le fait connaître, l'explique, le fait entrer dans les esprits, et qui, comme la parole, s'évanouit quand elle a déclaré la pensée.

plus heureux en s'adressant à son œuvre. Efforts stériles! ils n'arriveront qu'à provoquer un témoignage de plus en faveur du Messie et à faire briller davantage encore l'humilité du Précurseur.

« *Pourquoi donc, lui dirent-ils, baptises-tu, si tu n'es ni le Christ, ni Elie, ni le Prophète? — Moi je baptise dans l'eau,* reprit Jean, *mais il y en a un au milieu de vous, que vous ne connaissez pas, qui est plus grand que moi, qui était avant moi, bien qu'il soit venu après, et dont je ne suis pas digne de toucher la chaussure. C'est Celui-là qui vous baptisera dans l'esprit et le feu.* »

« Ainsi, dit l'abbé Bougaud, en présence des envoyés du Sanhédrin, Jean déclara nettement que le Messie était venu (*Il y en a un au milieu de vous*); et, dans cet entretien qui fut comme la clôture officielle de l'Ancien Testament, il releva, en termes sublimes, la grandeur du divin inconnu. S'il ne leur en dit pas le nom, c'est que les Pharisiens ne le lui demandèrent pas, ou par mépris pour ce prophète que la Synagogue n'avait pas autorisé, ou parce qu'au fond, religieux seulement d'apparence, ils se souciaient peu de connaître le Messie, étant peu disposés à le suivre. »

Tel fut le quatrième témoignage du Précurseur. Les deux suivants se produisirent à une courte distance.

§

LES CINQUIÈME ET SIXIÈME TÉMOIGNAGES
« VOICI L'AGNEAU DE DIEU » ET « J'AI VU L'ESPRIT-SAINT DEMEURER SUR LUI. »

Bientôt après, en effet, eut lieu une scène d'un tout autre genre, et dont Beth-Abara fut également le théâtre. Elle se passa dans le courant du mois de février, et, selon les commentateurs les plus autorisés, au moment même où Jésus sortait du désert, après y avoir jeûné quarante jours et subi les vains et multiples assauts de Satan.

Jean baptisait, lorsqu'il vit soudain Jésus s'avancer vers lui. Remué jusqu'au fond de l'âme par la divine apparition et frappé de la douceur ineffable répandue sur le visage du Christ, il s'écria, en le désignant du doigt à ses disciples : « *Voici l'Agneau de Dieu, voici celui qui porte les péchés du monde !* »

« Il y avait, dans ce seul mot, pour le peuple juif, dit le docte abbé Doublet, une allusion touchante et un trait de lumière. Soir et matin, depuis des siècles, Israël immolait l'Agneau figuratif. Voici « l'Agneau » véritable ! Voici la victime, voici le seul holocauste agréé de Dieu et capable de sauver le monde. « L'Agneau : » c'était bien celui dont Isaïe avait décrit l'innocence, la douceur, la paisible et inoffensive vie, et dont il avait annoncé la touchante résignation en face de son sacrifice et au milieu de ses bourreaux. C'est « l'Agneau » dont nous recevons à la fois la nourriture et le vêtement. Saint Paul ne nous dit-il pas : « Revêtez-vous de Jésus-Christ ? » Et Jésus-Christ lui-même : « Celui qui me mange vivra de moi ? » — « *Voici l'Agneau de Dieu!* » En quel sens *de Dieu?* De Dieu, répond saint Thomas, parce qu'en Jésus-Christ, à l'humanité, représentée par l'Agneau, est jointe hypostatiquement la divinité. Jésus-Christ est bien l'Agneau par sa douce humanité qui lui permet de consommer son holocauste, mais il est *de Dieu*, « Dieu de Dieu, vrai Dieu de vrai Dieu, » et son holocauste étant celui d'un Dieu revêt ainsi une perfection et une valeur infinies. Il est encore « l'Agneau de Dieu, » parce qu'il a été prédestiné, choisi, voulu, appelé par Dieu ; il a été l'objet des pensées divines « dès les siècles éternels, » et c'est pour Lui, en Lui, par Lui que toutes choses ont été faites. Enfin, il est « *de Dieu*, » parce qu'il a été offert à Dieu « comme victime de suave odeur. »

« Telle est l'annonce que fait Jean-Baptiste de l'ineffable mystère de la Rédemption. Mais il faut aussi dévoiler les grandeurs de la nature divine en

Jésus-Christ ; il faut que le monde connaisse que c'est à son Dieu, à son Dieu « anéanti » et devenu « Homme de douleurs » qu'il doit sa délivrance et son salut. Jean finit par ce grand objet, et donne comme inébranlable preuve de la divinité de son Maître la scène tout extraordinaire dont il a été témoin. Et Jean rendit témoignage, disant : « *J'ai vu l'Esprit-Saint qui descendait du Ciel sous la forme d'une colombe et qui se reposa sur lui. Et moi je ne le connaissais pas, mais Celui qui m'a envoyé baptiser dans l'eau m'a dit : Celui sur qui tu verras l'Esprit descendre et rester, c'est celui-là qui baptise dans l'Esprit-Saint. Et j'ai vu, et j'ai attesté que Celui-ci est le Fils de Dieu.* » — C'est le sixième témoignage.

Ce mot de Jean-Baptiste, ajoute l'abbé Doublet : « *Et moi, je ne le connaissais pas,* » a torturé les commentateurs. Comment le saint Précurseur, si illuminé de la grâce, ne connaissait-il pas son Dieu, lui qui le confessait déjà dans l'obscurité du sein maternel ? Il le connait sans doute, réplique saint Thomas, mais pas d'une connaissance de familiarité. Jean veut dire qu'il n'a jamais eu de rapports suivis avec lui. En ce sens, la lumière du baptême fut pour lui une révélation, et, cette révélation, une indication mystérieuse la lui avait précédemment annoncée. » *C'est pourquoi Jean était venu baptisant dans l'eau, afin que Celui-là même dont il avait dit : « Il vient après moi un homme qui m'a été préféré, parce qu'il était avant moi » fût manifesté dans Israël. »*

Dès avant le baptême Jean savait positivement que le Messie existait déjà au milieu du peuple juif, et qu'il était véritablement le Fils unique de Dieu; mais, au point de vue des sens, il ignorait, dit saint Gaëtan, que le Sauveur fût un homme appelé Jésus de Nazareth. Aucun signe sensible, aucun indice humain ne le lui avait fait connaître auparavant.

Une chose est remarquable dans ce sixième témoignage, c'est l'expression de « *Fils de Dieu* », paraissant ici pour la première fois dans l'Evangile, bien que Jean déclare avoir rendu déjà ce témoignage. C'est ce qui fait dire à saint Jean Chrysostome que cette particularité peut avoir été omise par les saints évangélistes aussi bien que plusieurs autres, comme cela eut lieu, du reste, pour une foule de circonstances de la vie de Jésus-Christ lui-même.

Le lendemain de ce jour mémorable, où le Précurseur avait parlé si magnifiquement du Messie, la scène de la veille se renouvela, mais dans un cercle, parait-il, plus intime. L'Evangile nous dit que Jean se trouvait encore à Beth-Abara, en compagnie de deux de ses disciples, lorsque, jetant la vue sur Jésus qui passait, il dit : « *Voilà l'Agneau de Dieu!* » Sans doute le ton infiniment tendre et convaincu du Précurseur, son regard brûlant d'amour, peut-être aussi ses exhortations du moment, rappelant de précédents conseils, produisirent sur ces jeunes âmes une impression bien puissante, car, *l'ayant entendu*, dit l'Evangile, *les disciples suivirent Jésus.* L'un d'eux se nommait André, il devint plus tard un des douze apôtres ; l'autre, selon toute probabilité, était Jean, l'évangéliste futur. Aux accents émus du Baptiste, leur cœur s'ouvre tout entier à Jésus ; c'en est fait, ils ont à jamais la foi ; ce sont deux âmes précieuses conquises à une cause divine. Jean les voit avec bonheur s'éloigner à la suite du Sauveur. Et pourtant il les aimait tendrement ; mais les grands cœurs ont la passion du sacrifice! L'unique pensée du Précurseur, c'était la glorification de Jésus ; que lui importait la sienne propre!... « Moi, jamais ; lui, toujours ! »

CHAPITRE NEUVIÈME

LE TÉMOIGNAGE
(ENNON)

LE SEPTIÈME ET DERNIER TÉMOIGNAGE
« IL FAUT QU'IL CROISSE ET QUE JE DIMINUE »

Il importe, avant de faire connaître le septième et dernier témoignage de Jean, de dire quelques mots de ses disciples, car c'est une question de ces derniers, dictée par des sentiments que nous allons chercher bientôt à pénétrer, qui lui arrachera tout à l'heure un cri suprême d'amour et d'humilité.

Il n'est pas douteux que saint Jean n'ait été le chef d'une école de prophètes, comme il y en eut tant chez les Juifs, et l'éclat de sa renommée autorise à penser que ses disciples étaient nombreux. « On lit, dans le bréviaire romain, que beaucoup d'entre ces hommes qui marchaient sur les traces des prophètes Elie et Elisée furent préparés par les instructions de saint Jean-Baptiste à la venue de Jésus-Christ, et qu'après s'être convaincus de la vérité de ce qui leur avait été annoncé par le Précurseur, ils embrassèrent la foi de l'Evangile. Ils eurent l'honneur de construire, plus tard, le premier sanctuaire dédié au culte de la sainte Vierge, sur le mont Carmel. On croit que c'étaient des Esséniens. »

Les disciples partageaient la manière de vivre du maître, quelques-uns même sa demeure [1]. Ils se formaient à ses paroles et, plus encore, à ses exemples. Ceux de saint Jean-Baptiste jeûnaient très-fréquemment ; ils récitaient des prières spéciales dont le Précurseur leur avait donné la formule. Il suffit, pour s'en convaincre, d'ouvrir l'Evangile de saint Luc, à la page où l'un des disciples du Sauveur lui adresse avec confiance cette demande simple et touchante : « *Seigneur, enseignez-nous à prier, ainsi que Jean lui-même l'a appris à ses disciples.* » Et sur les lèvres de Jésus vint éclore cette prière divine, si justement appelée l'Oraison Dominicale.

---

1. Il fallait, en effet, qu'il en eût toujours plusieurs avec lui, car, chez les Juifs, le baptême s'administrait devant témoins. Ces derniers avaient également pour mission d'aider à sortir de l'eau celui qui venait d'être baptisé.

On ne saurait douter, non plus, que la plupart des disciples du Christ appartinrent d'abord au Baptiste. Il serait facile d'apporter, à l'appui de cette assertion, les présomptions les plus fortes ; mais, ici comme sur une foule de points intéressants de ce récit, je suis forcé, bien à regret, de me borner.

Je dirai cependant (le fait est consigné dans les Actes des Apôtres) que Jésus rappela lui-même à ses disciples *qu'ils avaient reçu le baptême de Jean.*

Comment ne pas supposer, dès lors, que ces âmes ardentes ne se soient point attachées au Précurseur, dès qu'il leur apparut, séduites par la beauté de cette grande figure qui ne put manquer de les ravir d'admiration? Nous sommes certain qu'il en fut ainsi pour André ; Pierre, son frère, son inséparable compagnon, l'aura sans aucun doute imité ! Et si, comme tout porte à le croire, saint Jean l'Evangéliste fut l'un des deux disciples qui suivirent l'Agneau de Dieu, Jacques le Majeur, également fils de Zébédée, n'aura-t-il point été, par cet exemple, entraîné vers le Christ? Enfin les quatre fils d'Alphée, Jacques le Majeur, Joseph Barsabas, Simon et Jude, étaient cousins germains, frères, comme on disait chez les Hébreux, de saint Jean-Baptiste au même degré que Jésus; on est donc autorisé à croire que ces liens étroits de parenté les attirèrent d'abord vers Jean, comme ils les rapprochèrent plus tard du divin Sauveur.

Le Baptiste, d'ailleurs, dut se complaire, dès le principe, à chercher des âmes d'élite, puis à les former avec amour pour qu'à l'heure voulue elles devinssent des auxiliaires éprouvés pour le Messie. Et si lui-même ne se fit pas le disciple de Jésus, s'il parut parfois éviter sa présence, s'il ne cessa point enfin de prêcher et de baptiser, alors même que le Christ eut commencé sa vie publique, c'est, nous dit saint Augustin, parce que son témoignage acquit ainsi plus d'autorité parmi les Juifs.

On trouve encore, dans les Actes des Apôtres, les traces d'un autre disciple du Précurseur. Il se nommait Apollo et habitait Ephèse. Saint Luc le dépeint comme « un homme éloquent et très-versé dans les Ecritures, parlant avec ferveur, enseignant exactement ce qui concernait Jésus, » mais « ne connaissant encore que le baptême du Fils de Zacharie, » c'est-à-dire tenant sa science du Baptiste et non du Christ.

Tels furent, nous le croyons fermement, les principaux disciples du Précurseur, auxquels il faut nécessairement ajouter, pour avoir, sous ce rapport, une vue d'ensemble, de nombreux Israélites, distingués par le savoir et la vertu, mais dont les noms ne nous ont été conservés ni par l'Evangile ni par la tradition.

Tous étaient passionnément attachés à la personne de leur Maître, mais tous ne vivaient point auprès de lui. Parmi ces derniers plusieurs habitaient les villes, en y suivant la règle austère que Jean leur avait tracée, c'est-à-dire priant sans cesse et pratiquant un jeûne rigoureux. Une certaine jalousie s'était glissée dans leurs cœurs : l'étoile du Fils de Zacharie, jusqu'alors inéclipsée, pâlissait, de plus en plus, maintenant, devant l'astre éblouissant du Christ, qui se levait sur l'humanité en l'inondant de flots de lumière.

Les Pharisiens avaient su découvrir, puis exploiter avec adresse ces fâcheux sentiments. Ils avaient flatté les petites passions des disciples de Jean, et ces derniers, semblables en cela aux mécontents de toutes les époques, étaient venus, par une coupable faiblesse, grossir les rangs de personnages pour lesquels ils n'avaient au fond ni sympathie ni estime.

Déjà ceux-ci leur avaient fait commettre une première faute. Jésus, accompagné de ses disciples, s'était assis dans un repas avec un certain nombre de publicains, soulevant ainsi les murmures des Pharisiens, auxquels il déclara préférer la miséricorde au sacrifice, et n'être point venu pour appeler les justes, mais les pécheurs. Battus sur ce premier point, les Pharisiens envoyèrent auprès du Christ leurs nouveaux alliés, qui ne craignirent pas de l'interroger en ces termes : « *Pourquoi nous et les Pharisiens jeûnons-nous fréquemment, tandis que vos disciples ne jeûnent point ?* » Pauvres âmes égarées par des scrupules de conscience qu'elles croient légitimes et par l'amour qu'elles portent à leur Maître ! — Jésus, connaissant leurs pensées et sachant bien, au reste, où sont les vrais coupables, leur répond avec mansuétude, en se servant, à son propre égard, de la comparaison qu'emploiera bientôt son Précurseur dans son dernier témoignage : « *Les fils de l'époux peuvent-ils s'attrister pendant que l'époux est avec eux ? Mais viendront des jours où l'époux leur sera enlevé, et alors ils jeûneront.* » Puis il leur parle du vêtement vieux qu'on ne répare point avec une étoffe neuve et des outres fatiguées par l'usage qui ne sont pas faites pour contenir le vin nouveau, leur faisant entendre ainsi qu'en présence de l'ordre de choses qu'il inaugure et qui va changer la face du monde, il convient de se livrer tout à la joie et de faire, dans une certaine mesure, fléchir la rigueur des règles anciennes.

Défaits encore sur ce point, les Pharisiens soulevèrent un autre incident ; car ce sont eux, n'en doutons pas, qui provoquèrent la querelle entre les disciples de Jean et ceux de Jésus au sujet des Purifications: Il s'agissait de savoir, au dire de certains interprètes, si le baptême de Jean possédait une vertu supérieure à celle des purifications mosaïques [1], et, selon d'autres, si le baptême du Christ ne l'emportait pas sur celui du Baptiste.

Question brûlante dans l'état actuel des esprits ! Jésus était alors en Judée. Déjà il avait assisté aux noces de Cana, accompli son premier miracle à la demande de sa divine Mère, chassé les vendeurs du Temple, annoncé sa résurrection, opéré de nouveaux prodiges et converti Nicodème. « *Après cela*, nous dit l'Evangile, *étant venu en Judée, suivi de ses disciples, il y demeurait avec eux et y baptisait. Jean baptisait aussi à Ennon, près de Salem, parce qu'il y avait là beaucoup d'eau.* »

---

[1]. Nous voyons dans l'Evangile de saint Jean (chap. IX) le Christ interroger en ces termes les Princes des Prêtres, les Scribes et les Anciens, qui cherchaient à lui tendre un piège :

30. Le baptême de Jean était-il du ciel ou des hommes ? Répondez-moi.

31. Mais eux pensaient en eux-mêmes, disant : Si nous répondons : Du ciel, il dira : Pourquoi donc n'y avez-vous pas cru ?

32. Si nous répondons : Des hommes, nous avons à craindre le peuple, car tous croyaient que Jean était vraiment prophète.

Salem, où, du temps d'Abraham, régna Melchisédech, était située dans la province de Samarie. Le Précurseur, en quittant Beth-Abara, pour annoncer le Messie dans de nouvelles contrées, avait donc remonté le cours du Jourdain et s'était porté à huit lieues environ plus au nord.

Les disciples de Jean accourent vers lui. *Maître*, lui disent-ils en l'abordant, *Celui qui était avec vous au delà du Jourdain, et auquel vous avez rendu témoignage, baptise maintenant, et tous vont à lui.* Comment ne pas reconnaître dans ces quelques mots tout le levain pharisaïque ? Certes le trait est lancé d'une main sûre et perfide ! Il est évident que l'intention cachée est de faire révoquer par Jean son témoignage en faveur de Jésus. Ses disciples emploient, dans ce but, quatre moyens. Ils lui rappellent, d'abord, l'état, hier si humble, de son émule d'aujourd'hui : *Celui qui était avec vous*, disent-ils, et non pas : *Celui avec qui vous étiez* ; c'est une manière de flatter leur Maître, et de diminuer, en même temps, le prestige du Christ ; ensuite, pour exciter son dépit, ils font ressortir l'immense service qu'il a rendu à Jésus, service qui permet maintenant à un rival d'éclipser la gloire de son bienfaiteur : *Celui auquel vous avez rendu témoignage* ; ensuite encore, ils s'efforcent d'allumer son courroux en ajoutant avec amertume : *Voici qu'il baptise maintenant*, c'est-à-dire : Voici qu'il usurpe votre fonction ; enfin, ils lui livrent un suprême assaut en s'adressant à son amour-propre : *Tous vont à lui !*

Mais les murmures des mesquines passions qui s'agitent autour de Jean ne sauraient troubler son inaltérable sérénité. *L'homme ne peut rien recevoir, s'il ne lui a été donné du ciel*, leur répond-il avec une douce fermeté. Je n'ignore pas que le ministère dont j'ai été honoré et que j'ai rempli jusqu'à ce jour diffère essentiellement de celui de Jésus. *Vous me rendez vous-même témoignage que je ne suis point le Christ, mais que j'ai été envoyé devant lui.* Ai-je donc besoin de vous déclarer, de nouveau, n'être qu'un homme destiné à préparer les voies du Seigneur ? La préférence de la foule, qui m'abandonne pour aller vers lui, n'est-elle pas une confirmation éclatante de mes discours précédents ? Mais ce triomphe de Jésus, loin d'en prendre de l'ombrage, je l'appelle de mes vœux les plus chers ! *L'époux est celui à qui est l'épouse ; mais l'ami de l'époux, qui se tient debout et qui l'écoute, est ravi de joie au son de la voix de l'épouse. Et mon bonheur est à son comble.* L'époux, semble-t-il encore ajouter c'est Jésus-Christ ; l'épouse, c'est l'Église, c'est la multitude des fidèles ! Ses rapports avec elle ne ressemblent pas aux miens, car cette union est celle de l'époux et de l'épouse; c'est l'éternel hymen du Rédempteur avec l'humanité reconquise ! Quant à moi, je ne suis qu'un ami de l'époux, le paranymphe chargé d'attester la vertu de l'épouse et de prêter l'oreille au bruit des chants du bien-aimé qui s'approche (allusion à une coutume juive), puis de lui conduire sa virginale compagne ! Gardez-vous de croire pourtant que je me déjuge en m'appelant maintenant son ami, lorsqu'autrefois je me déclarais indigne de dénouer sa chaussure ; car, si ces dernières paroles sont exactes, quand je considère la grandeur de Jésus, les premières le sont également, quand je mesure l'étendue de mon amour pour lui.

Et dans l'excès de son allégresse d'avoir entendu la voix de l'époux et dirigé vers lui les pas de l'Eglise naissante, le Précurseur prononce avec enthousiasme la formule sublime de l'amour désintéressé : « *Il faut qu'il croisse et que je diminue !* »

« Quand saint Jean prononce cette parole, a dit éloquemment l'abbé Perreyve, il est le fidèle représentant de tous les maîtres antiques qui devaient céder le pas à Jésus. Et non-seulement des maîtres en Israël, des prophètes, des lévites, de la Synagogue, mais encore des maîtres parmi les nations, de tous les sacerdoces anciens, de tous les prêtres, de tous les sages, de tous les philosophes qui ont trouvé dans le Christ Celui dont ils symbolisaient la divine figure au milieu des ombres mêmes de l'erreur. Oui, parlez, ô Prophète ; parlez, ô voix du désert ! Dis à tous que le moment est venu où ce qui a enseigné et dirigé l'humanité doit s'amoindrir et disparaître devant le Roi éternel des cœurs et le Docteur de la Vérité. »

Il faut qu'il croisse et que je diminue! Saint Jean-Baptiste, dans la suite de son discours, donne les véritables raisons de cette nécessité. C'est que : « *Jésus-Christ vient d'en haut et qu'il est au-dessus de tout.* » C'est que : « *l'homme n'est que terre et de lui-même ne parle que terre.* » C'est que : « *Jésus-Christ est venu du Ciel et qu'il témoigne de ce qu'il a vu et entendu ;* » ce qui veut dire que l'excellence de la doctrine et de la foi sont incontestables, puisque le Christ a vu et entendu toutes choses dans le ciel ; bien plus, qu'il a été dans le cœur de Dieu dont il est le Verbe même et la Sagesse.

Et cependant, continue saint-Jean avec une sorte d'indignation qui s'adresse à ceux qui sont incrédules envers le Fils et notamment à ses disciples, *personne ne reçoit son témoignage !* Mais, ajoute-t-il, *celui qui a reçu son témoignage atteste que Dieu est véritable.* En effet, les fidèles, dignes de ce nom, croient fermement que le Christ est le vrai Dieu et que sa parole est celle de Dieu, *car Celui* que *Dieu a envoyé dit les paroles de Dieu*. Le Fils, consubstantiel au Père, est semblable au rayon dardé sur la terre par le soleil ; *aussi n'est-ce pas avec mesure que Dieu lui donne son esprit* : c'est, selon l'expression consacrée, en toute plénitude, tandis qu'à chacun de nous, d'après l'Apôtre, la grâce n'est accordée que dans la mesure du don de Jésus-Christ ; d'ailleurs, notre pauvre nature n'admet pas cette plénitude. *Il est, dès lors, naturel que le Père aime le Fils et qu'il ait tout remis entre ses mains*, comme preuve de cet amour infini : la vie, la mort, le ciel, l'enfer, le salut, la damnation !

Méditons bien la conclusion de ce dernier témoignage du Baptiste. Elle épouvante et console en même temps : « *Qui croit au Fils a la vie éternelle, mais qui ne croit point au Fils ne verra point la vie, et la colère de Dieu demeurera sur lui.* » Quelle vision de l'Eternité !

CHAPITRE DIXIÈME

LA FORTERESSE DE MACHÉRO

Hérode Antipas, tétrarque de la Galilée et de la Pérée, avait d'abord épousé la fille d'Arétas, roi d'Arabie, dont les états étaient voisins des siens. Cette union durait depuis longtemps déjà, lorsqu'Antipas vit Hérodiade à la cour de Philippe, son frère, tétrarque de la Trachonide, auquel elle était mariée. Son extrême beauté produisit sur lui une impression des plus profondes. Fille d'Aristobule et petite fille du grand Hérode, on sentait frémir en elle, avec l'esprit ambitieux de sa race, toutes les passions néfastes du meurtrier des Innocents. Hérode lui paraissant appelé à de plus hautes destinées politiques que Philippe, elle n'hésita pas à écouter l'odieuse proposition qu'il lui fit d'abandonner son mari et de le suivre dans ses États, lui promettant de l'épouser publiquement, après avoir répudié sa première femme. Ces infâmes projets s'exécutèrent. Antipas devint l'époux de sa belle sœur et de sa nièce, du vivant même de son frère !

La fille d'Arétas ne subit pas la honte imméritée d'assister au triomphe de son indigne rivale. Prévenue à temps de la détermination d'Hérode, elle prit en secret la route de l'Arabie, pour demander à son père, en même temps qu'un refuge, la vengeance du cruel affront qu'Antipas leur infligeait à tous deux.

Arétas, plein de douleur et de dépit, rassemble aussitôt ses troupes; elles brûlent du désir de laver l'insulte faite à leur roi, tandis que l'armée d'Hérode, indignée de verser son sang au soutien de l'adultère et de l'inceste, est loin de sentir en elle cette confiance que donnent les justes causes et qui, presque toujours, est le gage assuré de la victoire.

Telle était cependant la terreur universellement inspirée par Hérode que pas une voix, ni parmi les soldats, ni parmi le peuple, n'osait en ce moment prononcer contre lui une parole de blâme ou de révolte.

Le tétrarque, afin de mieux suivre les opérations militaires, jugea prudent de se rapprocher du théâtre de la guerre. Il se rendit donc, avec toute sa famille, sur les confins de l'Arabie, aux extrémités méridionales de son gouvernement. Là s'élevait, entourée de quatre vallées profondes et sur un pic de basalte ayant la forme d'un cône, la citadelle formidable de Machéro. On la nommait également le *Fort-Noir* et la *Fournaise*, à cause de la terre d'asphalte et des sources chaudes qui se trouvaient en cette contrée. Elle était située au-delà de la mer Morte, dans le voisinage du mont Nébo. Construite pour servir de rempart contre les Arabes, c'était l'endroit le mieux fortifié après Jérusalem. La nature l'avait munie de fossés mesurant plus de cent coudées; à ses pieds était bâtie la ville basse, dominée par des rochers surplombant l'abîme et entourés de murs très-élevés; aux angles se dressaient des tours d'une hauteur de soixante coudées; enfin, sur une place, ménagée au milieu de la citadelle, s'élevait un magnifique palais, orné de vastes portiques. On y jouissait d'une vue très-étendue sur les montagnes, le désert et la mer Morte, que l'on apercevait à une distance d'environ trois lieues.

Dans une autre direction, le Moria, blanchissant sous les constructions de marbre du Temple, offrait l'aspect d'une montagne de neige que la tour Antonia dominait de sa masse énorme en même temps que Jérusalem.

Hérode venait fréquemment sous ces portiques se plonger dans la fraîcheur bienfaisante des matinées et des nuits. Il est probable que, souvent aussi, il eut là de longs entretiens avec le Baptiste. Le désert qu'habitait alors le fils de Zacharie était peu éloigné de Machéro ; et, soit que le tétrarque eut manifesté l'intention de voir le prêcheur dont la parole remuait si profondément la Judée, et que ce dernier eut accédé à son désir, soit que le Précurseur lui-même eut cru de son devoir de porter ses pas vers ce prince corrompu pour tenter de le ramener à la vertu, toujours est-il que le puissant tétrarque et le jeune prophète eurent entre eux des rapports assez fréquents. Hérode prêtait volontiers l'oreille à ses discours et *faisait beaucoup de choses d'après ses avis*. Le fils de Zacharie profitait de cette confiance pour lui adresser des réprimandes au sujet des mauvaises actions qu'il commettait. Tel était même son ascendant sur l'esprit du roi, qu'il lui inspirait de la crainte. C'est l'Évangile qui nous l'affirme par l'organe de saint Marc.

Saint Jean ne devint pour Hérode un censeur importun que lorsqu'il jugea le moment venu de lui reprocher ouvertement son alliance criminelle avec

Hérodiade. Il le fit d'abord, n'en doutons pas, en secret et avec mesure, et ce ne fut qu'après avoir épuisé tous les moyens de persuasion, que, désespérant d'atteindre ainsi son but, il se résolut à un coup violent. D'ailleurs, le scandale étant public, la répression devait être publique également; et celui qui n'avait pas craint de frapper les foules du glaive acéré de sa parole ne pouvait faillir à la mission de porter aussi devant tous, avec le même courage, la vérité jusqu'au roi.

Un jour donc, au milieu de la cour fastueuse d'Hérode, le fils de Zacharie, vêtu de ce costume grossier que nous a dépeint l'Evangile, s'avance, animé d'un saint courroux et portant au front la flamme d'Élie, au devant de ce nouvel Achab et de cette autre Jézabel; puis, étendant la main vers le roi avec un geste plein d'une apostolique énergie : « Non, lui dit-il, il ne t'est pas permis de prendre la femme de ton frère. » (*Non licet !...*)

Le rouge de la honte monte au front d'Hérode, tandis que l'altière Hérodiade, frémissant de colère, lui demande, d'un regard où brille un feu sauvage, si, en présence d'un tel outrage, ce réprobateur audacieux peut rester libre et vivant.

Mais la soif de vengeance d'Hérodiade ne sera pas immédiatement étanchée; le sang du Baptiste ne va pas couler encore. Hérode craindrait le ressentiment du peuple. Ne faut-il pas d'abord créer habilement des prétextes, et, pour cela, répandre avec adresse la calomnie contre lui parmi les foules, le faire passer, aux yeux de la multitude, pour un factieux, coupable non seulement du crime de lèse-majesté, mais encore pouvant par ses discours attirer les foudres romaines sur les Juifs toujours prêts à la révolte, se servir enfin avec perfidie du ressentiment de ses ennemis les Pharisiens qui l'accusent déjà d'être possédé du démon; puis, le temps s'écoulant, viendra l'indifférence, puis l'oubli; puis alors Jean sera mûr pour le supplice !

Il est à croire, aussi, qu'après les premiers instants de colère et de confusion qui suivirent pour le tétrarque la démarche hardie du Baptiste, Hérode sentit grandir intérieurement son respect pour le Prophète; il lui répugnait sans doute de répandre le sang de ce juste. Peut-être même, et l'âme humaine a de ces étranges et nobles contradictions, la sympahie survécut-elle à l'injure ?

Quoi qu'il en soit, ce ne fut pas dans le palais d'Hérode qu'eut lieu l'arrestation du Précurseur. L'Évangile rapporte que ce prince *envoya prendre Jean*, et dit formellement que le fils de Zacharie *fut livré*. Les Pharisiens sans doute ne furent pas étrangers à cette indigne trahison; on peut même supposer que, dans cette circonstance, ils secondèrent volontiers les noirs desseins d'Hérodiade qui ne cessait de tendre des embûches à son ennemi [1].

Selon toute apparence on profita donc, un peu plus tard, d'un moment favorable pour se saisir de la personne de Jean-Baptiste ; puis on le conduisit, chargé de fers, dans la forteresse de Machéro [2].

---

[1]. L'historien Josèphe assigne une cause politique à la conduite d'Hérode. « La vérité, dit-il, est que ce prince » redoutait l'abandon du peuple par suite de la prédica- » tion de saint Jean. S'apercevant que la foule, imbue de » ses préceptes et de ses enseignements, se montrait dis- » posée à lui obéir en toutes choses, il jugea prudent de » prévenir les événements par la mort d'un tel homme, » plutôt que de recourir à une répression tardive, quand » la situation serait compromise. Sur cette simple sup- » position d'Hérode, saint Jean est amené, chargé de » liens, dans la citadelle de Machéro, puis décapité. »

[2]. La question de savoir quand eut lieu l'incarcération de saint Jean a été fort controversée. L'abbé Barret donne sur ce point les détails chronologiques suivants : « On peut conjecturer approximativement, dit-il, le temps où il eut lieu, à l'aide de quelques textes des auteurs sacrés.

Ainsi Jésus avait déjà des disciples et avait commencé sa prédication évangélique, au moins dans certaines contrées, puisqu'il baptisait dans la Judée, par le ministère de ses disciples, pendant que saint Jean, continuant à baptiser, se trouvait à Ennon, où il lui rendit un si beau témoignage.

Le Saint Précurseur fut mis en prison avant le voyage

Cependant le geôlier ne fut pas bien sévère, puisque, à travers les grilles de sa prison, le Précurseur put voir encore ses disciples et converser avec eux [1].

L'infortune aigrit les âmes, elle réveille les jalousies endormies; elle aveugle même parfois les consciences. Les disciples de Jean, qui avaient conservé pour leur maître une inébranlable fidélité, supportaient impatiemment de le voir aujourd'hui

que Jésus-Christ fit, pour la seconde fois, de Judée en Galilée, en passant par la Samarie, où il eut le célèbre entretien avec la Samaritaine. Car c'est en apprenant que Jean avait été livré qu'il se retira en Galilée. Or cette retraite arriva quatre mois avant la moisson, par conséquent vers le mois de décembre. Saint Jean fut donc arrêté vers la fin de l'année. C'est aussi ce que croient Petau et Tillemont.

[1]. « En Orient, on n'avait point d'édifices particuliers pour la détention des malfaiteurs; on affectait à cet usage une partie de la maison de quelques uns des juges. Quelquefois aussi les détenus, surtout ceux qui jouissaient d'une grande considération, étaient gardés dans les palais des princes. Là, ils étaient enchaînés sans doute, mais on leur laissait une certaine liberté. C'est ainsi que, du vestibule de la prison où Jérémie était détenu par Sédécias, il put encore s'adresser à tout le peuple. L'apôtre saint Paul, prisonnier à Rome, était attaché à un garde, cependant il pouvait encore prêcher; ce qui lui donna l'occasion de dire : « *At verbum Dei non est alligatum.* »

malheureux et prisonnier, alors qu'hier encore les foules lui faisaient cortége en l'acclamant. Une sombre tristesse s'emparait de leurs cœurs, le dépit se peignait sur leurs visages ; peut-être même des murmures éclataient-ils, de nouveau, dans leurs discours. Hélas ! un autre que Jean, et grâce à Jean, recueillait en ce moment les ovations de la foule. Il prêchait et baptisait comme lui, il exerçait sur les masses un prestige au moins égal ; il faisait des miracles, entre autres la résurrection de ce mort de Naïm, et, chose extraordinaire, scandaleuse même, il vivait entouré de disciples qui ne jeûnaient point ! Eux jeûnaient cependant, eux menaient, comme leur maître, une existence austère et retirée. Avaient-ils paru aux noces de Cana ? se mêlaient-ils aux publicains et aux pécheurs ? Quant aux miracles, Jean, d'une si éminente sainteté, en avait-il jamais fait ? — Non sans doute, et bientôt ils sauront pourquoi, car tout est souverainement admirable dans le plan providentiel.

Le Baptiste souffrait de ces souffrances mal contenues ou secrètes. Il entrevoyait le martyre et il lui coûtait de laisser d'aussi chers disciples en proie à ces amertumes et à ces doutes. Il le sent bien : c'est leur extrême attachement pour lui qui les éloigne du divin Rédempteur ; mais c'est, surtout, faute de connaître ce Christ adorable, qu'ils ne l'aiment point comme ils le devraient ! Et que d'hommes ressemblent à ces disciples du Baptiste !

L'abbé Bougaud partage cette manière de voir au sujet de la conduite du Précurseur dans cette mémorable occasion. — « Ce fut alors, dit cet éminent écrivain, auquel nous nous plaisons à emprunter le passage important qui va suivre, car il y traite, avec l'autorité qui s'attache toujours à sa parole, un point fort délicat de l'Evangile, de l'aveu de tous les commentateurs, ce fut alors que Jean se décida à un grand acte. Il choisit deux de ses disciples et les envoya à Jésus avec mission de lui poser publiquement et solennellement cette question : « *Êtes-vous le Messie, ou faut-il en attendre un autre ?* »

» On a beaucoup raisonné sur ce fait, qui, de prime abord, semble, en effet, singulier. Les uns y ont vu dans la vie du Précurseur une heure de défaillance. Son regard se serait troublé au fond de sa prison, et il n'aurait plus su que penser de ce personnage extraordinaire, que, du reste, il n'avait aperçu que deux fois. D'autres ont vu là, dans la vie de saint Jean, une heure d'impatience. Il n'aurait pas douté du caractère de Jésus, mais il lui aurait envoyé ses disciples pour lui dire : « Vous êtes le Messie, et nous n'en attendons pas d'autres. Mais que faites-vous donc ? Pourquoi ne vous manifestez-vous pas ? M'allez-vous laisser mourir avant que j'aie vu le royaume de Dieu que vous devez fonder ? »

» Ni l'une ni l'autre de ces deux explications n'est acceptable. De bien autres pensées agitaient la grande âme du Précurseur. Il allait mourir, en effet, il le savait ; car si Hérode n'était que faible, Hérodiade était cruelle ; et sentant bien qu'elle ne serait tenue que pour adultère, tant qu'elle n'aurait pas le suffrage de Jean, elle avait résolu de le faire disparaître. Jean-Baptiste n'ignorait pas ces choses et s'en préoccupait peu. Il verrait le royaume de Dieu à travers les barreaux de sa prison, ou il le verrait des splendeurs du ciel. Que lui importait ? Et pour bien voir, la seconde place n'était-elle pas encore la meilleure ?

» Mais, lui disparu, qu'allaient devenir ses disciples, tant de jeunes âmes ardentes, enthousiastes qui s'étaient attachées à ses pas, et que l'amour qu'elles avaient pour lui aveuglait ? Vainement il leur montrait du doigt l'Agneau de Dieu, elles ne l'avaient pas vu, et elles ne voulaient pas le voir, Jean leur suffisait. Son grand cœur de prophète, de précurseur, son cœur plus délicat encore « d'ami de l'époux » gémissait. Il allait être l'obstacle au lieu d'être le moyen. Dans ces pensées, il résolut de les envoyer lui-même à Jésus. Nul doute qu'ils ne fussent entraînés à sa seule vue. Et lui qui, d'un mot, d'un regard, lui avait enlevé ses premiers disciples, Jean, André, Pierre, d'un mot lui enlèverait le reste. Il aurait cette joie, sur le bord de sa tombe, de les voir tous à la suite de Jésus-Christ. »

Barradius propose une autre explication. Peut-être, dit-il, Jean interrogea-t-il le Christ dans le dessein de faire ce que les Juifs auraient dû exécuter depuis longtemps. Se souvenant que les prêtres avaient envoyé vers lui une députation pour lui demander s'il était le Christ, et voyant qu'ils n'avaient point fait cet honneur à Jésus, le vrai Messie, il voulut lui fournir l'occasion d'exprimer, d'une manière authentique, expresse et publique, qu'il était vraiment le Messie attendu par les prophètes.

Cette seconde explication n'exclut pas, d'ailleurs, la première : la détermination de Jean put avoir un double mobile. Quoi qu'il en soit, jamais noble entreprise ne fût couronnée d'un plus éclatant succès.

CHAPITRE ONZIÈME

L'AMBASSADE DU PRÉCURSEUR AU MESSIE

Les disciples envoyés par Jean se rendirent auprès de Jésus. Ils le rencontrèrent dans les environs de Naïm, entouré, comme toujours, d'un nombreux cortége de pauvres et de malades, évangélisant les uns, guérissant les autres, pansant, en un mot, toutes les plaies, morales ou physiques, de ceux qui avaient le bonheur de l'approcher. Les envoyés du Précurseur traversèrent, non sans émotion sans doute, cette foule qui s'attachait aux pas de l'émule heureux de leur maître. Puis ils lui exposèrent l'objet de leur message et lui dirent:

« *Êtes-vous celui qui doit venir, ou faut-il en attendre un autre ?* »

Jésus, pour toute réponse, étendit la main vers la foule, image de l'humanité païenne, et rendit, à l'heure même, la santé aux malades et la lumière aux aveugles. S'adressant ensuite aux disciples du Précurseur : « *Allez*, leur dit il, *et rapportez à Jean ce que vous avez vu et entendu. Les aveugles voient, les boiteux marchent, les lépreux sont guéris, les sourds entendent, les morts ressuscitent, les pauvres sont évangélisés. Et bienheureux est celui pour qui je ne serai pas une occasion de scandale.* »

A ces paroles, à cette vue, éclatent, de toutes parts, des acclamations enthousiastes, accompagnées d'un touchant concert d'actions de grâces. Il est à croire qu'une telle scène produisit sur les disciples de Jean une impression des plus profondes, car, après la mort de leur maître, nous les verrons se rendre avec empressement auprès du Christ et devenir ses propres disciples. Jean l'avait donc bien prévu : un instant avait suffi à Jésus pour amener leur conversion.

Ces miracles étaient, du reste, l'accomplissement de la prophétie d'Isaïe : la guérison des malades et l'Évangile annoncé aux pauvres devaient signaler l'arrivée du Messie. Le Précurseur, qui ne l'ignorait nullement, trouvait là un moyen infaillible de convaincre ses disciples de la divinité du Christ, dont la méthode préférée était de donner la parole aux œuvres.

Que de fois, au rapport de saint Jean l'Évangéliste, ne l'affirma-t-il pas lui-même ! « *J'ai en ma faveur un témoignage supérieur à celui de Jean-Baptiste. Les œuvres que mon Père me donne à accomplir, celles que je fais témoignent de moi. — Si je ne fais pas les œuvres de mon Père, refusez de croire en moi; mais, si je les fais, à défaut du droit qu'aurait ma parole seule de vous convaincre, au moins croyez à mes œuvres. — Si je n'avais pas fait des œuvres que nul n'a jamais faites, l'incrédulité ne serait pas un péché; mais avoir vu et me haïr, me haïr moi et mon Père, voilà le crime.* »

Ne faut-il pas, dès lors, chercher ici la raison pour laquelle le Précurseur ne fit jamais de miracles, comme nous l'apprend le même évangéliste ? Du moment, en effet, que le Verbe s'était fait chair, et qu'il habitait parmi les hommes, il convenait, d'après le plan providentiel, révélé par Isaïe sous le rapport des miracles, que nul n'en opérât en même temps. Le contraire aurait eu nécessairement pour résultat de jeter, davantage encore, le doute dans les esprits, très-disposés déjà à prendre le fils de

Zacharie pour le Messie [1]. Ses destinées, d'ailleurs, toutes tissées de merveilles, ne furent-elles pas un continuel prodige ?

La réponse de fait, si je puis ainsi m'exprimer, donnée par le Christ dans cette mémorable circonstance, visait donc plus haut que les disciples de saint Jean ; elle s'adressait au genre humain tout entier. Ces mots eux-mêmes : « *Bienheureux celui qui ne sera pas scandalisé à mon sujet,* » allusion transparente, bien qu'indirecte, aux disciples du Précurseur, s'appliquent aussi aux incrédules de tous les temps.

Les disciples de Jean reprirent le chemin de Machéro, brûlants du désir de revoir leur maître

---

1. De même pour la prédication de Jésus. Il fut sagement réglé, dit Rupert, que le Christ ne commença à prêcher qu'après l'incarcération de Jean, car il fallait que l'Évangile succédât avec ordre à la Loi et aux Prophètes qui finissaient avec saint Jean, et que nul ne pût en prendre une cause de division ou prétexter une occasion de schisme. Si Jésus-Christ, ajoute saint Thomas, avait prêché en même temps que saint Jean-Baptiste, il aurait complètement éclipsé la prédication de son précurseur. De même aussi pour le baptême, car on lit le passage suivant dans l'Évangile :

« Jésus, ayant su que les Pharisiens avaient ouï qu'il faisait plus de disciples et baptisait plus de monde que Jean, quoique Jésus ne baptisât pas lui-même, mais par l'intermédiaire de ses disciples, il quitta la Judée et s'en retourna en Galilée. »

vivant et de lui rendre compte du résultat de leur message. Cette joie leur fut-elle accordée? on l'ignore; la haine d'Hérodiade, qui ne cessait de tendre de nouvelles embûches à saint Jean depuis son incarcération, ne leur laissa point sans doute le temps d'arriver. Aussi les paroles que le Christ prononça, de suite après leur départ, en réponse aux sentiments de la foule, peuvent-elles être considérées comme l'oraison funèbre du Baptiste.

On comprend l'étonnement, les murmures même que la question posée par les disciples de saint Jean dut provoquer dans cette multitude comblée des bienfaits du Christ. Écoutons les propos que saint Jean Chrysostome lui prête à cette occasion. « Eh quoi ! celui qui a rendu à Jésus de nombreux et si éclatants témoignages est-il donc changé au point de douter si c'est lui ou bien un autre qui doit venir ? En faisant une question semblable, n'a-t-il pas le dessein de se poser comme le rival du Christ ? Serait-il devenu plus timide depuis qu'il est en prison ? Aurait-il parlé autrefois sans réflexion ?

Non, certes, sur le bord de sa tombe qu'illuminent déjà les premières clartés du martyre, saint Jean-Baptiste n'entend point démentir le témoignage de toute sa vie ! Le doute n'est point fait pour de telles âmes, pas plus que l'orgueil ou la timidité pour de tels cœurs! Quant à l'irréflexion, habita-t-elle jamais le temple du Saint-Esprit?

Mais le Christ va venger son Précurseur de ces injustes soupçons, et voici que Jean, dont le message n'avait eu d'autre but que la glorification de son divin Maître, trouve, serviteur fidèle, en cette circonstance même et dans une mesure exceptionnelle, sa propre glorification.

Jésus fait d'abord appel aux souvenirs mêmes du peuple : « *Qu'êtes-vous allés voir au désert?* lui demande-t-il. *Etait-ce un roseau agité par le vent?* Peut être seriez-vous portés à le croire par suite de la scène à laquelle vous venez d'assister ; cependant, si Jean eût été un homme inconstant et mobile, vous eût-il subjugués par ses mâles accents? Eussiez-vous donc quitté les villes pour courir au désert? Le prêcheur du Jourdain ressembla-t-il jamais à ces roseaux légers que fait trembler la brise, image des hommes sans force et sans conviction, aussi variables dans leurs doctrines que dans leur foi? S'il eût plié devant Hérode, serait-il aujourd'hui son prisonnier? *Mais qu'êtes-vous donc allés voir? Un homme vêtu avec mollesse? Ceux qui sont vêtus de la sorte habitent les palais des rois.* Il n'en saurait être ainsi de Jean. Souvenez-vous de ses vêtements grossiers, de sa nourriture plus grossière encore, des déserts dont il faisait sa retraite, songez enfin à ce cachot qui le renferme en ce moment ! *Alors qu'êtes-vous donc allés voir ? Un prophète ? Oui, certes, je vous le dis, et plus qu'un prophète :* car Jean m'a donné le baptême ; Jean m'a servi de témoin devant vous, en proclamant ma divinité ; Jean, enfin, a non seulement prophétisé ma venue, mais lui même fut annoncé par les prophètes ; *et c'est de lui qu'il est écrit : Voici que j'envoie devant vous mon ange qui vous préparera la voie.*

Quelle brillante auréole le Christ pose ainsi sur le front de son Précurseur ! Pour la rendre plus éblouissante encore, il va faire retentir sur cette grande vie une louange qui surpassera toutes les autres : « *En vérité, je vous le dis,* ajoute-t-il, *parmi les enfants des femmes il ne s'en est pas élevé de plus grand* [1] *que Jean-Baptiste.* » Et c'est le Verbe qui fait ici le panégyrique !

Mais plus radieuse encore est l'auréole du chrétien, puisqu'elle éclipse même la gloire du Précurseur. Le Christ poursuit son discours en

---

1. Ce texte est celui de saint Mathieu, chap. xi, verset 11. Voici le même passage dans saint Luc, chap. vii, verset 28 : « Car je vous le dis : Entre ceux qui sont nés des femmes, nul n'est plus grand *prophète* que Jean-Baptiste ; mais le plus petit dans le royaume de Dieu est plus grand que lui. »

disant : « *Cependant celui qui est le plus petit dans le royaume des Cieux est plus grand que lui* [1]. »

Cette déclaration demande quelques développements. Je les emprunte à un ouvrage de M. l'abbé Planus. Cet ecclésiastique de grand talent a fait sur le Précurseur une étude aussi remarquable par le fond que par la forme, et tout entière consacrée à indiquer la ressemblance si réelle du fils de Zacharie avec le prêtre.

« Quand le Sauveur, dit-il d'après l'interprétation de Maldonat, parle comme il le fait à l'occasion de saint Jean-Baptiste, il signale sous une forme discrète, mais transparente, la prééminence d'un ordre de choses et d'institutions sur un autre, de l'Église sur la Synagogue, de la grâce par les sacrements sur la justification par le lointain espoir du Messie ; du Tabernacle et de l'autel eucharistiques, si pauvres qu'ils soient, sur le Temple resplendissant et vide de Jérusalem ; de la vivante réalité sur la préfiguration,

---

[1] « Le royaume des Cieux, dans le style de l'Écriture, ne signifie pas toujours le Ciel lui-même, le séjour des bienheureux. Nous ne nous arrêterons pas à le prouver, car, pour peu qu'on soit initié à la lecture et à l'intelligence du texte évangélique, on doit avoir une notion exacte à ce sujet. Cette expression veut donc dire souvent le royaume de Dieu sur la terre, et c'est dans ce sens qu'il faut l'entendre ici, d'après la plupart des interprètes. »

l'image, la naissante et incomplète idée qui a duré quatre mille ans.

» Appartenir à cet ordre nouveau, à ce royaume de Dieu qu'ouvrent les temps évangéliques, c'est se trouver par là même établi dans une condition meilleure, plus élevée, plus féconde que la condition des temps passés. Jean-Baptiste, surgissant aux confins de l'ère qui s'achève, avoisine aussi près que possible l'ère qui commence, mais il n'y entre pas de plain-pied, il ne lui appartient pas entièrement. Sa situation native, dès lors, reste inférieure à celle des privilégiés qui viendront après lui : « *Qui minor est in regno cœlorum, major est illo.* »

» Ce n'est certes pas à dire pour cela que Jean-Baptiste n'ait point atteint un degré de sainteté, réalisé une plénitude de perfection qui dépassent de beaucoup le point où les saints des temps évangéliques pourront jamais atteindre. En somme, ce n'est point une comparaison que le Sauveur établit entre des mérites individuels, ni tel ou tel privilégié qu'il entreprend de mettre en regard de Jean-Baptiste. Il proclame la supériorité d'une situation, en quelque sorte abstraite, sur une autre, la prédominance de l'avenir sur le passé.

» Il proclame l'immense honneur qu'un homme doit trouver à pouvoir dire, en comprenant et goûtant ce qu'il dit : « Je suis chrétien ! »

» Un grand nombre d'interprètes, cependant, prétendent que ces paroles : *le plus petit dans le royaume des Cieux,* » doivent s'appliquer au Christ, plus petit, en effet, que Jean, selon l'opinion publique du moment, au point de vue de la condition, de l'âge et de la sainteté. Ces derniers soutiennent ainsi leur avis : « Peut-on admettre, disent-ils, que le moindre du royaume de Dieu sur la terre, ou de l'église, c'est-à-dire le dernier des chrétiens, par cela seul qu'il vit sous la loi évangélique, serait plus grand que le plus illustre des prophètes ? Jésus-Christ, sans doute, voulait louer saint Jean ; mais ne l'aurait-il pas plutôt rabaissé ? D'ailleurs, le Précurseur n'appartenait-il point autant à l'Évangile qu'à la Loi et aux Prophètes ? Il faut donc reconnaître qu'il est ici question du Christ lui-même. »

L'opinion de Maldonat nous semble préférable [1].

Jésus poursuit ainsi son discours : « *Or, depuis saint Jean-Baptiste jusqu'à présent le royaume des Cieux souffre violence, et ce sont des violents qui le ravissent. Car tous les Prophètes et la Loi ont prophétisé jusqu'à Jean. Et si vous voulez le comprendre, il est lui-même Élie qui doit venir.*

---

[1]. D'autres commentateurs ont pensé que Jésus-Christ n'avait voulu comparer saint Jean qu'à un ange, et encore au dernier de la hiérarchie.

Que celui qui a des oreilles pour entendre entende. »

Je n'insisterai pas sur ces paroles que j'ai eu l'occasion d'expliquer précédemment. J'ajoute seulement ici que l'homme qui honore Dieu dans son âme avec les sentiments d'amour dûs à ce divin Maître, qui place en lui toute sa confiance, qui aime son prochain et ses ennemis mêmes, qui pratique la mortification et autres œuvres méritoires de ce genre, a conquis le ciel par les violences qu'il s'est faites, et, avec l'aide de la grâce, il en a pris les portes d'assaut.

Je rappelle, de plus, qu'Elie n'est ici qu'une figure ; il ne viendra, selon la prophétie de Malachie, qu'à l'instant du grand et épouvantable jour du Seigneur, c'est-à-dire lors du second avénement du Christ. Ces quelques mots renferment des mystères infiniment cachés ; aussi Jésus continue-t-il en disant : *Que celui qui a des oreilles pour entendre entende. »*

Mais qu'il est rare de savoir entendre ! C'est pourquoi le divin Sauveur reprend avec tristesse : « *A qui comparerai-je cette génération ? Elle est semblable à des enfants assis sur la place et qui crient à leurs compagnons : Nous avons chanté pour vous et vous n'avez pas dansé ; nous nous sommes lamentés et vous n'avez point pleuré ! Jean, en effet, est venu, ne mangeant ni ne buvant, et ils disent : « Il est démoniaque. » Le Fils de l'homme est venu mangeant et buvant, et ils disent : « Voilà un homme de bonne chère et adonné au vin, ami des publicains et des pécheurs. »*

Le Christ fait ici allusion à un jeu fort en usage parmi les enfants des Juifs, lequel, sous une apparence frivole, cachait un haut enseignement philosophique. Saint Cyrille nous apprend que les jeunes Israélites se partageaient en deux bandes, et pour simuler le peu de cas que l'on doit faire des plaisirs et des peines de la vie présente, les uns se réjouissaient et chantaient des airs joyeux, tandis que les autres poussaient des gémissements ; puis ils se reprochaient leur mutuelle indifférence, à laquelle s'ajoutait celle des passants qui regardaient cette scène sans joie comme sans tristesse.

Saisissante comparaison, admirablement applicable à Jean et à Jésus ; c'est une exclamation douloureuse du Sauveur à la pensée que tant d'âmes repoussent la vérité, qu'elle leur soit présentée sous une forme austère ou sous d'aimables couleurs. Ainsi firent les orgueilleux Pharisiens et les Docteurs de la Loi, en refusant le baptême du Précurseur ; ils méprisèrent le dessein de Dieu sur eux, tandis que d'humbles gens du peuple et les Publicains déconsidérés lui rendirent hommage en courant au baptême de pénitence. La mansuétude infinie du Christ ne toucha pas plus leurs cœurs que les apostrophes indignées du Baptiste.

Mais la sagesse a été justifiée par ses enfants. Cette phrase, qui termine le discours du Christ, veut dire que ceux qui possèdent la sagesse, en d'autres termes les enfants de la lumière, font briller par leur foi la vérité du plus vif éclat, et que leur exemple est la condamnation de ceux qui préfèrent demeurer dans les ténèbres protectrices de leur indifférence ou de leurs vices....

Mais, ô saint Précurseur, la voix du Christ a cessé de retentir sur votre admirable existence ! Retournons donc à Mâchéro, dans la forteresse où vous retient captif la volonté d'Hérode et, plus encore, celle de l'implacable Hérodiade. Déjà sur votre front resplendit l'auréole des saints ; bientôt nous y verrons briller celle des martyrs !

CHAPITRE DOUZIÈME

LA DÉCOLLATION

Hérodiade épiait l'occasion de faire périr saint Jean-Baptiste ; mais Hérode, surnommé le Renard à cause de son astuce, ne voulait exécuter son projet qu'en prenant toutes ses précautions.

Il cherchait donc un moment favorable pour ne point exciter la colère du peuple, n'oubliant pas que, peu de mois auparavant, les Juifs faisaient encore éclater pour Jean le plus vif enthousiasme; une sédition pouvait venger le meurtre du Prophète et provoquer à Rome le courroux impérial.

De son côté, Hérodiade craignait qu'au souvenir des conseils et des reproches de Jean, Hérode, touché de repentir, ne la rendît à son frère, et auprès de son ancien mari, toute sécurité eût été impossible pour elle.

Voici donc le moyen, qu'après de mûres réflexions, elle imagina pour ôter la vie à saint Jean, sans amener un soulèvement populaire. Le caractère cruel du tétrarque lui assurait un facile complice, et ce fut sans peine qu'elle lui persuada de ne point laisser échapper une occasion à laquelle lui-même, d'ailleurs, avait peut-être également songé.

C'était une coutume d'Hérode, coutume empruntée par lui aux grands personnages romains, de célébrer sa naissance par un splendide festin. Cette circonstance devait faciliter l'exécution des odieux projets de ces époux adultères.

Le monarque adressa des invitations solennelles aux principaux personnages de la Galilée et de la Pérée, ainsi qu'aux dignitaires de sa cour, et, soit crainte de lui déplaire, soit amour du plaisir, chacun d'eux s'y rendit avec empressement. Tout contribuait, du reste, à l'éclat de ces sortes de fêtes; on y faisait venir des joueurs d'instruments, des danseuses et des bateleurs pour divertir l'assistance.

La salle du festin est éblouissante de lumières. Des colonnes de bois précieux soutiennent des chapiteaux de bronze, ciselés avec un art merveilleux et reliés entre eux par des guirlandes d'anémones. Enivrés par les sons de la musique, le parfum des fleurs et la fumée des vins que les architriclins du tétrarque versent à flots dans leurs coupes, les convives s'abandonnent à de bruyants éclats de joie. Tout à coup, au milieu de cette orgie, entre la fille d'Hérodiade.

Salomé a quinze ans à peine; à travers la gaze bleuâtre qui lui couvre la poitrine et la tête, on voit étinceler, sous leurs grands arcs noirs, ses yeux brillants comme les joyaux dont sont ornées ses oreilles. Un carré de soie, aux chatoyants reflets, tombe de ses épaules jusqu'à sa taille élégante qu'enlace, avec la grâce du serpent, une ceinture où se mêlent à l'envi, parmi des ciselures d'or et d'argent, des pierreries aux mille couleurs. Un caleçon noir, semé de mandragores, forme le reste de son costume.

Elle s'avance, le sourire aux lèvres, au sein de cette assemblée corrompue. Des murmures flatteurs lui disent, une fois de plus, qu'elle est belle. Elle sent tous les regards attachés à ses moindres mouvements. Alors, la jeune princesse, oubliant la modestie de son sexe et la hauteur de son rang, se livre, aux yeux de tous, à une danse voluptueuse récemment en usage dans le pays, et elle y déploie un art si consommé, une grâce si parfaite, qu'elle émerveille l'assistance.

Les spectateurs s'empressant, d'ailleurs, de faire leur cour au roi, expriment, avec transports, leur vive satisfaction; tous déclarent n'avoir jamais assisté à plus ravissant spectacle.

C'était le moment attendu par le perfide Hérode et par la vindicative Hérodiade. Quand la jeune fille eut fini de danser, le tétrarque l'invita, au milieu de ce concert de louanges, à lui demander ce qu'elle voulait, lui promettant, avec serment, de le lui accorder, fût-ce même la moitié de son royaume. Il savait bien, lui qui lisait dans le cœur d'Hérodiade, qu'on ne lui demanderait pas ce qu'il offrait, mais qu'il s'agissait de faire tomber une tête! « Donner la moitié d'un royaume » était, du reste, une formule très-employée dans l'antiquité.

La belle danseuse court vers sa mère, bien belle aussi sous sa mitre assyrienne, retenue par une mentonnière d'or, et sous son péplum d'écarlate, où viennent se jouer les longues boucles de sa chevelure. Elle lui dit la promesse du roi : que va-t-elle lui demander? Hérodiade pourrait-elle hésiter? Ce qu'elle veut, c'est la tête de Jean-Baptiste!

Sur cette indication, ou plutôt sur cet ordre de sa mère, la cruelle Salomé saisit un plateau d'or, et retourne précipitamment vers le roi : « Je veux, lui dit-elle, que tu me fasses apporter, à l'instant, sur ce plateau, la tête de Jean-Baptiste ! »

Les convives, pénétrant sans doute la pensée du roi, s'empressèrent d'appuyer, dit saint Thomas, cette épouvantable requête, tandis qu'Hérode semblait contristé d'être lié par son serment ; comme si ce serment, il ne l'avait pas fait à dessein, d'après la remarque de saint Jérôme, pour avoir un prétexte de mettre à mort saint Jean ! Cette tristesse hypocrite n'avait pour but que de prévenir un mouvement populaire, le monarque paraissant agir contre son gré, lorsqu'il satisfaisait son plus ardent désir. Par une politique cruellement habile, il rendait, en même temps, complices de son crime les princes de Galilée et tous les grands de sa cour ; car tous se trouvaient avoir prononcé indirectement la sentence de mort de saint Jean.

Et, d'ailleurs, Hérode eût-il fait un serment à la légère, comme le prétendent Isidore et d'autres auteurs, il n'était, assurément, pas obligé de les tenir ; fourbe en faisant sa promesse, il fut sacrilège en l'exécutant.

L'Évangéliste rapporte que, par égard pour les assistants, il ne voulut pas affliger la jeune fille ; ce qui veut dire qu'il se serait peu préoccupé de lui déplaire par un refus et l'eût invitée à lui adresser une autre demande, s'il n'avait pris en considération les désirs de ses convives. Condescendance mensongère! plutôt que de commettre un horrible forfait en souillant ses mains du sang d'un juste, sous les yeux d'une foule composée de grands personnages, ne pouvait-il donc affliger une danseuse!

Heureux de paraître esclave de son serment, et plus heureux encore de le tenir, le tétrarque ordonna que la tête de Jean-Baptiste lui fût immédiatement apportée. A cet ordre du maître, un garde courut à la prison de la victime et, d'un coup de son glaive, trancha cette tête auguste.

Quels furent les actes et les paroles de saint Jean-Baptiste, lorsque, la porte de sa prison à peine ouverte, on lui annonça qu'il allait mourir? On l'ignore; mais on doit être persuadé, qu'en cette circonstance, le Précurseur ne démentit pas la conduite de toute sa vie. Rempli de l'Esprit-Saint, il subit le martyre avec la plus grande joie, et alla, dans les Limbes, attendre, en la compagnie des Patriarches de l'ancienne loi, le moment prochain d'être conduit au ciel par Jésus-Christ.

On peut supposer, du reste, qu'il se tenait prêt, à tout instant, à recevoir le coup mortel. Il connaissait, depuis longtemps, les sentiments de ses persécuteurs envers lui; et le bruit joyeux de l'orgie royale résonna sans doute à ses oreilles comme le glas funèbre du trépas. Peut-être même Dieu, dans sa bonté, lui avait-il révélé, comme il est arrivé quelquefois, le jour, l'heure et les circonstances de sa mort?

Quoi qu'il en soit, le garde revint dans la salle, apportant, sur le plateau d'or qu'il tenait des mains

Marbre antique conservé à Saint Marc de Venise.
V. troisième partie, ch. VI

de Salomé, la tête de Jean-Baptiste. L'infâme danseuse la prit avec une révoltante indifférence, puis la présenta toute sanglante à sa mère.

Ah! s'écrie saint Jean Chrysostôme, quel cœur, fût-ce même le plus cruel, ne se sentirait, au récit d'un tel crime, enflammé d'indignation? Qui supporterait froidement la vue de ce juste, décapité sur la simple demande d'une femme incestueuse, d'une vile courtisane? Qui resterait insensible à l'aspect de cette tête palpitante encore, de ces yeux que voilent de longs cheveux teints de sang; spectacle offert aux regards de la plus odieuse assistance?

O roi barbare, ajoute saint Ambroise, repais-toi de ce sanglant spectacle; il est digne vraiment de l'assemblée qui t'entoure! Pour mettre le comble à ta cruauté, avant de quitter la table du festin, avance la main, et que ce sang sacré ruisselle entre tes doigts! Et puisque les coupes, remplies à pleins bords, n'ont point étanché ta soif ardente de cruauté, bois ce sang, bois-en à satiété; il s'échappe encore à flots de cette tête que tu as fait trancher; contemple les yeux de ce mort, témoins de ton crime et que révolte, par delà même le trépas, l'aspect de tes honteux plaisirs! Oui, les yeux de ce saint se ferment, non pas tant sous la loi de la mort, que par horreur pour tes débauches! Cette bouche éloquente, maintenant muette, cette bouche dont tu refusas de subir les arrêts, tu la crains encore, malgré son silence! Et toi, criminelle enfant, reçois ce présent, porte-le à ta mère, plus criminelle encore, et dis-lui: « A ton tour rassasie-toi; repais longuement tes yeux et ton cœur de ce hideux spectacle, objet de tes plus chers désirs ; contemple la tête de ce juste qui a si légitimement flétri tes monstrueux déportements ; sois satisfaite, voici la tête de Jean-Baptiste ! »

Ce n'était point assez. La vue de cette tête sanglante ne suffisait pas à la vengeance d'Hérodiade. Son insatiable haine réclamait encore un suprême outrage envers saint Jean-Baptiste expiré. S'il faut en croire la légende, l'odieuse courtisane, renouvelant la cruauté de Fulvia à l'égard de Cicéron, prit entre ses mains la tête de sa glorieuse victime, puis, saisissant une longue épingle d'or qui retenait sa chevelure, elle perça avec furie cette langue, coupable d'avoir prononcé ce fameux « *Non licet,* » qui, selon la belle expression de M. l'abbé Bougaud, a retenti si profondément dans la conscience de l'humanité !

Mais que t'importe, ô saint Précurseur, cet ignominieux trépas, suivi de cet infâme outrage ! Descends-en paix dans la tombe, car le royaume de Dieu va commencer !......

Peu de temps avant l'époque où le fils d'Elisabeth, abandonné de presque tous ses disciples, et déjà peut-être oublié des foules, périssait misérablement, à l'âge de trente-deux ans, dans les obscurités d'un cachot, le Fils de Marie, entouré des Apôtres et dans tout l'éclat de sa gloire, apparaissait transfiguré au milieu des splendeurs du Thabor. Ainsi se réalisait, une fois de plus, la parole du Précurseur : « *Il faut qu'il croisse et que je diminue*[1]. »

Malgré ce douloureux contraste, il ne put y avoir d'amertume dans cette mort, en présence de cette gloire. Jean mourait pour Jésus comme il avait vécu pour lui ; il le précédait dans la mort comme il l'avait précédé dans la vie, heureux toujours d'être son Précurseur. D'ailleurs, le Dieu, dont la seule présence l'avait fait tressaillir d'allégresse dans le sein de sa mère, sut bien, n'en doutons pas, remplir encore de joie son tombeau [2] !

Selon une pieuse croyance, fort répandue parmi les Grecs, et qui se fortifie de la grande autorité de saint Grégoire, la mission de saint Jean-Baptiste ne

---

[1]. La scène qui se passa au moment de la Transfiguration prouve qu'en cet instant même la pensée du Christ se reportait avec une tristesse attendrie sur son Précurseur, puis ensuite sur lui-même. Apercevant les angoisses du Calvaire à travers les rayonnements de sa gloire : « Je vous le déclare, disait-il à ceux qui l'entouraient, Elie est déjà venu et ils ne l'ont point connu ; ils lui ont fait tout ce qui leur a plu. Et c'est ainsi que le Fils de l'homme sera traité par eux. — Alors les disciples comprirent que c'était de saint Jean-Baptiste qu'il leur avait parlé. »

Une tradition fort ancienne dit que Jésus-Christ fut miraculeusement présent au martyre de son Précurseur.

s'arrêta pas avec sa vie. Après avoir annoncé sur la terre l'heureuse nouvelle de la venue du Sauveur, il remplit encore ce sublime office dans les Limbes auprès des morts. C'est, du moins, ainsi qu'il semble permis d'interpréter ces paroles de l'apôtre saint Pierre : « L'Evangile a été annoncé aux morts détenus dans la prison. »

O grand saint, de l'aveu de tous les docteurs, nul ici-bas n'égala jamais vos vertus! Vous êtes le modèle de la vie parfaite et la règle de la foi; votre justice, votre courage, votre amour de la pénitence, votre chasteté brillent aux yeux de l'humanité d'un incomparable éclat. Vous êtes l'égal des anges, le prince des missionnaires, l'intermédiaire de la Trinité et la sanction de l'Evangile; vous marchez en tête du cortége sacré des Patriarches et des Prophètes, et tous ceux qui sont nés de la femme doivent sans exception, au témoignage de Dieu lui-même, courber leurs fronts devant vous, auguste Précurseur du Christ!

ÉPILOGUE

HÉRODIADE ne donna pas l'ordre d'ensevelir le Baptiste, car la mort de ce juste n'avait point éteint le feu de son ressentiment; mais elle prit la précaution de faire porter la tête de sa victime à Jérusalem, pour qu'on l'y enterrât secrètement auprès du palais du roi. Tourmentée par le remords, elle craignait, dit le Métaphraste, — et son opinion est universellement partagée, — que, si la tête et le corps étaient placés dans le même tombeau, le supplicié ne ressuscitât. Pharisienne comme Hérode, selon toute probabilité, et, par conséquent, croyant à la transmigration des âmes, n'était-il pas naturel que cette idée lugubre vînt hanter son esprit?

Quant au corps du Précurseur, jeté loin de la forteresse, et abandonné par ses bourreaux, il était destiné à devenir, sur ces limites du désert, la proie de l'aigle et du chacal.

Mais, à la nouvelle de la mort de leur Maître, ses courageux disciples vinrent prendre religieusement son corps et l'emportèrent à Sébaste, l'ancienne Samarie, pour lui donner la sépulture. Ils choisirent cet endroit, distant de quelques milles de Machéro, parce que, selon la judicieuse remarque de Baronius, la province de Samarie n'était plus sous la domination d'Hérode. D'autres auteurs prétendent qu'ils le portèrent en ce lieu afin de l'inhumer entre les prophètes Abdias et Elisée.

Saint Mathieu rapporte la mort de saint Jean-Baptiste à peu près dans les mêmes termes que saint Marc; il dit, en terminant son récit, que *les disciples de saint Jean, après avoir donné la sépulture à leur maître, se rendirent près de Jésus pour l'informer de cet événement.*

Puis il ajoute que *le Christ monta sur-le-champ dans une barque, quitta l'endroit où il se trouvait et se retira dans un lieu désert; qu'à cette nouvelle le Peuple quitta les villes et le suivit à pied.*

Cette conduite du Christ a été, de la part des commentateurs, l'objet d'interprétations diverses. Voulait-il, en s'éloignant ainsi, enlever à ses cruels ennemis l'occasion de commettre immédiatement un nouveau crime, plus épouvantable encore que le premier, ou bien son but n'était-il pas de différer sa mort jusqu'au temps de Pâques? Je ne fais qu'indiquer ces points controversés dont l'examen n'a point ici sa place.

Ce qu'il importe de faire ressortir, c'est l'empressement que mettent les disciples de saint Jean à venir trouver Jésus pour lui apprendre l'événement lamentable dont la forteresse de Machéro vient d'être le théâtre. Tous les nuages que la jalousie avait amoncelés dans leur cœur se sont dissipés pour toujours après l'ambassade envoyée au Christ par son Précurseur. A Jésus donc, qui va pleurer avec eux la perte du plus grand des enfants des hommes, à Jésus les premiers épanchements de leur douleur, à Jésus désormais tout leur amour, toute leur confiance et tout leur dévouement. Dès ce moment ils deviennent à jamais ses disciples; pour Lui, ils affronteront les fatigues, les injures et le mépris des hommes; ils Lui demeureront fidèles dans les supplices et la mort même...

Il ne nous reste plus que quelques mots à ajouter : ils ont trait à la dynastie de ces Hérode dont le premier ordonna le massacre des Innocents et le second la mort de Jean-Baptiste.

Malheur à qui répand le sang innocent, car il

retombe toujours sur la tête de ceux qui l'ont versé ! Immédiat ou tardif, le châtiment n'en est pas moins inévitable. Parfois, il est vrai, Dieu suspend son bras, parce qu'il a l'éternité pour frapper; mais il est de tels forfaits, si audacieusement commis aux yeux de tous, et qui sont une telle insulte à la conscience publique, que la répression, dès ici-bas, doit avoir le même retentissement que le crime.

Hérode et sa famille ne tardèrent pas à éprouver les effets terribles de cette vérité qu'a justifiée, tant de fois, l'histoire de l'humanité.

Antipas, en guerre avec Arétas pour les motifs que l'on sait, essuya une effroyable défaite. Son armée fut taillée en pièces. Josèphe rapporte que, dans la pensée d'un très-grand nombre de Juifs, ce désastre était le résultat de la colère divine, justement excitée par le meurtre de Jean, qu'on appelait Baptiste. C'était, ajoute le même historien, qui pourtant était pharisien, c'était un homme de bien qui recommandait au peuple la pratique de la vertu, le culte de la justice, la piété envers Dieu, et prescrivait le baptême à ses adeptes comme signe de ralliement.

D'autres malheurs ne tardèrent pas à fondre sur Hérode. D'après l'Histoire scolastique, il se rendit à Rome sur les instances d'Hérodiade, dont l'ambition égalait la cruauté, pour obtenir de Caligula le titre de roi, car il n'était, en réalité, que tétrarque. Son neveu, Hérode Agrippa, petit-fils d'Hérode le Grand par Aristobule et tétrarque d'une autre province, venait de recevoir cette faveur du César romain dont il avait conquis l'amitié ; mais, les plus vifs dissentiments existant entre l'oncle et le neveu, ce dernier avait profité de son crédit pour perdre Antipas. Il le dénonça à l'ombrageux et cruel empereur comme voulant s'affranchir de l'autorité romaine. Caligula l'envoya en exil à Lyon, où Hérodiade le suivit ; d'après la tradition, ils furent ensuite bannis en Espagne, et tous deux y finirent dans la honte et le désespoir leur criminelle existence.

Quant à Salomé, digne fille d'une telle mère, elle fut engloutie, rapporte Nicéphore, en traversant, près de Lérida, la rivière de Sicoris, alors gelée, et qui s'ouvrit sous ses pas.

Hérode Agrippa, coupable lui-même du meurtre de saint Jacques le Majeur et de l'arrestation de saint Pierre, reçut également du Ciel un châtiment terrible : il subit, de son vivant, la décomposition et les outrages du tombeau.

Josèphe, dont nous nous plaisons à citer, de nouveau, le témoignage comme étant celui d'un contemporain, Josèphe, issu de la famille des Machabées à laquelle celle d'Hérode l'Ascalonite avait enlevé le gouvernement de la Palestine, ne manque pas de faire observer que toute cette famille d'Hérode le Grand, si puissante et si nombreuse, s'éteignit, dépouillée du trône, dans l'espace de cent ans.......

Dix-neuf siècles ont déjà passé sur la mémoire du Précurseur, et depuis dix-neuf siècles sa gloire n'a fait que grandir, immortelle comme l'Eglise du Christ, dont les destinées sont éternelles !

INSTITUT
CATHOLIQUE
DE PARIS

SECONDE PARTIE

CULTE
DE
SAINT JEAN-BAPTISTE

CHAPITRE PREMIER

Considérations préliminaires. — Antiquité et universalité du culte de saint Jean-Baptiste. — Fête de la Conception de saint Jean. — Fête de sa Nativité — Fête de sa Passion. — Fête de la Décollation. — Fête de la Synaxis. — Sous-diacre représentant autrefois saint Jean-Baptiste dans la procession et Credo récité avant la messe de la Nativité du Précurseur. — Vénération des Mahométans pour saint Jean-Baptiste.

Le culte de saint Jean-Baptiste a été institué par Jésus-Christ même. Il date du jour où le Sauveur du monde a déclaré son Précurseur le plus grand des enfants des hommes. En le désignant ainsi à l'éternel hommage des générations présentes et futures par une parole dont l'écho sacré se répète à jamais d'âge en âge, Notre-Seigneur semble avoir pris soin d'ouvrir lui-même, pour le fils de

Zacharie, une ère de gloire immortelle. Jésus a donc, le premier, proclamé la sainteté de Jean, comme, le premier, Jean a proclamé la divinité de Jésus.

D'ailleurs, l'auguste enfant dont la naissance fut, comme celle de son divin Maître, annoncée par l'Archange Gabriel; — le messager de la grâce, sanctifié dès le sein de sa mère; — l'envoyé du Tout-Puissant, choisi pour faire connaître au monde la venue du Fils du Roi des Cieux et pour lui désigner l'Agneau de Dieu; — l'homme angélique qui précédait l'Éternel en marchant devant sa face; — le saint d'entre les saints appelé à donner le baptême au Christ Rédempteur; — enfin le plus grand et le dernier des prophètes, prédit lui-même par les prophètes, pouvait-il manquer dans la succession des siècles chrétiens, d'être tout particulièrement honoré?

Non, sans doute; aussi le culte de saint Jean-Baptiste tient-il une place exceptionnelle dans l'Église. Il la doit à son antiquité, à son caractère universel, à la solennité et au nombre de ses fêtes.

D'après le témoignage de saint Augustin, la fête de la Nativité du Précurseur était déjà très-antique au IVᵉ siècle, et le même Docteur assure que « les fidèles l'avaient reçue des anciens pour la transmettre à la postérité. »

Il semble donc permis de dire que l'usage de la

célébrer remonte à une époque aussi reculée que celui de fêter la naissance du Sauveur. Aujourd'hui, la Nativité de saint Jean-Baptiste est, avec celles de Notre-Seigneur et de sa très-sainte Mère, la seule qu'on fête dans l'Église, et, par un honneur aussi grand que mérité pour le fils d'Elisabeth, l'expression de *Nativité* n'est consacrée que dans ces trois circonstances.

Autre exception vraiment remarquable : l'Église, qui célèbre la mort de tous les autres saints, fête la naisssance de saint Jean-Baptiste ! C'est que, pour l'universalité des saints, le trépas, qui a couronné leur admirable existence, fut l'aurore même de la véritable vie ; le Précurseur, au contraire, a joui, dès sa naissance, de l'éclatant privilége de la sanctification ; et cette bienheureuse Nativité fut, pour un grand nombre, selon la parole de l'Archange, une source de joie très-abondante. Les autres saints n'ont donc pas été favorisés, en naissant, de la même grâce que saint Jean-Baptiste. Leur venue en ce monde n'a jamais présenté le caractère du surnaturel, d'après l'observation de l'évêque d'Hippone ; c'est par la suite seulement que la grâce du Saint-Esprit est descendue en eux ; aucun n'est né, comme le Précurseur, prophète et témoin du Christ.

De temps immémorial, les Églises d'Orient et

d'Occident [1] ont célébré, le 24 juin, cette précieuse Nativité. Cette fête est la plus solennelle après celle de Pâques, de Noël, de l'Epiphanie, de l'Ascension, et de la Pentecôte. Le concile d'Agde, qui date des commencements du vi^e siècle, lui assigne le premier rang après celles que nous venons d'énumérer [2].

L'institution de la Vigile est presque aussi ancienne que celle de la fête même ; on pourrait en dire à peu près autant du jeûne. Au xe siècle, le concile de Seligenstadt (diocèse de Mayence) avait même décidé qu'elle serait précédée d'une sorte de carême de quatorze jours.

Ce qui prouve toute l'importance que l'Église attache à la célébration de cette grande solennité,

---

1. Dans toutes ces questions on peut utilement consulter l'ouvrage du P. Nilles, publié, en 1879, sous ce titre : « Kalendarium manuale utriusque Ecclesiæ orientalis et occidentalis academis Clerorum accomodatum. »

2. Saint-Sabas, (ve siècle) permettait aux moines d'user ce jour-là, *d'huile sainte*. Ces mots demandent une explication. Ce saint abbé, qui fonda plusieurs monastères en Palestine, accorda cette autorisation, parce que les religieux, comme autrefois les chrétiens en temps de jeûne, devaient s'abstenir d'huile, et que, par suite, l'usage de cette substance était considéré comme un symbole de fertilité, de joie et d'abondance. Quant au mot *sainte*, il répond à cette idée que l'on ne prenait jamais rien jadis sans faire la bénédiction, et qu'en ce saint jour l'huile était l'objet d'une bénédiction toute spéciale.

c'est que, dans certaines contrées, notamment en France, on offrait trois fois le saint sacrifice de la messe, comme, de nos jours encore, à la fête de Noël, afin, nous dit Alcuin, de signaler trois priviléges insignes de la gloire de saint Jean-Baptiste : il était venu au monde pour préparer la voie du Seigneur par l'exemple de sa vie : c'était là l'objet de la Vigile ; ses fonctions l'élevèrent au-dessus de tous : c'est ce que rappelle la seconde messe ; enfin il resta nazaréen, c'est-à-dire sobre et chaste : cette grâce est célébrée dans la fête du jour.

L'usage de dire trois messes successives le jour de la Saint-Jean se perpétua jusqu'au xie siècle.

En certaines autres églises, on célébrait une messe dès le point du jour, parce que la Nativité de saint Jean fut comme l'aube du christianisme, puis une autre plus solennelle à neuf heures, en mémoire de son martyre.

En France, la fête de la Nativité de saint Jean a cessé d'être obligatoire depuis le Concordat, mais néanmoins elle y demeure toujours en grand honneur. Elle a une octave dans le rit romain, mais non dans l'Église grecque qui n'a point l'usage des octaves.

Saint Jean-Baptiste est chez tous les peuples l'objet d'une telle vénération que, non contents de célébrer sa naissance, certains d'entre eux ont voulu de plus, fêter sa conception; non pas, a-t-on dit, qu'elle ait été jugée sainte comme celle de Jésus-Christ ou de la Sainte Vierge, mais parce qu'elle fut annoncée par l'ordre de Dieu et qu'elle ouvre une ère de mystères. Elle est marquée le 24 septembre dans les anciens martyrologes, qui portent le nom de saint Jérôme, ainsi que dans ceux de Vandalbert, de Raban, d'Adon, d'Usuard et de Notker.

Les Grecs, d'accord avec les Latins, pour célébrer aussi cette fête, ne se sont pas éloignés de cette même époque puisqu'on la trouve fixée tantôt au 23, tantôt au 22 du même mois dans leurs calendriers et leurs ménologes. Ce choix est la preuve évidente, selon la remarque de Baillet, que toute l'église a considéré cette conception comme s'étant produite aussitôt après l'équinoxe d'automne.

En Syrie et dans les pays voisins la fête est qualifiée du nom d'*Annonciation de Zacharie;* elle se célèbre au troisième des huit dimanches qui précèdent la solennité de Noël, c'est-à-dire dans la seconde moitié de novembre.

Ce qui a contribué à faire tomber cette fête en désuétude, c'est la crainte, paraît-il, que sa célébration n'inspirât au peuple la pensée que saint Jean-Baptiste a été exempt de la tache originelle, dont tout le genre humain eut sa part, à l'exception de la Vierge immaculée.

La fête de la Décollation a toujours été moins solennelle que celle de la Nativité. Ce n'est pas que le Précurseur ne puisse être considéré, à bon droit, comme martyr. Saint Chrysostome n'hésite pas à lui décerner ce titre glorieux, et, selon la remarque de saint Grégoire, s'il n'a point été mis à mort pour avoir confessé la foi, il a succombé pour avoir rendu témoignage à la vérité et à la justice.

Que de manières, du reste, d'être martyr ! Martyr de la loi, comme les Machabées ; martyr de l'amour maternel, comme Marie ; martyr pour le salut du peuple, comme le Christ ; martyr à cause du Christ, comme les saints Innocents ; martyr de la foi, comme saint Étienne ; martyr, enfin, de la liberté de l'Église, comme saint Thomas de Cantorbéry !

Saint Jean-Baptiste mort pour la vérité, parce qu'il a proclamé Jésus ; mort pour le devoir, parce qu'il a courageusement repris Hérode, est un des plus illustres martyrs de l'humanité, et, seul entre tous, il a laissé la trace auguste de son sang sur le dernier feuillet de l'Ancien Testament et sur la première page du Nouveau.

Mais pourquoi insister sur une question que l'Église elle-même décide dans l'oraison suivante : « Puisse, ô Seigneur, la mémorable Nativité de « saint Jean-Baptiste, votre Précurseur, *martyr*,

« être pour nous la source des grâces les plus effi-
« caces, vous qui vivez et régnez, etc. »

Si donc la fête de la Décollation a toujours été moins solennelle que celle de la Nativité, c'est uniquement à cause des rapports intimes de cette dernière avec la venue du Messie que saint Jean fut chargé d'annoncer.

On peut juger du respect des Grecs pour la fête de la Décollation par la multitude des églises consacrées sous ce vocable. Dans la seule ville de Constantinople on en a compté jusqu'à quinze, sans parler d'un monastère renommé, appelé Petra, où l'empereur, au rapport de Codin, avait coutume d'aller en procession le jour de la Nativité et de la Décollation du saint.

Mais, nulle part, cette fête ne fut plus en honneur qu'en Russie, où elle est précédée d'une vigile et d'un jeûne; ce que l'on ne pratique pour aucun autre saint dans ce pays. Elle est même si fameuse en Géorgie que le peuple de cette contrée ne nomme pas autrement le mois de juin que le mois de Jean-Baptiste, comme nous disons ici le mois de Marie en parlant du mois de mai.

On n'a pas été partout d'accord pour la célébrer le même jour. Beaucoup de divergences se sont produites à cet égard, surtout parmi les Orientaux. Ainsi en Syrie, elle se fêtait le 7 janvier, lendemain de l'Epiphanie, jour où l'on croit que Jésus-Christ fut baptisé par saint Jean [1].

Ailleurs, et surtout en Afrique, la Décollation était célébrée le 27 décembre, après la fête du martyre de saint Étienne, pour rapprocher de Jésus-Christ ceux qui, les premiers, ont versé leur sang pour lui. Cette fête se trouve encore marquée le 10 avril dans quelques martyrologes, et le 25 mars dans d'autres. On a cru que ce dernier jour était celui où saint Jean souffrit le martyre et que la fête dont nous parlons a été fixée au 29 août, parce qu'on aurait fait, ce jour là, l'invention ou la translation du Chef vénérable de saint Jean-Baptiste.

[1]. Les Grecs appellent l'Epiphanie la fête des lumières; ils la nomment également Théophanie, parce que c'est le jour auquel Jésus-Christ a commencé à se dévoiler aux Gentils. Aussi saint Luc s'exprime-t-il ainsi dans les Actes des apôtres: « Il faut donc que ceux qui se sont unis à nous pendant tout le temps que le Seigneur Jésus a vécu parmi nous, *à commencer du baptême de Jean*, jusqu'au jour où il a été enlevé d'au milieu de nous, etc. » L'Église a fait dater de ce moment l'institution de notre propre baptême, « *Hodie in Jordane lavit Christus nostra crimina.* »

La croyance que le Christ fut baptisé le 6 janvier est universelle. On ne saurait nier, dit Rupert, d'accord en cela avec un grand nombre de Pères et d'interprètes, que ce ne soit d'après le sentiment de l'Église que les trois miracles de l'adoration des Mages, du baptême de Jésus-Christ et des noces de Cana sont célébrés le même jour. L'Église ne fait rien sans raison; elle n'a donc pu adopter

Du reste, la coutume était alors de ne point célébrer les fêtes des martyrs depuis le commencement du carême jusqu'aux octaves de Pâques; c'est ce qui explique comment la fête avait été remise au 29 août, jour de la dédicace du temple élevé à Emèse en l'honneur du Précurseur[1].

Il semble, en résumé, certain que saint Jean-Baptiste n'a pas été décapité le jour où l'on célèbre la fête de la Décollation (double-majeur dans l'Église romaine), et qu'il a souffert le martyre pendant les jours des Azymes, au moment de la Pâque des Juifs, un an, à peu près, avant la Passion de Notre-Seigneur.

cette coutume, que parce qu'elle a été édifiée sur ce point, dès le principe, par les enseignements des apôtres.

[1]. Le savant bénédictin Périon, qui a écrit au XVIe siècle une vie du Précurseur, pense que le 29 août est le jour de la translation du Chef sacré de saint Jean-Baptiste dans la nouvelle église d'Emèse, bâtie par Constantin Copronyme, et non pas celui de l'Invention de cette précieuse relique.

Il résulte également des termes du martyrologe d'Adon que la fête, célébrée ce jour-là à Emèse, était en mémoire de la solennité de la translation, solennité dont parle saint Théophane dans la chronographie dont il est l'auteur.

On croit communément que la fête de la Décollation existait à Emèse, le 29 août, longtemps avant celle de la Translation, et que les Emésiens choisirent cette date pour fêter la Translation après la construction de leur nouvelle église.

Saint Augustin partage ce sentiment, et voit ici une nouvelle réalisation de cette parole du Précurseur: « Il faut qu'il croisse et que je diminue; » car, dit-il, saint Jean-Baptiste s'effaça devant le Christ sous tous les rapports, notamment sous celui du baptême et de la prédication; et aujourd'hui l'église le laisse encore dans l'effacement devant son Divin Maître, puisqu'on célèbre la Passion de Jésus pendant les jours des Azymes et que la fête de la Décollation se trouve renvoyée à une autre époque [1].

D'illustres Docteurs de l'Église, parmi lesquels figure celui que nous venons de citer, ont fait, de plus, ingénieusement observer que Jésus-Christ naquit le 25 décembre, après le solstice d'hiver où les jours commencent à grandir, tandis que saint Jean-Baptiste vint au monde le 24 juin, après le solstice d'été, où les jours diminuent. Ainsi les saisons elles-mêmes semblent se mettre en harmonie, dans ce divin concert de faits sans pareils, avec les prophétiques paroles du Fils de Zacharie.

Avant de terminer ce qui regarde la fête de la Décollation, je dois faire remarquer que la liturgie grecque vient à l'appui d'une assertion déjà pro-

---

[1]. Le même Docteur a dit aussi: « Johannes capite minutus, Christus in cruce exaltatus. » Et: « Capite ille minuitur, hic vero adtollitur in cruce. »

duite dans cet ouvrage au sujet de la croyance que saint Jean-Baptiste est allé remplir, jusque dans les Limbes, sa mission de Précurseur. Voici les termes dans lesquels l'office du jour mentionne cette antique tradition : « La Décollation glorieuse du Précurseur semble être entrée dans les vues de la Providence pour que la venue du Sauveur fût annoncée même aux âmes retenues captives dans les enfers. Verse donc des larmes amères, Hérodiade, toi qui demandas la mort de ce juste ; tu as préféré à la loi de Dieu et à la vie éternelle les charmes trompeurs d'une existence passagère ! »

Antérieurement au VIe siècle, la célébration du martyre du Précurseur prenait le nom de *Passion de saint Jean*, comme on le voit dans les anciens sacramentaires de France et d'Italie. On l'appelait aussi *jour natal* ou *naissance céleste de saint Jean* dans les anciens martyrologes de saint Jérôme. Mais, depuis saint Grégoire le Grand, l'église latine emploie le mot *Décollation*. Ce terme est en usage aussi chez les Grecs, qui ont mis cette fête au rang de celles où l'on doit suspendre les exercices du barreau et les travaux manuels.

Outre les fêtes que nous venons d'énumérer, les Grecs, pour développer le culte du Précurseur, en ont institué une, le 7 Janvier, qu'ils appellent la

Synaxis (la Consociation) de saint Jean-Baptiste [1]. Ce terme grec, qui signifie aussi *réunion, rassemblement*, était le nom donné autrefois à l'assemblée des chrétiens, où l'on célébrait l'office en commun. Il faut traduire ce mot dans notre langue par celui de *Collecte*, parce que les fidèles se réunissaient, ce jour-là, pour chanter les louanges du Précurseur, implorer sa protection et rappeler l'immense concours de peuple qui, rempli d'espoir et d'admiration à sa voix prophétique, accourut vers lui, de tous les points de la Judée, pour recevoir le baptême de pénitence. Cette solennité semble avoir eu, aussi, pour but de célébrer la mémoire de la descente du Précurseur aux Limbes, et le mot

---

1. L'Annuaire ecclésiastique greco-slave du très-savant Père Martinov, de la Compagnie de Jésus, fait mention de cette fête, à cette date, sous la rubrique : Synaxis Baptistæ. L'annuaire contient, de plus, les indications suivantes : Dies vii Januarii : Translatio manus Johannis Baptistæ Constantinopolim — Dies xxiv Januarii : Johannis Baptistæ memoria juxta sepulchrum. — Dies xxiv februarii : Inventio capitis S. J. B. (prima et secunda) — Dies xxv maii : Tertia Inventio capitis S. J. B. Dies xxiv Junii : Nativitas Johannis Prodromi et Baptistæ. (Zachariam Prophetam exhibent Ephemerides Greco-Moscœ, et Menœa Novgorod addita S. Elisabeth) — Dies xxix Augusti : Decollatio Joannis Præcursoris. — Dies xxvii Octobris : Passio Joannis Baptistæ. — Voir les planches si intéressantes du calendrier grec imprimé à la fin de l'Annuaire ecclésiastique greco-slave.

« *Consociation* » exprime sa réunion avec les Pères de l'Ancien Testament dans cette mémorable circonstance. On a donc pu avancer que saint Jean-Baptiste porta l'Evangile aux morts, après l'avoir annoncé aux vivants; en un mot, qu'il a rempli doublement les fonctions d'apôtre.

A cette idée d'apôtre, se rattache l'existence d'une coutume fort ancienne qui consistait à faire processionnellement, dans certaines églises, et de la manière suivante, le tour de l'intérieur du temple avant la Grand'Messe. Le sous-diacre précédait cette procession, tenant dans ses mains l'Evangile, en mémoire, dit le pape Innocent III, de saint Jean-Baptiste, qui précéda le Christ dans l'esprit et la vertu d'Elie, et pour rappeler que saint Jean avait commencé, avant Jésus-Christ, la prédication évangélique.

On portait en avant de cette procession la croix dite *Stationnale*. Cette croix était ordinairement en or ou en argent; les anciens chrétiens l'ornaient de pierres précieuses; ils y ciselaient les images des saints qui en occupaient la branche perpendiculaire. Gori (*Thesaurus diptycorum*, 3ᵉ vol. p. 152) nous donne le modèle d'une de ces croix. Elle est en argent et représente, au milieu, saint Jean-Baptiste en costume apostolique. A chaque extrémité de la croix se trouve un attribut des Evangélistes.

CULTE DE SAINT JEAN-BAPTISTE

Je la reproduis ici.

Saint Cyrille n'hésite point à donner au Fils de

Zacharie le titre glorieux d'apôtre. « En effet, dit ce saint docteur, Jean-Baptiste remplit, dans un très-court espace de temps, le rôle de prophète et celui d'apôtre ; il vient à peine de prédire la venue du Christ, et voilà qu'il va le montrer à présent. »

Tel fut aussi le sentiment du Pape Urbain V. Son biographe, Bosquet, nous apprend qu'en 1368, ce Pontife, après avoir pris l'avis des cardinaux, ordonna que, le jour de la Nativité du Précurseur et pendant l'Octave, la messe serait *précédée* de la récitation du *Credo* (ce qui n'avait point lieu auparavant d'après les anciens règlements), car, ajoute Bosquet, bien que saint Jean-Baptiste ne figure point parmi les apôtres, il ne saurait être regardé comme inférieur à ces saints personnages, et il mérite d'être fêté avec les mêmes honneurs[1].

J'avais donc raison de le dire en commençant : le culte de saint Jean-Baptiste tient une place exceptionnelle dans l'église ; on peut même ajouter hors de

---

1. Toutefois la fête de la Nativité de saint Jean-Baptiste n'a pas de *Credo* à la messe, quoiqu'elle soit double de 1ᵉ classe, avec octave chez les Latins. On en donne pour raison liturgique que saint Jean, comme Précurseur du Messie, n'appartient pas à la loi nouvelle. Néanmoins, le rit romain dit le *Credo* en cette fête, lorsqu'elle est célébrée, 1° dans une église dédiée au Précurseur ; 2° quand elle tombe dans l'octave de la Fête Dieu, ou le jour même de l'octave des Apôtres. Cette règle est généralement observée en tous lieux.

l'église, puisque les infidèles eux-mêmes professent à son égard la plus grande vénération. Le Koran lui donne le nom de Saint Prophète, et les Ephémérides musulmanes font mention d'une fête en son honneur. C'est le savant orientaliste d'Herbelot qui nous l'affirme. La veille et le jour de la fête, les Arabes se livrent à des réjouissances qui égalent les nôtres par la pompe et les démonstrations extérieures. [1]

On se figure aisément que beaucoup d'églises chrétiennes, au souvenir d'une si haute vertu et au spectacle de tant de gloire, ont cherché avec passion les moyens et les occasions de posséder quelques unes des reliques du Précurseur. Nous signalerons, plus tard, celles qui furent assez heureuses pour y réussir ; racontons d'abord comment s'opéra et à qui est due l'Invention (c'est le terme consacré) de la plus importante d'entre elles: « le Chef sacré de saint Jean-Baptiste. »

---

1. Nul n'ignore que les Mahométans tiennent aussi en très-grand respect Jésus-Christ et la Sainte-Vierge.

CHAPITRE DEUXIÈME

Première invention du Chef de saint Jean-Baptiste au temps de Julien l'Apostat. — Récit de Sozomène le Scholastique. — Des moines ariens découvrent l'auguste relique a Jérusalem et l'apportent en Cilicie. — Théodose la fait transporter a Constantinople. — Deuxième invention du même chef sous l'empereur Marcien — Relation de l'abbé Marcel. — Un potier apporte a Emèse la vénérable relique. — Elle y demeure longtemps cachée dans un couvent. — Saint Jean-Baptiste lui-même en révèle la présence a Marcel. — Les divergences entre les deux récits proviennent d'interpolations pratiquées par les hérétiques.

L'histoire de l'Invention des Reliques de saint Jean-Baptiste demeure malheureusement, dans quelques unes de ses parties, environnée d'obscurité. A diverses reprises les princes des érudits ont exercé leur science sur cet important sujet, et les écrivains les plus compétents, notamment le cardinal Baronius, auquel l'Église et les belles-lettres seront

SECONDE PARTIE

éternellement redevables, ont été contraints d'avouer que c'est un des points les plus difficiles de l'histoire ecclésiastique.

Les Grecs semblent reconnaître, en effet, une double Invention du Chef sacré du Précurseur, et, bien que cette vénérable relique n'ait pu se trouver toute entière, en même temps, dans différents lieux, ils ont, sans s'arrêter devant cette impossibilité, ou, du moins, sans prendre soin de retrancher, des différentes versions, les faits contradictoires, laissé subsister le récit de cette double Invention.

Cependant ces contradictions ne sont au fond qu'apparentes, et nous nous efforcerons tout-à-l'heure de le démontrer. Par une heureuse fortune, nous avons, dans cette tâche délicate, un guide des plus sûrs et des plus savants. C'est le célèbre historien et glossateur Charles du Fresne, Sieur du Cange, conseiller du grand roi Louis XIV et trésorier de France à Amiens. L'éminent écrivain a composé sur ce sujet un ouvrage intitulé: *Traité historique du Chef de saint Jean Baptiste*, chef d'œuvre d'érudition et de critique. Entrons donc dans cette voie difficile à la clarté de ce brillant flambeau.

Voici d'abord la légende qui se rattache à la première Invention. Sozomène le Scolastique nous en fait le récit dans son *Histoire Ecclésiastique*, qu'il a écrite en grec. Cet auteur, né en Palestine, au commencement du vᵉ siècle, et mort à Constantinople vers l'an 450, rapporte qu'au temps de Julien l'Apostat et non loin de celui de Valens, le Chef de saint Jean-Baptiste fut découvert à Jérusalem par quelques moines de la secte du patriarche Macédonius, qui l'emportèrent avec eux en Cilicie.

A cette nouvelle, l'Empereur Valens, qui régnait alors, donna l'ordre de le transporter sur-le-champ à Constantinople. Ses émissaires le chargèrent sur un char léger qu'ils conduisirent sans difficulté jusqu'à un endroit nommé *Pantichion*, distant de Chalcédoine d'environ quinze milles. Là, les chevaux refusèrent d'avancer; leurs conducteurs ne purent, malgré tous leurs efforts, imprimer au char le moindre mouvement. Quel parti prendre? Ils envoyèrent, en toute hâte, prévenir l'Empereur du miracle qui venait de s'accomplir, et l'auguste Chef fut déposé dans un village voisin, nommé Cosilas, aujourd'hui Cosla. Il y demeura jusqu'au règne de Théodose.

La divine Providence semblait avoir réservé à la piété de ce grand prince la faveur de faire transporter la précieuse relique dans la capitale de ses États. Théodose (c'est toujours Sozomène qui raconte) se rendit dans ce but à Cosilas, mais ce ne fut pas sans de grandes difficultés qu'il parvint à se faire remettre le chef sacré du Précurseur. La Supérieure du couvent, qui en avait la garde, ne pouvait se résoudre à le céder, même à l'empereur. Vaincue cependant par les instances impériales, elle finit par y consentir, et Théodose porta lui-même cette tête auguste à Chalcédoine. Plus tard ce prince la fit apporter à Constantinople et déposer dans une magnifique église, bâtie par lui expressément en l'honneur du Précurseur, dans le quartier de l'Hebdomum, endroit ainsi nommé parce qu'il se trouvait à une distance de sept milles de la cité, avant l'agrandissement de cette dernière.

La dévotion des Grecs pour saint Jean-Baptiste alla toujours en augmentant, depuis le moment surtout où Théodose vit, grâce à ce grand saint, un miracle signalé s'accomplir en sa faveur. Eugène s'étant fait déclarer empereur dans les Gaules après le règne de Valentinien II, Théodose leva une nombreuse armée pour le combattre; mais, avant de quitter Constantinople, il se rendit à l'Église dont nous venons de parler, pour implorer le secours de Dieu et l'assistance du Précurseur; puis il partit avec confiance pour son expédition. Cependant, lorsque la bataille s'engagea, la fortune des armes sembla d'abord se déclarer contre lui. Les positions avaient été mal choisies, et son armée commençait à plier. A cette vue, le pieux empereur songe à implorer, de nouveau, le secours de saint Jean-Baptiste. Il se précipite à bas de son cheval, se jette à genoux, puis élève vers le ciel ses yeux suppliants. La prière de Théodose était trop fervente, et son protecteur trop puissant, pour que Celui qui distribue à son gré la victoire n'exauçât point ses [vœux. Dieu permit que, par l'intercession du Précurseur, le prince chrétien défît complétement son rival [1].

Ce premier miracle fut suivi d'un grand nombre d'autres dans cette église, grâce aux mérites du même saint. Ce qui le prouve, c'est que Gaïnas, général barbare au service du fils de Théodose, Arcadius, dont il était parvenu à gagner les bonnes grâces, voulant se faire déclarer empereur, et jugeant utile, pour mieux exécuter son dessein, de se retirer de Constantinople, feignit d'être possédé du démon. Il publia qu'il se rendait à l'église

---

[1]. Le fait suivant prouve également la confiance des Grecs dans le Précurseur. L'empereur Constantin Porphyrogénète (xe siècle) rapporte les paroles suivantes, adressées par un moine à un général sur le point de partir en expédition contre les Sarrazins: « Marche, lui dit-il, contre les Sarrazins, marche au nom de l'empereur; Dieu te donnera la victoire et précèdera tes pas, si, pour toute sauvegarde, tu fais peindre, d'une manière ostensible, sur les boucliers de tes soldats, l'auguste image de son bien aimé Précurseur! »

de l'Hebdomum pour y faire des prières et obtenir sa délivrance, artifice auquel il n'aurait pu évidemment recourir, si ce lieu n'avait été en grande réputation de sainteté, et si la vertu des reliques du Précurseur n'eût été universellement reconnue.

Il faut également attribuer au renom de la basilique bâtie par Théodose la détermination que prit Phocas de s'y faire couronner. Ce ne fut pas certainement la piété qui dicta, dans cette circonstance, la conduite de ce prince farouche; car il venait de faire trancher la tête à l'empereur Maurice, contre lequel il s'était révolté, ainsi qu'à tous ses fils. S'il choisit ce temple pour la cérémonie de son couronnement, c'est qu'il était l'un des plus magnifiques de Constantinople et fameux entre tous par les reliques qu'il contenait.

Sozomène ne spécifie point l'époque de la translation du Chef de saint Jean-Baptiste dans l'église de l'Hebdomum; la Chronique Alexandrine, au contraire, donne la date du 18 février 391.

Ainsi, d'après cette première version, ce fut sous Julien et sous Valens que des moines de la secte de Macédonius découvrirent le Chef du Précurseur à Jérusalem, puis l'apportèrent en Cilicie, et que Théodose le fit transporter de Cosilas à Constantinople.

Cependant, environ soixante ans plus tard, il

se produit, de nouveau, une Invention du Chef de saint Jean-Baptiste, sous le règne de l'empereur Marcien. Cette fois, c'est en Phénicie, à Emèse, où ce Chef vénérable était, dit-on, caché depuis longtemps. Des auteurs grecs, et, après eux, quelques écrivains latins, racontent ainsi qu'il suit cette seconde légende.

Instruits par une révélation, deux moines étant allés à Jérusalem pour y visiter les saints lieux, se transportèrent à l'ancien emplacement du palais d'Hérode. Après avoir cherché avec ardeur le Chef

Invention du Chef de Saint Jean-Baptiste.
(V. troisième partie. ch. vii°.

sacré qu'on y avait inhumé sans le corps, par l'ordre de l'implacable Hérodiade, ils furent assez heureux pour le découvrir.

SECONDE PARTIE

Ils le placèrent alors dans un sac, puis ils s'acheminèrent vers leur pays. En route, ils rencontrèrent un pauvre potier qui, pour les soulager, se chargea quelque temps de leur fardeau; mais bientôt, informé du trésor que le sac renfermait, ce compagnon de voyage infidèle s'enfuit à Émèse, sa patrie, emportant avec lui la relique. Au moment de mourir, il recommanda à sa sœur d'entourer l'auguste Chef d'une profonde vénération et, lorsqu'elle même viendrait à succomber, de ne le remettre qu'à une personne entièrement digne par sa piété de recevoir cet inestimable dépôt.

C'est ainsi que le Chef sacré du Précurseur passa de mains en mains, jusqu'au moment où un moine arien, qui habitait un monastère nommé *Spelœum*, c'est-à-dire antre ou grotte, et situé dans les environs d'Emèse, en devint l'indigne possesseur. S'attribuant faussement la gloire des nombreux miracles opérés, chaque jour, par la puissance de cette relique, il se faisait passer, aux yeux du peuple, pour un saint personnage. Mais Dieu permit bientôt que la fraude fût découverte. Chassé brusquement de la ville d'Emèse, ce moine hérétique n'eut pas le temps d'emporter la vénérable relique. Elle demeura longtemps enterrée dans le couvent, et ne revit le jour qu'à l'époque où saint Jean-Baptiste lui-même en révéla la présence à un pieux abbé, nommé Marcel.

L'année et le jour de cette Invention sont diversement indiqués par les auteurs qui en ont traité. La chronique Alexandrine donne la date du 18 février 453; les ménologes grecs et les martyrologes latins, celle du 24 du même mois; mais, d'après du Cange, il est aisé d'expliquer ces divergences: la première de ces deux dates se rapportant, selon les termes formels du traité manuscrit de la seconde Invention, au jour même de cette Invention, et la deuxième à celui de la translation solennelle de la relique au *Diaconicon*, ou sacristie, translation faite seulement six jours après par l'évêque du pays.

Le ménologe ajoute que, le 24 février, les Grecs célébrent la fête de la première et de la seconde Invention. Le nouveau martyrologe romain parle seulement de la première à cette date; mais l'ancien, donné au public par Rosweld, savant Jésuite vivant au XVIIe siècle, dit, d'une manière générale, qu'on solennisait, en ce jour, la fête de l'Invention du Chef du Précurseur; ce qui fait présumer à du Cange que le mot *Première* a été introduit, depuis, par les rédacteurs du nouveau martyrologe romain chargés de l'augmenter et de le réformer, et qu'ils ont qualifié de *Seconde* celle qui se trouve fixée au 29 août dans d'autres martyrologes.

Par la suite, on érigea à Emèse, en l'an 761, sous le vocable du Précurseur, un temple magnifique pour y déposer l'auguste Chef. Théophane, auteur très-sérieux, qui vivait au commencement du XIe siècle, rapporte que cette église existait encore de son temps et qu'il s'y opérait de nombreux miracles. L'abbé Marcel lui-même, ou, du moins, le chroniqueur qui s'est servi de son nom, est l'un des auteurs qui nous ont laissé le récit de cette seconde Invention [1].

On comprend les discussions interminables qu'ont fait naître les divergences ressortant de la double version de ces deux premières Inventions. En présence des deux récits, on serait fort embarrassé, en effet, de soutenir qu'il ne s'agit pas ici de deux chefs distincts. Dans l'un, Sozomène rapporte que le Chef de saint Jean-Baptiste fut trouvé à Jérusalem par des moines de l'hérésie de Macédonius; de là, porté en Cilicie, puis transféré à Constantinople sous Théodose; dans l'autre, Marcel affirme que le chef du même saint a été découvert à Jérusalem par des moines, enlevé par un potier, conservé par lui longtemps à Emèse, puis

---

[1] Voir, à propos de cette seconde Invention, le récit de Théodoret, rapportant lui-même son entretien à ce sujet avec le moine thaumaturge Jacobus. (*Histoire de l'Église*, par l'abbé Darras, 13e volume).

caché sous terre jusqu'à ce que le saint Précurseur, au temps de l'empereur Marcien, en eût révélé la présence à l'abbé Marcel.

Dans cette seconde narration il n'est fait aucune mention que ce Chef ait été, autrefois, et avant cette découverte, apporté à Constantinople. Il semble, au contraire, démontré qu'il était encore caché à Emèse au temps de Théodose, sous le règne duquel, cependant, Sozomène prétend qu'il fut transféré à Constantinople.

Enfin, on a vu que le premier Chef fut trouvé à Jérusalem vers le temps de Julien l'Apostat; mais l'historien de la troisième Invention, comme on le verra plus loin, déclare formellement que le second, c'est-à-dire celui d'Emèse, fut découvert dans cette dernière ville sous le règne de Constantin le Grand.

La question ainsi posée, on est obligé de conclure que ces deux Chefs étaient différents.

Lequel donc admettre comme véritable ? Et laquelle des deux relations condamner ? Celle de Sozomène, auteur grave, compté parmi les bons écrivains de l'Histoire Ecclésiastique, ou celle de l'abbé Marcel, ratifiée par l'église grecque d'une manière si éclatante et suivie par Théophane et d'autres auteurs d'une incontestable autorité ?

Sozomène, il est vrai, est à peu près le seul des

historiens dont les écrits sont antérieurs à la découverte du chef d'Emèse, qui ait parlé de celui de Constantinople. Quant à la Chronique Alexandrine, elle a fait mention non-seulement de la translation du Chef du saint Précurseur à Constantinople, mais encore de son Invention à Emèse. Certains savants ont donc eu raison de dire que l'auteur de cette chronique n'a mis au jour qu'une compilation de divers écrits, sans s'arrêter aux contradictions qui pouvaient en résulter.

La relation de l'abbé Marcel semble, de son côté, n'être point à l'abri de la critique. Elle contient des faits bien extraordinaires, des récits bien merveilleux qui peuvent faire douter les moins sceptiques de la vérité d'une partie, au moins, des détails.

Il est donc très-naturel que les plus habiles critiques n'aient pu décider à laquelle des deux versions doit s'appliquer la censure du Pape Gélase, qui met au rang des récits apocryphes certaines narrations de l'Invention du Chef de saint Jean-Baptiste, commençant à avoir cours de son temps, c'est-à-dire vers la fin du v⁵ siècle.

Plusieurs d'entre eux prétendent que la censure du Pape Gélase ne concerne pas la relation de l'abbé Marcel, mais celle de Sozomène. Dans leur opinion, une partie de cette relation aurait été perfidement interpolée dans les œuvres de cet historien par quelques hérétiques macédoniens que l'on accuse, d'ailleurs, d'avoir souvent falsifié l'Histoire Ecclésiastique. L'interpolation daterait de l'époque de l'Invention faite à Emèse (ou de peu de temps après), et aurait eu pour but d'affaiblir, par des contradictions, la créance des peuples à cette sainte relique.

Au surplus, comme le remarque du Cange, l'Eglise grecque n'a point, à vrai dire, reconnu l'Invention opérée sous Théodose. C'est la relation de l'abbé Marcel qu'elle a insérée dans ses synaxaires, et d'après laquelle, elle a composé l'office que chantent les Grecs le jour de cette Invention.

Ces derniers ont indubitablement solennisé, le même jour, la première et la seconde Invention, entendant par première celle faite à Jérusalem par les moines, à la suite de laquelle le Chef fut transporté à Emèse par le potier; et, par seconde, celle opérée en cette dernière ville par Marcel, sous le règne de l'empereur Marcien.

Comment, d'ailleurs, Sozomène aurait-il pu avancer que le Chef du Précurseur a été transporté à Constantinople sous Théodose, alors que les Grecs, d'un commun accord, convenaient que la relique était, à cette époque même, à Emèse ? Le fait eût été trop notoirement faux et trop facile à démentir par les contemporains. On est donc amené forcément à conclure à une interpolation, en ce qui concerne, du moins, la présence, sous Théodose, du Chef sacré à Constantinople; car les autres détails de la narration de Sozomène ne se trouvent point, par cela même, infirmés [1].

Cette hypothèse se fortifie encore de l'autorité de Denys le Petit. Ce savant moine a traduit en latin un traité grec sur l'Invention, à Emèse, du Chef de saint Jean-Baptiste [2].

Il est inadmissible que le saint et docte Scythe, abbé à Rome, célèbre par ses écrits dans les deux langues que nous venons de citer, très-connu par ses traductions des Conciles de l'Eglise grecque et de divers ouvrages des Pères de cette même Eglise, ait entrepris de traduire une relation récemment censurée comme apocryphe, sans en faire même la remarque dans la préface qu'il nous a laissée. Au contraire, le ton de cette préface prouve qu'il n'y avait alors aucune contestation sur la présence du Chef de saint Jean-Baptiste à Emèse. La censure

---

1. L'église de l'Hebdomum pouvait abriter des reliques du Précurseur autres que celle de son Chef.

2. Le manuscrit de cette traduction, l'un des plus curieux du temps, fut communiqué à du Cange, que je ne fais ici, d'ailleurs, qu'analyser, par M. de Vyon, seigneur d'Hérouval, auditeur en la Chambre des Comptes de Paris.

du Pape Gélase ne vise point, par conséquent, cette relation.

N'hésitons donc pas à reconnaître, avec du Cange, l'Intervention du Chef du saint Précurseur à Emèse, sous Marcien, de préférence à celle de Constantinople, sous Théodose, puisque celle d'Emèse est confirmée par toute l'Eglise grecque, par Théophane et d'autres graves auteurs. Et, s'il y a quelque chose à critiquer dans cette dernière relation, ce n'est pas la réalité de l'Invention, mais quelques-unes des circonstances qui l'accompagnent et où le merveilleux joue un trop grand rôle.

Cependant, en terminant cette discussion, nous déclarons que, pas plus que du Cange, nous ne croyons devoir absolument condamner l'opinion d'après laquelle la relique d'Emèse serait la même que celle qui avait été déposée à Constantinople dans le temple de l'Hebdomum ; car il est permis de supposer, avec un très-éminent critique du siècle dernier, le P. Papebrock, qu'elle a pu y être apportée de Jérusalem, puis en avoir été enlevée lors

---

1. En supposant même que le Pontife ait eu l'intention de condamner la relation de l'abbé Marcel qui, selon toute probalité, a été faite de son temps, c'est-à-dire 30 ou 40 ans après l'Invention, s'ensuivait-il qu'il eût révoqué en doute la présence, à cette époque, du Chef de saint Jean-Baptiste à Emèse ? N'aurait-il pas plutôt voulu seulement blâmer les invraisemblables contenues dans ce récit ?

des troubles qui désolèrent Constantinople au v⁰ siècle, quand saint Jean Chrysostome fut chassé de son siége ; ensuite apportée à Emèse, où elle aurait été cachée quelque temps ; enfin découverte, de nouveau, et devenue dès lors l'objet d'une relation trop embellie. La chose est peu probable, mais elle n'est pas rigoureusement impossible.

Toutefois, si le Chef du Précurseur fut apporté à Constantinople sous Théodose, il fut certainement enlevé ou perdu au temps de l'Invention qui s'en fit à Emèse, car il n'est pas à présumer, je le répète, que l'Eglise grecque ait voulu reconnaître ou vénérer un Chef de saint Jean-Baptiste nouvellement trouvé, lorsqu'il y en avait un autre plus ancien auquel elle rendait son culte dans l'Hebdomum.

Dans tous les cas, dès le temps de Justinien, c'est-à-dire vers 530, le précieux Chef n'était plus à Constantinople, puisqu'au rapport de Siméon le Métaphraste, lorsque ce prince fit rebâtir magnifiquement le temple de l'Hebdomum, qui avait été détruit, il voulut le sanctifier par la présence des reliques du Précurseur. Il fit alors apporter le Chef de saint Jean-Baptiste qui était à Emèse et sa main droite qui était à Antioche ; puis, la cérémonie de la dédicace achevée, il ordonna de reporter les reliques, scellées du sceau de l'empire, aux lieux auxquels il les avait empruntées.

CHAPITRE TROISIÈME

LÉGENDE DE SAINT JEAN D'ANGELY : UN MOINE FRANÇAIS PREND A ALEXANDRIE LA VÉNÉRABLE RELIQUE ET LA PORTE EN ACQUITAINE AU ROI PÉPIN. — CE MONARQUE FAIT CONSTRUIRE, A CETTE OCCASION, UNE MAGNIFIQUE ÉGLISE. — LA RELIQUE, LONGTEMPS REGARDÉE COMME LE CHEF DE SAINT JEAN-BAPTISTE, EST CELLE DE SAINT JEAN D'ÉDESSE.

La relation de l'abbé Marcel a donné lieu à une autre version.

Certaines églises, où le culte de saint Jean-Baptiste était tout principalement en honneur, se sont persuadées qu'elles possédaient réellement une partie de ses reliques, et, attribuant sans fondement au Précurseur des faits qui se rattachent à l'histoire d'un autre saint, elles ont composé, à l'appui de leurs prétentions, des relations dont l'inexactitude devait apparaître tôt ou tard.

C'est ce qui est arrivé à l'auteur du *Traité de la*

Révélation du Chef de saint Jean-Baptiste, traité qui figurait dans les monuments écrits de l'abbaye de Saint-Cyprien, fondée par Pépin.

Désireux d'appuyer une pieuse tradition d'après laquelle le Chef du Précurseur, conservé dans l'église de saint-Jean d'Angely, était le même que celui trouvé à Jérusalem, cet auteur anonyme et peu scrupuleux se sert de la relation de l'abbé Marcel, en y joignant des détails propres à justifier cette tradition.

Après avoir raconté l'Invention du Chef sacré à Jérusalem par les moines, son enlèvement par des voleurs qui le cachent dans une caverne, où il reste déposé jusqu'à ce que le Précurseur ait révélé à Marcel l'endroit où il se trouvait, il ajoute que saint Jean-Baptiste prescrivit à cet abbé de le porter à l'évêque d'Alexandrie qui avait succédé à Théophile. Marcel obéit et le remit à cet évêque, qui le plaça dans l'église bâtie par son prédécesseur en l'honneur du Précurseur. D'autres reliques du même saint y avaient été précédemment déposées.

L'auguste Chef demeura dans ce lieu jusqu'au règne de Pépin. A cette époque, un moine français, nommé Félix, étant allé en pélerinage à Jérusalem, eut la vision d'un ange qui lui ordonnait de gagner Alexandrie; de prendre dans l'église de cette ville le Chef du Précurseur, qui reposait auprès du corps des trois Innocents (Ananias, Azarias, Misaël), et de le transporter en Aquitaine dans un lieu qui lui serait miraculeusement désigné. Le moine se mit en route immédiatement, exécuta les ordres de l'ange, et, porteur des saintes reliques, s'embarqua, avec sept de ses frères, sur un vaisseau qui faisait voiles vers cette contrée. Une blanche colombe, qui vint se poser sur la poupe du navire, au début du voyage, servit de guide à cette pieuse phalange, qui se rendit à Angoulême. Félix et ses moines, s'étant portés à deux lieues plus loin, rencontrèrent un champ de bataille jonché de morts parmi lesquels était le roi des Vandales. Ce dernier venait d'être défait par Pépin, qui n'avait perdu que vingt de ses chevaliers; mais c'étaient ceux qu'il comptait au nombre de ses plus chers favoris.

Le roi d'Aquitaine, retiré à plusieurs milles, se livrait au repos, lorsqu'il vit en songe un ange qui lui commanda de se lever promptement et d'aller au-devant du Chef de saint Jean-Baptiste, qu'apportaient, avec le corps des trois Innocents, des moines en habits de pèlerins. Empressé de rendre hommage au grand saint à l'intercession duquel il devait la victoire, le prince se hâta d'obéir et se mit en marche, pieds nus et revêtu d'un cilice. Après avoir honoré ces restes sacrés, il se rendit avec les moines à l'endroit où se faisaient les funérailles des vingt capitaines. Félix ayant alors placé le Chef de saint Jean au-dessus de leurs cadavres, tous ressuscitèrent au même instant. A cette vue, le roi éprouva la joie la plus vive. Il pria ensuite les moines de porter cet inappréciable trésor dans l'église Notre-Dame de Saint-Jean d'Angely, en attendant qu'il fît construire une magnifique église en l'honneur du Précurseur. Le Chef de saint Jean-Baptiste y fut plus tard exposé à la vénération des fidèles entre six belles colonnes de marbre.

Sur la foi de ce récit apocryphe, reproduit par d'autres auteurs, on a cru longtemps en France que la ville de Saint-Jean d'Angely possédait le Chef de saint Jean-Baptiste; mais les faits historiques contredisent cette légende. La bataille, la mort, les obsèques et la résurrection miraculeuse des vingt capitaines n'ont jamais existé que dans l'imagination de l'auteur : il n'y a d'authentique que le fait de la translation d'une relique d'Alexandrie à Angely. Reste à savoir quelle était cette relique?

Du Cange, adoptant l'opinion de Baronius, pense que, selon la tradition locale, le Chef d'un saint Jean fut apporté d'Alexandrie dans cette ville, mais que ce Chef n'était point celui de Jean-Baptiste. D'après ces deux écrivains dont le témoignage est, on le sait, considérable, ce chef appartenait à Jean d'Edesse, qui souffrit le martyre à Alexandrie avec saint Cyr. L'auteur de la chronique où se trouve rapportée la tradition dont il s'agit dit, en effet, qu'on avait déposé à Alexandrie, dans une église, la vénérable relique avec les corps des trois Innocents ; assertion d'autant plus admissible que l'histoire des martyrs Cyr et Jean d'Edesse nous apprend que l'officine du premier de ces deux saints, chirurgien dans la même ville, fut convertie en une église dite des Trois-Innocents.

En rapprochant de ce fait les circonstances de la légende de Saint-Jean d'Angely, on aperçoit bientôt la confusion. On conçoit comment le chroniqueur, par mégarde ou par calcul, et, dans ce dernier cas, pour donner plus d'importance à la relique de saint Jean d'Angely, a introduit, en l'attribuant à saint Jean-Baptiste, un détail qui se rapporte évidemment à la légende de Jean d'Edesse. Selon toute probabilité, ces reliques furent apportées d'Alexandrie en France sous le règne de Pépin, qui envoya effectivement deux évêques en Orient pour obtenir, de l'empereur Constantin Copronyme et des prélats de la Terre-Sainte, diverses reliques destinées à orner les églises de France. Il est, dès lors, très-possible qu'au nombre de ces reliques se trouvassent celles de Jean d'Edesse et des trois

Innocents, obtenues par Pépin du Patriarche d'Alexandrie et données par lui en présent à Angely.

Au temps de l'invasion normande, toutes les églises furent obligées de cacher ce qu'elles avaient de plus précieux celle d'Angely comme les autres. On mit donc à l'abri la relique de Jean d'Edesse ; puis il resta cette vague tradition qu'un Chef de saint Jean avait été autrefois dans cette église. Lorsqu'on retrouva la relique, dans des temps plus calmes, comme on ignorait à quel saint Jean elle appartenait, on l'attribua naturellement au Précurseur, infiniment plus connu que Jean d'Edesse.

Pareille confusion s'est produite à l'égard de quelques églises de Naples, dédiées à saint Jean évêque, et que l'on a cru à tort consacrées à saint Jean-Baptiste. C'est ainsi, d'après la remarque de Suarès, que tant d'églises se vantent de posséder les mêmes reliques : il faut en attribuer la raison à la similitude des noms portés par des saints différents.

CHAPITRE QUATRIÈME

TROISIÈME ET DERNIÈRE INVENTION DU PRÉCIEUX CHEF. — CETTE DÉCOUVERTE, FAITE A COMANES, NE SOULÈVE AUCUNE CONTROVERSE. — PRISE DE CONSTANTINOPLE PAR LES FRANÇAIS EN 1204. — TRANSPORT DE L'INSIGNE RELIQUE EN FRANCE PAR WALON DE SARTON.

D'APRÈS les indications qui précèdent, il semble difficile de mettre en doute que le Chef conservé à saint Jean d'Angély soit celui de saint Jean-Baptiste ; mais, si ces preuves ne suffisaient pas, en voici une autre encore plus convaincante. Elle réside dans le fait même de la troisième et dernière Invention de cet auguste Chef ; car, au temps même indiqué comme celui où la relique était à Saint-Jean d'Angély, le Chef qui avait été à Emèse en fut enlevé, à la suite de la prise de cette ville par les Arabes. On le transporta alors à Comanes [1], en Asie, pour le leur

---

[1]. Il y a deux villes du nom de Comanes, selon la remarque de du Cange : l'une en Arménie, l'autre en Cappadoce, et l'on ne saurait dire, au juste, quelle est celle dont il est ici question.

soustraire. Il y demeura longtemps caché par suite de la persécution des empereurs qui faisaient la guerre aux images et aux reliques. On ne le découvrit que vers la moitié du IXe siècle, sous le règne de Michel III, fils de Théophile, à la suite d'une révélation faite à Ignace, patriarche de Constantinople. C'est ce qui résulte d'un traité grec, tiré de la bibliothèque Mazarine, et communiqué à du Cange par le docte père François de Combéfis, de l'ordre des Frères prêcheurs.

L'Eglise grecque solennise, le 25 mai, la fête de cette Invention qui ne soulève, d'ailleurs, aucune controverse. Elle la nomme troisième à l'égard de celles qui se firent à Jérusalem et à Emèse, qu'elle qualifie de première et de seconde. Le ménologe du cardinal Sirlet et les synaxaires la racontent assez confusément. Ils se bornent à dire que le Chef du Précurseur, après avoir été trouvé à Comanes et déposé dans une urne d'argent, recouverte de lames d'or, fut porté à Constantinople où l'empereur, le Patriarche et tout le peuple vinrent processionnellement à sa rencontre et le conduisirent, en grande pompe, dans une église dont ils n'indiquent pas le nom.

Il est à croire qu'après avoir été placé d'abord dans la chapelle du palais, le vénérable Chef fut transféré, au bout de peu de temps, en l'église du célèbre monastère de Studius, où il se trouvait sous le règne de Basile Porphyrogénète. Glycas rapporte que, cet empereur étant sur le point de mourir, Alexis, abbé de ce monastère, lui apporta le Chef de saint Jean-Baptiste; circonstance qui prouve, — n'omettons pas de le faire remarquer à la gloire du Précurseur, — combien cette sainte relique était en grande vénération. Le prince en reçut une telle consolation qu'en reconnaissance de ce bienfait il éleva sur-le-champ Alexis à la dignité de Patriarche de Constantinople, dont le siége épiscopal se trouvait alors vacant.

On ne rencontre chez les auteurs, depuis cette époque jusqu'au règne d'Alexis Comnène (1081), aucun renseignement sur le Chef de saint Jean-Baptiste, conservé à Constantinople. Une lettre, écrite par ce prince à Robert le Frison, comte de Flandre, nous apprend que cette ville possédait, entr'autres reliques, le Chef entier de saint Jean-Baptiste avec ses cheveux et sa barbe. Guibert, abbé de Nogent, parle en ces termes de la lettre d'Alexis : « *Dicit apud se Beati Joannis Baptistæ caput haberi, hodieque ac si viventis capillis et cute videatur insigniri*[1]. »

---

1. Il est à présumer que les évêques d'Emèse en distribuèrent quelques mèches, car le Pape saint Grégoire

Depuis l'empire d'Alexis jusqu'à la prise de Constantinople par les Français, ce qui constitue l'espace d'un demi-siècle, aucun écrivain ne fait mention du Chef de saint Jean-Baptiste, mais nous touchons à l'époque où cette relique auguste va être enlevée de la cité de Constantin et transportée à la cathédrale d'Amiens.

L'histoire de cette translation a été écrite par Richard de Gerberoy, évêque de cette dernière ville, d'après le récit de Walon de Sarton, chanoine de l'église de Saint-Martin de Picquigny, qui l'y apporta. — Ici quelques développements sont nécessaires.

Entre les grandes entreprises qui ont illustré la France et porté au loin sa renommée, figure en première ligne la prise de Constantinople et la conquête de l'empire d'Orient. Après un siège de six semaines seulement, le 12 avril 1204, les croisés emportèrent la ville d'assaut et élurent empereur Baudoin, comte de Flandre, qui fut couronné solennellement dans l'église Sainte-Sophie.

Pourquoi faut-il que ce noble triomphe ait été terni par les excès des vainqueurs? En vain les princes et les chefs de l'armée firent, en cette occasion, tous leurs efforts pour apaiser la fureur

le Grand envoya des cheveux du Précurseur au pieux Récaride, roi des Wisigoths d'Espagne.

des soldats et réprimer les désordres qui se commettaient partout, même dans les églises; en vain les prélats enjoignirent, sous peine d'excommunication, de rapporter les reliques qui en avaient été enlevées; la plupart des soldats demeurèrent sourds à la voix des capitaines et des évêques. Beaucoup, d'ailleurs, en s'emparant de ces saintes reliques, conquises au prix du sang français, ne pensaient commettre qu'un pieux larcin; ils regardaient comme licite le dépouillement des églises schismatiques de l'étranger au profit des sanctuaires catholiques de la patrie. Aussi voit-on, à partir de cette époque, les églises de France s'enrichir d'un grand nombre de reliques apportées de Constantinople.

L'église d'Amiens fut particulièrement favorisée sous ce rapport: elle eut en partage le Chef de saint Jean-Baptiste. L'insigne relique échut à un noble ecclésiastique, natif du diocèse d'Amiens, et non point d'origine grecque, comme quelques auteurs l'ont écrit. Il s'appelait Walon de Sarton, du nom de la seigneurie de Sarton, village situé près de Doullens, à six lieues d'Amiens.

D'abord chanoine de l'église collégiale de Saint-Martin de Picquigny, il prit la croix avec les barons français dans le dessein de passer avec eux en Terre-Sainte. Après la conquête de Constantinople, Walon obtint un canonicat en l'église Saint-Georges. Il avait eu, tout d'abord, pour part de butin, d'importantes reliques, notamment le Chef de saint Christophe. Cependant, plein de déférence pour les ordres des prélats, il les remit à l'évêque de Troyes, qui en avait été constitué le gardien. Le saint homme fut ainsi privé de ces inappréciables richesses; mais Dieu réservait à sa piété d'amples dédommagements.

Un jour (la veille de la fête de la Nativité de la Sainte Vierge), il se promenait à travers les ruines d'un vieux palais contigu à l'église Saint-Georges, lorsqu'il remarqua une fenêtre bouchée avec du foin et obstruée par une quantité de matériaux entassés les uns sur les autres. Tout à coup une pensée traverse son esprit. Peut-être ce désordre apparent protége-t-il des reliques de saints contre la profanation? Une pieuse curiosité le saisit, puis le porte à remuer ces pierres amoncelées. Quelle n'est point sa joie de trouver deux vases dont l'un contient le doigt et l'autre le bras de saint Georges martyr! Craignant d'être surpris, ce jour là, au milieu de ses recherches, il remet en place son inestimable trésor et se retire le cœur rempli d'émotion.

Ce vieux palais, désigné par les actes de la cathédrale d'Amiens, comme contigu à l'église Saint-Georges, n'est autre, dit du Cange, que celui qui fut bâti par l'empereur Basile le Macédonien, près de l'arsenal de Constantinople, appelé Mangana. Il était entouré d'une vaste plaine ombragée d'arbres. A différentes reprises, les empereurs en avaient fait leur résidence.

Ce fut donc dans les ruines du palais de Mangana que Walon découvrit d'abord les saintes reliques de saint Georges. Choisissant le moment favorable, il y retourne le lendemain, et, fouillant plus avant, il trouve, cette fois, deux grands plats d'argent avec leurs étuis. Mais, dans la crainte encore d'être surpris, il se contente de les placer dans un endroit plus écarté du palais, se promettant bien d'aller les reprendre durant la nuit.

Le jour suivant, avant le lever du soleil, il se rend, une dernière fois, aux ruines. Il retrouve ses chères reliques, s'en empare avec amour, et les emporte dans sa cellule. Là, tout à loisir, il ouvre les étuis, et, d'après l'inscription d'un des reliquaires, sur lequel on lisait : « Άγιος Γεώργιος » il reconnaît, avec un indicible bonheur, qu'il est en présence du chef de saint Georges ! L'inscription placée sur l'autre reliquaire : « Άγιος Ιωάννης πρόδρομος » était écrite en abrégé ; aussi, à son grand désespoir, Walon de Sarton ne la déchiffra-t-il pas tout d'abord. Ce ne fut que quelques jours après, en se livrant à des rapprochements attentifs dans d'autres églises où se distinguaient les mêmes caractères, en regard de l'effigie du Précurseur, qu'il comprit toute l'importance de sa découverte. L'autre Chef était celui de saint Jean-Baptiste !..

Selon toute probabilité, l'insigne relique avait été transférée du monastère de Studius, dont nous avons parlé précédemment, à l'église Saint-Georges magnifique basilique élevée, à grands frais, par Constantin Monomaque. Les flots bleus du Bosphore baignaient ses pieds de marbre, et c'est à cause d'elle que le détroit fameux fut surnommé « Bras de Saint-Georges » par les Grecs et les Latins. Constantin Monomaque, pour la rendre à jamais célèbre, y fit transporter un grand nombre de reliques.

L'un de ses successeurs, Jean Cantacuzène, celui qui quitta la pourpre impériale pour prendre, dans cette église même, l'habit monacal, remarque que, de son temps, il s'en trouvait une grande quantité. Aussi les écrivains les plus sérieux ne doutent-ils pas un instant que le Chef de saint Jean-Baptiste ne fît partie des reliques dont Constantin enrichit cette basilique. Ils pensent que, pour ne pas dépouiller entièrement l'église de Studius de son précieux dépôt, ce prince lui en laissa une partie, se contentant de prendre la principale, la face, celle même qui fut trouvée par Walon de Sarton.

Le saint homme remercia Dieu du fond du cœur d'avoir mis entre ses mains la plus précieuse relique du plus grand de ses saints, et prit, aussitôt, la résolution de l'emporter dans son pays. Mais, comme les reliquaires étaient difficiles à transporter à cause de leur volume et de leur poids, il s'avisa de rompre les deux plats, et d'en vendre les morceaux, faisant vœu d'employer, dès qu'il le pourrait, l'équivalent en œuvres pieuses. Il conserva seulement les deux petits plats qui formaient comme le second encadrement des Chefs de saint Jean-Baptiste et de saint Georges. Puis il s'embarqua, le dernier jour de septembre, et des vents heureux l'amenèrent bientôt à Venise.

CHAPITRE CINQUIÈME

ARRIVÉE DE WALON DE SARTON A AMIENS. — L'AUGUSTE CHEF Y EST REÇU AVEC LES PLUS GRANDS HONNEURS. — ÉRECTION DE LA CATHÉDRALE D'AMIENS. — DESCRIPTION DE LA RELIQUE ET DU RELIQUAIRE TELS QU'ILS ÉTAIENT AVANT LA RÉVOLUTION. — MIRACLES OPÉRÉS A AMIENS. — GUÉRISON MIRACULEUSE DE LA MALADIE DITE DE SAINT JEAN — PESTE D'AMIENS AU XVII° SIÈCLE. — LA CITÉ EST DÉLIVRÉE DU FLÉAU PAR L'INTERCESSION DU SAINT PRÉCURSEUR. — VŒU DE LA VILLE A SAINT JEAN-BAPTISTE. — CHAPELLE DU VŒU.

WALON de Sarton, après avoir traversé la Lombardie et les Alpes, non sans faire de fâcheuses rencontres, car les routes étaient alors infestées de soldats débandés par suite de la guerre des Albigeois, parvint enfin, au milieu de mille fatigues et de mille dangers, au terme tant désiré de son voyage. Lorsqu'il fut près d'Amiens, il fit donner avis de son arrivée à Pierre de Sarton, son oncle, chanoine de la cathédrale, l'informant qu'il était porteur du Chef sacré de saint Jean-Baptiste.

Pierre de Sarton s'empressa de faire part de cette importante nouvelle à Richard de Gerberoy, alors évêque d'Amiens. Ce prélat assemble aussitôt son clergé, et l'on décide qu'on se portera processionnellement, avec toutes les corporations de la ville, à la rencontre des précieuses reliques.

Walon de Sarton fut reçu aux portes d'Amiens par l'évêque, revêtu de ses ornements pontificaux et entouré de son clergé. Richard était suivi d'une grande affluence de peuple, qui témoignait la plus vive allégresse. L'air retentissait d'hymnes et de cantiques en l'honneur du Précurseur. On était alors au 3me dimanche de l'Avent, où l'Eglise invite ses enfants à la joie par ces paroles de saint Paul : « Réjouissez-vous, oh! oui, réjouissez-vous ! » Heureux à-propos dans un si beau jour !

L'évêque, après avoir rendu au Chef sacré les honneurs convenables, le prit entre ses mains et le porta jusqu'à l'église d'Amiens. Cette translation eut lieu le 17 décembre 1206. On célébrait, autrefois, chaque année, le troisième Dimanche de l'Avent, la commémoration et la fête dans toute l'étendue du diocèse, et l'on chantait l'office que l'évêque Richard avait composé, peu auparavant, pour la Décollation du saint Précurseur, comme s'il pressentait le bonheur insigne qui devait arriver à son église durant les années de son épiscopat. Cet office a été supprimé depuis le retour à la liturgie romaine.

En reconnaissance de la faveur divine accordée à son cher diocèse, le vénérable Prélat voulut que, tous les ans, le jour de la Décollation du Saint, il fût fait une distribution d'argent aux chanoines et chapelains qui assisteraient au service divin. On a trouvé dans le cartulaire de Notre-Dame d'Amiens les lettres qu'il fit expédier à ce sujet; important document dont les termes formels précisent l'époque à laquelle la vénérable relique fut apportée dans cette ville.

Le même évêque, pour récompenser Walon de Sarton du riche présent dont il avait honoré son église, lui conféra, l'année suivante, un canonicat vacant de la cathédrale. Jadis, le chapitre célébrait, chaque année, un obit le lendemain de la fête de saint Eloi; l'obituaire donnait à Walon le titre de *Monsieur*, qui n'était octroyé qu'aux chanoines et ecclésiastiques de noble extraction. Ceci prouve, contrairement à l'opinion de certains auteurs qui le font simplement natif du village de Sarton, qu'il était fils du seigneur de cette localité.

Le chapitre ordonna, de plus, que, tous les ans, après la messe de l'obit, la face du saint Précurseur serait montrée au peuple du haut du pupitre, et qu'on annoncerait la cérémonie au son de la grosse cloche.

Walon de Sarton n'oublia pas le vœu qu'il avait fait à Constantinople, lorsqu'il brisa les grands plats d'argent dans lesquels étaient enchâssés les Chefs de saint Jean-Baptiste et de saint Georges : il fit ériger dans sa maison claustrale une chapelle en l'honneur de ces deux saints.

Douze ans après la translation du Chef sacré du Précurseur à Amiens, un violent incendie dévora l'antique église où il était déposé. Fort heureusement la sainte relique put être soustraite aux flammes. C'est alors que la piété des populations éleva à Notre-Dame une admirable cathédrale, destinée à servir, en même temps, au Chef du Précurseur de magnifique et grandiose reliquaire.

Au temps de du Cange, la relique était conservée dans une chapelle consacrée à l'illustre saint et ménagée en dehors du vaisseau, bien que « cette dévote chapelle fût tout d'une entreprise avec le reste de Notre-Dame », selon l'expression de la Morlière. (*Antiquitez de la ville d'Amiens.*) Elle y resta jusqu'en 1759, époque à laquelle elle fut transférée dans la chapelle du vœu, c'est-à-dire plus de cinq cents ans. Elle n'en sortait qu'aux trois grandes fêtes de saint Jean ou dans des circonstances exceptionnelles.

En mémoire de la Décollation du Précurseur, on enferma, au xv⁰ siècle, le Chef sacré dans un plat d'or massif d'environ trente centimètres de diamètre. Le bord de ce plat était chargé de perles et de pierreries, et ses extrémités ornées circulairement de petites fleurs de lis en relief. On voyait, au bas, un écusson d'azur à trois fleurs de lis d'or, couronné ; ce qui fait supposer à du Cange que la relique retirée du plat d'argent où elle était enchâssée lorsqu'elle fut apportée de Constantinople, à Amiens, « comme le constatent l'histoire de la Translation et un ancien inventaire des reliques de la même église, » fut mise dans le plat d'or par le roi Charles VII, qui professait pour le saint Précurseur la plus grande dévotion. Ces trois fleurs de lis prouvent, du moins, que ce changement se fit depuis le règne de Charles VI, qui réduisit à trois seulement celles des armes de France dont le nombre était auparavant illimité.

Peut-être même, ajoute du Cange, la donatrice fut-elle Isabeau de Bavière, femme de ce prince, car un titre émanant de Charles VI et daté du 14 février 1412 nous apprend qu'elle eut une dévotion toute spéciale pour l'église d'Amiens « tant pour l'honneur et révérence de Monseigneur saint Jean-Baptiste, duquel le Chef y repose, qu'en souvenir d'y avoir reçu le sacrement de mariage [1]. »

Au milieu du plat, sous un admirable et très-précieux morceau de cristal bombé, on aperçoit le Chef du Précurseur, ou plutôt la partie du Chef comprise depuis le haut du front qu'elle contient tout entier avec une partie des tempes, jusqu'à la lèvre supérieure inclusivement, [2]. Les creux des yeux et du nez semblent être remplis de cire. Il existe, au-dessus de l'œil gauche, une petite lésion

---

[1]. M. Charles Salmon, de la Société des antiquaires de Picardie, qui a publié récemment une *Histoire du Chef de saint Jean-Baptiste, continuée jusqu'à nos jours,* œuvre pleine d'érudition, préfère la première hypothèse. L'inventaire du Trésor de la cathédrale, dit-il, dressé en 1419, celui-là même sans doute auquel du Cange fait allusion, démontre que le plat d'or n'existait pas à cette époque. En effet, d'après ce document qui a été publié par M. Garnier, le Chef de saint Jean était enchâssé dans un plat d'argent, orné sur les bords de pierres précieuses et de perles. Au sommet de la face, sous le cristal, continue l'inventaire, sont des pierres enchâssées, saphirs et émeraudes, et cinq grosses perles.

Le savant antiquaire conclut de ce passage que le plat d'or, mentionné dans les inventaires postérieurs à celui de 1419, n'existait point encore à cette date, que le cristal est antérieur au reliquaire d'or, et qu'il a toujours recouvert la relique d'Amiens.

[2]. Toute la relique a environ dix centimètres et demi de largeur sur à peu près autant de hauteur.

en longueur, dans laquelle certains auteurs ont voulu voir une trace des fureurs d'Hérodiade, qui, d'après saint Jérôme, perça d'une aiguille d'or la tête tranchée de saint Jean-Baptiste.

Le haut du Chef était couvert d'une espèce de calotte de vermeil émaillée, se terminant, à l'endroit du front, par un cercle d'or enrichi de pierres précieuses et de trois grosses perles [1] montées au milieu en forme de fleuron. A cet endroit de la calotte se trouvait un portrait en émail, à mi-corps, de saint Jean-Baptiste.

Le saint portait, dans la main gauche, une croix patriarcale, semblable à celle qui orne un sceau de l'empereur Baudouin II, avec le millésime de 1241. De la main droite, qu'il tenait élevée, le Précurseur montrait une autre figure plus petite, représentant Jésus-Christ.

Au-dessous de cette petite figure, et aux deux

---

[1]. M. Ch. Salmon remarque que l'inventaire de 1419 parle de cinq grosses perles, et voit, avec raison, dans ce fait la preuve que le cristal a été soulevé depuis cette époque. — Deux nouveaux inventaires ont été dressés: l'un en 1535; l'autre en 1709. On y constate d'assez sensibles différences dans l'énumération des joyaux. Cela vient de la nécessité où l'on s'est trouvé, parfois, d'avoir recours au Trésor de l'église pour la réparation ou l'acquisition des objets indispensables au culte.

côtés de celle de saint Jean, on distinguait d'autres caractères disposés de cette manière :

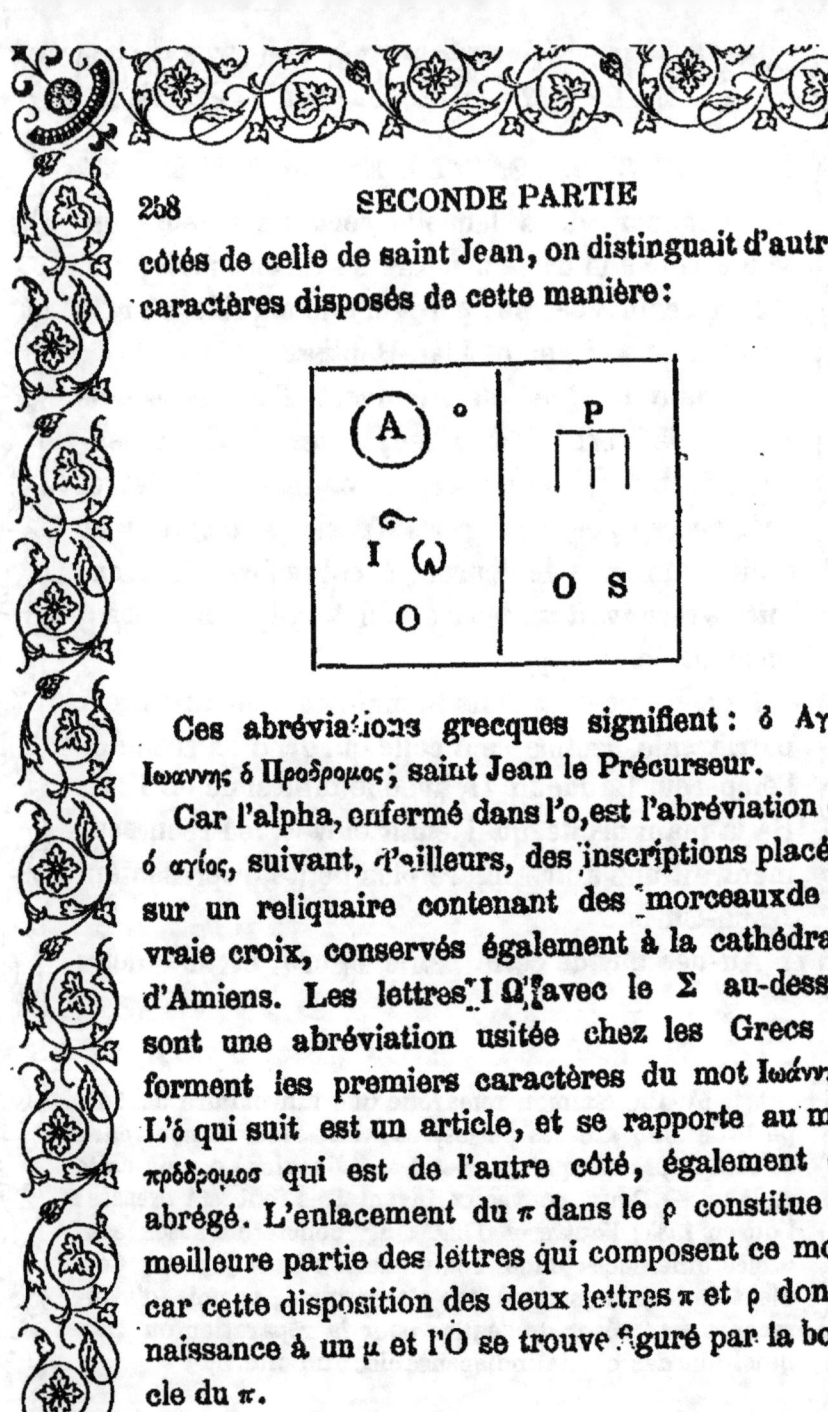

Ces abréviations grecques signifient : ὁ Ἅγιος Ἰωάννης ὁ Πρόδρομος; saint Jean le Précurseur.

Car l'alpha, enfermé dans l'o, est l'abréviation de ὁ ἅγιος, suivant, d'ailleurs, des inscriptions placées sur un reliquaire contenant des morceaux de la vraie croix, conservés également à la cathédrale d'Amiens. Les lettres Ι Ω avec le Σ au-dessus sont une abréviation usitée chez les Grecs et forment les premiers caractères du mot Ἰωάννης. L'ὁ qui suit est un article, et se rapporte au mot πρόδρομος qui est de l'autre côté, également en abrégé. L'enlacement du π dans le ρ constitue la meilleure partie des lettres qui composent ce mot, car cette disposition des deux lettres π et ρ donne naissance à un μ et l'Ο se trouve figuré par la boucle du π.

Suivent enfin les deux dernières lettres du mot Πρόδρομος qui se présentent de la même façon dans une image du saint Précurseur, placée entre celles qui ornent les couvercles du reliquaire de la vraie croix d'Amiens [1].

La description du reliquaire ne serait pas complète, si nous omettions de dire qu'on ne pouvait contempler la face de saint Jean-Baptiste qu'à certains moments, car le plat d'or qui contenait la relique était habituellement protégé par un couvercle de même métal en forme de visage, orné d'une multi-

---

[1]. C'est ainsi que, sur les battants d'airain des portes de l'église Saint-Paul, à Rome, *in via Ostiensi*, à côté de l'image du Prophète Sophonias, le mot ΠΡΟΦΗΤΗΣ est figuré par ce monogramme:

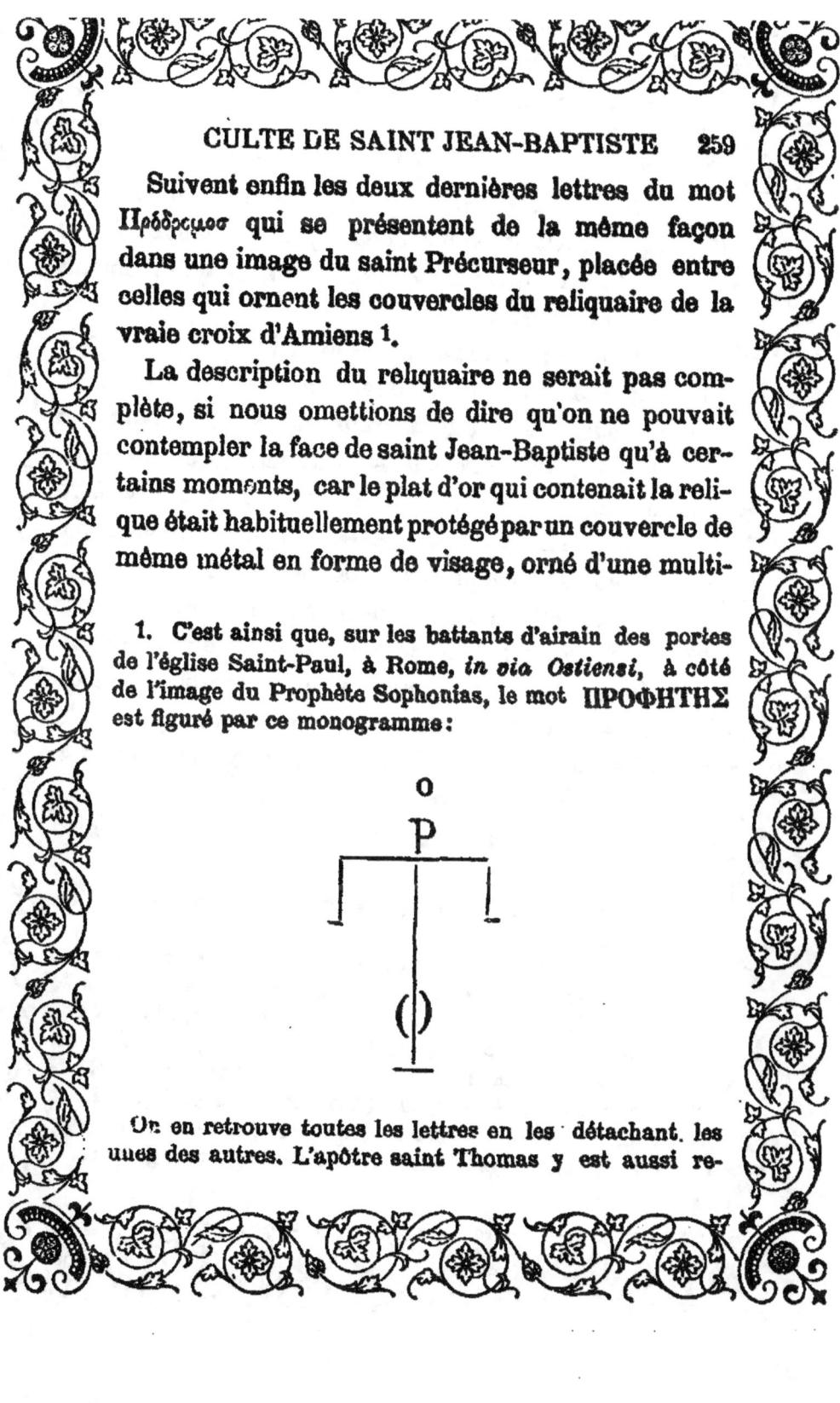

On en retrouve toutes les lettres en les détachant les unes des autres. L'apôtre saint Thomas y est aussi re-

tude de pierreries. Au dessous du menton de cette figure était un petit reliquaire, renfermant quelques parcelles du Chef de saint Jean, et qu'on baisait ordinairement.

Depuis la translation de la relique de Constantinople à Amiens la dévotion des populations a toujours été en augmentant. Jusqu'à la Révolution la foule des pèlerins se pressait, toute la nuit, autour de la cathédrale, la veille de la Nativité du Précurseur, attendant, avec une pieuse impatience, l'ouverture des portes de la basilique.

Cette solennité a toujours rassemblé un immense concours de fidèles ; comme il se continuait pendant l'Octave de la fête, une foire considérable ne tarda pas à s'établir, et il est encore d'usage, dans la ville, de se faire, à cette époque, des présents connus sous le nom de *saint-Jean*.

Le bruit des miracles opérés dans le sanctuaire

présenté deux fois, et le mot ἄλλος est exprimé par un A dans un grand O.

Du Cange, qui nous fournit ces détails, donne page 132 du *Traité historique du Chef de saint Jean-Baptiste* le dessin du reliquaire ; les Bollandistes l'ont également publié, tome IV, p. 750, des *Acta Sanctorum*, mois de Juin. Voir, en outre, plusieurs plombs commémoratifs dans l'ouvrage de M. A. Forgeais (1863. Pèlerinages. tome II et dans les *Mémoires des Antiquaires {de Picardie*, 1865. tome XX. — Voir enfin notre seconde grande gravure.

amiennois s'est répandu dans toute l'Europe. Un écrivain du xive siècle, Martinus Polonus, rapporte que, de son temps, il s'en faisait un très-grand nombre. Du reste, les ex-voto suspendus, en quantité considérable, aux murs de la chapelle de saint Jean-Baptiste, attestait les grâces obtenues par l'intercession du saint [1].

On l'y invoquait particulièrement pour la guérison de l'épilepsie, que le peuple appelle la *Maladie de saint-Jean*. Les infortunés atteints de ce mal horrible, et que l'on considérait jadis comme possédés du démon, s'y transportaient, de tous côtés, dans l'espoir d'une prompte guérison. Ils venaient souvent de plus de deux cents lieues, dit le chanoine la Morlière, dans ses *Antiquitez d'Amiens*.

Il paraît certain que le nom de «*Mal de St-Jean*», donné à l'épilepsie vient de ce qu'il y avait autrefois à Créteil, village situé à une faible distance de Paris, une église dédiée aux saints martyrs et très renommée par les grâces que les malades y recevaient. Parmi ces malades figuraient beaucoup d'épileptiques, vrais ou faux, car quelques-uns simulaient cette maladie pour exciter la pitié et recevoir des aumônes. Or, le jour de l'année où la fête des saints martyrs se célébrait avec le plus de

---

[1]. Une grande partie fut enlevée en 1713, par suite d'une mesure dont la cause reste inconnue.

pompe, et au milieu d'un plus grand concours de fidèles, était précisément celui de la Nativité de saint Jean-Baptiste ; si bien qu'en présence des nombreuses guérisons qui avaient lieu ce jour-là, il ne fut plus question, par la suite, du premier vocable, et l'on donna à la maladie le nom du saint par l'intercession duquel on en était délivré. — Au xviiie siècle, le sanctuaire de Créteil était encore très-fréquenté par les malades dont nous parlons.

Nous n'entrerons pas dans le détail de la longue suite de miracles qui s'accomplirent à la cathédrale d'Amiens [1]. Dans ce sanctuaire béni les muets recouvraient la parole ; les sourds, l'ouïe ; les aveugles, la lumière. Jeanne Eligamarde, Colette Vasquelongue et Nicole de Vervins, dont les historiens amiennois racontent les guérisons miraculeuses, obtenues par l'intercession du Précurseur, en fournissent de touchants exemples.

[1] « Dans une note latine, écrite de la main du Père Bolland, et insérée par ses continuateurs dans les Actes des saints du mois de juin, tome IV, p. 750, on voit, dit le savant M. Salmon, qu'en 1611, Jeanne de Verdun, Veuve de Jean Laurent, fut guérie de l'épilepsie dont elle était atteinte depuis trente-deux ans. En 1619, semblable guérison d'Agnès Victor de Tournay ; en 1633, Louise Meslone, du faubourg Saint-Germain à Paris, est délivrée de la même maladie, dont elle souffrait depuis neuf ans ; en 1629, Charles Héron, gentilhomme habitant Gournay, atteint, depuis quelques années, de ce mal qui le travail-

Mais c'est à la ville même d'Amiens que le saint Précurseur donna les marques les plus visibles de sa protection dans le cours du xviie siècle. A deux reprises différentes, en 1637 et en 1668, la peste exerça d'affreux ravages dans la malheureuse cité. En 1637 on eut recours à des prières publiques et l'on fit une procession générale, où l'on porta, en grande solennité, le Chef de saint Jean-Baptiste. Alors, rapporte l'historien Pagès, la contagion cessa tout à coup, de sorte qu'en fort peu de temps les maisons infectées de cette cruelle maladie et qui étaient en très-grand nombre furent délivrées du fléau.

En 1668 la même calamité fondit, de nouveau, sur Amiens avec plus de fureur que jamais. Cette fois, la terreur fut à son comble ; tous les travaux cessèrent ; le commerce s'arrêta ; les parents et les amis se fuyaient ; les portes des maisons ne s'en-

lait jour et nuit, obtint également sa guérison. En 1623, le fils du baron de Palavan, dans le Bas-Poitou, était dans un état de santé désespéré, lorsque son père, s'étant rendu à l'église, le voua à saint Jean d'Amiens, et aussitôt celui que l'on croyait déjà mort recouvra la santé. En 1638, le 14 septembre, un enfant de trois ans et demi, Michel, fils de Roger Porcher, étant tombé dans un puits rempli d'eau et de chaux, en fut retiré inanimé et ne donna aucun signe de vie depuis sept heures du soir jusqu'au lendemain à dix heures ; voué à saint Jean, il se trouva aussitôt sain et sauf. »

trouvraient que pour livrer passage aux morts que l'on entassait pêle-mêle au coin des rues ; de la ville tout entière s'élevait vers le ciel un murmure confus de lamentations, formant comme un seul cri d'angoisse et de désespoir.

En vain les prêtres, les religieux, les médecins multipliaient leurs fatigues et sacrifiaient leur vie pour consoler les mourants et tenter d'arrêter dans sa marche meurtrière l'inexorable fléau. Sublimes, mais impuissants dévouements ! Entre les mains de Dieu seul résidait le salut d'Amiens.

Le pieux évêque François Faure, celui-même auquel du Cange a dédié son admirable Traité, pénétré de cette pensée, et sachant bien que, depuis les jours de saint Jean-Baptiste, le ciel veut être emporté d'assaut, résolut, dans un moment de sainte inspiration, de lui faire cette violence. Aussitôt il convoque à l'évêché les membres du clergé et les échevins. L'assemblée décide, d'un commun accord, que la ville fera le vœu solennel d'ériger dans la cathédrale une chapelle magnifique au Précurseur.

Le jour de la Toussaint, les délégués du Chapitre et les échevins se rendirent à l'évêché pour y signer la formule du vœu dont les Actes de la cathédrale d'Amiens nous ont conservé la teneur. Tous accompagnèrent à l'église le saint évêque, qui officia pontificalement.

A l'offertoire, le Prélat, tenant sur la patène l'acte du vœu, le présenta au Tout-Puissant avec l'hostie ; puis, le cœur débordant d'une paternelle émotion, il éleva vers le ciel ses mains suppliantes, ses yeux baignés de larmes, en invoquant avec ferveur l'intercession du saint Patron de la Cité.

La messe fut suivie d'une imposante procession, où le Chef du Précurseur était porté par deux chanoines : il venait après la statue de la sainte Vierge et précédait la châsse de saint Firmin, premier évêque d'Amiens [1].

Les prières publiques durèrent jusqu'au 18. O puissance irrésistible de la foi ! A partir de cette époque le fléau diminua sensiblement et finit bientôt après par disparaître.

Différentes circonstances ne permirent d'accomplir le vœu de 1668 qu'environ quarante-trois ans

---

[1]. Il serait trop long d'énumérer ici les nombreuses cérémonies du même genre dont la cité d'Amiens fut le théâtre. Nous citerons donc seulement la procession de 1597, faite en actions de grâces pour la reprise de cette ville par Henri IV; celle de 1729, pour obtenir un Dauphin, qui naquit l'année même; celle enfin de 1866, à l'occasion du choléra qui sévit alors à Amiens avec tant de violence.

plus tard. On choisit comme emplacement une chapelle formant l'extrémité du transept septentrional de la basilique. Cette chapelle, primitivement dédiée à saint Pierre, avait servi, pendant le siècle précédent, de sépulture aux évêques d'Amiens. C'est là que fut élevé en 1711, en l'honneur du Précurseur et en exécution du vœu fait par la ville, un autel d'une rare beauté. On y a ménagé un emplacement creux destiné, dans l'origine, à recevoir le reliquaire, mais on n'a point osé l'y laisser à cause de l'humidité. Le Chef du saint Précurseur n'y demeure exposé que pendant l'Octave de sa Nativité.

En 1714, dit encore M. Salmon, on avait placé dans cette chapelle un tableau d'Hallé d'un grand mérite, mais l'humidité le détériora, et il fut remplacé par le bas-relief, en bois sculpté, œuvre de Carpentier, qu'on y voit aujourd'hui et qui offre une représentation symbolique du vœu de la ville d'Amiens.

CHAPITRE SIXIÈME

PRÉSENTS FAITS A LA CATHÉDRALE PAR SAINT LOUIS, CHARLES XII, LOUIS XI, ETC. — MÉDAILLES ET BIJOUX PORTANT LE NOM DE CHEFS DE SAINT JEAN. — SPOLIATION DU TRÉSOR DE LA CATHÉDRALE EN 1793. — LE MAIRE LESCOUVÉ SAUVE LES RELIQUES DE SAINT JEAN. — LEUR RÉINTÉGRATION DANS LA BASILIQUE EN 1795. — DESCRIPTION DU NOUVEAU RELIQUAIRE.

Les présents magnifiques faits, à diverses époques, par les rois et les princes à la basilique d'Amiens, témoignent hautement de leur vénération et de leur reconnaissance pour le saint Précurseur.

M. Edmond Soyez, dans ses intéressantes *Notices sur les évêques d'Amiens*, nous apprend que saint Louis laissa, en témoignage de sa dévotion, une belle émeraude pour enrichir la chapelle de saint Jean-Baptiste à Amiens, lorsqu'en 1264 il se rendit dans cette ville pour juger le différend entre le roi d'Angleterre et ses barons.

En 1392, le duc de Lancastre, oncle du roi d'Angleterre, vint également à Amiens pour traiter de la paix avec Charles VI, et fit don à la cathédrale d'un bijou représentant la tête de saint Jean-Baptiste, objet d'art d'un travail exquis, dont le poids dépassait trois marcs.

Dans la première moitié du siècle suivant, la basilique d'Amiens reçut encore une royale visite : on y vit Charles VII agenouillé, implorant le secours du Précurseur pour chasser les Anglais de son royaume, et ce fut peut-être grâce à l'intercession de ce grand saint, que Dieu suscita Jeanne d'Arc. Toujours est-il qu'en mémoire des faveurs qu'il reçut alors du ciel, le prince victorieux fit présent à l'église de plusieurs ornements de velours parsemés de fleurs de lis d'or. Il ordonna aussi que, tous les ans, on porterait le Chef de saint Jean-Baptiste à la procession, le 12 août, en action de grâces pour la délivrance de la Normandie. Cette pratique s'observait encore au xviiie siècle.

Louis XI, à son tour, signala sa dévotion spéciale envers le Précurseur et ses saintes reliques, par le présent qu'il fit, en 1474, de son rubis-balais monté sur or. C'était un joyau d'un grand prix, à cette époque surtout; on l'attacha au couvercle du reliquaire. Le roi joignit à ce don 1,200 écus d'or destinés au service divin [1].

---

[1]. D'après l'inventaire de 1535, Louis XI donna également à la cathédrale un grand bassin octogone, en vermeil

Charles IX, comme ses prédécesseurs, avait une grande vénération pour le Chef de saint Jean. En 1563 il demanda, par l'entremise de l'évêque d'Amiens, Mgr de Créquy, que la sainte relique lui fût apportée ; mais, dit M. Ch. Salmon qui cite, à ce propos, un manuscrit de la bibliothèque d'Amiens, portant le n° 517 (*Chapitres généraux*), les chanoines représentèrent les dangers qu'il y avait à faire voyager un reliquaire d'une si grande valeur, et supplièrent l'évêque de vouloir bien écrire de bonnes lettres au roi pour sa dispense et celle du chapitre. Suivant leur vœu, la demande royale n'eut pas de suites.

Il est probable que la grande médaille en or, d'environ trois pouces, attachée jadis au couvercle du reliquaire, était aussi une marque de la dévotion, pour saint Jean-Baptiste, de Jacques III d'Ecosse, dont elle portait l'effigie.

Ce fut par un semblable motif qu'un seigneur de Coucy fit présent à l'église d'Amiens d'une médaille en vermeil représentant le Précurseur, tenant de la main gauche un agneau, et qu'une duchesse d'Orléans offrit une effigie du même saint, au bas de laquelle on voyait un jeune enfant agenouillé.

et émaillé, dans lequel on plaçait le reliquaire, lorsqu'on en faisait la *Montre*.

On sait aussi, par un acte du 14 juin 1518, qu'un envoyé d'Angleterre, s'intitulant l'exécuteur testamentaire d'un seigneur qu'il ne nomme point, présenta à l'église de Notre-Dame d'Amiens deux images d'argent doré, l'une de la sainte Vierge, l'autre du Précurseur, avec quelques chapes et divers ornements pour la messe, devant être affectés au service de cette église, en l'honneur de Dieu et de *Monsieur* saint Jean-Baptiste ; ce sont les termes mêmes de l'acte. Du Cange pense que le donateur fut Jean de Vère, comte d'Oxford, grand chambellan et amiral d'Angleterre, chevalier de l'ordre de la Jarretière, mort en 1513, car les armes de ce seigneur se voyaient autrefois sur plusieurs ornements de la cathédrale d'Amiens.

Les deux siècles suivants virent s'accroître ces nombreuses richesses. Les pèlerins, surtout au xviie siècle, se dirigeaient en foule vers ce sanctuaire antique où tant de grâces étaient accordées. Ils y laissaient, d'ordinaire, de somptueux présents, emportant à leur tour, comme souvenir de leur pieuse visite, des médailles connues sous le nom de *Chefs de saint Jean*. On y voyait, d'un côté, la tête du Précurseur, et, de l'autre, sa décollation.

MM. Forgeais et Garnier ont donné la description d'un certain nombre de ces objets dont les plus anciens remontent au xive siècle.

Le chapitre et le corps de ville d'Amiens, dit M. Salmon, conservèrent jusqu'à la révolution l'usage d'offrir aux rois, princes et autres personnages de distinction, des exemplaires en or de ces médailles. Quelquefois ces *Chefs de saint Jean*, au lieu d'être des médailles, étaient de charmants bijoux émaillés représentant la face du Précurseur dans un plat, ou des médaillons peints, ornés de pierreries.

On conserve encore, ajoute le même auteur, à la cathédrale d'Amiens, un de ces *Chefs de saint Jean* : c'est un élégant médaillon en or, de forme octogone, entouré de fleurons très-délicatement ouvragés. Sur chaque face un cristal, taillé à facettes, recouvre une peinture représentant, d'un côté, la tête de saint Jean-Baptiste, et de l'autre, les armes d'Amiens. Cet objet d'art ne paraît pas plus ancien que la fin du XVIIe siècle. Il est porté au cou par le chanoine officiant à la procession du jour de l'Ascension.

On remettait également ces artistiques souvenirs aux prédicateurs du carême ; ce qui attirait, nous apprend Baron, dans la chaire d'Amiens, les orateurs les plus célèbres. Cet usage paraît s'être perpétué jusqu'en 1788.

C'est ainsi que le saint évêque, François Faure, dont nous avons eu déjà l'occasion de parler, reçut du corps de ville, en 1683, à l'issue d'un carême qu'il avait prêché dans sa cathédrale avec une grande éloquence, un *Chef de saint Jean* en or, orné d'une quinzaine de diamants. Ce bijou précieux fit bientôt retour à la cathédrale, grâce à l'inépuisable charité du prélat, et vint augmenter le Trésor, déjà considérable, de la basilique d'Amiens. Le reliquaire complet du Chef de saint Jean-Baptiste était estimé, à lui seul, 150,000 livres.

Mais, hélas ! voici venir les jours néfastes ! Voici le moment fatal où vont disparaître, à jamais, tant de richesses accumulées par la piété des siècles ! La révolution s'approche, apportant avec elle la dévastation et la mort. Bientôt vont retentir des cris sauvages sous ces voûtes, si paisibles naguère, où tant de princes se sont agenouillés au milieu du concours d'un peuple immense, où sont venus prier successivement Louis XIII, Louis XIV et Marie-Thérèse, et, avant eux, sainte Collette, l'illustre réformatrice des trois ordres de saint François, puis encore la bienheureuse Marie de l'Incarnation, qui implanta le Carmel en France ; où Bourdaloue, enfin, dans ce langage sublime qui l'a fait surnommer le prédicateur des rois, célébra jadis la gloire du Précurseur !

Au mois de novembre 1793 [1], en vertu du décret

---

1. Dès l'année 1790, les commissaires nommés par le Directoire avaient fait l'inventaire des richesses de la cathédrale et apposé les scellés.

de la Convention du mois de septembre précédent, le Chef de saint Jean fut extrait du plat d'or où il se trouvait et dépouillé des bijoux dont il était orné. Le cristal où s'étaient posées les lèvres de saint Louis se fendit pendant cette sacrilége opération. Les pillards jetèrent dans le creuset les bijoux et le beau reliquaire byzantin; mais la relique elle-même et sa précieuse enveloppe furent sauvées par les soins d'un maître perruquier, du nom de Lescouvé, qui les cacha chez lui, au péril de sa vie.

Lescouvé a raconté, dans une déclaration aussi saisissante que naïve, comment, étant maire d'Amiens, en 1793, il fut délégué par le représentant Dumont, en mission dans cette commune, pour dépouiller la cathédrale de tout ce qu'elle renfermait de précieux. Il nous apprend que plusieurs personnes dont il cite les noms entrèrent avec lui dans le chœur ; qu'on retira des châsses les reliques de différents saints vénérés à Amiens, et qu'une vive discussion s'éleva pour savoir où on les jetterait; mais que lui, persista à les conserver, se promettant bien de les rendre à la vénération des fidèles dans des temps plus heureux. « J'ai également sauvé, ajoute-t-il avec la plus noble simplicité, le Chef de saint Jean-Baptiste, que j'ai remis dans la cathédrale le 29 juin 1795, jour où j'ai fait ouvrir la dite église. Je ne puis vous exprimer les horreurs qui s'y sont commises, et les menaces que j'ai eu à essuyer de la part des Vandales et des impies; on me menaçait, à chaque instant, de la guillotine; *cela ne m'a pas empêché d'aller mon train!* »

Trivialité sublime! car, dans ces temps de terreur, les pieuses intentions de ce brave homme, connues de tous, l'exposaient, à chaque instant à payer de sa tête, comme le saint Précurseur, le courage dont il avait fait preuve. L'oubli de la postérité ne saurait atteindre de tels dévouements, et le nom de Lescouvé ne périra pas.

Le Chef de saint Jean-Baptiste, recouvert de son antique cristal, fut déposé par son courageux sauveur dans un humble plat d'étain. Il y demeura jusqu'au 6 janvier 1820. A cette époque, Mgr de Bombelles, évêque d'Amiens, donna, pour le remplacer, un plat d'argent de forme ovale dans lequel on enchâssa la relique. On déposa sous ce plat, avec l'authentique du vénérable prélat, la déclaration de Lescouvé, qui fut retrouvée cinquante-cinq ans plus tard (1875), lorsque l'auguste évêque qui, récemment encore, occupait le siége de saint Firmin, Mgr Bataille, ordonna de retirer la relique du modeste plat d'argent pour la placer dans un cadre plus digne d'elle.

Le nouveau reliquaire rappelle, autant que possible, le reliquaire byzantin qui l'avait si longtemps et si magnifiquement abritée. « Il se compose, lisons-nous dans une chronique locale, d'un plat circulaire en vermeil, dont le centre, légèrement creusé au marteau, reçoit le cristal de roche qui couvre le précieux Chef. La bordure du plateau est formée de trois parties : une vignette de fleurs de lis en relief, se dirigeant du centre à la circonférence ; un bandeau plus large, semé de pierreries ; une nervure à perles d'or en saillie, qui arrête la ligne intérieure de la bordure. Au bas du plat est un écusson émaillé, aux armes de France, entouré de quinze grosses perles fines, surmontées d'une émeraude et d'une topaze rose.

« Le cristal de roche, seul reste de l'ancien reliquaire, est serti dans une élégante crête de feuillages ciselés en relief. Cette crête a respecté les traces que l'impiété révolutionnaire a laissées sur le cristal. On sait que, lorsqu'il fut violemment détaché du plat d'or, le jour de la spoliation du Trésor de Notre-Dame, il se produisit divers éclats à son rebord supérieur et une fissure qui est, pour ce précieux débris des siècles passés, ce qu'est la trace d'une glorieuse blessure pour un vaillant guerrier. Or, la sertissure suit parfaitement les irrégularités du rebord et permet d'apercevoir les quelques petites brèches qui s'y trouvent.

« L'insigne relique, placée sous ce cristal, est enveloppée d'une lame de vermeil qui en prend exactement les contours et se termine en calotte hémisphérique. A la base de cette calotte un bandeau, d'un centimètre de largeur, est semé de pierres fines.

« Sur la calotte, un médaillon représente l'image du saint Précurseur montrant le Sauveur du monde. Ce travail est exécuté en émaux champ-levé, et les visages de Notre-Seigneur et de saint Jean-Baptiste sont peints sur émail. Les inscriptions grecques de l'ancien reliquaire se détachent en or sur le fond bleu. Contre la poitrine du saint brillent, en groupe, une émeraude, deux topazes roses et une perle.

« Enfin un petit soubassement, à deux degrés, supporte l'auguste Chef; il est également enrichi de pierres fines.

« Sous le plateau se lit, gravé au burin en lettres onciales, l'inscription suivante, placée entre les armes de Mgr Bataille et celles du chapitre d'Amiens :

HOCCE IN DISCO
DONIS DATIS CLERI FIDELIUMQUE CONFECTO
AD FORMAM VETERIS
GRASSANTE PERTURBATIONE GALLICA
NEFARIE RAPTI
VENERANDAM FACIEM S. JOANNIS-BAPTISTÆ
AMANTISSIME REPOSUIT
RR. DD. LUDOVICUS BATAILLE, EPISC. AMB.

CULTE DE SAINT JEAN-BAPTISTE

UNA CUM CAPITULO ECCLESIÆ CATHEDRALIS
ANNO CHRISTI M.D.CCCLXXVI
DIE JUNII XXIV
IN NATIVITATE SANCTI PRÆCURSORIS.

Ce magnifique reliquaire a été complété en 1877 par un couvercle de vermeil ayant la forme même du cristal qu'il recouvre entièrement. Sur ce couvercle se voit une peinture en émail très-artistiquement exécutée, représentant la tête du Précurseur [1].

O sainte relique, dix-huit fois séculaire, car votre âge est celui du christianisme lui-même, ô vous la plus auguste des reliques, puisqu'au ciel appartient de posséder sans partage les corps glorieux de Jésus et de Marie ressuscités, puissiez-vous toujours, désormais, loin des profanateurs et des impies, demeurer en paix sous ces voûtes bénies qui, depuis six siècles, vous abritent, et protéger à jamais Amiens et la France !

[1]. Une parcelle du Chef est exposée dans un gracieux monument de style ogival, orné de peintures et de dorures, ainsi que d'un fort beau médaillon représentant la Décollation *de saint Jean-Baptiste*. On y voit les écussons de Richard de Gerberoy, de l'évêché et du chapitre d'Amiens, et de Mgr Mioland, sous l'épiscopat duquel il fut exécuté.

CHAPITRE SEPTIÈME

INDICATION DES ÉGLISES POSSÉDANT DES RELIQUES DE SAINT JEAN-BAPTISTE. — SOUVENIR DU PRÉCURSEUR EN JUDÉE. — SÉBASTE. — VIOLATION DU TOMBEAU DU SAINT PAR JULIEN L'APOSTAT. — SAINT JEAN DANS LE DÉSERT. — CHAPELLE DE LA VISITATION. — LA CHAIRE DE SAINT JEAN.

Nous avons terminé dans le chapitre précédent la monographie de la principale relique du plus grand des enfants des hommes; il nous reste maintenant à indiquer les diverses églises du monde qui, moins heureuses que celle d'Amiens, possèdent seulement quelques parcelles des restes sacrés du Précurseur.

Nous allons parcourir avec respect non-seulement les différents lieux où la piété des peuples vénère ses ossements bénis, mais encore ceux qu'il illustra par sa propre présence.

Commençons donc par la Judée et gravissons d'abord les pentes escarpées du Carmel. Les bons religieux qui l'habitent nous montreront avec respect les lieux sanctifiés par saint Jean-Baptiste, et, avant lui, par le prophète Elie. Un monument y rappelle aux pèlerins le séjour du fils prédestiné d'Elisabeth.

Gagnons ensuite la Samarie et rendons-nous à Sébaste.

Jean Phocas et Guillaume de Baldensel, dans leurs descriptions de la Terre Sainte, ainsi que le chroniqueur Mathieu Paris, ont écrit que saint Jean fut décapité dans cette ville. Phocas ajoute que l'on y voyait encore, de son temps, la prison où le Précurseur fut enfermé et mis à mort. « Elle est, dit-il, fort enfoncée en terre, et l'on y descend par vingt degrés. Au milieu se trouve un autel qui indique la place même du martyre. A droite, on montre le tombeau de Zacharie; à gauche, s'ouvre une grotte où repose Elisabeth. On y voit également plusieurs châsses contenant des reliques de saints, anciens disciples du Baptiste. Au-dessus de cette sorte de crypte s'élève une église qui abrite deux sépulcres de marbre blanc, dont l'un contient les restes du Précurseur; l'autre, ceux du prophète Elisée avec la main gauche du saint.

Mais cette tradition, qui fait mourir le Précurseur à Sébaste, est contraire à ce qu'ont écrit les plus anciens auteurs. Tous s'accordent à dire, en termes formels, que saint Jean fut décapité à Machéro et son corps porté à Sébaste par ses disciples. Comment, d'ailleurs, le drame de la décollation aurait-il pu avoir pour théâtre Sébaste, puisque la province de Samarie, dont cette ville faisait partie, n'était point sous la domination d'Hérode? Sans aucun doute la crypte que l'on montrait du temps de Phocas ne contenait que le corps du saint; plus tard on se sera persuadé que le Chef s'y trouvait aussi, et, par suite, que le Précurseur y avait été décapité.

Un grand nombre de miracles s'accomplissaient à Sébaste devant le tombeau du Précurseur. Aussi Julien l'Apostat supportait-il impatiemment la gloire de ce sépulcre. Rufin nous dit, au xie livre de son *Histoire ecclésiastique*, que l'empereur donna l'ordre de l'ouvrir, d'en retirer les ossements, de les brûler, puis de jeter les cendres au vent. Mais des moines qui assistaient, déguisés, à cet épouvantable sacrilège, se mêlèrent aux profanateurs et recueillirent une grande quantité de ces restes précieux. Leur supérieur les envoya à Athanase, patriarche d'Alexandrie, qui les tint cachés à cause des persécutions des Ariens.

Plus tard lorsque Théodose, obéissant aux conseils du Patriarche Théophile, eut renversé les idoles et ordonné de construire, sur les ruines d'un temple de Sérapis, une magnifique église à saint Jean-

Baptiste, les saintes reliques, retirées de l'endroit qui leur servait d'abri, furent solennellement transférées dans la nouvelle basilique, où elles devinrent l'objet de la vénération universelle.

On ne saurait douter cependant qu'une partie des ossements du saint n'eût été conservée à Sébaste, lors de la violation du tombeau, ou rapportée, par la suite, d'Alexandrie dans cette ville, car saint Jérôme affirme que, de son temps, les démons étaient chassés du corps des possédés par l'intercession de saint Jean-Baptiste. Il décrit, dans une lettre à Eustoquie, les prodiges auxquels avait assisté la mère de cette sainte, sainte Paule, romaine du sang des Scipions et des Gracques. « Elle avait vu avec épouvante, dit-il, des hommes qui hurlaient comme des loups, aboyaient comme des chiens, rugissaient comme des lions, sifflaient comme des serpents ou mugissaient comme des taureaux. » Ces malheureux épileptiques obtenaient leur guérison en s'approchant des reliques du saint.

Tillemont dit formellement, d'ailleurs, que, vers le milieu du XIIe siècle, on éleva une église à Sébaste pour y placer des ossements du Précurseur. On a, de plus, à cet égard, le propre témoignage de Louis-le-Jeune qui, en 1170, s'exprime ainsi dans le titre de l'église Saint Jean-Baptiste de Nemours: « J'ai adoré le Sauveur sur le sol même qu'ont foulé ses pas. Rempli d'amour, d'émotion et de respect, j'ai visité les Lieux-Saints, et vu l'église de Sébaste, où repose, auprès de beaucoup d'autres saints, le Précurseur du Christ. »

Approchons-nous maintenant des bords sacrés du Jourdain. On y vit longtemps une église et un monastère bâtis à la place même où Jean donnait le baptême de pénitence. Le vénérable Bède nous l'apprend en ces termes: « A l'endroit, dit-il, où fut baptisé Notre-Seigneur, se trouve une croix de bois, de la hauteur des épaules, parfois couverte par les grandes eaux; elle est distante de la rive orientale d'un jet de pierre environ. Sur l'escarpement de l'autre rive s'élève un monastère remarquable par son église de forme quadrangulaire. Elle est dédiée à saint Jean-Baptiste. Le soubassement offre aux regards quatre grandes écrevisses en pierre. On descend par des arcades jusqu'à la croix pour y prier. D'après la tradition, l'église a été construite à l'endroit même où furent déposés les vêtements du Christ pendant son baptême. »

Continuons notre pieux pèlerinage et gagnons Jérusalem. A deux lieues environ de la ville, laissant à droite Bethléem, et descendant vers le sud, on s'enfonce dans d'âpres vallons qui se changent presqu'aussitôt en défilés étroits et difficiles à franchir. Le pays devient d'une extrême aridité.

Bientôt on se trouve en présence d'une montagne nue et escarpée, qui, dans l'un de ses replis, cache un pauvre village : c'est *Saint-Jean in montana*, appelé aussi *Saint-Jean dans le désert*. Ses maisons délabrées se groupent pittoresquement autour du couvent de la *Nativité du Précurseur*. Ce pieux asile, qui appartient aux Latins, est entouré de hautes murailles ; son église a été restaurée par Louis XIV. Une chapelle, placée au-dessous du chœur indique aux pèlerins l'endroit de la naissance du fils de Zacharie.

L'autel est orné d'un beau tableau d'un maître espagnol qui représente la naissance du saint.

Cinq bas-reliefs en marbre blanc, encadrés dans un fond noir, retracent les principales scènes de la vie du Précurseur : sa naissance, sa prédication, son martyre, la Visitation et le Baptême de Jésus-Christ. Ces bas-reliefs, d'une belle exécution, sont disposés en demi-cercle autour du sanctuaire ; c'est un présent du roi de Naples. Six lampes brûlent continuellement dans cet endroit, où se trouve une table de marbre, destinée à la célébration de la sainte messe. Sur le pavé une plaque avec cette inscription, à la fois si courte et si longue : « *Hic Præcursor Domini natus est* ; c'est ici que le Précurseur est né [1] ».

1. Un chevalier du Saint-Sépulcre, Gionnani Zuallardo,

Traversons maintenant le village; passons auprès de la fontaine de Marie, ainsi nommée, sans doute, parce que l'auguste Vierge a dû souvent y puiser de l'eau pendant son séjour auprès d'Elisabeth, et acheminons-nous ensemble vers le lieu traditionnel de la Visitation.

Là nous trouvons les restes d'une petite chambre basse au fond de laquelle est un autel : les pères du couvent vont y dire la messe plusieurs fois dans l'année, mais surtout le 2 Juillet. C'est à cette date, en effet, que se célèbre la Visitation, non pas que cet événement se soit passé ce jour-là, mais parce que ce jour se rattache à la Nativité du Précurseur dont il est l'octave et qu'il fut celui, sans doute, des tendres adieux d'Elisabeth et de Marie. Sur cet auguste emplacement sainte Hélène, au IVe siècle, après avoir recueilli les traditions si vivaces, d'ailleurs, en Judée, fit construire un temple magnifique dont il ne reste plus aucune trace.

A une assez grande distance du village, sur des hauteurs rocailleuses et désolées, on aperçoit le désert que saint Jean « étonna pendant de longues

auteur d'une relation de voyage en Terre-Sainte en 1585, nous a laissé un fort curieux dessin du temple tel qu'il était à cette époque. Ce dessin, exécuté d'après nature, place l'édifice au milieu d'un site montueux et sauvage où règne une profonde solitude. (V. première partie. p. 23.)

années des austérités de sa pénitence. » Le pèlerin peut visiter encore aujourd'hui la grotte fameuse qui servit d'abri au premier des ascètes, ainsi que la source fraîche et limpide où le jeune solitaire venait se désaltérer.

« La veille de la fête de saint Jean-Baptiste, une grande partie des Franciscains et une foule d'étrangers de Jérusalem et de Bethléem se rendent à la grotte du désert : on y dresse deux autels et les prêtres y offrent le saint Sacrifice, qui est suivi du déjeûner; puis on chante l'évangile de la Vigile et quelques antiennes. Le jour de la fête même on y célèbre aussi un service solennel. Après les Vêpres, on s'achemine en procession vers la chapelle de la Visitation où l'on chante l'Evangile, les Litanies et quelques oraisons; le tout se termine gaîment par un léger goûter auquel prennent part un grand nombre de Turcs. »

Non loin de la grotte dont nous venons de parler on aperçoit une petite éminence que surplombe un rocher. S'il faut en croire les traditions locales, le Précurseur montait sur ce tertre pour adresser la parole au peuple. Il porte encore, de nos jours, le nom de *Chaire de saint Jean.* Là suspend sa course, sous l'empire d'une indicible émotion, le pèlerin qui traverse la vallée du Térébinthe; devant ses yeux se dresse comme une vision du passé : il lui semble voir, debout devant lui, dans son costume grossier, le géant de la pénitence ; il lui semble entendre sa voix retentissante annonçant aux premiers justes la venue de ce Christ si grand, (*tantum Christum* a dit saint Augustin), de ce Christ que, bientôt après, plus que Prophète, il leur indiquera lui-même du doigt !

CHAPITRE HUITIÈME

L'ITALIE : FLORENCE, GÊNES, ETC. — ROME : SAINT-SYL-
VESTRE IN CAPITE. — L'ESPAGNE ET LE PORTUGAL.

D<small>E</small> la Judée passons en Italie, où le culte du Précurseur fut florissant dès les premiers siècles chrétiens. Anasthase le bibliothécaire nous apprend que Constantin éleva deux églises en l'honneur de saint Jean-Baptiste, l'une à Ostie, l'autre à Albano. Symmaque rapporte qu'un descendant de ce prince en bâtit une magnifique, à Naples, au même saint, en reconnaissance de la protection dont il l'avait couvert au moment d'une terrible tempête essuyée sur les côtes de ce pays.

L'Italie se peupla bientôt de monastères et d'églises, plus tard même de confréries placées sous le vocable du Précurseur. Saint Benoît construisit un oratoire, sous son invocation, dans les déserts de Subiaco, puis, ensuite, un autre au mont Cassin, sur l'emplacement du temple d'Apollon ;

d'après la tradition, un temple de Janus, à Milan, fut converti en une église sous le titre de *Sancti Johannis ad quatuor facies*, — étrange réunion d'idées absolument opposées ; — enfin, aux vɪᵉ et vɪɪᵉ siècles, on voyait à Ravenne deux églises consacrées à saint Jean-Baptiste, dont l'une en mémoire de la Décollation et dite *in Marmorario*. D'autres encore furent construites en son honneur à Bologne, Padoue, Vérone, Alexandrie, Viterbe, etc.; j'abrège pour arriver à Florence.

Vers la même époque, cette illustre cité, primitivement dédiée au dieu Mars, comme le rappelle Dante dans la *Divine Comédie*, prit le Précurseur pour patron et lui consacra l'édifice même où la divinité païenne était autrefois adorée. Cambiagi, d'accord avec le savant docteur Lami dans ses *Antiquités toscanes*, pense que ce fut Théodolinde, femme d'Agilulphe, devenu roi des Lombards, en 591, par son mariage avec cette princesse, qui choisit saint Jean-Baptiste comme protecteur du royaume.

Ce souvenir est rappelé par l'inscription suivante, qui fut placée au xɪɪɪᵉ siècle dans l'église de Monza, reconstruite à cette époque, et que ces augustes époux avaient élevée, huit siècles auparavant, en l'honneur du Baptiste :

Condidit hoc templum multa virtute verundum
Theodolinda potens regni diademate pollens.
Pro se, pro natis vovit dulcedine matris
Christi Baptistæ cui sacratur locus iste.
Hic nostræ gentis caput voluit esse ducentis
Longobardorum talem que parare patronum.

Agilulphe et Théodolinde offrirent, l'un et l'autre, dans cette église des couronnes votives en or, en témoignage éclatant de leur dévotion pour le Baptiste. L'une d'elles est la fameuse couronne de fer, ainsi nommée parce qu'elle était intérieurement

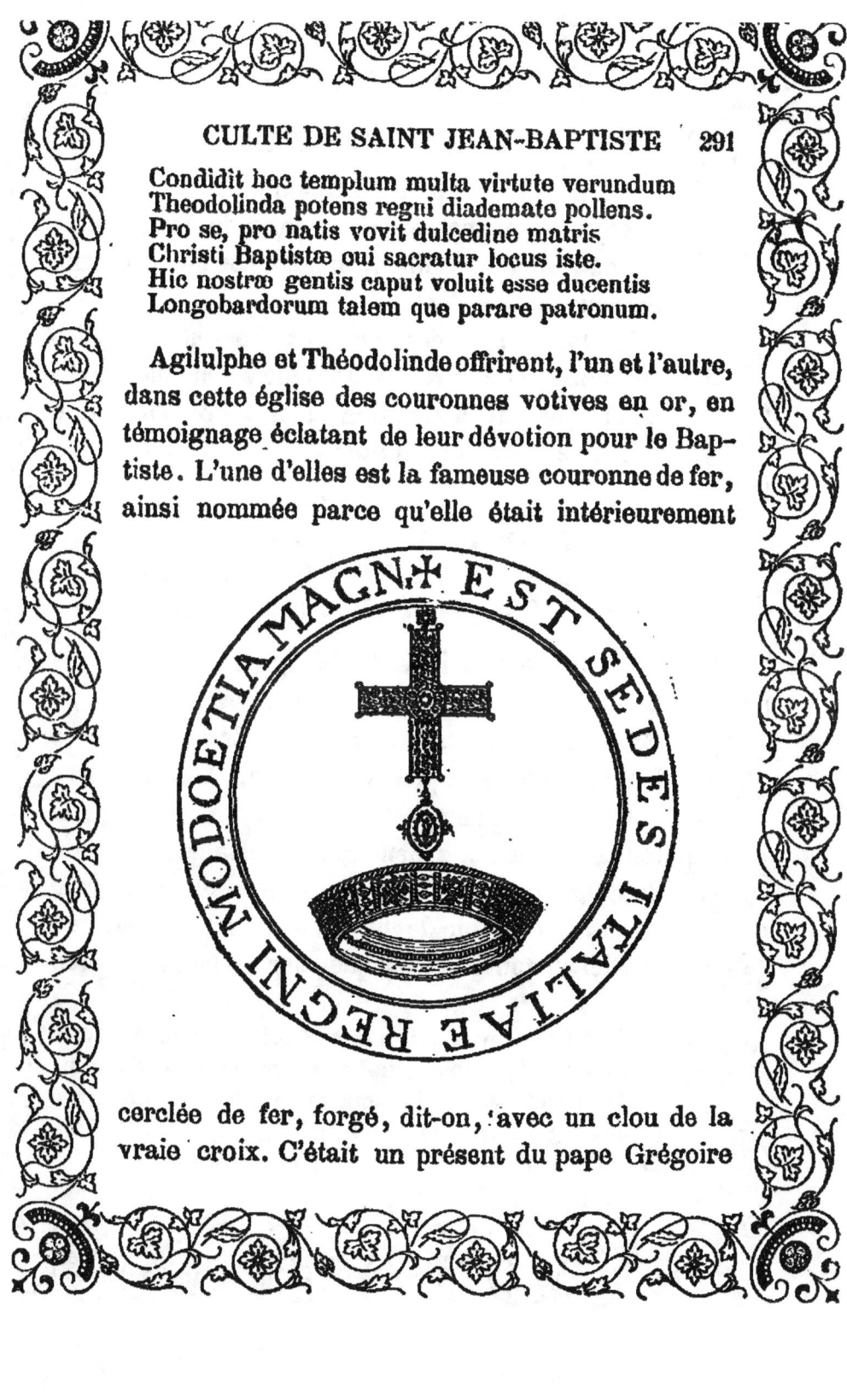

cerclée de fer, forgé, dit-on, avec un clou de la vraie croix. C'était un présent du pape Grégoire le Grand à la reine Théodolinde [1]. Il lui avait envoyé, en même temps, du sang du Précurseur, un peu de ses cendres, une de ses dents et une parcelle de son Chef.

La même princesse enrichit, en outre, l'église de Monza d'un livre des Évangiles orné de pierreries et portant l'inscription suivante dont l'intention vaut mieux que la latinité :

✠ IN MODICIA QUAM IPSA FUND.
DE DONIS DĪ OFFERIT THEODELENDA
REG PROPE PAL SVVM IN BASELICA
GLORIOSISSEMA S̄C̄O JOHANNI BAPT.

Rien de plus usité autrefois que la formule précédente : « *de donis Dei, par la libéralité divine ;* » on la retrouve sur un grand nombre d'anciennes inscriptions grecques et latines. Les premiers chrétiens se plaisaient à reconnaître ainsi qu'ils tenaient tous leurs biens de l'inépuisable générosité du Seigneur, et qu'une pieuse reconnaissance leur imposait le devoir de lui en rendre une partie. J'en fais ici surtout la remarque pour arriver à dire que

---

[1]. On lit les mots suivants sur l'orle inférieur de l'autre couronne : « Agilulphus, gratia Dei vir gloriosus, rex totius Italiæ, sancto Johanni Baptistæ in Ecclesia Modicia. » (Voir d'Agincourt, *Sculpture*, vol III, p. 20, et vol IV, chap. XXVI, n°⁸ 7 et 9).

les Lombards avaient une telle confiance en saint Jean Baptiste, et le regardaient comme si puissant auprès de Dieu, que parfois ils voyaient en lui la source même de leurs biens. De là cette autre formule : « *de donis S. Johannis* » (par la libéralité de saint Jean-Baptiste) qui ne semble pas avoir été jamais employée pour d'autres saints. — Il existe une inscription de ce genre sur des colonnes de marbre, ou plutôt sur des fragments de colonnes ayant appartenu à une église et conservés au musée de Vérone. Selon toute probabilité, ce sont des tronçons de ces colonnes anciennes qui, au nombre de quatre, s'élevaient à chaque coin de l'autel pour soutenir le tabernacle où l'on plaçait le saint ciboire. Paciaudi, religieux de l'ordre des Théatins, l'un des plus savants antiquaires du dix-huitième siècle, et auteur fort estimé d'un ouvrage qui a pour titre : *De Cultu S. Johannis Baptistæ antiquitates christianæ*, nous en fournit le très-intéressant fac-simile.

Les Lombards avaient recours en toute circonstance à leur saint patron. Je transcris ici leur vœu solennel : « Ut ipse sanctus Johannes Baptista sit pro nobis interpellator ad Dominum Deum Nostrum Jesum Christum, nos omnes unanimiter pollicemur illi, omni anno, in Die Nativitatis suæ, de nostris facultatibus transmissuros honorifice ad *Oraculum* ejus. » Le mot *Oracle*, pris ici dans le sens d'oratoire, et souvenir du paganisme plus apparent que réel, était également employé dans la formule que prononçait le prêtre, en ceignant de la couronne de fer le front des empereurs : « In *Oraculo* sancti Johannis Baptistæ ferreo Diademate de jure Regni corono te, etc. »

Les Florentins élevèrent à saint Jean-Baptiste une église cathédrale (le Baptistère) vers le commencement du viie siècle, et l'on voit, à cette époque, les évêques de Florence prendre le titre d'*Évêques de saint Jean*. En 1128, les fonts baptismaux y furent transportés, et le supérieur des prêtres du baptistère fut alors appelé *Plebanus S. Johannis de Florentia*.

Le 24 juin, on expose dans ce monument le grand autel d'argent contenant une partie de la mâchoire, le pouce gauche et l'index du Fils de Zacharie. Ce dernier doigt est orné d'un anneau d'or portant une inscription grecque dont voici la traduction :

« O toi, qui baptisas Notre-Seigneur dans les flots du Jourdain, purifie-moi dans les flots des larmes de la pénitence. »

L'authenticité de cette dernière relique est attestée par une déclaration de la République de Florence, conservée dans les vieux parchemins de la corporation des marchands : « Que tous ceux qui liront la présente, y est-il dit, tiennent pour certain qu'un patriarche de Constantinople, nommé Philotée, a donné à Urbain V la très-précieuse relique de l'index du Précurseur, en 1363. Ce pape avait une telle vénération pour cette relique qu'il ne disait jamais la messe sans elle. Ses successeurs Grégoire XI et Urbain VI imitèrent son exemple. Sous Urbain VI, à l'époque du siége de Nocera par le roi de Naples, vers 1386, on déroba la relique au pape. Baldassar-Cossa, à cette époque au service du Souverain Pontife, fit d'incroyables efforts pour la retrouver ; il eut le bonheur d'y réussir et la racheta 300 ducats d'or. Élevé lui-même au suprême Pontificat sous le nom de Jean XXIII, en 1410, il fut, cinq ans plus tard, déposé par le concile de Constance, qui venait de reconnaître Martin V comme véritable et unique pontife. Ce dernier créa Cossa cardinal, à la prière de la république florentine. Cossa mourut quelques mois après, et, par testament, choisit le baptistère comme lieu de sa sépulture, en lui léguant la relique, renfermée dans un vase de vermeil qu'il avait confié au monastère des Anges. Lorsque les exécuteurs testamentaires la remirent à la Seigneurie, on fit une procession solennelle, en janvier 1420. La Seigneurie déposa la relique de saint Jean entre les mains des consuls de la corporation des marchands, qui présidaient à l'administration de la cité. »

Un assez curieux monument du culte de saint Jean-Baptiste à Florence se trouve dans l'église Saint-Jacques, où l'on peut lire en caractères gothiques une inscription ainsi conçue :

« Au nom du Père. Amen. 1451. 23 mai. »

« Cette chapelle se nomme la chapelle de Sainte-Marie-du-Lys et de Messire Saint Jean-Baptiste. Elle a été construite par de pauvres gens, infirmes par la contraction des pieds et des mains, et avec l'aide de quelques bonnes âmes qui se sont associées à leur œuvre. »

Paciaudi veut que ces pauvres gens soient des épileptiques, qui imploraient de saint Jean leur guérison. Il appuie sa thèse sur une savante dissertation médicale dont la place n'est point ici.

Beaucoup d'églises d'Italie possèdent des parcelles, des reliques du Précurseur ; de ce nombre sont Sainte-Marie Majeure à Rome et Notre-Dame de l'Annonciation à Naples. On en vénère aussi à saint-Jean d'Averne, à Assise, à Turin, à Venise, où l'on montre dans le Trésor de saint Marc un fragment de *l'humerus* du saint ; enfin dans plusieurs autres villes de ce pays. Gênes conserve précieusement, dans une chapelle de la cathédrale, des cendres de saint Jean Baptiste[1]. La croyance

---

1. Une inscription, placée à gauche de la chapelle

populaire veut qu'elles aient le pouvoir de calmer la tempête, lorsqu'on les présente à la mer agitée. Ces cendres sacrées furent envoyées à l'évêque de Gênes en l'année 1098, après la double victoire qui rendit les croisés maîtres d'Antioche. Une fête solennelle, qui se célèbre avec pompe le dimanche dans l'octave de l'Ascension, rappelle, chaque année, à la piété des fidèles le souvenir de la réception de cette auguste poussière.

Une chapelle construite à Gênes par le grand Maître d'Aubusson en l'honneur de saint Jean-Baptiste doit son origine à des circonstances qui méritent d'être rappelées. Assiégé dans Rhodes par des forces turques considérables, d'Aubusson, quoique blessé, était parvenu à repousser les assaillants. Il attribuait cet heureux résultat au secours du Précurseur, lorsque des transfuges de l'armée ennemie vinrent le confirmer dans cette opinion. Ils lui racontèrent qu'au plus fort de l'assaut les Turcs avaient aperçu dans les airs un guerrier revêtu d'une peau de bête, prêtant main-forte aux assiégés, à la tête d'une poignée de jeunes soldats;

dédiée à saint Jean-Baptiste, fait défense aux femmes d'y entrer sous peine d'excommunication *ipso facto*. C'est, dit-on, en haine de la mémoire de la fille d'Hérodiade. Cette prohibition existe également dans d'autres églises d'Italie.

que cette apparition les avait remplis de terreur et qu'ils s'étaient enfuis devant les enseignes déployées de saint Jean-Baptiste. D'Aubusson crut ne pouvoir mieux témoigner sa reconnaissance au Précurseur qu'en élevant, à ses frais, à Gênes, sur l'emplacement du très-ancien Baptistère, une chapelle et un couvent. Il avait choisi cette ville comme illustre entre toutes par la possession des cendres de son saint patron.

En Sicile, saint Jean-Baptiste fut toujours particulièrement honoré à Agrigente, à Catane et à Palerme. Les sanctuaires de ces contrées renfermaient d'admirables mosaïques, dues à des artistes grecs du plus grand mérite.

Ne quittons pas l'Italie sans signaler une erreur qui eut cours jusqu'au xviiie siècle, et qu'a réfutée définitivement du Cange.

L'Église Saint-Sylvestre s'est longtemps glorifiée d'abriter entre ses murs la meilleure partie du Chef de saint Jean-Baptiste. Un chef s'y trouve, en effet, conservé tout entier à l'exception du menton, et c'est, au dire de savants auteurs, très-probablement à cause de cette circonstance que la Basilique a été surnommée *in Capite*. Le cardinal Baronius prétend que cette relique est la véritable. Cependant, quelle que soit l'autorité de ce célèbre prélat, il est impossible d'admettre cette opinion, car l'église Saint-Sylvestre ne date que de l'an 760. Or, en cette année-là, au témoignage des auteurs grecs, comme nous l'avons dit plus haut, l'auguste Chef était encore à Emèse, dans le monastère de Spelœum. Il en fut retiré pour être déposé dans la nouvelle église, bâtie expressément en l'honneur du Précurseur ; on l'y voyait encore du temps de Théophane, au commencement du IXe siècle. Ensuite il fut porté à Comanes, et, de là, à Constantinople, où le trouva Walon de Sarton, qui l'emporta à Amiens. Il ne se peut donc que l'église Saint-Sylvestre ait eu, dans le même temps, la sainte relique en sa possession.

Le Père Sirmond, savant jésuite, qui fut le confesseur de Louis XIII, pense, avec grande apparence de raison, que le chef vénéré à Saint-Sylvestre est celui de Saint Jean Prêtre, qui souffrit le martyre, à Rome, sous Julien l'Apostat, et dont l'Église romaine célèbre la fête le 23 juin. Il est très-possible qu'il se soit produit, à cet égard, un fait analogue à celui de Saint Jean d'Angely, où le chef de Jean d'Edesse fut, avec le temps, attribué à Jean-Baptiste comme à un saint plus connu dans l'Eglise.

Ce qui a pu fort bien donner naissance à cette erreur et la propager à Rome, c'est que, le jour de la fête de saint Jean Prêtre, qui se célèbre la veille de la Nativité de saint Jean-Baptiste, on exposait, dans l'église Saint-Sylvestre, le chef de l'illustre victime de la cruauté de Julien. Le peuple, ignorant le nom de ce martyr, se sera facilement persuadé, par la suite, à cause de la solennité du lendemain, qu'il s'agissait du Chef de saint Jean-Baptiste.

La conduite que tint le pape Clément VIII décide, d'ailleurs, cette importante question. Ce célèbre pontife éprouva, sur l'authenticité de la relique conservée à Saint-Sylvestre, des doutes assez sérieux pour désirer vivement posséder une partie de celle d'Amiens. Il envoya donc en France, en l'an 1604, un chanoine de la basilique de Saint-Jean-de-Latran, à laquelle il destinait, d'ailleurs, cette relique, avec mission de se transporter à Amiens, et de faire en sorte, grâce à la recommandation du roi, d'en obtenir une parcelle.

Cette mission ne pouvait manquer de réussir. On remit au chanoine un morceau de la relique, qui fut pris en dessous de la petite rotonde en cristal. L'envoyé fit peindre sur toile le plat dans lequel le Chef était enchâssé, avec les pierreries qui l'ornaient, et, muni des certificats du chapitre, il retourna dans son pays. Rome peut donc aujourd'hui se glorifier, à juste titre, de posséder une partie du Chef du Précurseur ; mais, comme le remarque du Cange, elle doit avouer, en même temps, en être redevable à la cathédrale d'Amiens [1].

---

1. Clément VIII, en cette occasion, ne fit qu'imiter,

CULTE DE SAINT JEAN-BAPTISTE

§

En Espagne, le culte de saint Jean-Baptiste remonte à une haute antiquité. Les actes des disciples de saint Jacques, le glorieux patron de l'Ibérie, nous apprennent que « sur les ruines des idoles on éleva des autels à saint Jean-Baptiste », et ceux de saint Luperc (IVe siècle) parlent de la construction d'un temple en son honneur. Les Annales de l'*Hispaniæ illustratæ* confirment, de tous points, ces assertions.

J'emprunte à M. Germond de Lavigne, l'auteur si apprécié de l'*Itinéraire de l'Espagne et du Portugal*, le récit suivant d'un fait qui s'est produit au VIIe siècle, dans la Vieille Castille, à la gloire du saint Précurseur, et dont Paciaudi fait aussi mention. « Bânos, dit M. G. de Lavigne, possède, ainsi que son nom l'indique, une source minérale

---

du reste, Innocent III, l'un de ses prédécesseurs. On connaît la fameuse dispute qui s'éleva entre les savants touchant le corps de Saint Denys, conservé à l'abbaye de ce nom. Était-ce le corps de saint Denys l'aréopagite, évêque d'Athènes, qui vécut au premier siècle de l'Église ? Était-ce celui de saint Denys, apôtre des Gaules, qui souffrit le martyre à Montmartre, au IIIe siècle ? Le pape Innocent III, ayant reçu, en présent, du cardinal de Capoue, qui l'avait apporté à Rome après la prise de Constantinople, le corps de l'Aréopagite, jugea qu'il ne pouvait mieux trancher la difficulté qu'en envoyant cette sainte relique à l'abbaye de Paris.

dont la réputation remonte aux plus anciens temps de l'Espagne. Le roi wisigoth Receswinte, le prédécesseur du célèbre Wamba, revenant d'une expédition en Navarre, demanda à la source de Bános, en 661, le soulagement d'une maladie de la pierre dont il était atteint. Il fut guéri, et, par reconnaissance pour saint Jean-Baptiste auquel il avait voué une profonde dévotion, il construisit auprès de la source une chapelle qui y existe encore, dans un état déplorable, il est vrai, mais qui conserve précieusement la table de marbre sur laquelle le roi fit graver l'inscription suivante :

Præcursor Domini martyr Baptista Johannes
Posi de constructam æterno munere sedem,
Quam tibi devotus Rex Recesvintus amator
Nominis ipse tui proprio jure dicavit,
Tertio post decimum comes inclitus anno
Sexagies decem era nonagesima novem 1.

Le même auteur rapporte un autre fait dont la province d'Aragon fut le théâtre. Il se passa non loin de la très-antique ville de Jaca, dans un site grandiose où se dresse, couverte d'un manteau

---

Ne perdons point cette occasion de dire que Dagobert avait fait don à cette même abbaye, fondée par lui, de reliques du Précurseur envoyées par l'empereur Héraclius. Philippe-Auguste, à son exemple, ayant reçu de l'empereur Baudouin un semblable présent, le fit déposer dans cet auguste sanctuaire.

1. On conserve au musée de Cluny la couronne d'or

CULTE DE SAINT JEAN-BAPTISTE

de noirs sapins, la montagne de *San-Juan de la Pena*. C'est là que prit naissance le célèbre monastère de ce nom, à la suite d'un événement miraculeux. « La légende, dit M. G. de Lavigne, raconte qu'un seigneur aragonais, nommé Otho ou Voto, chassant un jour sur la montagne, fut emporté par son cheval jusqu'au bord d'une roche qui surplombait un abîme; le cheval était lancé, ses pieds de devant avaient quitté le sol ; par une rapide inspiration, Voto invoqua saint Jean-Baptiste, et tout aussitôt la monture et le cavalier, soutenus au-dessus du précipice, descendirent doucement au milieu des taillis qui en occupaient le fond. Se traçant un chemin à l'aide de son épée, Voto parvint à un chétif ermitage, construit à l'abri d'une roche énorme, et baigné par un clair ruisseau. Sur l'autel était l'image de saint Jean-Baptiste, et au pied de l'autel le corps d'un ermite mort depuis peu, et qui semblait endormi, tant son visage était calme et serein. Voto vit dans cet événement un décret de la Providence ; il reprit en hâte le chemin de la ville,

---

de ce prince. Elle a été trouvée avec huit autres, en 1858, à la Fuente de Guarrazar, près de Tolède. Ces neuf couronnes sont les objets les plus précieux du musée, et même, dans leur genre, de toutes les collections publiques de l'Europe, selon la remarque consignée dans le Guide Joanne (*Paris illustré*)

amena des fidèles pour rendre au saint homme les honneurs funèbres, puis, vendant ses biens et entraînant son frère avec lui, il vint consacrer le reste de ses jours à servir Dieu dans l'obscure chapelle. Les disciples qui lui succédèrent entourèrent l'ermitage d'autres constructions ; la vallée solitaire devint une Thébaïde. Les gentilshommes de Sobrarbe, fuyant les Sarrasins, s'y réfugièrent souvent et leurs rois s'y firent enterrer. Ramire Ier, vers le milieu du xie siècle, fit élever, au-dessus des ossements de ses pères, un couvent sous l'invocation de saint-Jean et qu'on appela *San Juan de la Peña*. »

§

Enfin, le Portugal nous offre, comme témoignage de sa dévotion pour le Précurseur, une véritable merveille : c'est, à Lisbonne, la chapelle royale de saint Jean-Baptiste, qui se trouve dans l'église de San-Roque. On y pénètre par une grille voilée d'un rideau. Le fond et les faces latérales sont ornés d'admirables mosaïques exécutées à Rome par des artistes du plus grand mérite ; l'une d'elles représente le Baptême du Christ, par Michel-Ange.

CHAPITRE NEUVIÈME

LA FRANCE : RELIQUE DE PERPIGNAN. — LÉGENDE SE RATTACHANT A CETTE RELIQUE. — SAINT JEAN DE TROYES ET SAINT JEAN DE VALENCIENNES. — SAINT JEAN DU DOIGT EN BRETAGNE. — NOTRE-DAME DE PARIS ET LA SAINTE-CHAPELLE. — LA BELGIQUE : MONASTÈRE DE NEU-MOUTIER. — L'ANGLETERRE. — L'AUTRICHE : LÉGENDE DE SAINT JEAN-BAPTISTE DANS LE TYROL. — LA SILÉSIE.

La France, comme l'Italie, comme l'Espagne, a, de temps immémorial, entouré saint Jean-Baptiste du culte le plus fervent. Ses premiers évêques et ses principaux rois, au nombre desquels Pépin le Bref et saint Louis, lui ont dressé de magnifiques autels, et l'on voit, dès les premiers siècles chrétiens, plusieurs églises fort importantes établies à Paris sous ce très-auguste vocable. Hélas ! en constatant ce fait, qui témoigne de la piété de nos pères envers le Précurseur, nous éprouvons un certain étonnement, mêlé d'un véritable regret, en songeant que deux paroisses seulement de la capitale continuent cette pieuse tradition ! Sans doute, on rencontre encore aujourd'hui une dévotion solide envers le Précurseur, mais elle n'a plus la popularité des anciens jours. On a récemment écrit qu'il fallait en attribuer la cause au sensualisme moderne ; cette explication pourrait bien être, malheureusement, la véritable.

Et cependant la France, plus qu'aucune autre contrée, a le devoir de se souvenir de saint Jean-Baptiste. Après Amiens, en effet, n'est-ce point la ville de Perpignan qui, parmi toutes les cités du monde entier, peut s'enorgueillir, au plus juste titre, de posséder une partie considérable des reliques du Précurseur ? Phocas, nous le disions tout à l'heure, rapporte que, de son temps, la ville de Sébaste conservait, entre autres reliques du fils d'Elisabeth, la main gauche du saint. Elle était religieusement gardée dans un vase d'or en l'église placée sous son vocable. Du Cange ne doute pas que ce ne soit cette main que les Pères dominicains de Perpignan conservaient encore de son temps et qui était en grande vénération dans toute la contrée.

D'après la légende (il y a toujours des légendes en pareil cas ; mais, au fond, quelle piété dans ces poétiques fictions et comme ces mensonges-là sont vrais !), d'après la légende, la sainte relique fut apportée, vers l'an 1323, par un jeune homme qui se rendait en pèlerinage à Saint-Jacques de Compostelle. Le jeune et mystérieux pèlerin l'avait laissée en dépôt au prieur du monastère en lui déclarant que, s'il ne revenait pas de son voyage, la relique appartiendrait au couvent. Il lui avait recommandé de conserver, d'ici-là, le secret le plus absolu sur leur mutuelle entrevue.

Après plusieurs années d'attente, le prieur, ne voyant pas revenir le pèlerin, se décida à découvrir à ses frères le trésor dont il était dépositaire. La relique était enfermée dans une petite châsse de bois, en forme de coffret, artistiquement travaillée. Sur le couvercle était gravée l'image de saint Jean-Baptiste, avec des vers iambiques en langue grecque. Mais l'étude du grec était alors si peu en honneur dans notre pays que les Pères dominicains furent obligés d'envoyer en Grèce l'un des leurs pour connaître le sens de ces inscriptions [1].

Les explications rapportées, les bons Pères n'en

---

[1]. Ce fut pour la fille de François Sforza, premier duc de Milan de ce nom, en 1450, que Constantin Lascaris, accueilli par ce prince avec tant d'autres savants qui fuyaient de Constantinople, composa une grammaire grecque, la première qui ait été publiée en Italie. Elle fut imprimée à Milan, en 1476. Avec ce secours, la connaissance de l'histoire, de la belle littérature et de la philosophie grecques se répandit bientôt, et devint familière en Italie, d'où elle passa dans les autres contrées de l'Europe.

furent pas satisfaits. Guidés par les scrupules les plus honorables, et sachant tout le prix qu'il faut attacher aux antiques inscriptions pour bien juger de l'authenticité des reliques, ils envoyèrent encore en Grèce, à deux reprises différentes, un de leurs religieux. En dernier lieu ils confièrent le reliquaire même à leur député, et ils acquirent, à son retour, la conviction qu'ils étaient les heureux possesseurs d'une des plus importantes reliques du Baptiste.

« La relique de Perpignan, dit du Cange, est une partie du bras gauche. Elle part un peu au-dessous du coude, présente environ la moitié de l'avant-bras, et comprend la main et les doigts. Elle est parfaitement conservée; on distingue admirablement les nerfs, les veines et les artères, bien que la chair ait disparu. L'index est étendu et chargé de bagues. La main est légère, comme peut l'être un os sec, couvert seulement d'un tissu desséché et tendu.

« Le pouce manque. Certains auteurs prétendent que c'est ce pouce qui fut porté à Constantinople, et que l'empereur Manuel Paléologue donna à Jean de Cursin, sénéchal du royaume d'Arménie, en 1391. Le cardinal de Cursin, frère du sénéchal, en fit présent à la cathédrale de Florence. »

De nos jours, l'auguste relique se trouve encore dans un état parfait de conservation, comme au temps de l'illustre écrivain. Elle fut portée à la cathédrale, lors de la révolution, au moment où les Pères dominicains durent évacuer leur couvent.

L'index n'est plus, comme autrefois, chargé de bagues; mais le poignet est entouré d'un magnifique bracelet en argent. La relique est scellée dans un reliquaire en métal, fait sous forme de bras et de main, qui ne la laisse voir qu'en dessus, depuis le poignet jusqu'au bout des ongles, au moyen d'une ouverture en verre.

Heureuse France, qui possède ainsi, dans deux de ses villes, la majeure partie des reliques du Précurseur !

De son côté, l'abbaye de Cîteaux a conservé dans son trésor, jusqu'à l'époque de la révolution, une relique fort importante du Baptiste. C'était une partie assez considérable d'un de ses bras; elle était renfermée dans un reliquaire en vermeil sur lequel étaient gravés cinq vers grecs. Il résultait de cette inscription que l'auguste relique, d'abord au pouvoir des infidèles à Antioche, avait été apportée à Constantinople, au xe siècle, par l'empereur Constantin Porphyrogénète; puis envoyée en présent, au xiiie siècle, à l'abbaye de Cîteaux, par Baudouin, comte de Flandre, après son élévation à l'Empire [1].

1. Nous pensons qu'il s'agit ici d'une partie du bras

Plusieurs églises se glorifient également d'avoir en leur possession des doigts de saint Jean-Baptiste, *ou du moins quelques-unes de leurs parties, car c'est ainsi qu'il faut entendre les termes généraux dont se servent ordinairement les auteurs en cette matière.* Je souligne ces mots à l'adresse des sceptiques qui trouvent, dans la longue nomenclature des reliques d'un même saint, un moyen spécieux de contester leur authenticité.

L'église Saint-Jean de Troyes solennise, tous les ans, le premier dimanche après l'Ascension, la fête des reliques du Saint, au nombre desquelles figure une parcelle de l'index dont une autre partie se trouve à Brienne-la-Ville.

L'église Saint-Jean de Valenciennes gardait précieusement une jointure, apportée de Constantinople après la prise de cette ville par les Français et demeurée intacte, lors de l'incendie de l'église, en 1520, bien que la chaleur eût fait fondre la châsse d'argent qui la contenait, et sur laquelle était gravé ce vers :

« Hic summi vatum digitum scitote locatum. »

gauche, car on prétend qu'un fragment important du bras droit, dont Thomas Paléologue, prince du Péloponèse, avait fait don à Pie II, fut offert par ce pontife à Sienne, sa patrie, en 1464.

On ignore, aujourd'hui, à Valenciennes même, ce qu'est devenue cette relique.

En Bretagne, à Saint-Jean-du-Doigt, on conserve, dans une urne d'argent, un doigt de saint Jean-Baptiste, comme on garde, à la bibliothèque Laurentienne, un doigt de Galilée, qui souffrit aussi, dans un autre ordre de faits, pour la vérité dont il fut le précurseur.

Saint Grégoire de Tours, au livre de *la Gloire des Martyrs*, déclare avoir placé lui-même des reliques de saint Jean-Baptiste dans une des chapelles de la basilique Saint-Martin, et cite des guérisons miraculeuses opérées par leur vertu.

Le même auteur nous apprend que, de son temps, on voyait, à Tours, une église dédiée à la Vierge et au Précurseur, où Dieu, par d'éclatants châtiments, montra souvent combien il détestait le parjure. Un jour, entre autres, un homme entré dans cette église pour faire un faux serment, tomba à la renverse au moment même où il levait la main devant l'autel. Sa tête frappa le parvis du temple et il s'évanouit. Revenu à lui, il se hâta de confesser son crime devant toute l'assistance épouvantée.

On a conservé longtemps, dans le Trésor de Notre-Dame de Paris, un petit reliquaire, d'origine grecque, en forme de châsse ou de coffret à dos d'âne, soutenu par deux anges et dont le couvercle portait cette inscription :

ΛΕΙΧΑΝΟΝ ΤΟΥ ΠΡΟΔΡΟΜΟΥ

On sait aussi que Baudoin II, empereur de Constantinople, entre plusieurs reliques spécifiées en sa bulle d'or de l'an 1247, fit présent à saint Louis de la partie supérieure du Chef du Baptiste, que ce prince déposa à la Sainte-Chapelle.

On ignore aujourd'hui ce que sont devenues ces saintes reliques [1].

Enfin, plus heureuse que la cathédrale de Paris, l'église Notre-Dame du Puy-en-Velay possède encore une fraction du crâne du Précurseur.

---

1. Du Cange cite un certain nombre d'abbayes, de couvents et d'églises, soit en France, soit dans les contrées environnantes, qui se vantaient, avec plus ou moins de raison, de posséder des reliques du saint. Nous n'en reproduirons point ici la nomenclature, sensiblement modifiée, d'ailleurs, par les événements néfastes de la fin du siècle dernier. Bornons-nous à dire que l'abbaye de Tyron, au comté du Perche, possédait autrefois la cervelle; et, comme il se faisait en cet endroit un grand nombre de miracles, Robert de Joigny, évêque de Chartres, la fit tirer, en 1515, du mur où elle était enfermée, pour la mettre dans un somptueux reliquaire, en forme de chef, soutenu par deux anges.

§

La Belgique eut également sa part des reliques du fils de Zacharie. Le célèbre apôtre des Croisades, Pierre l'Ermite, natif d'Amiens, en quittant la Terre-Sainte, pour venir terminer ses jours en Europe, obtint du Patriarche de Jérusalem plusieurs reliques, dont quelques-unes de saint Jean-Baptiste. Il les donna à Otbert, évêque de Liége, dans le diocèse duquel il fonda le monastère de Neu-Moutier, près de la ville de Huy, en l'honneur du Saint-Sépulcre et du Précurseur. Il y mourut et y fut inhumé.

§

Si l'on parcourt les anciens monuments écrits de l'Angleterre, on est étonné du nombre prodigieux d'églises, de chapelles, de monastères, élevés sous le vocable de saint Jean-Baptiste, et dont cette contrée fut longtemps couverte. L'image du plus auguste des saints était partout reproduite et partout vénérée dans ces pays, jadis si catholiques. L'église Saint-Paul, à Londres, abritait une portion de ses reliques ; d'autres temples renfermaient de magnifiques présents faits en son honneur par de pieux fidèles. Mais, hélas ! le protestantisme a passé, et, de la plupart de ces précieux souvenirs, il ne reste plus à peu près que des ruines !

SECONDE PARTIE

§

En Allemagne, on peut suivre la trace antique du culte de saint Jean-Baptiste à Berg, à Magdebourg, à Ratisbonne [1], et l'on trouve en Autriche cette saisissante légende.

Il existe dans le Tyrol (Haute-Saare) un pèlerinage célèbre qui, d'après la croyance populaire, doit son origine à un événement bien tragique. — Autrefois vivait dans le pays une riche et charitable veuve ; elle avait un fils unique, nommé Jean, plein d'intelligence, mais d'un très-mauvais naturel. A un âge encore tendre, il se livrait à toutes sortes de désordres. Sa mère, trop faible, hélas! pour le punir, se contentait de lui adresser de simples remontrances. Aussi sa perversité ne fit-elle que s'accroître, et il tomba dans les vices les plus grossiers.

A bout de ressources, il devint voleur de grand chemin. Poursuivi bientôt par la justice, il se réfugia dans une épaisse forêt où il rencontra deux de

---

1. Les premiers missionnaires, en Bavière, bâtirent dès le viiᵉ siècle, à leur usage, au fur et à mesure des progrès du christianisme dans cette contrée, des ermitages, qui devinrent plus tard autant de monastères. Ces pieux et nombreux jalons de la foi aident à découvrir les ruines vénérables des baptistères invariablement construits dans leur voisinage et dédiés à saint Jean-Baptiste.

CULTE DE SAINT JEAN-BAPTISTE

ses anciens compagnons de débauches, qui le prirent pour leur chef. Pendant la nuit ils attaquaient les voyageurs et les assassinaient, après les avoir dévalisés.

La malheureuse mère déplora alors amèrement son aveugle amour pour ce fils criminel, et ne cessa plus de prier, jour et nuit, pour sa conversion. Elle prit même la résolution d'aller à sa recherche.

La pauvre veuve marcha trois jours entiers sans le rencontrer. Elle parvint enfin au sommet d'une haute montagne, où, épuisée de fatigue, elle s'endormit profondément. Elle vit alors en songe la tête de saint Jean-Baptiste, brillant d'une vive clarté, et, à ses pieds, les têtes sanglantes de son fils et de ses compagnons.

A peine réveillée, et toute tremblante encore au souvenir de ce rêve épouvantable, elle adressa à Dieu et au saint patron de son enfant une prière plus fervente encore que de coutume pour obtenir la grâce de sa conversion!

A peine achevait-elle cette prière, que, soudain, à travers les brumes du matin, elle aperçoit son fils venant à elle d'un pas timide et chancelant. A ce spectacle inattendu, elle pâlit de surprise; son visage se contracte; son regard reste quelque temps fixé sur cette sorte d'apparition. Puis, étendant vers lui ses bras suppliants : « Oh! mon fils, s'écrie-t-elle, ne restez pas insensible à la voix de votre mère; reconnaissez vos fautes, faites pénitence et sauvez votre âme ! »

Jean lui raconte alors, en versant des larmes d'attendrissement et de repentir, comment il avait été frappé d'un rêve qu'il avait eu la nuit précédente : à ses pieds étaient apparues les têtes sanglantes de ses compagnons, et, planant au-dessus de lui, celle de son vénérable patron.

Sa mère, de son côté, lui fait part de sa vision; puis, elle l'assure que saint Jean-Baptiste obtiendra la grâce de son pardon, s'il se résigne à subir la peine de la décapitation. Elle accompagne de profonds sanglots ces paroles que ses lèvres ont tant de peine à prononcer, et le conjure de se soumettre à ce châtiment trop mérité.

O miracle de la piété maternelle! une transformation subite s'opère dans le cœur de Jean. Il cède aux larmes de sa mère, se détermine à la suivre et va se présenter résolument à la justice. Ses compagnons, entraînés par son exemple, n'hésitent point à l'imiter.

Quelque temps après, les trois jeunes gens, pénétrés de repentir et fortifiés par les secours de la religion, mouraient avec courage sur l'échafaud.

La mère infortunée vendit tous ses domaines; puis, à l'endroit même où elle avait eu le songe qui avait amené cette conversion miraculeuse, elle éleva une chapelle à l'auguste patron de son fils. Ce lieu devint bientôt un pèlerinage fameux, et l'on y raconte aux voyageurs la légende que nous venons de rapporter [1].

§

Mais c'est en Silésie surtout que saint Jean-Baptiste était particulièrement honoré. Les monuments sacrés, les églises, les édicules, les autels, les statues, les cloches, les places publiques de cette contrée attestent hautement cette vérité. Les monnaies des évêques et celles de la cité de Breslau étaient frappées à l'effigie du saint ; bien plus, les anciens princes intitulaient ainsi leurs actes publics : « *Nos Dei beati Johannis gratia, etc.* » Tels les anciens Lombards employaient cette formule : « *de donis Johannis Baptistæ* » pour affirmer leur foi illimitée dans la protection toute spéciale du Précurseur !

---

[1]. Les Bollandistes mentionnent, sous la date du 24 juin (p. 797 à 807), diverses apparitions de saint Jean-Baptiste et de nombreux miracles opérés par lui, notamment à l'occasion de la fondation de l'église de Ponte-Corvo, au xııe siècle. — Voir l'hymne composée à cette occasion et commençant par ces mots : « Christi præconis, etc. »

CHAPITRE DIXIÈME

RÉJOUISSANCES DIVERSES EN L'HONNEUR DE SAINT JEAN-BAPTISTE. — FEUX DE LA SAINT JEAN. — ANCIENNE COUTUME PARISIENNE. — FÊTES MAGNIFIQUES CÉLÉBRÉES A FLORENCE A L'OCCASION DE LA SAINT JEAN. — LES CIERGES, LES TOURS, LES CHARS ET LES NUAGES. — LES PROCESSIONS ET LES PALII. — SOUVENIRS, AGAPES. CHANTS DE CANTIQUES, ABLUTIONS ET IMMERSIONS LA VEILLE DE LA FÊTE DANS LES DIFFÉRENTES AUTRES CONTRÉES. — UNE LETTRE DE PÉTRARQUE. — HEMÉRO-BAPTISTES. — ANABAPTISTES.

La Nativité de saint Jean-Baptiste a été, dans tous les temps, l'objet de grandes réjouissances publiques. Personne n'ignore qu'il était d'usage d'allumer des feux le jour de la Saint Jean [1]. Cette coutume remonte à la plus haute antiquité. Saint Augustin en parle comme d'un fait immémorial et universel. On en a donné plusieurs raisons. La plus vraisem-

---

1. On a de l'évêque d'Amiens, François Faure, une ordonnance relative aux feux de la Saint Jean.
Jean Reiske et Gaspard Zeumer ont écrit des ouvrages sur ce sujet.

blable, a-t-on dit, c'est que cette solennité coïncidant, à peu près, avec le solstice d'été, époque de l'année où les païens célébraient, par des feux de joie, l'entrée du soleil dans le signe du Lion, l'Église voulut christianiser une coutume que, sans-doute, elle ne pouvait déraciner. Elle en fit donc l'expression de la joie apportée au monde par la naissance du Précurseur du Verbe [1].

Toutefois cette pratique ne laissa pas de devenir, en quelques pays, exclusivement profane. Ailleurs elle dégénéra en superstition tout à fait étrange et ridicule. Ainsi, dans certains lieux, les enfants brûlaient des os d'animaux en mémoire, disent les uns, de ce que les os de saint Jean-Baptiste avaient

---

1. C'est ainsi que l'Antiquité célébrait aussi la fête de Palès, déesse des bergers.

Chaque année, dit Properce (Elégie I`re` livre IV), on procédait à cette fête en mettant le feu à un tas de foin:
« Annuoque accenso celebrare Palilia fœno. »

Tibulle, de son côté, s'exprime ainsi (Elégie 5. livre. II :)
Le berger célèbrera, au milieu de bachiques libations, la fête de Palès qui est aussi la sienne; fuyez alors, loups ravisseurs, fuyez loin des bergeries. Il allumera solennellement, d'une main, mal assurée des monceaux de paille légère, et en franchira d'un saut la flamme sacrée.

At madidus Bacco sua festa Palilia pastor
Concinet: a stabulis tunc procul este, lupi.
Ille levis stipulæ solemnes potus acervos
Accendet, flammas transilietque sacras.

été brûlés par les Gentils à Sébaste; et il était d'usage d'alimenter les bûchers avec les objets de toute espèce devenus inutiles et qui encombraient les demeures. Cette singulière coutume symbolise, disent les autres, le passage de l'ancien au nouveau Testament, et ils s'appuient sur ce texte du Lévitique : *Vetera nobis supervenientibus projiciatis.*

Jadis, à la même époque, les moissonneurs parcouraient les champs en brandissant des tisons ardents, et l'on allumait des feux pour rappeler que saint Jean fut le Précurseur de la vraie lumière qui éclaire tout homme venant en ce monde [1]. On roulait une roue en d'autres endroits : image du soleil qui, arrivé au plus haut point de sa course apparente, ne peut s'élever davantage, mais semble redescendre dans son orbite ; image aussi de la renommée de saint Jean-Baptiste, qui déclina à mesure que grandit celle du Christ.

Dulaure, dans son *Histoire de Paris* nous apprend comment nos aïeux fêtaient le retour de la Saint-Jean.

« Chaque année, dit-il, la veille de la fête, les

---

1. Et en mémoire aussi de ce texte de saint Jean: « Il était la lampe ardente et luisante, et, un moment, vous avez voulu vous réjouir à sa lumière. »

magistrats de la ville faisaient entasser, sur la place de Grève, des fagots auxquels le roi, accompagné d'une partie de sa cour, venait, lorsqu'il se trouvait à Paris, solennellement mettre le feu. Louis XI, en 1471, satisfit à cet usage, à l'imitation sans doute des rois ses prédécesseurs. Presque tous les rois, dans la suite, suivirent cet exemple. Louis XIV ne s'y trouva qu'une seule fois, en 1648. Cette cérémonie, nommée feu de la Saint-Jean, se célébrait avec beaucoup de pompe et de dépense. Au milieu de la place de Grève (en 1573)[1] était planté un arbre de soixante pieds de hauteur, hérissé de traverses de bois auxquelles on attacha cinq cents bourrées et deux cents cotterets; au pied étaient entassées dix voies de gros bois et beaucoup de paille. On y plaça un tonneau et une roue. On dépensa 44 livres pour des bouquets, des couronnes et des guirlandes de roses. On employa beaucoup de cordes, des feux d'artifices composés de lances à feu, pétards, fusées; des pièces d'artillerie, boîtes et arquebuses à crocs, etc. Cent vingt archers de la ville, cent arbalétriers, cent arquebusiers y assistaient pour contenir le peuple. On

---

1. Une gravure de Claude de Châtillon représente une vue de l'Hôtel de Ville de Paris au XVI⁰ siècle, au moment de la cérémonie de ce feu de joie. (Voir l'œuvre de ce graveur.)

attacha à l'arbre un panier qui contenait deux douzaines de chats, et même un renard; animaux destinés à être brûlés vifs, *pour faire plaisir à sa Majesté*, porte le compte d'où je tire ces détails. Les joueurs d'instruments, notamment ceux que l'on qualifiait « de la grande bande, » sept trompettes sonnantes accrurent le bruit de la solennité. Les magistrats de la ville, portant des torches de cire jaune, présentèrent au roi une torche blanche, garnie de deux poignées de velours rouge, avec laquelle sa Majesté alluma le feu. Le bois et les chats consumés, le roi monta à l'Hôtel-de Ville, où il trouva une collation composée de dragées musquées, de plusieurs confitures sèches, de cornichons, de quatres grandes tartes, de massepains, et où l'on voyait les armoiries royales de sucre et dorées, deux livres et demie de sucre fin pour mettre sur les crèmes et fruits, etc....

« Louis XIV n'ayant assisté qu'une fois à cette cérémonie, Louis XV n'y ayant jamais paru, elle perdit de sa splendeur, et, dans la suite, elle devint très-simple. Le prévôt des marchands, les échevins et leur suite allaient mettre le feu à un amas de fagots et se retiraient ensuite. Cet usage s'est continué jusqu'à la Révolution. »

On peut dire qu'il n'a pas encore disparu ; car, dans certaines cités, même très-considérables,

les premiers magistrats ne dédaignent pas d'y procéder avec un certain apparat.

Encore aujourd'hui, dans beaucoup de villages de Picardie, la veille de la Saint-Jean, le clergé se rend solennellement en procession dans le lieu où se trouve l'amas de fagots dont j'ai parlé plus haut; le curé fait le tour de la pyramide en récitant des prières, et, après avoir jeté de l'eau bénite et encensé à plusieurs reprises, il y met lui-même le feu; puis l'on regagne l'Eglise paroissiale en chantant le *Te Deum*. Les habitants de la localité et les étrangers accourus à la fête recueillent avec empressement les tisons et les placent dans leurs greniers comme un préservatif contre la foudre.

§

Mais c'est surtout à Florence que la fête de saint Jean-Baptiste brilla, pendant plusieurs siècles, du plus vif éclat.

Gaëtano Cambiagi, écrivain florentin du dix-huitième siècle, nous a laissé de savants et curieux mémoires historiques, puisés aux meilleures sources, sur les fêtes anciennes et modernes que célébrèrent ses compatriotes le jour de la Nativité du Précurseur.

La célébration de la Saint-Jean eut longtemps, aux yeux de cette puissante cité, le caractère d'une solennité tout à la fois politique et religieuse. Aussi voyait-on, dès le mois de mai, la ville entière se mettre en mouvement pour s'occuper des préparatifs de la fête. On faisait construire, à grands frais, les machines de différentes sortes destinées à y figurer ; on se procurait de splendides et coûteux costumes ; en un mot, la nation florentine, qui passait cependant pour économe ne reculait devant aucune dépense, lorsqu'il s'agissait de fêter dignement son saint patron.

Les Florentins avaient aussi coutume de convoquer, dans les premiers jours de mai, leurs parents et leurs amis, de tous les points de la Toscane ; ils les recevaient avec une extrême magnificence, et jusqu'à la Saint-Jean ce n'étaient que spectacles publics, représentations de mystères, festins, bals et concerts.

Le luxe, déployé à cette occasion, acquit même de telles proportions, que le gouvernement de la République se vit forcé de prendre des mesures pour le modérer.

Pendant ce même mois, le Podestat de Florence était obligé de faire publier la fête dans les endroits accoutumés et de la notifier spécialement à toute personne chargée d'offrir à l'église des cierges, des pièces d'étoffes de soie ou d'autres objets. Dans la huitaine qui précédait la solennité, les corporations ouvrières avaient ordre d'élire des délégués, chargés de se tenir à l'église Saint-Jean pour recevoir les offrandes.

Vasari rapporte qu'au xive siècle, on couvrait, à l'occasion de la fête patronale, toute la place St-Jean d'un immense velum bleu : il était orné de grandes fleurs de lis jaunes et de vastes carrés de toile où figuraient les armes du peuple ainsi que celles des chefs du parti Guelfe. De tous les points de la circonférence du velum pendaient des drapeaux portant les diverses armoiries de la magistrature et du commerce. On remarquait aussi beaucoup de figures de lions, car le lion fait partie, comme le lis, des armes de la cité florentine. Il fut même d'usage, jusqu'à une certaine époque, de poser, dans la matinée du 24 juin, une couronne de bronze doré sur la tête du lion placé devant la façade du Palazzo Vecchio. Cette couronne, entourée d'un cercle de pierreries, et ornée, sur le devant, d'un grand lis rouge, y demeurait jusqu'au soir.

Outre les tentures de la place Saint Jean, il y en avait beaucoup d'autres encore dans les rues environnantes. Ordre était donné de pavoiser les maisons dès le 22, en l'honneur du saint, sous peine, pour les contrevenants, de payer une amende de 40 florins.

Goro Dati, au vi⁰ livre de son Histoire, rapporte que, la veille de la fête, les drapiers et autres marchands étaient obligés, également sous peine d'amende, en cas de contravention, de mettre en montre, dès le grand matin, tout ce que leurs boutiques contenaient d'étoffes précieuses, d'orfévrerie d'art, de fines mosaïques et de joyaux de toute sorte. Il y avait là, dit cet auteur, assez de draps d'or et de pièces de soie pour faire l'ornement de dix royaumes.

Vers trois heures commençait la procession solennelle, si impatiemment attendue par le peuple.

Voici venir les longues files de clercs, de prêtres et de moines! Que de saintes reliques! que de pompeux ornements! que de riches costumes! quels chants admirables! quelles symphonies délicieuses! et surtout quels beaux Nuages!

C'était merveille de voir ces ingénieuses machines. On recouvrait de coton de diverses nuances une charpente en bois établie avec un art surprenant. Elle présentait des intervalles dans lesquels on plaçait des chérubins, des étoiles d'or et des lumières; au milieu, apparaissait, assis ou debout, le protecteur vénéré de la cité. La charpente, ainsi que les porteurs, étaient habilement dissimulés sous de magnifiques draperies.

On voyait également, dans cette procession, des

statues et des images de saint. Ici, Saint Augustin, vêtu d'un froc, agitait les bras en prêchant devant la foule; là, Saint Georges terrassait un monstre; plus loin, venaient des ermites ornés de longues barbes blanches. Il y avait aussi des martyrs inanimés sur des brancards; d'autres subissant encore leur supplice : celui-ci avait la poitrine traversée d'une lance; celui-là, un poignard enfoncé dans la gorge.

Ces scènes variées provoquaient, tour à tour, dans la foule, des cris de joie, d'admiration ou de pitié!

Dans l'après-midi, vers l'heure des vêpres, les Florentins se réunissaient avec leurs bannières, puis allaient, deux par deux, sous le commandement de leurs gonfaloniers, offrir à l'église saint-Jean Baptiste un cierge en cire du poids d'une livre. Chaque fenêtre, sur leur passage, encadrait une foule de jeunes et gracieux visages, qui, s'étageant à l'infini, formaient aux yeux la plus aimable perspective.

Le jour même de la fête, annoncée de grand matin par le son joyeux des cloches, la place Saint-Jean offrait un coup-d'œil des plus animés. Toute sa circonférence était occupée par des tours qui paraissaient être en or. C'étaient, en réalité, des cierges de bois, de carton ou de cire, revêtus des peintures, de dorures et de figures en relief. Ces tours étaient creuses, et des hommes, placés à l'intérieur, les faisaient tourner continuellement sur elles-mêmes. On y contemplait des chevaliers armés de pied en cap, des archers avec leurs piques; des animaux, des arbres, des fleurs et des fruits.

Ces tours ou, si l'on aime mieux, ces cierges vivants représentaient les tributs des villes le plus anciennement réduites; elles s'acheminaient en file à l'offrande. Le lendemain elles étaient fixées contre les murs de l'Eglise, où elles restaient jusqu'à l'année suivante. On les remplaçait alors par de nouvelles, et les anciennes étaient vendues à l'encan.

Le matin de la Saint-Jean, les diverses corporations et les territoires tributaires de Florence, Pise et Sienne notamment, au XVe siècle, allaient offrir au saint patron des pièces d'étoffe de velours, mais surtout de soie, appelées *Palii*, ou bien encore des cierges de différente grosseur, selon l'importance du territoire ou de la corporation. Les porteurs des Palii étaient à cheval et faisaient caracoler avec grâce leurs montures richement caparaçonnées.

Ces cierges et ces Palii n'étaient point le seul genre d'offrande. Il y en avait d'une autre nature: celle, entre autres, du comte de Maremme, consistait en un cerf, revêtu d'une housse écarlate, et celle des Garde-Bastions en un lévrier et quatre éperviers. On présentait aussi, conduits à la main, les chevaux barbes, destinés à courir le Palio. Enfin la marche était fermée par douze prisonniers, graciés en l'honneur de la fête, et tenant à la main des couronnes et des rameaux d'oliviers.

Ces somptueuses réjouissances charmaient d'autant plus les spectateurs qu'elles avaient lieu au son de la musique, dans une ville inondée de fleurs, et sous ce beau ciel qui a inspiré tant de peintres et fait chanter tant de poètes. Aussi l'auteur italien auquel j'emprunte une partie de ces détails s'écrie-t-il, dans un élan d'enthousiasme, qu'on se serait cru au paradis !

Au temps de la République, tout le cortége passait devant la Seigneurie, qui se tenait, ordinairement, pour recevoir l'obédience, sur le balcon du palais des Seigneurs, aujourd'hui Palazzo Vecchio. Quand le temps était mauvais, — ce qui était fort rare, — la Seigneurie, et, plus tard, le représentant du prince régnant se plaçait à l'abri de l'admirable Loggia de'Lanzi, que l'on construisit pour cet usage dans la seconde moitié du xive siècle. Un héraut appelait à haute voix les représentants des territoires et des corporations, qui défilaient successivement à l'appel de leurs noms.

Au moment de la grand'messe, où l'archevêque officiait pontificalement, on présentait, de la part du bas peuple de Florence, plusieurs médailles d'or, portant, d'une part, l'effigie du saint, et, de l'autre, cet exergue: « *Florentinæ civitatis obsequium et decus nostræ humilitatis.* » Sous la République, on déployait dans l'église Saint-Jean, au milieu d'autres drapeaux rappelant de glorieux souvenirs, un très-riche étendard représentant Pise, d'un côté, et, de l'autre, le peuple florentin agenouillé aux pieds du saint, avec ces mots: « *Protector noster, adspice.* »

Le soir, la ville étincelait de lumières; on illuminait, du haut en bas, le Palazzo Vecchio, le Dôme et le Campanile.

L'usage d'offrir à la Saint-Jean de gros cierges en bois ou en cire disparut en 1515. Il faut avouer, d'ailleurs, que les peintures de ces cierges étaient le plus souvent fort grossières. Elles sortaient des mains d'artistes en boutique, dont les services étaient acquis à tout venant. Vasari rapporte, à ce propos, qu'un de ses disciples, Andrea, assez médiocre peintre d'ailleurs, et qui se livrait à ce genre de travail, reçut le surnom d'André des cierges. (Andrea de' Ceri.)

A ces énormes et curieux cierges succédèrent des chars élevés, d'abord traînés par des bœufs, et, plus tard, par des chevaux. L'un des plus remarquables était celui qui portait le Palio de saint Jean, le char de la Monnaie (la Zecca). Il se composait de quatre étages. On voyait, dans le bas, au milieu d'un groupe d'anges, saint Jean Baptiste enfant, avec une peau d'agneau et une petite croix, et, au sommet saint Jean-Baptiste adulte, couvert de deux peaux de tigre laissant à nu les bras et les jambes. De sa tête, ceinte d'un diadème, s'échappait une chevelure inculte et abondante. Le diadème était fixé sous le menton par des rubans, afin qu'il restât immobile, malgré les secousses fréquentes que la marche imprimait au char. Celui qui représentait saint Jean-Baptiste était lui-même attaché à une solide barre de fer, munie d'un demi-cercle rembourré de crin. Pénible office rempli par un homme du bas peuple, qui, pour prix de tant de fatigue, recevait dix livres de la corporation des marchands, chargée de la surintendance de la fête, et un déjeûner, que, d'après une ancienne coutume, on lui passait par la fenêtre d'une maison de Santa Maria in Campo. Vers le milieu du xviiie siècle l'homme fut remplacé par une statue.

En souvenir des anciens cierges, les chars étaient revêtus de peintures; mais on fit appel, désormais, au pinceau des plus habiles artistes. Vasari nous rapporte que la corporation des marchands confia, parfois, l'exécution de certains grands sujets appelés *triomphes* au célèbre Andrea del Sarto. On promenait ces peintures sur des chariots à travers la ville, et elles excitaient l'admiration générale [1].

La fête de la Saint-Jean avait chez les Florentins une telle importance que, sous la République on choisissait de préférence cette grande solennité pour investir les citoyens des charges publiques ou des dignités. Elle leur était même si chère que, lorsque les discordes civiles s'opposèrent parfois à sa célébration comme, par exemple, au temps de Savonarole (1493), le peuple se plaignit amèrement. C'était, disait-il, attirer la colère du ciel, se priver de la protection des saints, et de plus, empêcher les mariages qui se contractaient en grand nombre ce jour-là.

Autrefois on jeûnait à Florence le 23 juin, vigile de la fête, à l'imitation, d'ailleurs, de tous les autres pays catholiques ; mais au XVIIe siècle, le pape Urbain VIII issu de la famille des Barberini de Florence, voulant obvier à l'inobservance du jeûne, amenée par les réjouissances publiques, octroya à la cité le privilège particulier de transporter à l'antèvigile le jeûne de la vigile.

1. Cette coutume était fort ancienne en Italie. A Rome, depuis le triomphe de Paul Emile, on portait, à la suite du char du vainqueur, des tableaux représentant les villes prises et les batailles livrées par lui (*simulacra pugnarum picta,*) selon l'expression de Tite Live.

A Rome, il y a, de nos jours, deux fêtes populaires par exellence : celle de *la Befana* et celle de *la Saint-Jean.*

« Dans la nuit qui précède cette dernière, dit M. du Pays, a lieu sur la place de Saint-Jean de Latran la *Fiera de' Fiori* (fête des fleurs). Cette fête attire après minuit une foule immense, à laquelle les dames de l'aristocratie ne craignent pas de se mêler. Le mets favori du peuple à cette fête consiste en limaçons que l'on vend dans toutes les boutiques et baraques qui se construisent sur la place et dans les environs, tout exprès pour la circonstance, et qui répandent aux alentours un parfum dont le peuple de Rome paraît être fort friand. »

Pour compléter le récit des fêtes ou coutumes, motivées chez différents peuples par le retour de le Saint-Jean, ajoutons que, dans certains pays, les cloches sonnaient à toute volée, durant la nuit, la veille de la solennité, pour appeler les fidèles à se réunir autour des églises à se préparer par la prière à la cérémonie qui devait commencer de grand matin. Dans d'autres lieux on célébrait de fraternelles agapes, accompagnées du chant joyeux des cantiques. Mais, hélas ! la fragile humanité ne laisse que bien rarement subsister, dans leur innocence première, les plus louables usages ! Dans ces veillées de la Saint-Jean, la prière fut délaissée pour la danse, la frugalité fit place à l'orgie, et des chansons licencieuses remplacèrent les pieux cantiques. Aussi voit-on saint Augustin, et, plus tard, Charlemagne combattre énergiquement ces abus.

Les populations de quelques contrées se plongeaient, la veille de la saint Jean dans les cours d'eau ou dans la mer, en mémoire de l'ancien Baptême par immersion; mais ces pratiques devinrent aussi une source d'abus. Elles se perpétuèrent longtemps chez certains peuples: à Naples, il en restait encore trace vers la fin du XVIIe siècle. Un historien du temps rapporte qu'il y avait, dans un quartier populeux de la cité, une Église consacrée à saint Jean-Baptiste de Jérusalem, sous le nom de *San Giovan a mare*. D'après un antique usage, la veille de la saint-Jean, hommes et femmes se dirigeaient en foule, au crépuscule, vers la mer, pour se plonger dans ses flots, convaincus qu'ils s'affranchissaient ainsi des souillures du péché [1].

Les habitants de Cologne accomplissaient les mêmes cérémonies, mais dans un autre but.

---

1. Cette pratique était un reste du paganisme. Les païens en avaient fait une cérémonie de leur culte et ils y attachaient un effet spirituel. Ovide leur reproche de se figurer qu'ils effacent ainsi leurs crimes:

Ah! nimium faciles qui tristia crimina cædis,
Tolli fluminea posse putatis aqua!

A leurs yeux, l'immersion n'avait pas la vertu d'effacer les fautes, mais celle d'écarter l'infortune. Voici comment Pétrarque s'exprime, à ce sujet, dans une lettre adressée par lui d'Allemagne à Jean Colonne. « La veille de la saint Jean-Baptiste, dit-il, au coucher du soleil, mes amis m'entraînèrent vers le Rhin, me promettant un spectacle intéressant. Mon attente ne fut pas trompée. J'aperçus les rives du fleuve couvertes d'un joyeux essaim de jeunes femmes formant une scène des plus gracieuses. Je me tins un peu à l'écart pour voir ce qui allait se passer. La foule était immense, mais sans confusion, et le tableau fort animé. Le front ceint de couronnes d'herbes odoriférantes et les manches relevées jusqu'aux coudes, elles trempaient dans l'onde leurs bras d'une éclatante blancheur.

Étonné de ce spectacle dont j'ignorais la raison, je prononçai, d'un air interrogateur, ce vers de Virgile:

Quid vult concursus ad amnem, quidve petunt animæ?

C'est une ancienne coutume populaire, me répondit-on, les femmes surtout s'imaginent qu'en se plongeant, ce jour-là, dans les eaux du fleuve, elles éloignent tous les malheurs dont les menace l'année qui va suivre et se préparent ainsi des jours heureux. »

Les différents usages que je viens de passer en revue m'amènent à parler d'autres pratiques beaucoup plus graves, car elles constituent une véritable hérésie: celle des Hémérobaptistes, ainsi nommés parce qu'ils se baignent tous les jours et soutiennent que, si l'on manque à cette prescription, on ne saurait jouir de la vie éternelle. On les appelle aussi Sabians ou bien encore Chrétiens de saint Jean. Cette secte, en turc Mende Jahia, (Disciples de saint Jean), se trouve actuellement aux environs de Bassora. Elle prétend remonter jusqu'à saint Jean Baptiste qu'elle admet pour son fondateur, et dit être un reste des Juifs chassés de Jérusalem au viie siècle par les Mahométans. La religion de ces sectaires n'est autre chose qu'un mélange incohérent des dogmes juifs, chrétiens et persans. Ils ont un texte sacré auquel ils donnent le nom de *Diwan* et dont un exemplaire, sous le titre de *Codex Nazareorum*, se trouve dans la bibliothèque romaine de la Propagande. Cette secte comptait environ 25,000 familles au xviie siècle. Les Sabians n'admettent pour leurs enfants que le baptême dans les fleuves, se fondant sur ce que saint Jean, en baptisant dans le Jourdain, a, par cela même, enseigné que l'eau des fleuves seuls possède la vertu baptismale. Ils professent, de plus, la croyance que le baptême ne peut-être administré que le Dimanche. Enfin, au mois de juin, ils célèbrent en l'honneur du Précurseur la *Fête des cinq jours*, et, pendant cette période de temps solennelle, ils se portent en foule vers les fleuves pour se purifier de leurs fautes par un nouveau baptême.

Étrange aberration de l'esprit humain ! Certains sectaires allèrent plus loin encore. Prenant à la lettre les paroles que saint Mathieu prête à saint Jean, en parlant du Christ: «*Il vous baptisera dans le Saint-Esprit et dans le feu*» ils ne craignirent pas de prétendre qu'outre l'administration du baptême d'eau, on devait procéder à celle du baptême de feu, en faisant une brûlure quelconque aux néophytes. Cette hérésie est, d'ailleurs, bien ancienne, s'il faut en croire certains auteurs qui font remonter à Simon le Magicien l'usage barbare d'imprimer un fer chaud sur le corps des enfants, lors du baptême.

Une autre hérésie qui, heureusement, ne compta guère que quinze années de véritable existence, fut celle des Anabaptistes, c'est-à-dire des Rebaptisants. Improuvant le baptême donné aux enfants, ils ne conféraient ce sacrement qu'aux adultes et rebaptisaient ceux qui l'avaient reçu trop jeunes. La secte se multiplia rapidement. Après avoir livré des batailles sanglantes, elle devint assez puissante pour s'emparer de plusieurs villes, mais les Anabaptistes furent presque entièrement exterminés vers

1535. Ils furent remplacés par les *Mennonites* qui désavouèrent leurs crimes, tout en professant leurs doctrines; ce qui fit surnommer ces derniers les *Anabaptistes pacifiques*. Eux aussi n'administrent le baptême qu'aux adultes. On en trouve encore en Hollande, en Prusse, en Russie ; ils sont nombreux dans les contrées méridionales des Etats-Unis.

CHAPITRE ONZIÈME

MALTE : LES CHEVALIERS; RELIQUE DE LA MAIN DROITE DE SAINT JEAN-BAPTISTE. — LA RUSSIE. — CHANOINES DE SAINT JEAN-BAPTISTE EN ANGLETERRE. — ERMITES DE SAINT JEAN-BAPTISTE EN NAVARRE. — CONTRÉES, VILLES, ÉGLISES, CORPORATIONS PLACÉES SOUS LE PATRONAGE DU PRÉCURSEUR. — SAINT JEAN-BAPTISTE PATRON DES VIGNERONS ET LEUR PROTECTEUR CONTRE LA GRÊLE. — PROVERBES SE RATTACHANT A LA SAINT-JEAN.

L'ILE de Malte est remplie des souvenirs du Précurseur, inséparables de la gloire des chevaliers qui, armés « de foi au dedans et de fer au dehors »,se sont illustrés sous la bannière de saint Jean-Baptiste.

Quelques auteurs ont pensé que le patron des Hospitaliers de Jérusalem était saint Jean l'Aumônier, mais un grand nombre de monuments authentiques démontrent clairement la fausseté de cette opinion.

On croit communément que la fondation de l'asile, berceau de l'ordre de Malte, est due à la piété de Charlemagne, qui, durant son règne, couvrit les Lieux-Saints d'une protection continuelle. Il est certain que ce monarque dota d'une importante bibliothèque l'église voisine de cet hospice et dédiée à Sainte-Marie de la Latine. Mais, à sa mort, l'église et l'asile furent abandonnés par suite des vexations des Musulmans, et les malheureux pèlerins se trouvèrent, sans aucun refuge, exposés à leur cruauté.

Au xie siècle, ce déplorable état de choses toucha profondément des marchands Amalfitains que le commerce appelait en Terre-Sainte. Ils obtinrent des Mahométans, au prix d'un tribut fort élevé, la permission de bâtir, ou plutôt de restaurer l'asile et l'église dont nous venons de parler.

Après la prise de Jérusalem, Godefroy de Bouillon visita cet hospice où se trouvaient un grand nombre de croisés blessés pendant le siége, et dont plusieurs même, en reconnaissance des soins qui leur avaient été prodigués, se consacrèrent, pour toujours, dans cette maison, au service des pauvres et des pèlerins.

Vivement ému, à son tour, par ce touchant spectacle, Godefroy voulut contribuer à l'entretien de l'hôpital, en lui faisant donation d'une partie de son domaine du Brabant. La plupart des princes et des seigneurs imitèrent cette généreuse conduite : aussi l'hôpital se trouva-t-il, en peu de temps, enrichi d'un grand nombre de terres et de seigneuries, tant en Europe qu'en Palestine.

Un Français, du nom de Gérard, qu'une ardente charité avait attiré en Terre-Sainte, n'en était que simple administrateur avant la prise de Jérusalem; mais, depuis cet événement mémorable, le désir d'une plus grande perfection le porta à proposer à ses confrères de prendre un habit régulier et de consacrer leur vie au service de l'hôpital, sous le patronage de saint Jean-Baptiste.

Les Hospitaliers et Hospitalières (car il y avait également une maison desservie par des femmes) s'empressèrent, comme lui, de renoncer au siècle et prirent l'habit régulier, qui consistait en une simple robe noire, sur laquelle était attachée, du côté du cœur, une croix de toile blanche à huit pointes. Les Hospitaliers, dans la formule du serment, se mettaient sous la protection de Dieu, de la sainte Vierge et du Précurseur.

Bientôt, par les soins du pieux Gérard, s'éleva un temple magnifique sous l'invocation de saint-Jean-Baptiste, à l'endroit même où, d'après une ancienne tradition, le père de ce grand saint avait cherché jadis un refuge [1].

---

1. Aujourd'hui, dans une ruelle étroite qui aboutit au parvis du Saint-Sépulcre, il est une porte cintrée dont les

A mesure que l'ordre se développe, on voit se construire de nouveaux hospices et de nouvelles églises invariablement placées sous l'invocation du Baptiste : à Antioche, à Philippe de Césarée, à Ascalon, à Chypre, à Messine et à Rhodes. Que d'autres exemples nous pourrions encore citer! Mais, sous ce rapport, le témoignage le plus significatif de la dévotion des Hospitaliers pour le Précurseur, c'est la modification même du nom de la ville d'Acre, en Syrie, dès que les chevaliers viennent l'habiter. A partir de ce moment, l'histoire la nomme *Saint-Jean d'Acre*.

Les grands Maîtres tiennent à honneur d'enrichir de magnifiques présents les sanctuaires de saint Jean-Baptiste : ils y prodiguent les statues d'or et d'argent, les tableaux de prix, les riches ornements et les artistiques missels. Dans leurs chapelles particulières ils suspendent avec respect sa sainte image ; c'est, agenouillés devant elle, qu'ils se re-

sculptures sont presque méconnaissables. Cependant on peut encore distinguer l'Agneau qui servait d'emblème aux Hospitaliers de Saint-Jean. Après avoir gravi quelques marches, on entre dans une cour en forme de cloître ; à gauche est une chapelle ruinée et, au fond, une grande salle voûtée. Les arcades sont en ogive et reposent sur des pieds-droits. C'est tout ce qui reste matériellement à Jérusalem de l'ancienne splendeur des chevaliers ; il n'y a d'impérissable que leur gloire.

commandent à leur auguste patron, et qu'ils prient pour le salut de leurs frères, pour le salut de l'Ordre tout entier.

Sur les mers c'est encore l'image vénérée de saint Jean qui protége leur navigation : ils fixent à la poupe de leurs vaisseaux des statues en bois du Précurseur, tenant un livre d'une main, et de l'autre l'enseigne déployée des Chevaliers.

Lorsque l'Ordre s'installe à Rhodes et qu'il rentre, pour ainsi dire, en pleine possession de lui-même, les Grands-Maîtres, usant du droit souverain de battre monnaie, décorent cette monnaie de l'effigie de leur saint patron. La face des pièces d'or par eux frappées à l'imitation parfaite de celles de Venise, pour la facilité du commerce qui avait alors ce type en grand honneur, montre saint Jean-Baptiste remettant l'étendard entre les mains du Grand-Maître agenouillé, avec les mots : *S. Johannes* ou *Johannis*, écrits perpendiculairement ; le revers représente Jésus-Christ entouré d'une couronne elliptique d'étoiles, avec l'exergue vénitien, bien connu des Numismates: *Sit tibi, Christe, datus quem tu regis iste ducatus*.

Les monnaies d'argent et de cuivre, d'un cours moins répandu, et plus spécialement destinées à la clientèle ordinaire du Précurseur, si je puis ainsi m'exprimer, portaient simplement d'un côté l'image de saint Jean, et, de l'autre, celle du Grand-Maître. Sur de petites pièces d'argent rhodiennes nommées *Aspri*, qu'il ne faut pas confondre avec

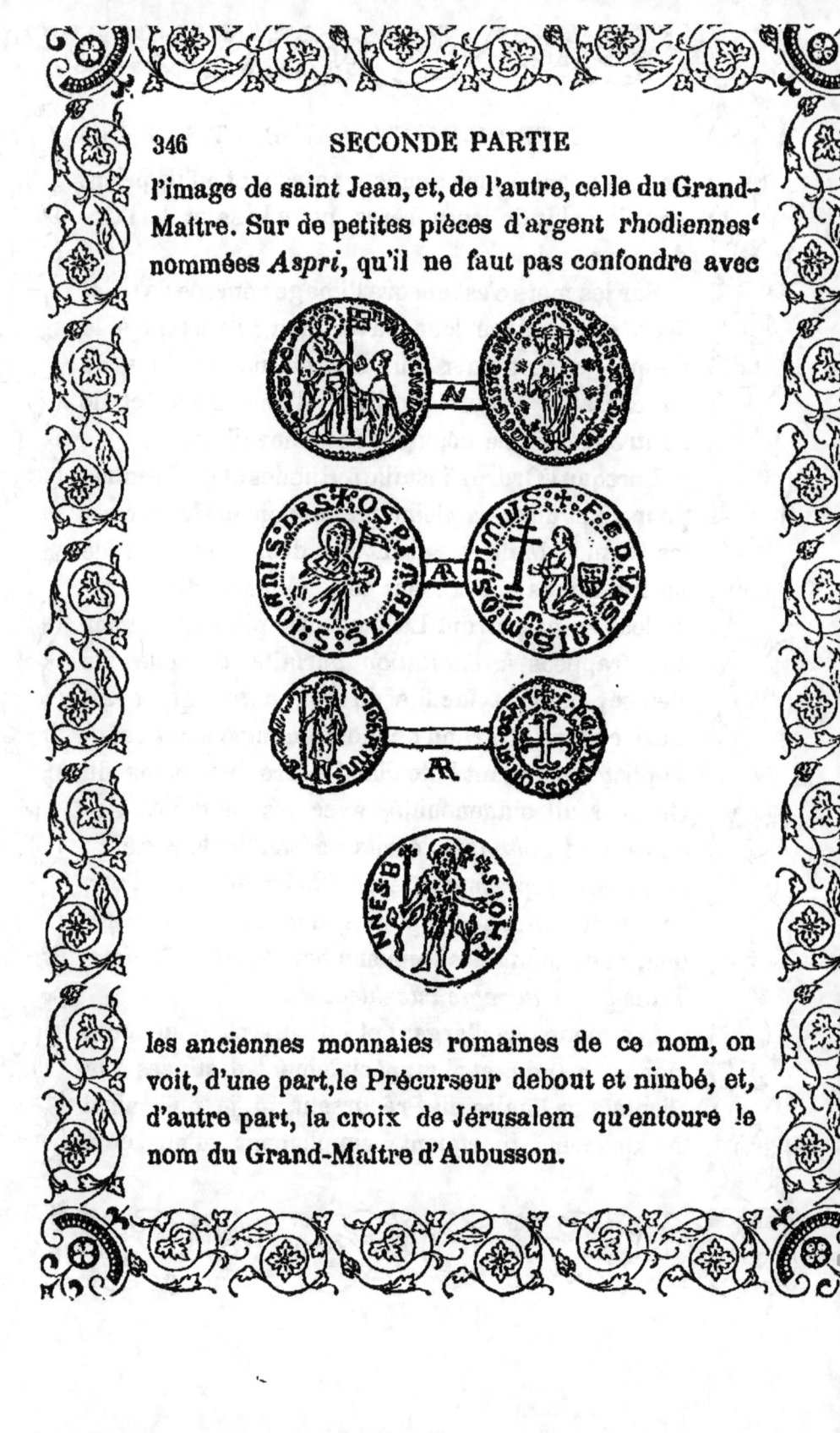

les anciennes monnaies romaines de ce nom, on voit, d'une part, le Précurseur debout et nimbé, et, d'autre part, la croix de Jérusalem qu'entoure le nom du Grand-Maître d'Aubusson.

C'est ainsi que les Chevaliers de Jérusalem mettaient, sous la protection de saint Jean-Baptiste, leurs personnes et leurs biens, la sécurité et la gloire de leur Ordre. Combien ne méritaient-ils pas d'être les gardiens de la très-précieuse relique dont nous allons parler, et qui consistait dans la main droite du Précurseur !

Voici dans quelles circonstances ils en étaient devenus possesseurs : après la mort de Mahomet II, Bajazet et Djem, ses deux fils, se disputèrent la couronne. Djem, vaincu par son frère aîné, se réfugia à Rhodes auprès du Grand-Maître d'Aubusson, qui le reçut avec les plus grands honneurs. Le nouveau sultan, prévoyant les maux qui pouvaient résulter pour l'empire turc de la présence de son frère chez les Chevaliers, fit faire des propositions de paix au Grand-Maître, qui jugea bon de les accepter. Bajazet en ressentit une si vive satisfaction qu'il résolut de la témoigner à d'Aubusson par les plus riches présents. Sur ces entrefaites, des transfuges chrétiens lui apprirent que rien ne pourrait être plus agréable au Grand-Maître et à l'Ordre que l'envoi de la main droite de saint Jean tombée en la possession des Turcs, lors du sac de Constantinople. Ils avaient eu le plus grand soin de la conserver, soit dans l'espoir d'en retirer plus tard un grand prix, en la cédant aux chrétiens, soit par un sentiment de respect, non sans exemple, dont les infidèles eux-mêmes ont entouré parfois les reliques des principaux saints du catholicisme.

Le sultan accueillit avec empressement cet avis. Il ordonna de confectionner un coffret en bois de cèdre, intérieurement garni de soie, et couvert, à l'extérieur, de riches sculptures, rehaussées de pierreries. Il y plaça la main de saint Jean-Baptiste et la fit porter à Rhodes par un ambassadeur, en accompagnant ce don d'une lettre pour le Grand-Maître. Je renonce à peindre les transports d'allégresse qui accueillirent cet inestimable présent, source de grâces futures de toute espèce pour ses nouveaux possesseurs [1]!

D'Aubusson fit construire, pour recevoir la très-précieuse main, une châsse d'or massif, enrichie de pierreries. Paciaudi en a donné le dessin.

L'un des côtés représente, en figurines ciselées, saint Jean-Baptiste prononçant devant Hérode le fameux « *Non licet!* »; l'autre côté reproduit le martyre de saint Jean. Le derrière de la châsse porte

---

[1]. Ces faits sont rapportés dans une relation intitulée: « *De translatione Dexteræ S. Johannis* » par un historien du temps, Guillaume Cahours, pro-chancelier de l'Ordre de Malte; il affirme en avoir été le témoin. L'histoire le regarde comme un homme d'une haute intégrité et d'une perspicacité remarquable.

les armes des d'Aubusson, et l'on voit gravée sur le devant l'inscription suivante :

> HANC DEXTERAM S. JOHANNIS BAPTISTÆ
> RELIGIONIS RHODIORUM PROTECTORIS
> QUA REDEMPTOREM HUMANI GENERIS OSTENDIT
> ET BAPTIZAVIT
> EX CONSTANTINOPOLI TURCORUM TYRANNUS BAGIASIT
> RHODUM MISIT UNA CUM PACTO TRIBUTO ANNNUO
> COACTUS INDUSTRIA
> RMI. CARD. ET MAGNI MAGISTRI FRIS PETRI D'AUBUSSON
> QUI EAMDEM A SANCTA SEDE APOSTOLICA APPROBATAM
> HIS ͟MMIS ET AURO OBRIZO ORNAVIT.
> ANNO SALUTIS MCCCCLXXXIII.

Les précautions les plus minutieuses furent prises à Rhodes pour s'assurer de l'authenticité de la relique. On fit, à ce sujet, de longues et nombreuses enquêtes ; on consulta les prêtres de Constantinople les plus distingués par leur vertu et par leur science ; on fit appel aux souvenirs des plus âgés ; enfin on interrogea longuement la tradition. D'aussi louables recherches ne laissèrent nulle place au doute : il demeura certain que Rhodes possédait bien réellement la main droite du Précurseur et que cette relique, conservée jadis à Antioche, avait été apportée à Constantinople sur l'ordre de Justinien, lors de la consécration du temple de l'Hebdomum, puis, après la cérémonie, restituée à la première de ces deux villes, selon la promesse de l'empereur. Pieusement dérobée plus tard par un diacre d'Antioche, qui ne pouvait supporter la pensée de la voir demeurer plus longtemps entre les mains des barbares, devenus maîtres de la contrée, elle fut transportée à Byzance sous le règne de Constantin, fils de Léon le Sage, qui la plaça en grande pompe dans la basilique impériale (Sainte-Sophie), d'où elle passa successivement à Rhodes et à Malte.

Les Chevaliers conservaient également dans cette dernière résidence, où ils élevèrent une magnifique cathédrale, quelques fragments du Chef de saint Jean-Baptiste. Méric d'Amboise en avait obtenu une parcelle d'un évêque d'Amiens. Il la fit somptueusement enchâsser dans un reliquaire d'or, établi à l'image de celui qu'on vénère en cette ville. On l'exposait dans l'oratoire de Saint-Jean, pendant l'octave de la Décollation, avec un autre reliquaire en albâtre contenant également une parcelle de l'insigne relique. Ce dernier affectait la forme d'une tête, posée sur un plat d'or et couronnée d'un diadème enrichi de pierreries. (Voir Paciaudi.)

Après l'occupation de l'île par les Français, sous le commandement de Bonaparte, en 1798, l'empereur de Russie, Paul Ier, accepta le titre de protecteur et de Grand-Maître de l'Ordre. Il créa un nouveau prieuré du rit grec, auquel il donna des statuts pareils à ceux du grand prieuré catholique russe, et arbora le pavillon de l'Ordre de Saint-Jean sur les bastions de l'amirauté de Saint-Pétersbourg. Il fit également construire une église dédiée à saint Jean-Baptiste ; elle sert au corps diplomatique et l'on y voit encore le trône où siégeait Paul Ier dans les réunions solennelles du chapitre de l'Ordre.

Napoléon fit don au nouveau et royal Grand-Maître de la précieuse main du Précurseur. Cette main qui un instant s'arrêta, lors du baptême, sur le front divin du Rédempteur, demeure exposée dans la chapelle de la Sainte-Face, au palais d'hiver, près de la Néva, dans une vitrine à l'entrée du chœur ; son riche reliquaire est de forme oblongue ; il est recouvert d'un cristal bordé de fleurs de lis d'or et orné de plusieurs gros rubis.

Les Russes attachent le plus grand prix à la possession de cette sainte relique [1], car le fils de Zacharie est, de leur part, l'objet d'une vénération particulière. Chez eux, dans le commun des saints, il y a un office spécial de saint Jean-Baptiste qui vient immédiatement après celui des saints Anges, et, dans leurs églises de quelque importance, on voit constamment, — en avant de la balustrade protec-

---

1. Ils en fêtent la translation le 12 octobre.

trice du sanctuaire, — deux bannières dont l'une offre aux regards la face du Christ, et l'autre, la représentation de son baptême par saint Jean.

Puisse le saint Précurseur, en reconnaissance du culte exceptionnel dont l'honore ce grand peuple, lui obtenir, dans un avenir rapproché, ces grâces de conversion qui doivent, tôt ou tard, ramener la nation russe dans le giron de la sainte Église catholique, apostolique et romaine[1] !

Les catholiques arméniens lui sont également fort dévots. Sur leurs sept fêtes solennelles ils en consacrent cinq à la sainte Vierge, une à Notre-Seigneur (la Présentation au temple), l'autre à saint Jean-Baptiste (la Nativité). La conclusion est facile à tirer.

---

[1]. Ecclésiologie de St. Jean-Baptiste en Russie. D'après Ratchine; notices historiques sur les couvents et les églises les plus renommés de Russie, Moscou, 1852, et d'après Shorer; liste des évêques et des supérieurs de couvents; Saint-Pétersbourg, 1877.

Parlons d'abord des églises qui se rattachent à notre sujet : *Conception de St J.-B.*, dans le couvent de la Ste. Vierge de Raïska, près Sviajsk. *Nativité de St J.-B.*, à Perciaslav-Zaleski, (xive siècle) ; dans le couvent de Troïtza, (Trinité), xvie siècle ; dans le couvent de Na-Bora ou de St-Vare, à Moscou. *Décollation* (à Koulichki), à Moscou, (xive siècle) ; ancienne église, dite Ivan le Grand (xiie siècle), à Novgorod, qu'on ne doit pas confondre avec le fameux clocher du même nom à Moscou ; Zaraïsk, cathédrale (xiiie siècle) ; Rostov, au palais épiscopal; Saint-Pétersbourg, dans le quartier de Yaniskaïa.

Occupons-nous maintenant des couvents placés sous le

Jusqu'en Mongolie même le Précurseur eut des autels! Vers le milieu du xiiᵉ siècle, le moine Rubruk, chargé par saint Louis d'une mission auprès des Tartares occidentaux, parvint à Khara Khoroum, capitale des Mongols, où un petit-fils de Cengis-Khan venait d'être proclamé souverain.

A une faible distance du palais de ce monarque, il aperçut un édifice dominé par une petite croix. « Alors, dit-il, je fus au comble de ma joie, et, supposant qu'il y avait là quelque chrétienté, j'entrai avec confiance, et je trouvai un autel magnifiquement orné. On voyait, sur des étoffes brodées d'or, les images du Sauveur, de la Ste Vierge, de St Jean-Baptiste et de deux anges, dont le corps et les vêtements étaient enrichis de pierres précieuses. Dans le sanctuaire était assis un moine arménien,

vocable de saint Jean-Baptiste. Shorer en énumère cinquante-sept, y compris ceux déjà supprimés, et sans compter les quinze dédiés à saint Jean tout court. Voici les noms des villes où ils se trouvent : Astrakan (Décollation); Dobry (éparchie de Tambav); Donetz (sur le Dor. (1696); Gladov, (éparchie de Mohilev); Goteznoborkov, (xivᵉ siècle) ép. de Kostroma; Kazan (1577) ép. du même nom; Mejdou-gorski, près Tobolsk (1633); Moscou; Otène (xvᵉ siècle); Pskov, (xiiiᵉ siècle); Polbine; Saratov, ép. de Menza; Sosnovetz, (mon. de femmes), (xvᵉ s.); Soudja (xviiᵉ s.), ép. de Koursk; Soumy, ép. de Khartov; Sviajsk (xviᵉ s.); Tcharondski, ép. de Novgorod; Tchéboksary; Tchikoïsk; Toropetz (mon. de femmes); Toula; xvii.s. Trégoulaïev, près Tambov (1688); Viazma (Décollation), 1542; Vilikoonstugue, (1262).

au teint basané, maigre, revêtu d'une grossière tunique descendant jusqu'à mi-jambe. Il portait par dessus un manteau noir fourré de soie et attaché au cilice par des agrafes de fer. »

§

L'ordre de Malte n'est pas le seul qui se soit placé sous la protection du Précurseur.

Il existait, au xiie siècle, en Angleterre, un ordre de chanoines connus sous le nom de *chanoines de Saint-Jean-Baptiste*. Des religieux, établis dans la Navarre, s'intitulaient *Ermites de Saint-Jean-Baptiste*, et une congrégation fut fondée en France, vers le milieu du xviie siècle, sous la même dénomination.

Saint Jean-Baptiste est le patron de la Saxe. Il l'est aussi de plusieurs grandes cités parmi lesquelles figurent au premier rang : Amiens, Badajoz, Breslau, Dijon, Florence, Francfort-sur-le Mein, Gand, Gênes, Leipzig, Lubeck, Lyon [1], Perpignan, Naples et Turin [2].

---

[1]. L'église de Lyon professa, de tous temps, la plus grande dévotion pour saint Jean-Baptiste. En tête du bréviaire lyonnais se trouve une image qui représente la cathédrale. On y voit, d'un côté du chœur, saint Etienne (à gauche du spectateur), et de l'autre saint Jean-Baptiste avec ce cartouche : « Primo sanctorum et primo martyrum Prima lugdunensis ecclesia gloriatur tutelaribus. »

[2]. On peut ajouter à cette liste : Avignon, Bazas, Belley, Briançon, Bois-le-duc, Brandebourg, Cambrai,

CULTE DE SAINT JEAN-BAPTISTE

Un grand nombre, non plus de cités, mais d'églises sont placées sous le vocable de cet illustre saint.

La première de Rome et du monde catholique, la basilique de Saint-Jean de Latran, celle où le pape va prendre possession de la primauté universelle, fut dédiée au Sauveur et mise sous l'invocation du Précurseur [1]. On peut citer, entre autres preuves de cette dédicace, d'abord un antique manuscrit des archives de la basilique, où le fait est consigné ; depuis cette inscription en mosaïque, placée dans l'abside à une époque très-reculée :

ECCLESIÆ HIC SEDEM CONSTRUXIT PRIMUS IN ORBEM
SALVATORI DEO, QUI CUNCTA SALUBRITER EGIT
CUSTODEMQUE LOCI PANDIT TE, SANCTE JOHANNES.

« N'est-il pas remarquable, dit excellemment l'abbé Barret, que la primauté de l'Eglise, dans la ville même qui fut consacrée par la mort des princes des apôtres, soit attribuée à saint Jean-Baptiste? C'est là que Pierre expire sur la croix, et Paul sous le glaive, et la préférence reste au Précur-

Kempen, Campomayor (Portugal), Groningue la Gueldre, la Maurienne, Nordlingen, Oppenheim, l'Ost-Friese, Parme, Utrecht, Wesel, etc. etc.

1. On y voit son cilice fait de poils de chameau, comme on montre à Venise, dans la basilique de Saint-Marc, deux pierres de la prison où le Précurseur souffrit la mort. Quelques églises ou couvents se persuadent même avoir des fragments de ses vêtements et de son suaire. — Acte de ces pieuses prétentions.

seur. Rome est toute empourprée du sang d'une multitude innombrable de martyrs, et saint Jean y jouit d'un honneur unique. Il est partout le plus grand; il est distingué en toutes choses; il est plus admirable que tous les autres. »

Le P. Cahier, dans un savant et très-intéressant ouvrage qui a pour titre : « *Les Caractéristiques des Saints* » nous a donné la nomenclature des principales églises placées sous l'invocation du Baptiste [1].

§

De nombreux corps de métiers invoquent saint Jean-Baptiste comme leur patron.

Les couteliers et les fourbisseurs, à cause du coutelas qui servit à lui trancher la tête; les fabricants de ceinturons, en souvenir de la ceinture de cuir que lui fait porter saint Marc (I. 6)[2]; les oiseliers (à Liége), sans doute parce que Jean, avant

---

[1]. Amsterdam, Aumale (la Décollation), Avignon, Besançon, Breslau, Calvi (Corse), Campomayor (Portugal), Chaumont-en-Vexin, Chremnitz (Hongrie), Clèves, Dunkerque, Etrépagny, Florence, Foligno, Gand, Gênes, la Gueldre, Ingolstadt, St-Jean-d'Augély, Leipzig, Lubeck, Lunebourg, Lyon, le Montferrat, Montréjeau, Naples, Neuilly-sur-Seine, Nordlinguen, Perpignan, Perth, Rapperschwyl, Routot (en Normandie), Saalfeld, Santarem, Sceaux (près Paris), Tolosa (la façade de Santa Maria est surmontée d'une statue colossale du saint), Trouville-sur-Mer, Turin, Vyanen (Hollande), Wesel, etc. etc.

[2]. Voir A. Forgeais. *Plombs historiés.* — T. 1. (Métier — p. 42, 44) — Voir aussi le Père Cahier, *Caractéristiques des saints*, p. 377. —

d'être emprisonné, avait vécu libre et loin des villes, comme l'oiseau des champs ; enfin les peaussiers et les tailleurs, probablement à cause de l'agneau, qui caractérise le Précurseur dans plusieurs armoiries.

Quelques provinces de France considèrent saint Jean-Baptiste comme le patron des vignerons ; mais c'est par suite d'une confusion, causée par la fête de saint Jean l'Evangéliste, que l'on célèbre le 6 mai sous la dénomination de saint Jean Porte-Latine. De là est venue, dit-on, aux bonnes gens l'idée de lui faire *porter la tine*, sorte de petite hotte en bois à l'usage des tonneliers, et l'on a fondé sur un détestable jeu de mots le recours à la protection de saint Jean-Baptiste.

C'est, sans doute, par suite de la même confusion, qu'on invoque ce saint contre la grêle. Quoi de plus naturel, en effet, que de recourir, dans ce but, au protecteur des vignerons ?

Saint Jean-Baptiste est aussi le patron de plusieurs grandes familles, au nombre desquelles on compte celle des Mastaï, d'où sortait le Souverain Pontife Pie IX. Parlerai-je enfin des papes, des rois, des prélats, des guerriers, des littérateurs, des poètes, des savants, des artistes qui se sont illustrés sous ce nom, trop délaissé aujourd'hui et si répandu jadis !

Et maintenant si, quittant le vieux monde, nous

parcourons d'un regard rapide la carte de la jeune Amérique, qu'y voyons-nous? encore le nom de Saint-Jean ! Ici, porté par de grandes rivières qui roulent majestueusement leurs ondes; là, par des ports propices aux matelots; là, par des îles et des cités florissantes; là, enfin, par des caps qu'ont ainsi baptisés la reconnaissance ou la dévotion des navigateurs [1].

Mais c'est surtout au Canada, dont saint Jean-Baptiste est le patron, que son culte est exceptionnellement en honneur.

« Plusieurs de nos colonies franco-canadiennes, dit M. Joseph Tassé, dans un ouvrage récent sur ce pays, possèdent des « Sociétés de saint Jean-Baptiste, » qui sont, à la fois, des associations nationales et de bienfaisance. Tous les ans, elles chôment avec un enthousiasme indicible la fête de la grande famille française du Canada, célébrée avec tant de pompe sur les bords du Saint-Laurent. Tous les ans, le 24 juin, des milliers de cœurs battent à l'unisson des nôtres et demandent au patron de notre pays commun de conserver toujours plein de sève et de vitalité l'arbre de notre nationalité et ses rejetons, qui croissent, çà et là, sur les bords

---

[1]. Il y a aussi dans l'Inde, au nord de Bombay, un cap de ce nom et un autre en Afrique, sur le golfe de Guinée, etc., etc.

des rivières de l'ouest jusqu'au delà des montagnes Rocheuses. »

Une aussi grande figure ne pouvait manquer d'être essentiellement populaire. Aussi les herbes cueillies la veille de la Saint-Jean passaient-elles, autrefois surtout, parmi le peuple pour avoir plus de vertu qu'aucune autre [1]. Ce jour-là, après le coucher du soleil, on apportait des fagots sur une place désignée ; puis on en construisait des bûchers auxquels le plus âgé mettait le feu. Les jeunes gens formaient des rondes autour de ce feu nouveau, que les enfants, suivant la coutume antique, franchissaient d'un saut pour se jouer, tandis que les vieillards faisaient passer, par la flamme salutaire, de gros bouquets qu'ils plaçaient le lendemain au-dessus des portes de leurs demeures.

Cette vertu particulière, attribuée aux herbes de la Saint-Jean a donné naissance au proverbe populaire : « Employer toutes les herbes de la Saint-Jean. » Ce qui veut dire que, dans une maladie, on a essayé tous les remèdes, ou, dans une affaire, épuisé tous les moyens.

Ce n'est point le seul proverbe auquel se rattache le souvenir de saint Jean-Baptiste. Sans parler

---

[1]. Parmi ces herbes on recherchait surtout le plantain, considéré alors comme jouissant de la propriété d'arrêter la fièvre et l'hémorraghie.

de celui qui fait allusion à son extrême pauvreté : « Nu comme un petit saint Jean », nous rappellerons que les gens du peuple disent aussi: « Il n'est que de la Saint-Jean » en parlant de quelqu'un qui n'est pas bien au courant d'une chose. On sait, en effet, que, dans une grande partie de la France, la Saint-Jean est l'époque où les domestiques changent de condition ; ce qui explique leur inexpérience dans les premiers temps de leur nouveau service.

Cette fête est également le terme des redevances dans un très-grand nombre d'endroits. De là le vieux dicton :

« La Saint-Jean à regret voit.
Qui corvée ou rente doit. »

C'est ainsi que le plus grand des enfants des hommes est, en même temps, le plus vénéré de tous les saints. Dans les palais et sous le chaume le Précurseur du Christ jouit des mêmes honneurs et de la même popularité. Les plus riches basiliques et les plus humbles églises, les plus vastes cités et les plus pauvres hameaux, les Ordres les plus puissants comme les plus modestes corporations s'enorgueillissent d'être placées sous son invocation et de suivre sa bannière. Et combien il est naturel qu'il en soit ainsi! Où rencontrer sur terre une plus grande figure? Où trouver au ciel un plus puissant protecteur?

CHAPITRE DOUZIÈME

CHANTS LITURGIQUES ET PRIÈRES EN L'HONNEUR DE SAINT JEAN-BAPTISTE.

Les liturgies de toutes les contrées proclament, à l'envi, les mérites de saint Jean-Baptiste. L'Orient, comme l'Occident, a, de tout temps, chanté sa gloire.

Les Ménés sont remplis de son nom. C'est, on le sait, le plus important des livres en usage dans l'Église grecque ; œuvre immense, divisée en douze tomes qui répondent à chaque mois de l'année. Une piété patiente y a consigné non-seulement les actes des saints, mais encore les divers offices, canons et messes de chaque jour. Plusieurs auteurs ont mis la main à cet ouvrage considérable, qui n'a de rival que celui des Bollandistes. Ces deux impérissables monuments ont une importance capitale au point de vue du sujet qui nous occupe; mais comment épuiser ici tant de richesses? Dans l'impuissance d'y parvenir, je renvoie le lecteur, ami de semblables recherches, à ces belles études liturgiques [1].

Les Grecs ont, en outre, composé en l'honneur du Baptiste un nombre infini de psaumes et de cantiques; leur longue nomenclature figure, avec les noms de leurs auteurs, dans les savants écrits de Léo Allatius et de Caveus.

Je voudrais mentionner, à cette place, quelques

---

[1]. Je ne puis cependant résister au plaisir de mettre sous les yeux du lecteur cette traduction d'un court fragment des Ménés, relatif au baptême de Notre-Seigneur. Elle lui donnera, je l'espère, un aperçu de la poésie, de la doctrine et de la piété renfermées dans ces pages éloquentes :

« Ad vocem clamantis in deserto : *Præparate viam Domini*, venisti, Domine, formam servi assumens, baptisma flagitans, qui peccatum nescis : viderunt te aquæ et tremuerunt ; contremiscens effectus est Præcursor et exclamavit dicens : Quomodo illuminabit lampas lumen? Quomodo imponet servus super Dominum? Sanctifica me et aquas, Salvator, qui tollis mundi peccatum.

« Præcursoris et Baptistæ et Prophetæ super omnes prophetas honorati tremuit dextera, quia contemplabatur Agnum Dei peccata mundi lavantem, et anxietate sollicitus exclamabat : Non audeo imponere, Verbum! manum capiti tuo; tu ipse sanctifica me et illumina, o

CULTE DE SAINT JEAN-BAPTISTE

uns des admirables morceaux liturgiques des Pères, ainsi que des fragments des poëtes sacrés de cette nation. Mais, dans la crainte de me laisser entraîner, je ne transcris qu'une courte oraison d'un Père et quelques vers seulement d'un poëte qui me tombent, en ce moment, sous la main. L'oraison est de saint Jean Damascène, le saint Thomas de l'Orient, qui florissait au VIIe siècle; les vers sont d'un poëte, non sans mérite, du XIVe siècle, du nom de Manuel Philé.

Voici la prière :

(FÊTE DE L'INVENTION DU CHEF SACRÉ DE S. J-BAPTISTE.)

O prophète, ô Précurseur, le Christ a permis la dé-

misericors ! ipse enim es vita et lux et pax mundi.

« Mira res erat videre cœli terræque Dominum fluvio denudatum baptismum a servo pro nostra salute suscipientem quasi servum, et stupebant Angelorum chori et exultabant gaudio. Cum illis te adoramus, salva nos!

« Manum tuam, quæ Domini tetigit caput, cum qua et digito ipsum nobis submonstrasti, eleva pro nobis ad illum, Baptista, tanquam potestatem habens magnam, oculos osque iterum tuos qui sanctissimum viderunt spiritum in columbæ specie descendentem, ad ipsum converte, Baptista, misericorditer, cum nobis operatus, et hic sta nobiscum approbans hymnum, incipiensque primus panegyriam....

« Domine, adimplere volens quæ ab æterno decrevisti, ab omni creatura mysterii tui ministeria suscepisti : ex Angelis Gabrielem ; ex hominibus virginem ; ex cœlis stellam ; ex aquis Jordanem : peccatum mundi suscepisti : Salvator noster, gloria tibi !... »

couverte de ton auguste chef, divin dépôt caché dans les entrailles de la terre; nous voici tous ici rassemblés, le jour de cette précieuse Invention, pour chanter des cantiques à la louange du Sauveur et lui demander, par ton intercession, le salut de nos âmes!

Voici les vers :

En présence du Précurseur, reste muette, ô ma voix; et toi, mon cœur, crie vers Dieu, et de tes profondeurs les plus intimes adresse-lui ta prière [1].

---

[1]. Il me paraît intéressant de citer aussi, et, cette fois, dans l'harmonieux idiome grec, l'hymne suivante qui figure dans un recueil vénitien du XIIᵉ siècle :

> Πρέπει τὸν Ἰωάννην
> Ἡ εὐωδία, πρέπει
> Τὸν βαπτίστην τῶν ᾀσμάτων
>   ἡ τερπνότης,
> Οὗτος γὰρ ἐκήρυξεν
> Τὴν ἀπαρχὴν τῆς ἡμῶν σωτηρίας.
> Ὁ σκιρτῶν ἐν κοιλίᾳ
> Καὶ βοῶν ἐν ἐρήμῳ·
> Μετανοεῖτε!
> Τοῦ βασιλέως ὁ στρατιώτης
> Καὶ πρόδρομος τῆς χάριτος,
> Ὁ τὸν ἀμνὸν προμηνύων
> Καὶ τὸν σωτῆρα πρεσβεύων
> Ὑπὲρ τῶν ψυχῶν ἡμῶν.

En Occident, saint Jean-Baptiste n'est pas entouré de moindres honneurs. Son nom se rencontre dans les plus anciennes litanies. Un manuscrit du Vatican, recueil de prières à l'usage des moines de Saint-Jean de Matera (x⁰ siècle), contient les invocations suivantes : « *saint Zacharie*, puis ensuite, *saint Jean-Baptiste*, priez pour nous. » On lit également dans un ordre romain [1] du xi⁰ siècle : « *saint Jean Précurseur et Baptiste de Notre-Seigneur*, priez pour nous. » Enfin un disciple de Notker, auteur de litanies en vers, s'exprime ainsi : « *Aspice nos omnes, clemens Baptista Johannes!* »

De nos jours, le bréviaire romain mentionne, dans les litanies, saint Jean-Baptiste immédiatement après la milice céleste.

Si l'on ouvre les sacramentaires et les missels, on trouve, composées à sa louange, des *Collectes* dans le sacramentaire gallican, cité par le P. Mabillon, et des prières au moment de l'offertoire, dans les sacramentaires de Vérone et de Milan. Un vieux missel gothique, antérieur au ix⁰ siècle, et que l'on croit avoir été l'antique missel de la

---

1. Les antiques Ordres romains, ouvrages dans lesquels sont décrites les cérémonies de la chapelle pontificale, font mention du Précurseur en termes où s'allie souvent à une grande élévation de pensées un rare bonheur d'expressions.

Gaule, avant que Charlemagne y eût introduit le rit romain, contient des prières destinées à être lues à la commémoration. Enfin, il existe dans le sacramentaire du pape Grégoire et dans un missel mozarabique des oraisons que l'on récitait à l'instant de la consécration. Le sacramentaire du pape Gélase en renferme aussi qui se disaient au moment de l'action de grâces.

Je ne parle point ici des antiphonaires, des chapitres, des leçons, des répons et des oraisons, où, dès les origines du christianisme, se trouve invoqué le saint nom du Précurseur. Une simple remarque : les admirables leçons du second nocturne de l'office de la Décollation, dans le bréviaire romain, sont extraites du livre de saint Ambroise « *de Virginibus* ».

Mais, parmi tous les monuments liturgiques, le *Confiteor* surtout constitue l'un des plus glorieux témoignages de vénération rendus au Précurseur. Claude de Vert, dans l'*Explication des cérémonies de l'Eglise*, dit que l'on aperçoit déjà des vestiges de cette belle prière dans les plus anciens Ordres romains. On y voit le pontife, arrivé à l'autel, prier quelque temps pour demander la rémission de ses péchés, afin d'offrir à Dieu, avec un cœur pur, le divin sacrifice. C'est dans cet antique monument de la piété de nos pères qu'a été inséré, à une époque restée inconnue (car le concile de Ravenne, tenu en 1314, n'a fait que déterminer la formule actuelle du *Confiteor*), le nom de saint Jean-Baptiste. Il y figure immédiatement après celui de Marie, la sainte Mère de Dieu, et après celui de saint Michel archange, le prince de la milice céleste [1]. Le Précurseur forme, de cette manière, dans la liturgie, le trait d'union entre les anges et les hommes, en souvenir sans doute de la prophétie de Malachie : « Voici que j'envoie mon ange, etc. » Peut-être aussi a-t-on voulu rappeler ce passage de saint Mathieu : « Et ils étaient baptisés par lui dans le Jourdain, confessant leurs péchés. » [2]

Ce nom béni, ce nom mémorable du Baptiste, le prêtre, dès avant le XIIe siècle, le prononce, à voix basse et d'une manière suppliante, dans la prière qui suit l'ablution et commence par ces mots : « *Suscipe, sancta Trinitas* »; demandant que

---

[1]. Saint Jean-Baptiste est nommé aussi au *Canon*, de suite après la sainte Vierge, dans la plupart des liturgies orientales, par exemple dans celles dites de St-Jean Chrysostome, de St-Jacques, des douze Apôtres et de St-Marc. — Le docte et pieux Gerson lui assigne, dans la cour céleste, le premier rang après la Mère de Dieu.

[2]. Au temps de saint Augustin, le terme de *Confiteor*, qui signifie plus ordinairement en langage de l'Ecriture : « *je loue, je rends grâce, je rends gloire* » que « *je confesse* », était déjà néanmoins plus souvent pris par le peuple dans cette dernière acception.

l'auguste sacrifice soit une source de glorification pour les fidèles et de bénédiction pour lui-même.

Les mérites de saint Jean-Baptiste sont également rappelés dans les anciennes préfaces de la messe. La suivante est extraite du Sacramentaire de saint Grégoire (vi^e siècle) :

« Vere dignum et justum est, æquum et salutare, nos
» tibi semper et ubique gratias agere, Domine sancte,
» Pater omnipotens, æterne Deus; qui præcursorem
» Filii tui tanto munere ditasti ut pro veritatis præco-
» nio capite plecteretur, et qui Christum aquâ baptiza-
» verat, ab ipso in spiritu baptizatus, pro eodem proprio
» sanguine tingeretur. Præco quippe veritatis, quæ
» Christus est, Herodem a fraternis thalamis prohi-
» bendo, carceris obscuritate detruditur, ut solius divi-
» nitatis tuæ lumine frueretur. Deinde capitalem sen-
» tentiam subiit, et ad inferna Dominum præcursurus
» descendit. Et quem in mundo digito demonstravit, ad
» infernos pretiosâ morte præcessit. Et ideo, cum An-
» gelis, etc. »

J'emprunte cette autre préface aux anciens missels de l'Ordre de Saint-Jean de Jérusalem :

Æquum et salutare hanc diem præcursoris et prophetæ læto animo celebrare. Ipse enim est, qui pœnitentiam nunciavit, et viam universæ salutis predixit : ipse est de quo sacrum Salvatoris eloquium testimonium perhiberet, inquiens : inter natos mulierum non surrexit major Johanne Baptista. O beata Mater, que talem genuit filium de celo promissum! Agnoscimus quidem natum preconem qui Christum Salvatorem predixit. O quam digne in una civitate virtutes due! ubi Mater sterilis et virgo versantur. O quam mirum testimonium! In quo utraque est honorata de celo, una preconem, altera judicem promisit. Helisabeth sterilis precursorem peperit. Maria virgo gloriosum redemptorem genuit. Quem laudant Angeli, atque Archangeli Cherubim quoque et seraphin, qui non cessant clamare quotidie una voce dicentes : Sanctus, etc.

Le moyen âge, si plein de dévotion pour saint Jean-Baptiste, ne se lasse point, pendant la longue suite de siècles qui séparent l'antiquité des temps modernes, de chanter les louanges du Précurseur. Je choisis rapidement quelques noms dans la foule de ses pieux auteurs. C'est, après d'autres déjà, le poëte Juvencus, prêtre espagnol qui vivait au IV° siècle; c'est, sous le règne de Théodose, saint Ambroise, le fondateur du rit de ce nom, le saint évêque de Milan; ce sont ensuite, au VI° siècle, les liturgistes mozarabes; au VIII°, Bède, aussi vénérable par sa science que par ses vertus; au temps de Charlemagne, enfin, l'historien Paul Diacre, d'abord secrétaire du roi lombard, Didier, puis ermite au Mont-Cassin.

Le célèbre philologue allemand Mone, directeur des archives de Carlsruhe dans la première moitié de notre siècle, a consigné ces chants, auxquels la piété de leurs auteurs prête un charme si pénétrant, dans un ouvrage intitulé : « *Hymnes latines du Moyen-Age* ». Que ne pouvons-nous ici les citer toutes ! Un instant nous en avions eu la pensée, mais nous dûmes bientôt y renoncer : il faudrait leur consacrer trop de pages. Une analyse rapide ne ferait que les affaiblir, et, d'ailleurs, en l'absence du rythme, on se trouverait nécessairement en présence de l'inconvénient des redites.

Quelques unes de ces hymnes, celles que l'on ne rencontre que dans les plus anciens manuscrits, célèbrent les merveilles de l'Épiphanie ; l'une d'elles est de saint Ambroise et commence ainsi : *Illuminans Altissimus micantium astrorum globos*, etc.

Mone en a recueilli six autres sur le même sujet ; elles figurent, à la suite de celle-ci, dans le premier volume de son ouvrage, sous les n°s 57 à 60. Nous y renvoyons le lecteur, ainsi qu'à quatorze autres hymnes que renferme le tome III, sous les n°s 647 à 660, et qui ont pour but de glorifier la Nativité et la Décollation du Saint. Je détache, — pour ainsi dire au hasard, — de cette partie du poétique recueil, une strophe, une seule, hélas ! mais qui donnera quelque idée de l'admiration du moyen-âge pour le Précurseur et de sa confiance en son intercession :

> Salve, rubens rosula
> Proprio cruore,
> Redolens ut lilia
> Virginali flore;
> Sumas hæc præconia
> De me peccatore
> Et affer solamina
> Mortis in languore.

Ces vifs sentiments de la piété d'une grande époque sont exprimés encore dans une hymne italienne du temps, que nous a conservée le même auteur, et dont voici quelques strophes :

> Tu d'ogni virtu via, scuola e fonte,
> Scudo di fide e di sanctita sei forma,
> Tu di celeste vita scala e ponte,
> Spechio, che luce, e di justitia norma;
> Tu del bon Yhesu sequitasti l'orma,
> Si che nel cieli tuo, racci vi spande
> Lume e splendor, et ai quel che domande
> Al padre eterno, a cui mi fa salvare.
> Tu glorioso sopr'ogn'altro electo,
> Di penitentia exemplo sei primiero,
> Tu di sapientia ai lume perfecto,
> Che di gloria fece el re cavaliero,
> Tu di nostra fede sei degno scudiero,
> Qual dell'exercito porti la bacchetta,
> Di Christo la spada, che non taglia in fretta,
> Fece di sangue il tuo capo bagnare.
> O padre, o dilecto, o caro mio thesoro,
> O divoto, benigno, o mio dolce desio,
> Nel tuo conspecto, fammi far dimoro,
> Quando insta vita verrà il fin mio,
> Prego, che preghi il mio segnor Idio,
> Prenda pieta d'esta alma tapinella,
> Si che per te pene non senta ella,
> E da fuoco infernale famme liberare.

SECONDE PARTIE

Au dix-huitième siècle, un bénédictin, Bernard Pez, a recueilli les *Proses* autrefois en usage pour célébrer la gloire du Précurseur. L'une d'elles est extraite des missels de l'Ordre de Saint-Jean de Jérusalem. On la chantait à la grand'messe, le jour de la Nativité du Saint. Cette prose rimée a de l'intérêt [1].

J'arrive aux hymnes, et je commence naturellement par la plus connue :

> Ut queant laxis resonare fibris
> Mira gestorum famuli tuorum,
> Solve polluti labii reatum,
>   Sancte Johannes.
>
> Nuntius celso veniens Olympo
> Te patri magnum fore nasciturum,
> Nomen et vitæ seriem gerendæ,
>   Ordine promit.
>
> Ille promissi dubius superni,
> Perdidit promptæ modulos loquelæ :
> Sed reformasti genitus peremptæ
>   Organa vocis.
>
> Ventris obstruso recubans cubili
> Senseras regem thalamo manentem,
> Hinc parens nati meritis uterque
>   Abdita pandit.

On ignore assez généralement quel est l'auteur de cette hymne et dans quelles circonstances elle

---

1. Voir les *Indications complémentaires*, au mot *Proses* : « Inter natos mulierum, etc. »

fut composée. Le dominicain Guillaume Durand, évêque de Meaux en 1326, rapporte, à ce propos, une curieuse anecdote. Au neuvième siècle, Paul Diacre (je l'ai nommé tout à l'heure), voulant, un jour, remplir son ministère en bénissant le cierge pascal, se trouva pris d'un tel enrouement, que sa voix, auparavant si claire, ne pouvait plus se faire entendre. Enflammé du désir d'obtenir la guérison de cette malencontreuse infirmité, il composa, en l'honneur de saint Jean-Baptiste, l'hymne : « *Ut queant laxis* » dans laquelle il s'adresse en ces termes au Précurseur : « Afin que vos serviteurs, ô saint Jean, puissent chanter les faits merveilleux de votre existence avec une voix pleine et sonore, dégagez leur bouche coupable des liens qui l'enchaînent! » La prière du diacre fut exaucée, et, comme Zacharie, il recouvra la parole, grâce aux mérites de saint Jean-Baptiste.

Cette hymne ne tarda pas à devenir très-populaire. Elle était au moyen âge dans toutes les mémoires, dans tous les cœurs et sur toutes les lèvres. Aussi Gui d'Arezzo, célèbre moine bénédictin de Ferrare, qui vivait au XIᵉ siècle, choisit-il comme noms des notes de musique, jusque là désignées par des lettres servant à représenter les sons, les six syllabes *ut, ré, mi, fa, sol, la*, qui commencent les six premiers vers de l'hymne dont la tonalité se prêtait, du reste, merveilleusement à son projet de réforme du mode de notation musicale :

> *Ut* queànt laxis
> *Re*sonare fibris
> *Mi*ra gestorum
> *Fa*mulorum tuorum
> *Sol*ve polluti
> *La*bii reatum,
> Sancte Johannes.

Guido vit là un moyen mnémonique d'aider ceux qui savaient le chant de l'hymne (c'est-à-dire tout le monde ou à peu près) à retrouver l'intonation des sons associés à ces syllabes [1].

J.-J. Rousseau a reproduit dans son *Dictionnaire de musique* cette hymne que l'on trouve ainsi notée dans un ancien manuscrit de Sens.

[1]. Ce ne fut que cinq siècles plus tard que la syllabe *si* fut ajoutée aux précédentes. Jusque là, le septième son n'eut pas de nom particulier ; il recevait, selon les circonstances, l'une des dénominations ci-dessus.

CULTE DE SAINT JEAN-BAPTISTE

Espérons que les musiciens voudront bien ne pas oublier ces titres particuliers de saint Jean-Baptiste à leur artistique reconnaissance, puisque cette partie de l'histoire de son culte a des liens étroits avec l'histoire même de la musique dans l'une de ses phases les plus importantes.

Le bréviaire romain a conservé cette belle hymne qui a cessé de figurer dans le bréviaire parisien [1]. Celui-ci contient les hymnes modernes, bien belles aussi, de Santeuil et de Coffin. C'est au génie poétique de ce dernier que l'on doit les chants commençant par ces mots : « *Christe prolapsi reparator*

---

1. On chante également les deux suivantes dans le rit romain : « *Antra deserti teneris sub annis* », et « *O Nimis felix meritique celsi.* » Elles sont aussi de Paul Diacre et forment avec la précédente une seule et même ode.

orbis » et *« Exiit cunis pretiosus infans* [1] ; » ils célèbrent, en termes magnifiques, la Nativité glorieuse du plus grand des enfants des hommes.

Le même auteur, dans l'hymne *Nunc suis tandem novus è latebris*, proclame les grandeurs exceptionnelles de la mission du Précurseur avec le même talent que dans le chant de: *« Quid moras nectis domino jubenti ;* » il retrace la scène auguste du baptême, et celle, si suave, de la désignation de l'Agneau de Dieu [2].

On doit encore à Coffin d'autres chants fort estimés qui ont trait à la Décollation: *« Quid ille silvis è penetrabilibus,* » et *« Impune vati non erit.* [3] »

Terminons ce rapide aperçu liturgique en citant deux belles hymnes composées, vers le même temps, par Santeuil, le plus illustre des poëtes latins modernes, pour célébrer le martyre de son auguste patron. Comme toutes les œuvres poétiques du chanoine de Saint-Victor, elles brillent par leur élégante concision, leur rhythme harmonieux et l'expression élevée de la pensée :

---

1. Voir les *Indications complémentaires*, au mot : *Hymnes*.
2. Voir les *Indications complémentaires*, (hymnes.)
3. Voir les *Indications complémentaires*, (hymnes.)

CULTE DE SAINT JEAN-BAPTISTE

Ecce saltantis pretium puellæ
Fertur in disco caput amputatum :
Hæc cruentatis nova proferuntur
    Fercula mensis.

Quæ rudes silvis populos docebat,
Quæ sua reges tremefecit aula,
Illa vox, eheu! gladio resecta
    Muta silebit.

Occidit Vates, et adhuc timetur :
Vox silet verbi, cruor ille clamat
Atque fraterni temerata damnat
    Fœdera lecti.

Nube sub densa jubar involutum
Venerat cœcis aperire terris,
Sole jam pleno, velut umbra, cessit
    Lucifer orbe.

Omnibus manat cruor ecce venis :
Hinc sitim longam satia, tyranne,
Et cibos inter paterasque puro
    Sanguine liba.

Ut caput vidit dapibus paratis
Triste fumanti natitare tabo,
Hæsit, impastis fremuitque mensis
    Funeris auctor.

Non tamen frontis gravitas serenæ
Cessit immiti violata ferro :
Dura mitescit placido sub ore
    Mortis imago.

SECONDE PARTIE

Sic suo rursum Deus hunc præire
Nuntium Christo jubet, inferisque
Ferre præconem nova liberandi
    Gaudia mundi.

Qui Deo plenus rigidis futurum
Moribus Christum rudis exprimebat
Debuit dira quoque morte totum
    Reddere Christum.

Summa laus Patri, genitoque Verbo ;
Et tibi compar, utriusque nexus
Spiritus semper, Deus unus, omni
    Temporis ævo. Amen [1].

    Ces magnifiques morceaux de poésie sacrée, ces chants de louanges et d'amour où se résument si bien les principales circonstances de la vie prédestinée du Baptiste, forment une merveilleuse épopée, digne de l'illustre saint qui l'inspira.

[1]. Ces hymnes ont été traduites en vers français par l'abbé Saurin et par un anonyme qui a signé J. P. C. P. D.

CHAPITRE TREIZIÈME

SAINT JEAN-BAPTISTE DANS LA LITTÉRATURE.

Cette étude semblerait incomplète, si, avant de la terminer, nous ne jetions un très-rapide coup d'œil sur les œuvres littéraires qu'enfanta, dans le cours des siècles chrétiens, l'universelle admiration des vertus et de la mission du Précurseur.

Nous ne ferons qu'esquisser un tel sujet, trop vaste pour être enfermé tout entier dans le cadre étroit d'un chapitre.

Nous avons dit, ailleurs, que saint Jean-Baptiste jouissait de l'honneur insigne d'avoir Notre-Seigneur pour premier panégyriste; nous pourrions ajouter ici que le Fils de Zacharie a la gloire également d'avoir le Sauveur du monde pour premier historien, car l'Evangile, le plus antique des monuments qui nous parlent de ses hautes destinées, écrit par les Apôtres sous l'inspiration du Saint-Esprit, « ne sort pas de la main des hommes. » Sans rappeler, à cette place, tous les textes évangéliques concernant le Précurseur, il suffit de citer le préambule de l'Evangile de saint Jean, où, dans des termes sublimes s'affirment, à la fois, la divinité du Verbe et la grandeur de la mission de saint Jean-Baptiste, page divine à jamais gravée dans l'esprit de l'humanité !

L'Imitation ne parle que deux fois de saint Jean-Baptiste, mais en quels termes ! Ecoutons son pieux auteur exprimer la divinité du sacrement de l'Eucharistie et celle du sacerdoce : « Quand vous auriez, s'écrie-t-il, en s'adressant aux ministres des autels, la pureté d'un Ange et la sainteté de saint Jean-Baptiste, vous ne seriez pas digne de recevoir et de toucher ce sacrement ! » (Livre IV, ch. v.) Et, plus loin (chap. XVII), le fidèle adresse à Dieu ces paroles : « De même que votre bienheureux précurseur Jean-Baptiste, *le plus excellent des saints,* tressaillit de joie en votre présence par un mouvement du Saint-Esprit, lorsqu'il était encore renfermé dans le sein de sa mère, et que, depuis, en vous voyant marcher parmi les hommes, il disait, en s'humiliant profondément, et avec le sentiment d'un amour tendre : « L'ami de l'époux qui se tient debout et qui l'écoute est ravi de joie parce qu'il entend la voix de l'époux » (Joan. III, 29), je souhaite pareillement d'être embrasé de saints et ardents désirs, et de vous faire une offrande de moi-même de toute l'étendue de mon cœur ! »

Ainsi l'Imitation déclare le plus excellent des saints celui que Notre-Seigneur a proclamé le plus grand des enfants des hommes. Incomparable éloge qui retentit, à quinze siècles de distance, comme un terrestre écho de la céleste parole !

Voici venir maintenant la longue série des apologistes de saint Jean. Ici, pour obtenir une vue d'ensemble, il faut nécessairement avoir recours à trois monuments littéraires de la plus haute importance : *la Bibliotheca Patrum Concionnatoria* (tome VII) du savant Dominicain Combéfis, né à Marmande en 1605 ; *la Bibliotheca Graeca* (Tome XI) du célèbre bibliographe Fabricius, né à Leipsik en 1668, enfin le très-remarquable ouvrage du P. Théatin Paciaudi, né à Turin en 1710, ouvrage intitulé : « *De cultu Joannis Baptistæ antiquitates christianæ.* » Nous en avons parlé déjà avec tous les éloges qu'il mérite.

Les deux premiers de ces écrivains ont rassemblé les principaux discours que nous a légués l'antiquité sur la Conception, la Nativité et la Décollation du Précurseur.

Paciaudi, à son tour, cite une foule d'auteurs qui ont exercé leur plume sur d'autres circonstances de la vie du Baptiste.

Nous renvoyons aux œuvres de ces trois érudits et aux sources qu'ils indiquent ceux de nos lecteurs qu'une pieuse curiosité entraînerait vers ces intéressantes, mais laborieuses lectures.

En racontant la vie du Baptiste, nous avons donné, du reste, la note générale de l'unanime et harmonieux concert de louanges qui monte des siècles passés jusqu'aux nôtres, par la bouche des Pères et des Docteurs de l'Eglise, en l'honneur du plus illustre de tous les saints.

Franchissons donc l'espace des temps, sans omettre cependant de mentionner l'œuvre si remarquable composée au xiiie siècle, à la gloire de saint Jean-Baptiste, par Richard de Gerberoy, évêque d'Amiens, qui reçut des mains de Walon de Sarton la vénérable relique [1]; sans omettre, non plus, de dire qu'au moyen-âge, lors des représentations, aussi charmantes que naïves, des mystères, on jouait fréquemment celui du fils d'Elisabeth, au grand

---

[1]. Cette œuvre a pour titre : *De capto et direpto a Latinis C P. et quomodo Walo caput S. Johannis Bapt. invenit et ad Ambianum Deportavit*. Le manuscrit du premier texte fut publié dans les *Acta Sanctorum* en 1707.

attendrissement et à la sainte indignation des très-dévôts spectateurs.

Signalons aussi en passant, une publication fort curieuse, au moins par son titre: « Colloquium Maris cum Terra de Sancto Johanne-Baptista Prodromo. » Entretien de la Mer et de la Terre au sujet du Précurseur. »

Ce manuscrit faisait autrefois partie de la bibliothèque du célèbre jurisconsulte anglais Selden; il se trouve actuellement dans la bibliothèque publique de Boldéian. C'est un manuscrit in-4º du commencement du xivᵉ siècle, écrit sur un autre manuscrit du xiiᵉ siècle, en un mot un palimpseste. La légende tient environ huit pages; son mérite littéraire et calligraphique est fort médiocre[1].

Ne nous arrêtons maintenant qu'au xviᵉ siècle.

---

[1]. C'est sans doute une inspiration de l'art grec, qui personnifiait la terre et la mer dans les représentations du second avènement. Au mont Athos, le jugement dernier est peint à fresque sur la muraille occidentale extérieure de l'église du couvent de Vatopédi. La terre s'y montre, au rapport de M. Didron, sous les traits d'une femme vigoureuse et richement vêtue, assise sur deux lions et soulevée par des aigles. La mer est une femme moins robuste et plus élancée; des monstres marins lui servent de coursiers à leurs flancs sont attachées des roues de char antique. Elle présente, de la main droite, un vaisseau autrefois englouti dans ses abîmes; de la main gauche, elle offre à Dieu un homme qu'elle vient rendre, au moment du jugement dernier.

En France, à cette époque, le très-docte bénédictin Périon compose une vie estimée de saint Jean-Baptiste.

Son exemple est suivi, en Italie, par un écrivain florentin du même siècle, le célèbre abbé Camaldule Dom Silvano Razzi, frère du non moins célèbre Dominicain (Serafino). Cette œuvre, où le Précurseur est offert principalement comme modèle de la vie religieuse, a été imprimée à la suite de celle de la Ste Vierge, traduite par nous de l'italien en 1875. On ne saurait voir dans cette publication simultanée de la vie de la Vierge Marie et de celle du Précurseur par le Père Razzi un pur effet du hasard ou de la fantaisie de l'auteur; le savant moine, en agissant de la sorte, obéit au même sentiment qui a fait rapprocher, l'une de l'autre, ces deux augustes figures dans les prières de l'Eglise et dans les monuments de l'art.

En Allemagne, le docte helléniste Martin Cursius fait paraître des dissertations greco-latines sur la fête de saint Jean-Baptiste.

Au seizième siècle, encore, on trouve, parmi les apologistes du Précurseur, l'un des plus illustres personnages de la Grande-Bretagne. John de Vere, comte d'Oxford, grand chambellan du Roi et amiral d'Angleterre, dont nous avons déjà signalé la munificence, joignit aux présents magnifiques qu'il envoya successivement, à partir de 1504, à l'église Saint-Jean d'Amiens, l'histoire du Précurseur et plusieurs antiennes composées par lui à la louange de son saint patron.

Enfin un poëte écossais, Buchanan, composa en latin une tragédie intitulée *Saint Jean-Baptiste*; mais le mauvais esprit de cet auteur, qui se déshonora en diffamant dans un libelle sa bienfaitrice, Marie Stuart, et dont tous les ouvrages sont, d'ailleurs, à l'index, ne nous permet de citer cette œuvre qu'à titre de curiosité littéraire au point de vue de notre sujet; c'est, à la connaissance de Paciaudi, le premier poëme qui, depuis les temps les plus reculés du christianisme, ait été écrit sur la donnée, si éminemment dramatique cependant, de la vie et de la mort du Précurseur. Comment un tel sujet n'a-t-il jamais tenté le génie d'un grand poète, comme il a si souvent sollicité le pinceau des plus illustres peintres [1]?

[1]. Retiré, après maintes aventures, dans un collége de Bordeaux, Buchanan publia cette tragédie pour l'usage des écoliers qu'il voulait dégoûter des allégories alors à la mode. Elle a été traduite en vers français par Brisset, dans ses Œuvres poétiques publiées sous ce titre: « Premier livre des Œuvres poétiques de R. B. G. T. » Tours, 1589-1590, in-4°.

On trouve une autre traduction de la tragédie de *saint Jean-Baptiste, ou la Calomnie*, dans le tome III de la Bible étrangère publiée par Aignan. Paris 1823-24, in-8°.

Mais c'est au dix-septième siècle surtout que le Précurseur devient l'objet d'études littéraires approfondies. Il semble que les savants de cette époque se soient concertés pour interroger, j'allais dire avec la loupe, cette belle existence jusque dans ses moindres détails. Catholiques et protestants se mettent à l'œuvre avec une égale ardeur.

Voici d'abord l'Allemagne avec ses patientes recherches. Guillaume Zeschius, au rapport de Canisius, compose tout un traité sur le tressaillement de saint Jean-Baptiste dans le sein de sa mère ; André Gleichus et Paul Rabe entrent dans de longs développements sur sa manière agreste de se nourrir ; d'autres auteurs écrivent des ouvrages détaillés sur son séjour dans le désert, sur ses vêtements, sa pénitence, sa prédication, sur le baptême qu'il donnait aux Juifs, sa captivité, son martyre, son culte, ses reliques, sur l'origine enfin des feux de la Saint-Jean. On voit qu'ils n'ont rien oublié.

La France, de son côté, dans ce véritable tournoi littéraire dont saint Jean-Baptiste est l'inspirateur, donne les gages les plus brillants de la valeur de ses écrivains.

Un chanoine du diocèse d'Amiens, Robert Viseur, homme d'une haute vertu et d'une rare érudition, publie deux ouvrages fort intéressants sur saint Jean-Baptiste. »

L'un est intitulé : « *Le miroir ardent de la vie et de la mort du glorieux précurseur de notre Sauveur, saint Jean-Baptiste. Plus, un ample narré du transport de ses saintes reliques, pour la vérification du sacré Chef d'icelui qui, pour le jourd'hui, repose en la ville d'Amiens.* »

L'autre a pour titre : « *Recueil de la vie, mort, invention et miracles de saint Jean-Baptiste, où il est montré que le reliquaire d'Amiens est son vrai Chef.* » [1]

C'est à cette époque aussi que du Cange écrit son fameux *Traité historique du Chef de saint Jean-Baptiste*, véritable chef-d'œuvre, qui parut en 1665, et sur lequel nous croyons inutile d'insister ici, car bien des pages de notre livre sont remplies du souvenir de cet admirable écrivain !

Dans ce même temps encore un illustre archevêque de Paris, Mgr de Marca, publie une dissertation latine sur la relique de Perpignan. Ce même prélat avait traduit, en latin, les inscriptions grecques, gravées sur le reliquaire, et dont l'une est ainsi conçue : « Saint Jean Précurseur, comment faut-il t'appeler : Prophète, Ange ou Martyr ? »

[1]: Edition d'Amiens, 1649, in-12 (très-rare) : — L'appréciation critique se trouve dans l'Introduction d'un savant ouvrage de M. le Cte Riant, qui a pour titre : «*Exuviæ sacræ Constantinopolitanæ.* » Voir de plus, les *Lectiones Ambianenses* du même auteur. (1876)

Tous les grands orateurs sacrés du XVIIe siècle s'élèvent encore, s'il est possible, à une plus sublime éloquence, lorsqu'ils viennent à célébrer les louanges du Précurseur. La plupart ont écrit sur ce magnifique sujet des pages immortelles. Bossuet a souvent parlé du Précurseur dans ses écrits; il a fait sur sa fête une instruction qui demeure dans toutes les mémoires. Massillon, de son côté, est l'un de ses plus distingués panégyristes. Vers la fin du même siècle, Bourdaloue vint remplir ce pieux office sous les voûtes de la basilique d'Amiens. Qui ne connaît l'émouvante péroraison de son discours : « Oui, il viendra, s'écrie-t-il, non plus pour servir de témoin à la lumière, mais pour servir de témoin contre l'iniquité. Ce sacré Chef que vous conservez comme un précieux dépôt; ce Chef dont la vue confondit l'impie Hérode, et le fit trembler jusque sur le trône; ce Chef muet maintenant depuis qu'une mort sanglante lui a ôté l'usage de la voix, mais alors rappelé à la vie et plus éloquent que jamais, fera sortir de sa bouche des paroles foudroyantes qui atterront les pécheurs.

» Ah! grand saint, parlerez-vous donc contre ce peuple qui vous est spécialement dévoué? Il vous honore et il vous invoque comme son protecteur; en deviendrez-vous l'accusateur et le juge? Obtenez-lui ces grâces de conversion, ces grâces de sanctification qui le remettront dans la voie du salut que vous nous avez enseignée; surtout faites-lui bien comprendre ce fameux oracle, que, depuis le temps où vous avez vécu sur la terre, le royaume du Ciel ne s'emporte que par violence: « *A diebus* » *Joannis Baptistæ regnum cœlorum vim patitur.* »

Bourdaloue a composé, en outre, une série précieuse de sermons, ou plutôt de plans de sermons, dans lesquels il propose, comme modèle des différentes vertus à pratiquer dans chaque condition, les admirables exemples que nous a légués le Précurseur.

Nous voici parvenus au xviii° siècle. Laissons ici pour un moment, la parole à M. Charles Salmon.

« Les premières années de ce siècle, dit ce savant écrivain, furent signalées par la publication d'un nouvel et important travail relatif à saint Jean et à notre précieuse Relique. Le tome IV des *Actes des Saints* du mois de juin, de la collection des Bollandistes, parut à Anvers en 1707. Ce volume renferme, au 24 juin, pages 687 à 806, l'histoire de la vie, du culte et des reliques de saint Jean-Baptiste, suivant la méthode des auteurs de cette œuvre immortelle, c'est-à-dire tous les documents originaux qui s'y rattachent, accompagnés de notes et d'un commentaire rempli d'érudition, dus à la plume du savant P. Papebrock, le plus illustre des continuateurs de Bollandus. Ce critique redoutable et d'une sévérité parfois outrée, au jugement de Dom Guéranger, consacre une longue partie de son travail à l'histoire du Chef du saint Précurseur. Il exprime le regret que du Cange n'ait pas écrit son *Traité* en latin, ce qui lui eût évité la peine de le traduire pour en insérer une grande partie dans son recueil, et il déclare hautement que l'ouvrage de l'érudit Amiénois est tellement achevé qu'il n'a presque rien laissé à ajouter. — Le docte jésuite a, le premier, publié le texte de la relation de la découverte du Chef par Walon, texte que du Cange déclare avoir vainement cherché et qu'il ne connaissait que par la traduction de Robert Viseur. »

Notre siècle, enfin, a vu se reproduire sous l'inspiration de saint Jean-Baptiste, bien des compositions qui honorent la piété et le talent de leurs auteurs. Elles sont trop nombreuses pour être citées à cette place. Les écrivains distingués dont elles émanent ne verront pas, je l'espère, dans notre silence un *oubli*, mais une nécessité.

Cependant il est indispensable, dans cette revue rapide des apologistes du Précurseur, de revenir, une fois de plus, sur une œuvre fort importante : celle de M. l'abbé Barret, prêtre du diocèse de Langres. Elle a paru, en 1858, sous ce titre : *Le Précurseur ; Histoire raisonnée de la vie, de la mission et des prédications de saint Jean-Baptiste.* C'est pour nous un véritable devoir de faire une mention toute spéciale de cet ouvrage remarquable qui, bien des fois, nous servit de guide, pendant que nous écrivions la vie du Baptiste. On ne saurait rendre assez hommage à ce beau livre, plein de patience et d'érudition. Si, comme l'a dit l'évêque de Langres, on y rencontre quelques idées qui étonnent de prime abord par une apparence de nouveauté, elles sont justifiées par les graves autorités sur lesquelles l'auteur s'appuie.

Nous devons rendre aussi un témoignage tout particulier à M. Charles Salmon, l'éminent auteur de *l'Histoire du Chef de saint Jean-Baptiste.* Comme lui-même nous le rappelait tout à l'heure, le P. Papebrock exprimait le regret que du Cange n'eut point écrit son *Traité* en latin; ce qui lui aurait évité la peine de le traduire pour en insérer une grande partie dans le Recueil des Bollandistes.

A notre tour, nous exprimons celui de n'avoir connu son ouvrage qu'après avoir nous-même analysé du Cange; notre tâche, sous ce rapport, se fut trouvée simplifiée, au moins dans quelques-unes de ses parties; mais, nous le répétons, son œuvre nous a été, pour les temps les plus rapprochés du nôtre, d'un véritable secours [1].

1. Nous avons dit précédemment tout le cas que nous faisons de la très-belle *Etude sur le Précurseur* de M. l'abbé Planus.

Rappelons avec lui, en terminant, que le panégyrique de saint Jean-Baptiste a été prononcé dans la chaire chrétienne par les prédicateurs les plus célèbres de notre temps : le Père Félix, le Père Monsabré, le P. Souaillard, Mgr Freppel, etc. Ces grands orateurs ont prêté, tour à tour, l'éclat de leur parole aux solennités destinées à fêter la Nativité de celui qui fut chargé d'annoncer au monde la venue du Verbe fait homme.

C'est qu'en effet cette bienheureuse Nativité est digne d'une éternelle mémoire! « Combien de personnes dans le monde entier, s'écrie éloquemment l'abbé Darras dans le célèbre ouvrage qu'il a composé pour la plus grande gloire de l'église, et que la mort ne lui permit pas d'achever, combien de personnes savent maintenant le jour anniversaire de la naissance d'Alexandre ou de César, tandis qu'après dix-huit cents ans le monde persiste à célébrer la naissance de saint Jean-Baptiste ; il en sera de même dans quatre mille ans, si l'univers est destiné à atteindre cet âge! »

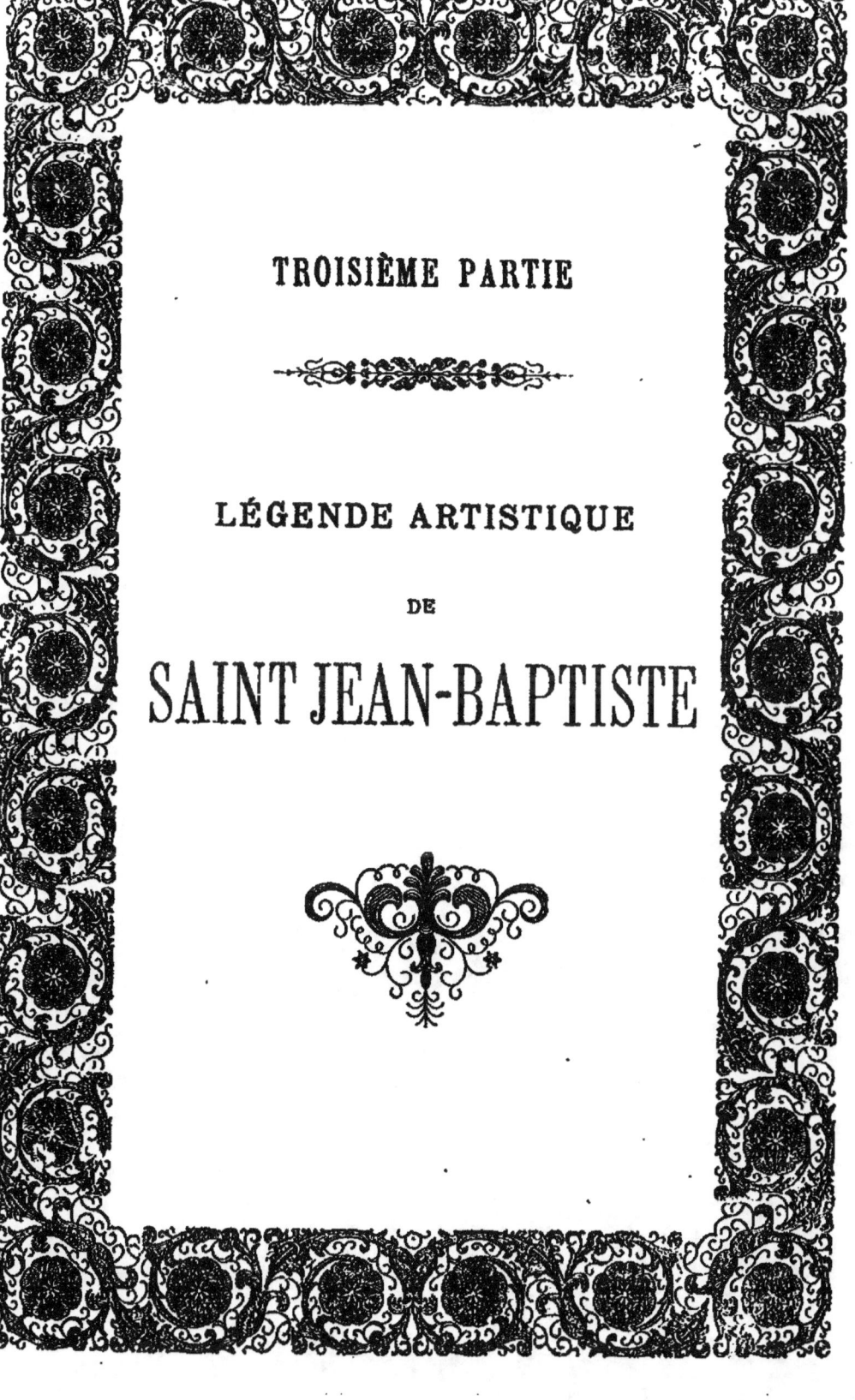

TROISIÈME PARTIE

LÉGENDE ARTISTIQUE

DE

SAINT JEAN-BAPTISTE

CHAPITRE PREMIER

L'ITALIE

CONSIDÉRATIONS GÉNÉRALES. — UNE FRESQUE DES CATACOMBES. — LES MOSAIQUES.

Pour avoir la mesure du rôle qu'un homme a joué dans l'humanité, il suffit de déterminer la place qu'il occupe dans les productions artistiques. Plus l'homme est grand, plus la place est vaste.

Cette règle générale trouve une éclatante application dans la personne du Précurseur dont l'image est, sans contredit, l'un des types le plus souvent reproduits par l'art chrétien.

Et comment pourrait-il en être autrement, puisque c'est aux côtés de Jésus et de Marie, éternels foyers de l'art, que saint Jean-Baptiste s'offre le plus fréquemment à nos yeux ? Ces deux royautés du ciel portent une couronne étincelante dont les fleurons sont les plus beaux chefs-d'œuvre du génie humain.

Saint Jean-Baptiste apparaît tout illuminé par ces artistiques rayonnements. Que de fois, en effet, en déposant cette splendide couronne sur les fronts augustes du Christ et de sa Mère, l'art n'a-t-il point, en même temps, ceint de sa brillante auréole la jeune tête du Précurseur ! Les grands artistes, auxquels sont dues ces œuvres immortelles et si nombreuses, où revit la Sainte Famille, semblent avoir senti, comme Bourdaloue, qu'entre le Christ et son Précurseur il y a eu des liaisons si étroites qu'on ne peut bien connaître l'un sans connaître l'autre.

Plus innombrables encore et infiniment plus anciennes, — car les Saintes Familles ne datent guère que de la Renaissance, — sont les représentations du Baptême de Notre-Seigneur par saint Jean. D'éminents artistes dans tous les genres ont reproduit cette scène auguste entre toutes, où les Personnes divines elles-mêmes se joignent au Précurseur pour proclamer la grandeur souveraine du Messie et le désigner aux adorations du ciel et de la terre !

Parlerai-je de cette foule de tableaux d'une ravissante beauté où la Vierge, tenant l'Enfant Jésus dans ses bras, apparaît environnée de saints, formant autour d'elle une guirlande de vertus ? Que de fois, dans ces célestes cortéges, ne salue-t-on pas comme une figure amie, sans cesse retrouvée et toujours revue avec une respectueuse complaisance, la présence du plus grand des enfants des hommes !

Rappellerai-je enfin toutes les autres scènes de cette glorieuse existence, tant de fois et si magistralement retracée par le pinceau des peintres et le ciseau des sculpteurs ? Et la Nativité, et le séjour au désert, et la prédication, et le festin d'Hérode, et la Décollation ! Ah, les saisissantes visions et les éblouissants souvenirs !

Cette multiplicité même de chefs-d'œuvre nous laisse dans l'impuissance de les passer tous en revue, bien que saint Jean-Baptiste y soit excellemment représenté. Ces pérégrinations artistiques nous mèneraient trop loin. Il faudra donc nous résigner à choisir parmi les principaux d'entre eux, à l'exemple de ce Prélat, non moins occupé que spirituel, qui ne lisait jamais les bons livres (il y en a tant !) et se réservait pour les excellents [1].

---

[1]. Voir cependant, à la fin de cet ouvrage, quelques indications complémentaires qu'il nous semble impossible de ne pas fournir.

TROISIÈME PARTIE

§

Si haut que l'on remonte vers les monuments artistiques de l'antiquité chrétienne, on retrouve le souvenir du Précurseur. — C'est dans les Catacombes de Rome, au cimetière Saint-Pontien,[1] découvert par Bosio au XVIᵉ siècle, sous une colline peu éloignée du Tibre et appelée Monte-Verde, qu'il faut aller chercher l'une des plus anciennes représentations de saint Jean-Baptiste par la peinture.

Le baptistère de ce cimetière, que l'on nomme également *ad urseum pileatum*, à l'ours coiffé, peut-être à cause de quelqu'enseigne qui se trouvait dans les environs, est creusé dans le tuf. Dix marches conduisent au bas de l'escalier, à l'endroit

---

1. Voir dans d'Agincourt, *Histoire de l'art par les monuments*, vol. III, page 65 et, vol. IV, pl. LXIII. (Architecture.)

1º Coupe d'une portion de la Catacombe de Saint Pontien. Bassin d'eau vive ayant servi à administrer le baptême du I au IVᵉ siècle;

2º Plan de ce lieu avec l'escalier par lequel on descend au bassin et du canal conduisant l'eau de la source qui sert à l'alimenter;

º Vue perspective du même lieu, que l'on peut regarder comme l'un des premiers baptistères chrétiens, ainsi que le prouve la fresque gravée sur la planche x de la section de peinture nº 8.

même où devait se tenir le prêtre. La profondeur du bassin était assez grande pour qu'on pût y administrer le baptême par immersion, suivant l'usage de la primitive Eglise. Un courant d'eau, qui existe encore aujourd'hui, et dont le niveau s'élève et s'abaisse en même temps que celui du Tibre, servait à l'alimenter.

Ce baptistère, avec celui de la basilique de Saint-Prisque, est, au dire de d'Agincourt, le plus ancien que l'on connaisse.

Au fond du baptistère de Saint-Pontien, garni sur les parois de *loculi*, et au-dessous d'une peinture représentant un arceau qui couronne lui-même une croix dont le pied se plonge symboliquement dans le bassin, se voit, assez bien conservée, une fresque représentant le *Baptême de Jésus-Christ*.

M. Perret, dans son bel ouvrage sur les Catacombes, nous en a donné la description. Notre-Seigneur est dans l'eau jusqu'à la ceinture. Saint Jean, placé sur la rive, est revêtu du costume traditionnel. Il tient de la main gauche un *pedum*, sorte de houlette, origine de la crosse épiscopale, et, penché vers le Christ, il laisse reposer sa main droite sur sa tête adorable. Le Saint-Esprit descend sous la forme d'une colombe. A gauche, un ange semble tenir un vêtement destiné au Sauveur. Cette partie de la composition est détériorée; le temps, hélas!

du battement de ses grandes ailes, efface toute chose, selon l'expression d'un ancien !

Sur le rivage un cerf regarde l'onde fixement, désireux d'étancher sa soif. Figure touchante du catéchumène aspirant au baptême et qui rappelle ce passage du Psalmiste : « Comme le cerf altéré désire l'eau des fontaines, ainsi mon âme aspire vers Dieu ! » (Ps. XLI.) C'est, d'ailleurs, on le sait, un emblème très-souvent reproduit dans les catacombes.

Notre-Seigneur (je souligne à dessein le fait) est plongé dans l'eau jusqu'à la ceinture, position conforme au rit du baptême par immersion, et contraire à ce que nous montre un grand nombre de compositions modernes. Le Précurseur, remarquons le aussi, impose la main sur le front du Sauveur, mais il n'y verse pas l'eau baptismale. C'est à tort, en effet, que depuis la Renaissance, les peintres le représentent presque toujours tenant une coquille à la main, expression du baptême par affusion.

On s'étonne, au premier abord, que cette antique composition, fort importante, d'ailleurs, soit à peu près la seule où le souvenir de saint Jean-Baptiste revive dans les catacombes; mais, en y réfléchissant, on s'aperçoit qu'à cette époque rapprochée des origines chrétiennes, la pensée du Christ dominait toutes les autres, ne laissant guère

LÉGENDE ARTISTIQUE DE S. J.-BAPTISTE

place qu'à celles en rapport avec la situation des chrétiens aux jours de la persécution, avec la foi qui soutenait leur courage et les espérances qui les consolaient. Aussi voit-on, parmi les sujets le plus fréquemment traités par les pieux artistes des Catacombes, la propre image du Rédempteur, celle du bon Pasteur, la guérison de l'hémorroïsse et du paralytique, la résurrection de Lazare, ou bien encore les figures désignant le Sauveur dans l'Ancien Testament. C'est Moïse frappant le rocher, Jonas sortant, après trois jours, du corps du monstre marin, symbole d'immortalité ; c'est Daniel dans la fosse aux lions ; ce sont les trois jeunes hommes dans la fournaise, souvenirs de persécution ; ce sont, enfin, ces figures en prières, ces *Orantes*, tant de fois reproduites sur les tombeaux des martyrs. Ainsi semble pouvoir s'expliquer l'absence, presque absolue, dans les catacombes, des images du Précurseur : les souffrances présentes du Christianisme naissant et le ciel qui devait en être la récompense, voilà les seules idées que, sous une forme ou sous une autre, l'art chrétien songeait alors à retracer !

Il n'en fut pas de même quand l'église rassurée sortit de ses ténébreux asiles. On sait, par le témoignage des Pères et des Conciles, que les images de saint Jean-Baptiste étaient autrefois très répandues.

On les peignait jusque sur les voiles et les parements des autels, et on conserve des monuments iconographiques de ce genre à Milan, à Venise et ailleurs. Saint Epiphane nous apprend qu'on montrait les images du saint anachorète, vêtu d'une peau de chameau, et se nourrissant de miel sauvage, aux personnes qui recherchaient la délicatesse dans leurs vêtements ou dans leurs tables.

Une foule de témoignages de l'Histoire ecclésiastique nous apprennent, de plus, que les portes des baptistères du premier âge chrétien étaient ornées de tentures relevées de chaque côté. Ces sortes de tapisseries ou voiles (*vela*) se faisaient d'étoffes à fond d'or, avec des sujets peints ou brodés, où les traits du Baptiste se trouvaient très-fréquemment reproduits.

Les ornements sacerdotaux portaient également la trace de la vénération des peuples pour le Précurseur. Lorsqu'au xviii° siècle, Benoit XIV ordonna de faire établir des édicules au Vatican pour y renfermer des reliques, on y apporta une très-ancienne étole, longue et large, très-bien brodée et tramée d'or. Elle était couverte, du haut en bas, d'images de saints. Dans la partie qui entourait le col du prêtre se trouvaient trois cercles: le premier contenait le nom de Jésus-Christ; le second, celui de la sainte Vierge, et le troisième, celui de saint Jean-Baptiste.

Nous l'avons dit tout à l'heure : l'une des plus anciennes images de saint Jean-Baptiste est une fresque, et « c'est dans la nuit des tombeaux que le temps nous l'a conservée. » Les entrailles de la terre furent la première école de l'art : aussi verrons-nous les peintres des mosaïques, puis ceux des manuscrits des premiers siècles aller chercher leurs modèles dans les catacombes pour produire, désormais, au grand jour, leurs travaux devenus licites. Que de représentations presque serviles ne fit-on pas autrefois de la fresque dont nous parlons !

§

L'antiquité chrétienne nous a légué plusieurs mosaïques fort intéressantes au point de vue qui nous occupe. Deux entre autres, dans la très-ancienne ville de Ravenne, offrent encore à nos regards la scène du baptême. L'une d'elles [1] orne le dôme de l'église octogone de Saint-Jean-des-Fonts; elle est du cinquième siècle; l'autre se trouve dans un petit édifice de même forme, appelé Sainte-Marie-en-Cosmedin et date du siècle suivant.

1. Ciampini. *Vetera monumenta*, C. xxv, p. 223. (Monument artistique des plus curieux.)

Je ne décrirai que la première, la seconde, sauf de légères différences, n'en étant qu'une reproduction. Dans l'une, par exemple, saint Jean-Baptiste est revêtu de la tunique et du pallium; dans l'autre, du vêtement de poils de chameau; dans l'une encore, le Jourdain est figuré par un personnage debout, sortant à demi des eaux, et la tête ceinte d'un diadème de pattes d'écrevisses; dans l'autre, ce même personnage est assis; souvenirs du paganisme dont l'art, bien que guidé par le principe chrétien, n'était point alors absolument affranchi.

La scène du baptême est dans un médaillon qui détermine le centre de la composition. Ce médaillon est environné d'un large cercle, contenant l'image des douze apôtres dont le nom est inscrit auprès de chacun d'eux. Ils soulèvent, des deux mains, le devant de leur pallium, sur lequel sont placées des couronnes de diverses couleurs, présentées par eux en offrande. Ce cercle est entouré lui-même d'un autre cercle orné de différentes figures. Le tout forme un ensemble très-élégant.

La mosaïque du grand arc de Sainte-Marie-Majeure date également du v⁵ siècle (443). Elle retrace la scène de *l'Annonciation de la naissance de saint Jean-Baptiste*. Un ange ailé semble adresser la parole à Zacharie, qui est debout, un glaive à la main, devant un édicule représentant l'autel des parfums [1].

Enfin, une autre mosaïque, fort ancienne [2], qui orne le portique de Saint-Jean-de-Latran, représente le martyr du saint. Le Précurseur, dont la tête vient d'être abattue et emportée dans un plat par un licteur, se tient encore à genoux devant son bourreau.

Ici, comme toujours, je suis forcé d'abréger.

On ne rencontre jusqu'au XIe siècle aucun monument de l'art, concernant le Précurseur, véritablement digne d'attirer l'attention. A cette époque, Venise fit appel à des mosaïstes grecs pour la décoration de Saint-Marc, dont la construction avait été commencée par le doge Pietro Orseolo, vers la fin du siècle précédent. L'un des principaux ouvrages de ces merveilleux artistes est le *Baptême du Christ* que M. Valery signale comme « une composition singulièrement chaude et animée. » C'est une œuvre contemporaine de la *Pala d'oro*. Elle forme, dans cette basilique toute orientale, une sorte d'abside au-dessus de l'un des autels, et fournit un des plus riches spécimens de l'art bysantin.

---

1. Ciampini. (*Vet. mon.*), Tom. I, Tab. XLIX, Num. 1, 2, 3. — D'Agincourt, *Peinture*, Vol. III, p. 16, Num. 4, et Vol. IV, pl. XVI.
2. Ciampini, (*de sacris ædificiis*) Tom. II, Num. 5.

Cette mosaïque [1] offre aux regards Notre-Seigneur au milieu des eaux du fleuve, assez singulièrement représentées. Ce sont d'innombrables ruisseaux qui s'échappent d'une rive rocheuse pour venir baigner le corps adorable du Sauveur. Peut-être l'artiste a-t-il voulu rappeler ainsi le rocher que toucha la baguette de Moïse et d'où jaillit une source vivifiante. Je le croirais assez, car une foule de poissons viennent se jouer dans les ondes sanctifiées par le contact du Christ, et l'on voit, aux pieds mêmes du Rédempteur, un jeune enfant sortant des flots. N'est-ce point l'image de l'Église naissante, de l'humanité régénérée, celle aussi des fidèles nageant joyeux dans les flots immortels de la grâce? Jésus-Christ incline légèrement la tête sur sa poitrine; son attitude semble exprimer un acte de la plus haute importance et d'un caractère divin, qui réjouit, à la fois, les cieux et la terre, comme l'indique la présence des anges rangés, dans une attitude d'adoration, sur la rive d'où s'écoulent les ruisseaux de la vie nouvelle. — Saint Jean-Baptiste est debout sur le rivage opposé. Sa chevelure flotte au gré des vents; sa barbe est inculte; une peau de chameau, que laissent apercevoir les plis flottants de son pallium, couvre son corps amaigri par les austérités du

---

[1]. Voir la gravure page 108.

désert. Il baptise Notre-Seigneur en lui imposant la main droite sur le front. Derrière lui, un arbre au pied duquel repose la fatidique cognée ; dans le haut du tableau, le Saint-Esprit descendant sous la forme d'une colombe, et une étoile rappelant les cieux qui s'ouvrirent pendant la prière de Jésus.

Cette œuvre infiniment remarquable m'amène naturellement à parler d'une mosaïque gréco-sicilienne de la même époque, très-intéressante aussi, et dont il nous reste la copie à défaut de l'original. Ornement du frontispice d'un temple construit à Palerme par Robert Guiscard, elle a péri tout entière au milieu des réparations faites à l'église ; mais, fort heureusement, un prêtre palermitain, antiquaire très-distingué, avait eu soin d'en prendre copie, en prévision d'un naufrage artistique qui ne s'est que trop réalisé. L'auteur lui-même l'a communiquée plus tard à Paciaudi [1].

Rien de plus curieux à étudier que cette composition où le Précurseur, à demi-vêtu d'une peau de chameau et portant la croix de roseau ainsi que la banderole traditionnelles, se présente, en fléchissant le genou et les mains jointes, devant le Seigneur qui lui apparaît, à mi-corps, dans les airs,

---

[1]. Paciaudi, p. 27.

au milieu d'un nuage, les bras étendus vers lui. Il semble qu'un divin colloque se soit établi entre Dieu et son Précurseur, aux pieds duquel se trouve une tête dans un plat.

Les inscriptions grecques, qui figurent aux deux côtés de la face de la mosaïque, demanderaient de bien longues explications. Je les résume en disant que l'une, celle de gauche, fait connaître qu'un nommé Jean se constitue le suppliant de son saint patron, pour obtenir la rémission de ses péchés. Il est probable que l'artiste a voulu représenter saint Jean-Baptiste présentant cette supplique à Dieu, qui semble l'accueillir avec une paternelle bonté. De nombreux monuments nous apprennent qu'en ces temps de foi beaucoup de personnes pieuses faisaient exécuter, à leurs frais, des œuvres du même genre, *pro Remedio, Refrigerio ou Redemptione animæ*.

L'autre inscription, celle de droite, comprend d'abord ces mots : ὁ Ἅγιος Ἰωάννης ὁ Πρόδρομος, en abréviations que nous avons déjà eu l'occasion d'expliquer. La suite de l'inscription signifie, autant qu'on en peut juger par les fragments qui subsistent : « O Verbe de Dieu, contemple le supplice infligé à ceux dont la bouche condamne les crimes des pervers; vois cette tête tranchée qui affranchit de l'oubli l'homme vêtu d'une peau de chameau, et éclairé de la lumière divine. »

C'est à cette dernière partie de l'inscription que répond la présence d'une tête mise en un disque. Personne n'ignore, du reste, que la Décollation de saint Jean-Baptiste est assez souvent exprimée par cette caractéristique, soit isolée, soit reproduite comme ici et sur l'ancien reliquaire byzantin de Perpignan, malgré la représentation tout entière du saint occupant le même tableau.

Je ne puis me défendre, en passant, de rapprocher de cette mosaïque une composition presque identique qui orne la face d'un reliquaire grec dont le *Thesaurus veterum diptycorum* contient la gravure fort curieuse [1]. Il est, du reste, infiniment probable que l'une des deux œuvres a servi de modèle à l'autre, car il n'y a guère de différence que dans la légende. Celle du reliquaire dont je parle mérite d'être tout particulièrement signalée, parce qu'elle a trait à la croyance « que la venue du Sauveur a été annoncée aux Patriarches dans les Limbes par saint Jean-Baptiste. » A travers de nombreuses fautes d'orthographe, on peut, en effet, déchiffrer ces mots sur la tablette que le saint Précurseur présente à Dieu le Père : « O

---

1. Gori. T. III, tabl. III.

Christ, souverain Seigneur, daignez jeter un regard miséricordieux sur les âmes ensevelies dans les profondeurs de l'enfer ! » Le mot « enfer » veut dire ici « purgatoire », puisque la justice de Dieu ferme éternellement à sa miséricorde le lugubre séjour des éternels désespoirs.

CHAPITRE DEUXIÈME

L'ITALIE

LES PEINTURES DES MANUSCRITS. — LES ARTISTES DE
LA RENAISSANCE.

Nous venons de passer rapidement en revue plusieurs très-anciens monuments artistiques concernant le Précurseur. Suivant l'art dans sa marche, nous avons successivement contemplé les traits augustes de saint Jean dans les fresques des catacombes, puis dans les mosaïques des églises [1].

C'est maintenant sur les peintures des manuscrits qu'il faut porter notre attention. Mais, comment

---

[1]. Le comte Grimoard de St-Laurent, dans son très-savant *Manuel de l'Art chrétien*, désire voir les artistes établir une ressemblance entre les traits de Notre-Seigneur et ceux de son saint Précurseur. Cette ressemblance, fort naturelle, d'ailleurs, puisque Jésus et Jean étaient cousins germains, ne laisse pas, dit le même auteur, d'être appuyée

embrasser, même d'un simple coup d'œil, un champ si vaste et si fertile ? Comment entreprendre d'en explorer suffisamment ne serait-ce qu'une faible partie ? Comment enfin faire un choix assez étendu dans une aussi riche collection ?

Je renonce à une tâche qui dépasserait mes forces et que ne comportent pas, d'ailleurs, les limites de ce livre. Je me décide à ne parler que de quelques miniatures que leur caractère original ou historique rend particulièrement intéressantes.

§

L'une d'elles appartient à un ménologe grec du ixᵉ siècle, conservé dans la bibliothèque du Vatican 1. Elle représente le baptême. Le Sauveur du monde est dans l'eau jusqu'aux épaules ; saint Jean, revêtu du pallium et nimbé, lui impose la main en présence de deux anges et de deux apôtres. C'est ainsi qu'autrefois le prêtre, plaçant la main sur la tête du futur néophyte, lui indiquait, par une légère pression,

sur un assez bon nombre d'exemples. Il cite, entre autres, ceux relativement récents que lui fournissent Giotto, Fra Angelico et Raphaël.

Nous avons, à notre tour, constaté, plusieurs fois, sur d'anciens monuments cette ressemblance évidemment cherchée par quelques artistes.

1. D'Agincourt, *Peinture*, vol. III, p. 39 et vol. IV, pl. xxxi, n° 24.

qu'il devait se plonger tout entier dans l'eau. Cette cérémonie se répétait par trois fois. Alcuin, très-célèbre écrivain du viiie siècle, en donne l'explication suivante: « C'est avec juste raison, dit-il, que l'homme est baptisé au nom de la Très-Sainte-Trinité par une triple submersion dans les eaux. Créé à cette image infiniment sainte, il importe que la rénovation s'accomplisse à cette même image, et, de même qu'il est tombé dans la mort par le troisième degré du péché, c'est-à-dire par le consentement, de même il ressuscite par la grâce, en se relevant, trois fois, des eaux baptismales.

Un monument artistique très-intéressant du même genre représente la Nativité de saint Jean-Baptiste. C'est une miniature d'un Evangéliaire grec manuscrit de la Bible du Vatican,(xiie siècle); elle sert de frontispice à l'évangile de saint Luc. [1]

Une autre miniature d'un manuscrit ruthénique de la bibliothèque du Vatican, chronique bulgare du xiiie ou du xive siècle, mérite également l'attention. Jésus-Christ et la sainte Vierge, accompagnés d'anges et de saint Jean-Baptiste, reçoivent au séjour des bienheureux un jeune prince bulgare. La légende suivante, inscrite au dessus de cette scène, en donne l'explication: «Jésus-Christ dans le para-

---

1. D'Agincourt (*Peinture*), vol. iii, pl. lxiv, n° 5 et vol. iv. pl. lix, n° 5.

dis veut bien, accompagné de sa Mère et de saint Jean, admettre Asen, fils du grand empereur Jean Alexandre, et le recommander au patriarche Abraham. La scène est très-curieuse [1].

Fermons ces manuscrits grecs et ouvrons ensemble quelques manuscrits latins. Plusieurs sont la possession de la France. Bien qu'en Italie, parlons-en toutefois, dès maintenant, pour épuiser ce sujet spécial et n'avoir plus à y revenir.

Selon notre habitude, nous suivrons l'ordre chronologique.

Le Sacramentaire de l'église de Metz, qui semble avoir été exécuté sous le pontificat de l'évêque Drogon, entre les années 826 et 855, et où l'on trouve l'office de saint Jean-Baptiste (p. 83 à 86), retrace, dans la panse d'un P majuscule, l'Annonciation de Zacharie, et, dans celle d'un D, tout à la fois la Nativité de saint Jean et la prédication. Le Christ, debout, montre son Précurseur assis et plongé dans la méditation, avant de commencer son discours; des Juifs entourent le fils d'Elisabeth, et le désignent du doigt avec admiration. L'exécution laisse fort à désirer. La pensée vaut infiniment mieux: c'est le double hommage du ciel et de la terre [2].

1. D'agincourt (*Peinture*), vol. III, pl. LXVI, n° 2 et vol. IV, pl. LXI, n° 2.
2. Man. latin de la Bibl. Nat., n° 9428. (N° 270 des objets exposés.)

Une miniature du bénédictionnaire de saint Ethelwold, évêque de Winchester, qui vivait au xe siècle, retrace la scène du Baptême. Le Jourdain y est représenté avec des cornes dorées. Je la cite à cause de cette particularité [1].

On voit, à la bibliothèque de Turin, dans un ma-

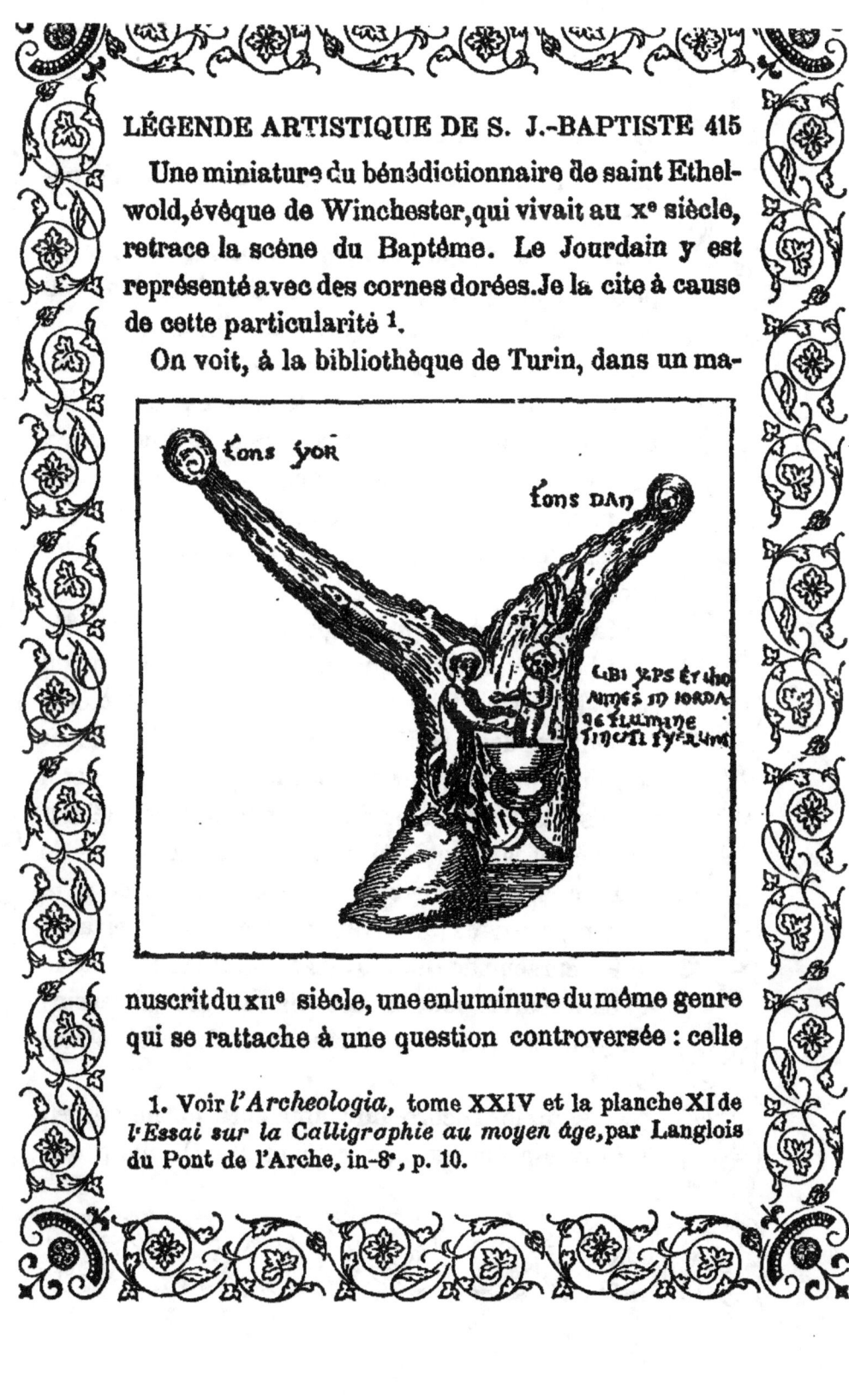

nuscrit du xiie siècle, une enluminure du même genre qui se rattache à une question controversée : celle

1. Voir *l'Archeologia*, tome XXIV et la planche XI de *l'Essai sur la Calligraphie au moyen âge*, par Langlois du Pont de l'Arche, in-8°, p. 10.

de savoir si saint Jean a reçu le baptême de Jésus-Christ.

Ce manuscrit, dont le texte contient des récits, parfois apocryphes, d'événements de l'Ancien et du Nouveau Testament, est orné de peintures dans le goût du temps, c'est-à-dire assez peu fines d'exécution. L'inscription suivante : « C'est ici que le Christ et Jean ont été baptisés dans le Jourdain, » ne laisse aucun doute sur l'opinion de l'artiste. On est même en droit de la considérer comme l'expression de celle qui avait le plus cours à cette époque.

Mais quelle étrange composition ! A côté de détails bien étudiés, tel que celui de la descente du Saint-Esprit sur la tête de Jésus pendant le Baptême et celui des deux rivières, Yor et Dan, qui viennent se réunir pour former le Jourdain, pourquoi cette représentation ridicule d'un Christ enfant, debout jusqu'à mi-jambes dans un bassin de cuivre ou de marbre, sur une sorte de piédestal creux dont la base repose dans le fleuve ? Pourquoi, sur le rivage, ce Précurseur de dix à quinze ans qui tend les bras à l'enfant divin pour le recevoir au sortir du bassin ? Y a-t-il rien de plus contraire à la réalité des faits ?

Je signale encore aux amateurs un manuscrit latin très-précieux, appartenant à la Bibliothèque

LÉGENDE ARTISTIQUE DE S. J.-BAPTISTE

Nationale, et portant le n° 1176; il paraît dater de la première moitié du xive siècle. Outre la scène du baptême, dans laquelle, chose rare, le Précurseur, à genoux, tient d'une main un livre ouvert, on voit un médaillon représentant la Prédication; un paysage, des Juifs assis; dans le haut, un ours, captivé lui-même par les accents du Baptiste, quitte les montagnes pour venir l'écouter. — Dans une autre partie du même manuscrit, où brille une grande richesse d'ornementation, on assiste au drame de la Décollation. Le corps décapité du Saint sort, à demi, de la fenêtre de la prison; ses bras, projetés en avant, sont liés ensemble. Le bourreau a saisi la tête par les cheveux pour la porter à Hérodiade qui s'avance avec un bassin. Détail curieux : l'artiste a représenté continuellement saint Jean sous les traits d'un vieillard [1]

Je cède à la nécessité d'être court; mais puis-je me dispenser de parler du très-célèbre manuscrit connu sous le nom de *Livre d'Heures d'Anne de Bretagne*, chef-d'œuvre de premier ordre que le Conservatoire de la bibliothèque Richelieu protége

---

1. Il y a sans doute encore ici confusion, de la part de l'enlumineur, entre saint Jean-Baptiste et saint Jean l'évangéliste, qui, on le sait, est représenté de deux façons par les artistes: ou imberbe, lorsqu'il se tient au pied de la croix, ou le visage couvert d'une barbe blanche, lorsqu'il écrit l'Apocalypse.

avec un soin jaloux contre une curiosité banale [1] ? Au milieu de merveilles de toute espèce, j'y ai longtemps contemplé une grande et admirable miniature représentant, dans une gloire ogivale, sur fond d'or, Notre-Seigneur entouré d'anges et bénissant. A droite, sa sainte Mère ; à gauche, saint Jean-Baptiste, indiquant d'une main, et tenant, de l'autre, un agneau nimbé et couché. Au-dessus, des personnages de l'Ancien et du Nouveau Testament ; puis des papes, des cardinaux, des moines, etc. On se sent au XVIe siècle, en plein épanouissement du talent des miniaturistes. C'est le dernier mot de l'art sous ce rapport.

§

Et maintenant, sans nous attarder aux ouvrages, très-souvent, cependant, d'une grande beauté, sortis de la main des peintres qui forment la transition entre les miniaturistes et les artistes de la Renaissance, arrivons de suite aux temps modernes.

De Venise donc, où nous admirions tout à l'heure les vieilles et précieuses mosaïques de Saint-Marc, descendons à Florence, en faisant à Parme une halte de quelques instants. Nous y trouverons dans une salle de musée, consacrée à la sculpture, un *saint-Jean-Baptiste* de Bernini (le second Michel-Ange),

---

[1]. La librairie Curmer en a publié un fac-simile chromolithographique.

portant l'empreinte de ce style gracieux, mais maniéré, qui rappelle celui de Mignard; œuvre pleine de mérite toutefois et qu'il serait regrettable de ne pas citer.

Florence! Un volume serait ici nécessaire, et l'étendue de mon sujet ne me permet, hélas, que de disposer de quelques lignes! Je passe donc, bien à regret, dans cette merveilleuse galerie des Offices, devant une suave composition de Fra Angelico da Fiesolie, représentant la Nativité de saint Jean-Baptiste, sujet reproduit aussi, avec beaucoup de talent, par Jacopo Carucci sur un de ces bassins qui servaient jadis à mettre des cadeaux; puis, devant un petit Saint-Jean, naïf à ravir, bas-relief de Donatello; puis enfin, devant une statue en pied du même Saint exténué par le jeûne, dû encore au ciseau de ce grand artiste; compositions d'un saisissant contraste, marquées cependant au sceau du même génie tout à la fois doux et fort.

J'arrive à la *Tribuna*, dont l'une des merveilles est le *Saint-Jean dans le désert*, l'une des plus belles créations de la troisième manière de Raphaël: « Ce Saint-Jean, dit M. Viardot, est connu parce qu'il en fut fait plusieurs répétitions dans l'atelier de Raphaël, et si bonnes que l'on a longtemps mis en doute quel était le véritable original. Mais une circonstance matérielle, jointe à son éclatante beauté, décide la question pour le *Saint-Jean* de la *Tribuna*. C'est qu'il est sur toile, et toutes les répétitions sur bois. Or l'on sait que le *Saint-Jean* primitif, destiné au cardinal Colonna, qui en fit présent à son médecin, des mains duquel il passa dans les galeries des Médicis, fut peint sur toile. Tout le détail du tableau répond, d'ailleurs, à cette démonstration. » — Dans cette toile, le Précurseur s'offre aux regards sous des traits un peu efféminés. L'imagination, d'accord avec la légende, ne se le représente pas ainsi d'ordinaire. On cherche, en vain, dans ces formes délicates les âpres empreintes de la vie du désert; mais, selon la judicieuse remarque de l'éminent critique que nous venons de citer, le *Saint-Jean-Baptiste* du Louvre, de Léonard de Vinci, nous apparaît sous le même aspect; ce qui fait croire qu'à cette époque c'était là le caractère conventionnel, dans l'art, de saint Jean-Baptiste au désert. C'est ainsi que la mode s'impose même aux plus beaux génies.

Une autre merveille de la peinture, la *Vierge à la Chaise*, se trouve au palais Pitti. La longue contemplation d'un tel chef-d'œuvre nous dédommagera un peu de ne pouvoir donner tout notre temps à tant d'autres saintes Familles, où le pinceau des plus grands artistes a retracé l'image du jeune parent de Jésus. On ne saurait trop admirer avec quel prodigieux bonheur Raphaël triomphe ici de la terrible difficulté que lui crée un cadre étroit et rond ! Comme il a bien pressé les uns contre les autres ses trois personnages, sans rien leur enlever de leur naturel et de leur grâce ! Quelle céleste douceur sur les traits de l'enfant divin et quelle timidité charmante dans l'adoration naïve de son futur Précurseur ! On a justement comparé ces deux enfants à deux anges tombés du Paradis.

N'en vient-il point aussi ce délicieux enfant que, sous les voûtes du même palais, Carlo Dolci fait dormir avec tant de grâce et d'innocence, en attendant qu'il nous montre Hérodiade portant la tête de sa victime, endormie, cette fois encore, mais pour toujours, dans le sommeil du martyre !...

Ce n'est pas dans les musées seulement qu'on peut trouver, à Florence, de pieux et artistiques souvenirs du Précurseur.

« Quelle surprise et quel enchantement, s'écrie M. Paul Mantz, lorsqu'en arrivant, pour la première fois, dans cette ville, on entre dans la chapelle qui forme l'abside de Santa-Maria Novella ! Sur les hautes parois de cette chapelle se développent deux fresques immenses qui retracent, l'une, l'histoire de saint Jean-Baptiste, l'autre, celle de la Vierge. C'est-là qu'est le groupe, si souvent copié, des femmes qui viennent, visiteuses élégantes, prendre des nouvelles de l'accouchée et lui porter leurs félicitations amicales. Ces figures, qui sont, pour la plupart des portraits, et pour lesquelles posèrent, dans leurs plus beaux atours, les plus charmantes Florentines de 1490, sont d'une grâce inexprimable[1]. »

Cette œuvre de Domenico Ghirlandajo, l'un des monuments remarquables de l'art italien, a résisté aux outrages du temps. Quel dommage qu'il n'en soit pas ainsi de celle d'Andrea del Sarto, au cloître Dello Scalzo ! Vasari, en racontant la vie de ce maître sans erreurs, rapporte que la Conférence Dello Scalzo avait coutume de se rassembler à Florence au bout de Via Larga, en face du jardin de San-Marco, dans un oratoire dédié au Précurseur, et construit par divers Florentins qui l'avaient orné d'une galerie soutenue par de petites colonnes. Quelques membres de la Confrérie, voyant qu'Andrea arrivait à se placer au nombre des meilleurs maîtres, résolurent de lui faire peindre à fresques et en clair-obscur, autour de leur galerie, divers sujets tirés de la vie de saint Jean-Baptiste. Ces braves gens étaient plus riches en bonne volonté qu'en écus : néanmoins Andrea se mit à l'œuvre et com-

---

1. Cette composition est aussi l'une des plus célébrées par Vasari ; il loue surtout l'expression de la femme qui demande à la nourrice l'enfant nouveau-né pour le montrer aux autres femmes qui viennent visiter Elisabeth.

mença, par le baptême du Christ, une série de fresques traitées avec le plus grand soin et dans une excellente manière[1].

Le même artiste a laissé des représentations isolées de saint Jean-Baptiste; elles ornent l'Académie des Beaux-Arts et le monastère de Vallombrosa. — Enfin la façade d'Or San-Michele a été enrichie, par le ciseau de Ghiberti, de cette sainte image, souvent reproduite par Donatello, comme à la cathédrale de Sienne, par exemple, dans la chapelle consacrée à saint Jean-Baptiste.

Puisque j'ai nommé Sienne, j'en profite pour dire que l'église de la Confrérie della Morte de saint Jean se glorifie de posséder une bière peinte par le Razzi (Chevalier Sodoma). C'est un morceau de la plus rare beauté, où paraît, dans tout son jour, le mer-

---

[1]. En voici le détail, que j'emprunte à *l'Histoire des peintres* :

1514. — Andrea del Sarto s'engage envers la confrérie de St J.-B., dite du Scalzo à peindre à fresque, en clair obscur, l'histoire de ce saint, à raison de 50 livres par chaque morceau.

1514. — Il peint le Baptême du Christ dans ledit cloître.

1515. — Il peint la prédication de saint Jean-Baptiste.

1517. — Il achève la fresque où saint Jean est représenté baptisant le peuple.

1517. — Il achève la fresque qui représente saint Jean mis en prison.

1522. — Il peint le festin d'Hérode.

1523. — Il finit la Décollation de saint Jean-Baptiste.

veilleux talent de ce maître incomparable pour lequel Vasari montra tant d'injustice, de l'aveu de tous les critiques modernes les plus autorisés. Étrange fatalité! On ravit, d'abord, à ce grand peintre sa réputation d'artiste, puis on lui déroba l'honneur en attaquant ses mœurs par une infâme calomnie, aujourd'hui démasquée; puis, enfin, on lui conteste maintenant jusqu'à son nom après trois siècles de possession!

De Rome je ne dirai qu'un seul mot, puisque je dois nécessairement me limiter. Je me résigne donc à ne point parler de plusieurs Saintes Familles où le Précurseur est admirablement représenté, comme par exemple, dans le fameux tableau de Jules Romain, placé dans la sacristie de Saint-Pierre, et je ne fais qu'indiquer, au courant de la plume, dans

1523. — Il termine la fresque qui représente la tête de saint Jean-Baptiste apportée à Hérodiade.
1523. — Annonciation à Zacharie.
1526. — Il achève la naissance de saint Jean.

On remarque une interruption des années 1517 à 1522 dans l'œuvre d'Andrea del Sarto. C'est qu'au mois de mai Andrea était parti pour la France, laissant interrompue la série des fresques du Scalzo. Les membres de la corporation confièrent à François Bigio, artiste d'un grand talent et intimement lié avec Andrea, le soin de continuer son œuvre. Bigio peignit saint Jean-Baptiste recevant la bénédiction de son père avant de se rendre au désert, et cette délicieuse sainte Famille où le petit saint Jean embrasse l'Enfant Jésus.

le Baptistère de Saint-Jean de Latran, huit tableaux d'Andrea Sacchi, relatifs à des scènes de la vie du Baptiste; dans la galerie Borghèse, un Saint-Jean dans le désert, de Paul Véronèse; au palais Corsini, une Hérodiade de Guide; au Capitole, enfin, un Baptême du Christ, où le Titien a reproduit son portrait vu de profil.

J'agirai de même pour Naples, en ne citant, dans son riche musée, que la Sainte Famille de Sébastien del Piombo, à laquelle on a fait, à si juste titre, les honneurs de la salle des chefs-d'œuvre; elle y rivalise comme style, comme dessin, comme coloris avec la *Madona col divino amore*, de Raphaël, et la *Madona del Gatto* de Jules Romain.

Un sourire, en terminant, à la jolie toile de Schidone (saint Jean portant l'agneau[1]) et à la toute charmante composition où Cesare da Sesto a représenté

---

[1]. Gravée dans *l'Histoire des peintres* par Charles Blanc. — Voir, dans le même ouvrage, la reproduction d'un attachant paysage du même peintre: le Repos de la sainte Famille. Au milieu d'une clairière, où l'on sent qu'aboutissent « des routes ombreuses, gazonnées et doulx fleurantes. » Jésus et Jean se jouent sous le regard de Marie, non loin de saint Joseph, qui s'avance, courbé par l'âge, et marchant avec le secours d'un bâton. — Toute cette scène est empreinte d'une indéfinissable sérénité: calme harmonieux des personnages et de la nature.

Jésus enfant embrassant avec effusion son jeune précurseur; premières expressions de l'amour infini, pour l'humanité, d'un Dieu qui bientôt donnera sa vie elle-même en échange du salut des hommes!

CHAPITRE TROSIÈME

L'ESPAGNE

En Espagne, le Précurseur a, dans l'art d'éblouissants rayonnements.

Une des gloires les plus anciennes du musée de Madrid est une *Sainte Famille* de Raphaël, que l'on suppose avoir été peinte expressément pour Charles-Quint, comme notre *Sainte Famille* du Louvre l'a été pour son rival François Ier. — L'enfant divin se penche avec tendresse pour embrasser son jeune compagnon, en tournant la tête vers sa Mère, qui le soutient avec le bras droit par un mouvement dont je renonce à exprimer la grâce enchanteresse. Le fils d'Elisabeth déroule une bande où se trouve retracé ce témoignage si plein de consolation pour l'humanité : « *Ecce Agnus Dei, ecce qui tollit peccata mundi.* » Quelques teintes un peu sombres permettent de croire que le petit Saint-Jean est dû au pinceau de Jules Romain ; mais la collaboration du disciple n'enlève rien à la perfection de l'œuvre du maître.

Murillo, à son tour, nous montre le jeune saint Jean formant avec Jésus le groupe le plus suave qu'ait jamais rêvé, puis exécuté un peintre de génie. « Peut-on concevoir, s'écrie M. Viardot, dans un transport d'admiration bien légitime, deux enfants plus beaux, plus naïfs, plus épris d'une tendre amitié ? Comme ils marchent, quoiqu'embrassés, avec aisance et grâce ! Comme ils s'étreignent avec amour ! Quelle ravissante expression de bonté dans le fils de Marie, approchant un coquillage plein d'eau des lèvres de son jeune ami ! Et, dans le regard attendri du fils d'Elisabeth, quelle promesse de reconnaissance et de dévouement ! »

En présence d'une telle toile, je rassemble tout mon courage pour avouer qu'un doute s'est élevé sur la vérité d'une légende que l'art a, pour ainsi dire, dogmatisée. Souvent, depuis la Renaissance, on a peint le petit saint Jean à côté du jeune Jésus : et pourtant, s'il faut en croire quelques commentateurs qui se fondent sur ces paroles de saint Jean-Baptiste : « *Et moi je ne le connaissais pas* », rien n'est moins certain que l'intimité de ces deux enfances. D'autant plus que le Précurseur ajoute aussitôt : « *Mais Celui qui m'a envoyé baptiser m'a dit : Celui sur lequel vous verrez descendre le Saint-Esprit est celui-là même qui baptise dans le Saint-Esprit.* » Par conséquent, reprennent impitoyablement ces commentateurs, la descente du Saint-Esprit fut pour Jean un moyen de reconnaître le Christ.

Fort heureusement pour la poétique légende dont l'art s'est fait le merveilleux interprète, cette opinion n'est pas irréfutable. On peut admettre, avec saint Thomas, que saint Jean-Baptiste vécut près de Jésus dans sa plus tendre enfance; puis, que son long séjour dans le désert et le changement opéré par l'âge effacèrent de sa mémoire les traits du visage de son divin compagnon, mais qu'il le connut par une révélation surnaturelle, d'abord lorsque le Messie vint lui demander le baptême, ensuite par la descente du Saint-Esprit. Et si le Précurseur déclare ne pas connaître le Christ, c'est, dit le vénérable Bède, parce qu'il n'avait pas de lui une connaissance aussi entière et aussi approfondie avant la descente du Saint-Esprit qu'après cette manifestation; d'ailleurs, cette seconde révélation était, pour lui, plus éclatante que la première, puisqu'elle lui avait été annoncée et promise précédemment.

Cette belle toile de Murillo n'est donc pas la plus séduisante des illusions, mais très-probablement, comme tant d'autres chefs-d'œuvre du même genre, la plus gracieuse des réalités !

Ainsi le pense M. Gruyer ; j'extrais les lignes suivantes de son beau livre de *l'Iconographie de la Vierge:* «Les caresses, dit-il, que Jésus petit enfant prodigue au petit saint Jean, sont la première image de cet amour immense qui portera le Christ à donner, pour les hommes, jusqu'à la dernière goutte de son sang. A peine né, le Sauveur prête son cœur à l'homme, afin que l'homme puisse aimer dignement Celui qui ne peut être aimé dignement que par un autre lui-même. » (Bossuet, 2ᵉ sermon pour la fête de l'Annonciation.)— Enfant, il se reproduit dans un autre enfant, comme il se reproduira bientôt et à jamais dans le reste des hommes.

» L'Ecriture, il est vrai, ne dit rien des affections naissantes de Jésus et de saint Jean-Baptiste ; mais les artistes chrétiens, trouvant, sous ce silence, une vérité morale, ont célébré, à l'envi, les tendresses du fils de Marie et du fils d'Elisabeth.— Jean-Baptiste n'était pas la lumière, mais, éveillé dès le sein de sa mère à la voix de Marie, il avait dû rendre témoignage à la lumière encore cachée. La Vierge lui avait transmis, lors de la Visitation, le pardon, la grâce, l'amour. Une femme, Elisabeth, avait alors proclamé et reconnu la Mère de Dieu ; un enfant, Jean-Baptiste, reconnaît, à son tour, et enseigne au monde Dieu enfant ; et le spectacle de ces deux enfants, qui s'aiment et s'embrassent, continue l'enseignement des deux mères qui s'étaient visitées et saluées. Jésus donne quelque chose de sa nature divine au petit saint Jean, afin que l'homme ait, dès sa naissance, quelque ressemblance avec Dieu. Voilà ce que l'art de la Renaissance a exprimé avec une infatigable persévérance. »

Si l'on aime les contrastes, il faut, en détachant les yeux de cette scène d'une grâce ineffable, due au pinceau de Murillo, les reporter vers la *Salomé* du Titien. L'infâme danseuse tient élevé sur sa tête le plat d'argent dans lequel elle porte à sa mère Hérodiade la tête de saint Jean-Baptiste. A la vue de cette composition magistrale, où le peintre aimé de Charles-Quint et de Philippe II montre autant d'énergie que de vérité, on sent ce je ne sais quoi de vainqueur qui révèle la présence d'un des principaux chefs-d'œuvre de la peinture, et l'on répète avec son brillant disciple Tintoret : « Oui, cet homme peignait avec de la chair vivante, broyée sur sa palette ! » Ce tableau est, sans contredit, l'une des expressions les plus élevées du talent au service du génie.

D'autres compositions, beaucoup moins importantes, mais très-remarquables cependant, méritent encore une mention spéciale dans le musée de Madrid. Signalons rapidement : Trois tableau de Massimo Stanzioni : l'Annonciation à Zacharie ; la Prédication dans le désert ; la Décollation ; une Sainte Famille du Titien portugais, Claudio Coëllo ; un groupe charmant de *Jésus et de saint Jean*, de Juan Antonio Escalante ; un *saint Jean-Baptiste à genoux devant son père et sa mère*, du chevalier Calabrais, élève du Guerchin ; une *Naissance de saint Jean-Baptiste*, d'Artemisia Gentileschi, fille et disciple d'Orazio, « l'une des rares compositions historiques de cette femme de talent, qui se distingua surtout par des portraits ; » une toile, unique peut-être en son genre, de Juan Fernandez Navaretta: *Saint Jean répandant de l'eau avec ses mains sur la tête de Jésus*; enfin un petit *Saint-Jean dans le désert*, de Pierre Mignard, peint avec cette grâce élégante et légèrement affectée qui caractérise la manière de l'auteur de la *Vierge à la grappe* [1].

---

[1]. Il existe à Madrid, dans une collection particulière, un petit Saint-Jean nourri par deux anges, attribué à Juan del Castillo. — Ce tableau rappelle la légende rapportée par nous dans la première partie de cet ouvrage.

Ce même sujet, traité par Murillo, est une des œuvres les plus admirées du musée de Séville. — Plusieurs autres compositions de ce grand maître ornent la chapelle de l'hospice de la capitale de l'Andalousie; dans leur nombre brille, comme un inestimable diamant, un médaillon représentant saint Jean-Baptiste. Enfin, il existe dans la chapelle du couvent San-Clemente de la même ville, dans une niche, près de l'épitre, une petite statue du Saint, œuvre extrêmement remarquable de Nunez del Gado, que nous ne saurions trop signaler à l'attention des connaisseurs.

Les Espagnols ne me pardonneraient pas (et avec juste raison), d'oublier un chef-d'œuvre qui fut fait, au XVIIe siècle, pour le couvent de Sainte-Isabelle, par le fondateur de l'Ecole sévillane et le maître de Velasquez, Francisco Pacheco. Le *Jugement dernier* [1] est l'œuvre capitale de cet artiste, tout à la fois peintre, poète et écrivain. Dans ce magnifique tableau, la Vierge est à la droite de Jésus, aux pieds duquel sont rangés les apôtres. — D'accord avec la tradition artistique de tous les siècles, Pacheco donne le premier rang, après la Mère de Dieu, au saint Précurseur du Verbe. Nous aurons plus tard l'occasion d'in-

---

1. Gravé. — (Ch. Blanc. Histoire des peintres).

sister tout particulièrement sur cette place exceptionnelle assignée par l'art, dans le ciel, à saint Jean-Baptiste et qui constitue pour le fils d'Elisabeth la suprême glorification.

CHAPITRE QUATRIÈME

LA FRANCE

A TOUT seigneur tout honneur. Dirigeons-nous donc d'abord vers le Louvre et, une fois au Louvre, vers les toiles de Raphaël. Fidèle à la règle que nous nous sommes tracée, nous nous bornerons à choisir deux perles, d'un prix extrême, il est vrai, dans l'écrin de ce maître incomparable.

Ici encore nous allons admirer saint Jean, tout éclatant de grâce et de beauté, aux côtés de l'Enfant Jésus et de Marie.

Le chef-d'œuvre que l'on est convenu d'appeler la Vierge *Belle Jardinière* est trop connu pour que nous en fassions ici une description détaillée.

Qui de nous n'est demeuré dans une longue extase en présence de cette Vierge adorable, ornée par le génie de tant de charme et qui baisse si pudiquement les yeux, à l'exemple, du reste, de toutes les Madones de Raphaël, sauf celle dite *à la Chaise !* Qui de nous oubliera jamais le doux regard que jette sur son auguste Mère l'Enfant Jésus, tendrement appuyé sur Elle, tandis que le jeune saint Jean se tient à genoux devant son Divin Maître, une petite croix de jonc à la main ! L'œil est comme caressé par ces suaves harmonies de la couleur et de la forme, et le cœur, devant cette toile céleste, se sent tout embaumé de piété.

Mais voici le chef-d'œuvre des chefs-d'œuvre : voici cette Sainte Famille sublime, que l'on appelle la Sainte Famille du Louvre, celle où l'Enfant Jésus s'élance de son berceau dans les bras de sa Mère. Il est adoré par saint Jean que lui présente Elisabeth. Un ange répand des fleurs sur la Vierge ; un autre se prosterne ; saint Joseph est absorbé dans la méditation.

C'est le duc d'Urbin qui commanda ce tableau à Raphaël ; il date de la même époque que celui de l'*Archange saint Michel,* et les deux chefs-d'œuvre sont arrivés ensemble en France. François Ier le reçut à Fontainebleau, entouré de toute sa cour, avec autant de pompe qu'il en eût déployé pour un roi. C'est qu'en effet ce merveilleux tableau est le roi des chefs-d'œuvre de Raphaël en ce genre, comme la *Transfiguration*, qu'il peignit bientôt après, est le plus bel ouvrage qu'ait produit la peinture.

On lit sur le bord du manteau de la Vierge : Raphaël, — 1518 — *Romæ*. — Noms augustes, qui résumez à vous seuls ce qu'il y a de plus beau et de plus consolant dans l'humanité : la Religion et l'Art, que de grandeur et que de charme dans votre toute-puissante union !

Le Louvre a reçu récemment, de la générosité d'un célèbre collectionneur, M. His de la Salle, un tableau de Fra Beato Angelico da Fiesole : le *Festin d'Hérode;* œuvre délicieuse comme toutes celles de ce pieux artiste. Les figures, qui ne dépassent pas la hauteur de l'ongle, sont cependant singulièrement vivantes. Tandis que Salomé, vêtue d'une robe rose, danse devant les royaux convives, un garde apporte la tête du Précurseur. Malgré l'horreur de cette scène, le tableau reste une merveille de grâce, d'expression et de couleur.

Quelle est délicieuse aussi la toile qui représente le Sommeil de Jésus et que l'on appelle le *Silence de Carrache,* parce que Marie fait signe à saint Jean de ne point éveiller son fils endormi ! On le tient pour un des joyaux du Louvre.

Un magnifique tableau encore, où l'observation de la nature s'allie à l'imitation des meilleurs maîtres, c'est la Prédication de saint Jean-Baptiste, paysage du même peintre, que le cardinal Mazarin acheta à Rome à la marquise Sanesi. Assis sur un rocher au bord du Jourdain, à l'entrée d'une caverne, le prophète est entouré de Juifs qui écoutent avidement sa parole.

C'est aussi dans un ravissant paysage que Nicolas Poussin a placé la scène si merveilleusement rendue où il nous montre le Précurseur administrant le Baptême de pénitence à différentes personnes accourues à sa voix. Comme toujours le peintre des gens d'esprit répand sur les personnages du tableau cette beauté d'expression qu'égale seule l'imagination déployée dans la variété des sites qui les encadrent.

Je ne parle point ici d'un saint Jean-Baptiste à mi-corps, d'une jeunesse un peu efféminée, dû au pinceau de Léonard de Vinci, puisque j'ai eu l'occasion d'en dire quelques mots à propos du saint Jean de la *Tribuna* de Florence ; mais je signale une toile excellente de son disciple Bernardino Luini : *la Salomé recevant la tête de saint Jean-Baptiste ;* page admirable, où l'élève se montre maître à son tour, sans cesser pourtant de s'inspirer de la manière du grand Florentin.

LÉGENDE ARTISTIQUE DE S. J.-BAPTISTE

Avant de quitter les salles de la peinture, jetons un regard sur un fort beau gradin d'autel en trois compartiments, dont l'un retrace la mort du Précurseur; important morceau d'un peintre de l'école de Giotto, Taddeo Gaddi, qui florissait au xiv° siècle : ce n'est point une des moindres richesses de ce musée, pourtant si riche !

Dans la série des ivoires, un grand retable en os sculpté et en marqueterie, de facture italienne, exécuté dans la seconde moitié du même siècle, nous parle aussi de saint Jean-Baptiste dont la légende entière se développe dans les baies qui contiennent plus de soixante bas-reliefs. Ce travail, connu sous le nom de *Retable de Poissy*, est trop remarquable pour être passé sous silence. L'un des sujets représente Elisabeth sauvant le jeune saint Jean du massacre des Innocents. Cette scène est moins fréquemment reproduite par les Latins que par les Grecs, chez lesquels est très-accréditée la légende qui veut qu'un rocher se soit ouvert pour livrer passage à la mère du Précurseur, puis refermé pour arrêter le soldat qui la poursuivait.

Rendons-nous maintenant à l'hôtel de Cluny. Ce musée possède, entre autres compositions dont le Précurseur a fourni le sujet, un fort beau coffre, en bois sculpté, du temps de François Ier; les divers épisodes de la vie du Saint y sont artistiquement retracés. On y remarque aussi un groupe en bois représentant la Décollation ; c'est un travail allemand de la même époque, intéressant, mais fort original, car les personnages portent tous le costume du xvi⁰ siècle, et le cadavre de saint Jean décapité est revêtu d'une cotte de mailles ! Le même sujet se retrouve deux fois dans le musée : dans un tableau sur bois attribué à Lucas Van Kranach, peintre allemand du xvi⁰ siècle ; et, sur un plat de forme ovale en faïence (école de Palissy)[1].

Enfin, on conserve, au palais des Thermes, des piliers d'angles et de retombées provenant de l'ancienne tour de la Commanderie de Saint-Jean de Latran. Cette célèbre Commanderie était située en face du collége de France ; on la désignait, antérieurement au xvi⁰ siècle, sous le titre de Saint-Jean de l'Hôpital ou de Saint-Jean de Jérusalem. Elle existait déjà en 1130 et occupait le vaste espace compris entre la rue Saint-Jacques et celle de Jean de Beauvais, d'un côté, la place Cambrai et la rue des Noyers, de l'autre [2].

L'entrée principale, la grange aux dîmes, édifice ogival du xiii⁰ siècle, le logement du Commandeur, le cloître avaient été depuis longtemps démolis ;

---

1. Album du Sommerard, *Les Arts au Moyen Age*, vii⁰ série, chap. vi, pl. v.
2. De Guilhermy, *Itinéraire Archéologique*, p. 256 et 257.

mais la tour, curieux spécimen de l'architecture du moyen âge, était encore debout en 1854. Au grand désespoir des archéologues, la rue des Ecoles a passé sans pitié sur les restes de cet antique monument, unique en son genre sur le sol de Paris.

Dulaure prétend que cette tour était affectée au logement des pèlerins, se rendant à Jérusalem; mais notre savant ancien collègue, M. le Baron de Guilhermy, frère du si docte et si bienveillant Père jésuite de ce nom, lui assigne, dans son *Itinéraire archéologique de Paris*, une plus large destination. Il pense qu'elle servait non-seulement de donjon, mais aussi de dépôt pour les titres, les armes et autres objets précieux, ainsi que de lieu de réunion pour les chevaliers. Cette construction comprenait quatre étages : le dernier était couvert en charpente ; les trois premiers étaient voûtés en pierre avec colonnes engagées dans les murs. Ce sont quelques tronçons de ces colonnes et des fragments des chapiteaux qui soutenaient les retombées de ces voûtes que l'on peut voir encore à l'hôtel de Cluny ; débris respectés du passé !

Au Palais de Justice, dans la salle affectée aux audiences de la première Chambre de la Cour, le Précurseur figure dans un admirable Calvaire, attribué, avec toute apparence de certitude, à Jean de Bruges (xvᵉ siècle). Au-dessous de ce tableau était représenté, avant la révolution, Louis XII, qui avait restauré la Grand'Chambre, à laquelle on donnait aussi le nom de *Chambre dorée*. Les costumes et les attributs des personnages méritent une attention toute spéciale. Au centre, le Christ sur la croix ; à sa droite, la Vierge soutenue par deux saintes femmes ; puis saint Jean-Baptiste et saint Louis ; à sa gauche, saint Jean l'évangéliste, saint Denis, saint Charlemagne ; au-dessus de sa tête, le Saint-Esprit et le Père Éternel, entouré d'anges ; au fond, en arrière-plan, plusieurs groupes de personnages, la ville de Jérusalem, la tour de Nesle, le Louvre avec son donjon, et les bâtiments gothiques du Palais de Justice.

La présence simultanée de saint Jean-Baptiste, de saint Louis, de saint Charlemagne et de saint Denis dans cette belle composition ne peut s'expliquer, cela va sans dire, que par une allégorie. Comme ce tableau était destiné à orner la demeure de la justice, l'artiste a voulu y réunir les principaux personnages de tous les temps qui ont témoigné pour elle le plus ardent amour ou contribué davantage à la faire fleurir dans leurs états. La première place dans cette sorte d'apothéose revenait de droit au Précurseur, qui souffrit la mort pour le triomphe de la justice. Il était naturel aussi qu'à côté des rois de France qui se sont le plus illustrés en soutenant cette belle cause, l'artiste n'oubliât pas le premier évêque de Paris, cet illustre Martyr, si vénéré jadis sur le vieux sol parisien où s'élève le Palais de Justice. Quant aux monuments appartenant à des contrées et à des temps différents, rassemblés dans le même cadre, chaque groupe, on le comprend, correspond aux personnages des diverses époques et des deux nations mises en scène par Jean de Bruges.

Combien d'églises à Paris, et je n'en veux citer que quelques-unes, retracent, de la manière la plus artistique, à nos regards charmés, l'image de saint Jean-Baptiste! Je la retrouve sur les antiques vitraux de la Ste-Chapelle et sur ceux de St-Vincent de Paul, de MM. Maréchal et Guyon, peut-être les plus beaux de Paris; à St-Germain-des Prés, dans une admirable fresque d'Hippolyte Flandrin, représentant le Baptême; à St-Séverin, dans une composition analogue et une Prédication dans le désert; deux ouvrages du frère du précédent, dans lesquels, suivant M. Gustave Planche, on constate un heureux souvenir de Nicolas Poussin [1]; à

---

[1]. On peut voir dans la même église un tableau de Schnetz: Saint Jean-Baptiste indiquant l'Agneau de Dieu à André et à un autre de ses disciples qui se disposent à suivre Jésus.

Notre-Dame de Lorette, où la même scène du Baptême se développe avec noblesse autour des fonts baptismaux, surmontés de la jolie statue du Saint par Duret; à St-Gervais, enfin, aux côtés du Christ, assis sur l'arc-en-ciel entre sa Mère et son Précurseur.

Voilà pour la peinture. Quant à la sculpture, je pourrais nommer aussi un certain nombre d'églises offrant des représentations vraiment belles de saint Jean-Baptiste; mais parlons seulement de la Madeleine et de Saint-Roch, où l'on voit deux *Baptêmes* d'un genre tout différent, dus au ciseau de deux grands artistes: Rude et Lemoine. La première de ces compositions (celle de la Madeleine) est monumentale et d'une grande beauté; malheureusement on s'est trouvé forcé de la placer dans un endroit si obscur qu'on peut à peine en saisir les lignes principales. A Saint-Roch, le groupe en marbre de Lemoine est également fort remarquable, un peu trop gracieux peut-être. Il ornait jadis l'antique église de Saint-Jean en Grève, aujourd'hui disparue, comme, hélas, a disparu aussi, dans les incendies néfastes allumés par la Commune, la salle Saint-Jean de l'Hôtel-de-Ville, qui en faisait autrefois partie [1]

[1]. A Notre-Dame, les stalles occupent trois travées. Au nombre des meilleures sculptures sur bois on distingue celle du Baptême. — Jésus, debout dans l'eau du

Nous pourrions, sans crainte de passer pour incomplet, nous dispenser de parler des musées de province, car, malgré la richesse incontestable de certains d'entre eux, sous d'autres rapports, leur visite nous laisse peu de choses à dire, au point de vue artistique, en ce qui concerne saint Jean-Baptiste. Raynaud le Vieux, de Nismes, a peint, au XVIIe siècle, pour la chapelle des pénitents noirs à Avignon, une série de tableaux ayant trait à l'histoire du Précurseur : deux d'entre eux figurent encore dans le musée de cette ville ; un troisième est au Louvre et le quatrième à Bicêtre. Le musée de Nismes en possède deux autres : saint Jean-Baptiste reprochant à Hérode sa conduite criminelle, et le Drame de la Décollation. Les personnages sont de grandeur naturelle. Sans doute, la composition, le dessin et la couleur affirment la facilité de l'artiste, mais l'œuvre en général manque un peu de caractère ; elle est curieuse, cependant, et c'est à ce titre que nous en faisons ici mention.

De son côté, la ville de Grenoble a, dans son musée, un saint Jean-Baptiste au désert de Philippe de Champagne, bon tableau, énergiquement

Jourdain qui s'amoncelle autour de lui jusqu'à mi-corps, reçoit le baptême des mains de saint Jean, tandis qu'un ange tient sa tunique.

modelé et d'une couleur vigoureuse. Au musée de Marseille, une toile du Pérugin, destinée par lui, jadis, à l'église de Santa-Maria de' Fossi, à Pérouse, montre la Vierge assise sur les genoux de Ste Anne, et entourée de saints et d'enfants. Une partie de ce tableau, d'un prix inappréciable, représente le jeune saint Jean caressant l'Enfant Jésus. Raphaël en a fait une copie ; c'est un de ses premiers ouvrages et une imitation parfaite du modèle. Le divin jeune homme l'a peinte à la détrempe sur fond d'or, sans doute pour exercer son pinceau dans l'atelier de son maître. Elle orne aujourd'hui la sacristie de l'église San-Pietro Maggiore, à Pérouse.

Une grande composition, l'*Ascension*, également du Pérugin, constitue le morceau capital du musée de Lyon. Les plus riches collections de l'Europe lui envient cette œuvre, qui passe pour une des plus belles productions du maître. Nulle part, dit M. Clément de Ris, si ce n'est à Florence et à Rome, il n'existe un Pérugin de cette importance, et Lyon, sous ce rapport, est plus riche que Paris. Vasari en fait le plus grand éloge.

Trois scènes, peintes avec une extrême habileté, forment la prédelle de ce tableau : l'une d'elles représente le Baptême de Jésus-Christ, et se trouve, comme les deux autres, au musée de

Rouen. Toute l'œuvre avait été peinte d'abord pour l'ornement de l'autel de l'abbaye des moines noirs de Pérouse ; mais, par suite d'une série de circonstances qu'il serait trop long de raconter ici, ce chef-d'œuvre fut apporté en France ; puis, sa partie principale demeura à Lyon, tandis que plusieurs fragments retournaient en Italie, et que d'autres allaient enrichir Rouen et Paris.

M. Clément de Ris signale au musée d'Angers une charmante esquisse, grande comme la main, pétillante d'esprit, de vivacité et de couleur, et qui, dit-il, fait penser à Tiepolo. Hérodiade tient le chef du Saint dans un plat ; elle gravit un large escalier à la Paul Véronèse, au haut duquel un vaste péristyle abrite le festin d'Hérode. Ce petit panneau est signé N. V. 1770, et l'on ignore malheureusement quel est l'auteur de cette jolie chose.

J'ai dit, tout à l'heure, un mot du musée d'Avignon, mais je n'ai point parlé de la chapelle pontificale du Palais des Papes, si remplie cependant du souvenir du Précurseur. Les belles fresques qui retracent sa vie ont été exécutées dans la seconde moitié du xive siècle, sous le pontificat de Grégoire xi, dernier pape qui ait habité Avignon. Evidemment le peintre est un florentin de l'école de Giotto.

Quand nous aurons cité deux œuvres de Nicolas Poussin : l'une, au musée de Montpellier, le Baptême du Christ ; l'autre, au musée de Toulouse, saint Jean-Baptiste dans le désert, nous aurons épuisé, je crois, tout ce qu'il y a d'intéressant à dire sur ce chapitre.

Les peintres et les sculpteurs n'ont point été les seuls à créer des chefs-d'œuvre pour la gloire du Précurseur : les architectes, de leur côté, ont élevé d'admirables monuments à son impérissable mémoire. Ici, comme ailleurs, je suis obligé de me borner. Voici donc seulement quelques-unes des cathédrales, classées parmi les monuments historiques, qui se trouvent placées sous le vocable de ce grand Saint. C'est, d'abord, l'église primatiale de Lyon, dans laquelle le style roman vient se confondre avec les premiers essais gothiques du XIIe siècle, et dont on admire, à si juste titre, les boiseries du chœur et les vieux vitraux ; c'est, ensuite, l'église Saint-Jean-Baptiste de Chaumont, construite au XIIIe siècle pendant la belle période ogivale, mais dont le clocher, de style flamboyant, a été rebâti au XVIe ; c'est encore la cathédrale de Perpignan, commencée à cette dernière époque et qui reste inachevée, édifice remarquable par sa grande richesse d'ornementation ; c'est, enfin, la cathédrale d'Amiens, dédiée, il est vrai, à

Notre-Dame, mais tellement remplie du souvenir du Précurseur qu'on peut considérer le Fils de Zacharie comme le second patron de cette basilique, la plus vaste de France.

Elle fut commencée en 1220 par un architecte de génie, Robert de Luzarches, et terminée seulement soixante-dix ans plus tard. Immortel chef-d'œuvre de l'art gothique, elle est dominée par deux tours de hauteurs inégales, dont la plus haute mesure 70 mètres au-dessus du sol. Le seizième siècle y a ajouté une flèche d'une hardiesse étonnante. La façade est percée de trois porches admirablement sculptés. A l'intérieur s'étendent trois nefs où se trouvent vingt-deux chapelles.

Je ne reviendrai pas sur ce que j'ai dit déjà à l'occasion de celle primitivement consacrée à saint Jean-Baptiste et ménagée en dehors du vaisseau, bien que partie intégrante de l'édifice lui-même. Pendant cinq cents ans, elle abrita l'insigne relique du Chef du Précurseur jusqu'à son transfèrement dans la chapelle du vœu. On peut en voir l'image sur une charmante gravure de Cochin, qui orne le bréviaire d'été de 1746. Cette chapelle fut démolie en 1759.

Grâce à Dieu, tous les souvenirs artistiques qui rappellent le Précurseur dans la basilique amiennoise n'ont point ainsi disparu ! Une belle verrière, maintenant placée dans la chapelle du Sacré-Cœur, nous retrace la vie de saint Jean et celle de saint Georges, en mémoire de la découverte simultanée des Chefs de ces deux Saints. Deux doctes chanoines, MM. Duval et Jourdain, nous en ont donné la description, ainsi que celle des sculptures du xvie siècle, représentant aussi la vie du Baptiste, et que l'on admire à la clôture du chœur. Des inscriptions expliquent ces sculptures, qui sont peintes, et qui offrent mille détails curieux sur les premières années de l'époque dont nous parlons.

Il faut également ranger parmi les monuments intéressants au point de vue de notre sujet l'église Saint-Jean de Troyes, dont la tour date du xiie siècle. C'est un des plus anciens sanctuaires de cette antique cité, car, dès l'année 878, le pape Jean VIII y sacrait Louis le Bègue. Un retable corinthien, datant du xviie siècle, œuvre du sculpteur François Girardon, troyen, occupe le fond du chœur et encadre deux tableaux de Mignard, né et baptisé sur la paroisse. L'un de ces tableaux, qui passe pour le chef-d'œuvre de ce grand peintre, représente le Baptême de Notre-Seigneur par saint Jean[1]; l'autre, le Père Éternel le proclamant son Fils bien-aimé.

[1]. Mignard a reproduit plusieurs fois la scène du Baptême de Jésus-Christ.

Ce retable, dont la richesse de sculpture et de peinture justifie si parfaitement la réputation des deux célèbres artistes, ne s'harmonise pas, dans la place qu'il occupe, avec le reste de l'édifice; mais sa richesse artistique fait facilement oublier ce défaut, et l'on comprend la prétention bien légitime des deux Troyens d'avoir voulu placer là l'éclatante expression de leur amour du pays natal.

On ne saurait quitter le département de l'Aube sans visiter l'église, très-ancienne aussi, de la jolie ville de Nogent-sur-Seine. Nous nous souvenons d'y avoir admiré un Saint Jean-Baptiste, enfant, de grandeur naturelle, dû au ciseau du célèbre sculpteur nogentais Paul Dubois. A l'exemple de Mignard, ce grand artiste s'est plu à doter l'église où il avait été baptisé d'un gage affectueux de son incomparable talent.

Le jeune solitaire, le corps légèrement penché en avant, tient une main élevée en l'air, tandis que, dans l'autre, repose la croix traditionnelle. Ses traits sont amaigris; sa bouche est entr'ouverte: le Précurseur crie dans le désert. On trouve déjà dans l'expression du visage et dans les formes grêles du corps de l'enfant ce faire particulier si remarqué depuis dans le *Chanteur florentin*.

L'original en bronze de la statue du Précurseur,

comme celui du *Chanteur florentin*, a les honneurs bien mérités du musée du Luxembourg, où, disons-le en passant et avec regret, il constitue la seule composition artistique importante qui rappelle saint Jean-Baptiste ; ce qui confirme, une fois de plus, cette remarque, si souvent faite, que l'art contemporain, du moins d'une manière générale, ne cherche plus ses inspirations dans la pensée religieuse. Et pourtant quelle foule de chefs-d'œuvre ont produit les siècles de foi ! N'est-ce donc point dans la religion que les artistes de tout genre ont trouvé la source de leurs plus sublimes pensées, comme l'occasion de leurs plus beaux et de leurs plus durables ouvrages ?

Hélas ! l'art n'est plus aujourd'hui, en général, l'auxiliaire de l'Eglise. Il a cessé de retracer, comme au xiv° siècle, sur les murs et sur les autels, ces douces figures de saints et de saintes, qui portaient les hommes à la vertu « au grand dépit des démons », selon l'expression pittoresque d'un disciple de Giotto, Buffamalco. Un goût malsain l'attire vers les Lédas et les Danaës ; aux scènes édifiantes de l'Évangile a succédé le dangereux spectacle des mésaventures de Vulcain et des bonnes fortunes d'Adonis ; c'est un abaissement en même temps qu'une abjuration.

Aussi, à la vue de tant d'œuvres de mérite,

LÉGENDE ARTISTIQUE DE S. J.-BAPTISTE

(peintures ou sculptures), nées en dehors de la pensée religieuse, que de fois n'est-on pas tenté de s'écrier : « Voilà le corps, où donc est l'âme ? » car il y a des toiles, il y a des pierres même « qui ont une âme. » L'âme ! l'art chrétien peut seul la créer ; l'art chrétien dont un de nos plus éminents écrivains catholiques, aussi distingué par les qualités du cœur que par celles de l'esprit, M. Léon Gontier a donné la véritable formule : « *Mens pulchra in corpore pulchro.* »

Je ne veux pas terminer cette revue rapide des églises de province, qui se rattachent à notre sujet, sans appeler tout particulièrement l'attention sur un bas-relief des plus remarquables sculpté à l'une des portes latérales de la cathédrale de Rouen, et représentant la Décollation. C'est un fort beau et fort intéressant travail du XIIIe siècle [1].

A gauche du spectateur, Hérode est à table avec les princes de Galilée dont l'attitude exprime le ravissement et la surprise à la vue de la danse impudique de Salomé. Etrange, en effet, est le spectacle que leur donne, avec une infernale habileté, cette belle enfant, cette fille d'une reine, qui ne rougit pas d'exécuter, sous leurs regards corrompus, certaines danses mimiques, originaires

---

[1]. Voir Taylor et Cailleux, *Voyage dans l'ancienne France* (Normandie), pl. 138.

de la Grèce et récemment introduites dans les cours voluptueuses des empereurs romains et des Hérode par les acteurs et les danseurs les plus célèbres du temps (*Thymelici*). Salomé, pour subjuguer davantage encore les assistants, termine cette honteuse représentation par une pose qui ne pouvait manquer d'exciter vivement leur curiosité. Ses deux mains, posées à terre, soutiennent, dans un effort puissant, tout le poids de son corps qu'elle maintient en l'air, tandis que ses jambes retombent, en forme d'arc, vers sa tête ornée d'une abondante chevelure. Et que l'on ne croie pas que cette mise en scène soit une pure fantaisie de l'artiste ! Tout au contraire, le sculpteur fait preuve ici d'une connaissance approfondie de la mimique de l'époque.

Le groupe suivant se compose d'une femme et d'un soldat : Hérodiade, ceinte d'un diadème, et le garde qui lui apporte une tête dans un plat, prix de la danse infâme de Salomé. La reine inspire plus d'horreur encore que le bourreau !

Enfin, dans la partie droite du bas-relief, se dresse une prison, à la fenêtre de laquelle apparaît, dans un calme profond, le Précurseur en prières. Victime résignée, il incline la tête pour recevoir le coup mortel. Le bourreau est devant lui ; son glaive levé va s'abaisser ; le Baptiste aura bientôt cessé de vivre. Cette partie de la composition est d'une rare beauté : le mouvement du bourreau surtout est admirable.

Tout le développement de ce drame de la Décollation, où le vice et la vertu forment le plus saisissant contraste, est ici traité de main de maître. On ne saurait lire cette page de pierre, avec le sentiment voulu, sans éprouver une poignante émotion. A ceux qui ne la ressentiraient pas je serais tenté de dire avec le poëte :

« E se non piangi, di che pianger suoli ? »

CHAPITRE CINQUIÈME

L'ALLEMAGNE, LA BELGIQUE, L'ANGLE-TERRE, LE DANEMARK ET LA RUSSIE

AVANT de pénétrer dans les musées d'Allemagne, qui, possèdent de leur côté, des œuvres bien remarquables, inspirées par la grande épopée de la vie du Précurseur, le lecteur me permettra de faire avec lui deux haltes fort courtes, mais importantes, l'une à Cologne, l'autre à Marbourg.

A Cologne, pour y admirer les portes en bois de Sainte-Marie du Capitole, dont un compartiment représente le Baptême, monument des plus précieux pour l'archéologie, car, si l'on a conservé un grand nombre de portes en bronze, les portes en bois sont bien plus rares, et le nombre en est infiniment limité ; [1] à Marbourg, pour y examiner

---

1. Voir Gailhabaud, *Monuments anciens et modernes*, 2ᵉ volume fig. 12. —

un bas-relief du xive siècle, sculpté sur le tombeau de sainte Elisabeth, 1 où l'artiste a représenté saint Jean-Baptiste tenant la figure dite *Agnus Dei* 2.

Dirigeons-nous maintenant vers la Pinacothèque de Munich, l'une des plus riches galeries de l'Europe. L'école italienne apporte ici, comme toujours, un brillant contingent. D'abord, un groupe de Sébastien del Piombo : *saint Jean-Baptiste en compagnie de saint Nicolas et de saint An-*

---

1. Voir les planches de l'Atlas des monuments de cette sainte, dont la vie a été écrite, on le sait, par le Cte de Montalembert.

2. Les *Agnus Dei* sont de petits reliquaires en forme de losanges, ornés de figures de saints, de fils d'or et de franges de soie. Autrefois on y mettait des reliques ; on se borne depuis longtemps à y déposer un morceau de cierge pascal avec une sentence ou une devise pieuse. On appelle aussi de ce nom les petits pains de cire que le pape bénit solennellement le dimanche *in albis*, après la consécration, et, ensuite, de sept en sept ans. Ces pains sont empreints de la figure d'un agneau, portant l'étendard de la croix, origine de leur nom. Le Pape les distribue aux cardinaux, aux évêques et aux prélats ; ceux que l'on donne aux laïques sont couverts d'une petite pièce d'étoffe, afin qu'ils n'y touchent pas, parce qu'ayant été consacrés par le Saint-Chrême, *ils sont comparés aux vases sacrés*. Cette coutume, ajoute le savant abbé Glaire auquel j'emprunte ces détails, vient de l'usage où l'on était autrefois de distribuer par morceaux au peuple une certaine partie du Cierge pascal, béni le samedi saint.

dré. C'est l'œuvre magistrale d'un artiste, qui, successivement disciple de Giorgione et de Michel-Ange, apprit, à leur illustre école, à réunir aux vigueurs du clair-obscur la sévérité du dessin. Ensuite un *Baptême du Christ* par Francia, portant la date de 1508, sainte et noble composition, l'une des meilleures de ce maître éminent. Enfin, un *saint Jean dans le désert*, de grandeur naturelle, sorti du pinceau de Jules Romain. « On pourrait, dit M. Viardot, faire entre ce saint Jean et celui de Raphaël qui est à la *Tribuna* de Florence la même comparaison qu'entre les *Saintes Familles* des deux maîtres qui sont, côte à côte, dans la salle des *Capi d'opera* à Naples. Le Saint Jean de Jules Romain est grand et robuste ; il a, pour entreprendre sa périlleuse mission de Précurseur, la force physique ; le Saint Jean de Raphaël est beaucoup plus jeune et plus délicat ; il n'a que la force morale, la foi et le dévouement. » L'un est beau, l'autre est sublime.

A Dresde, Jules Romain offre encore à notre admiration la *Vierge au bassin*, ainsi nommée parce que le divin enfant, debout dans une aiguière entre Marie et Elisabeth, reçoit sur les épaules l'eau que lui verse son jeune cousin ; image du futur baptême dont Francia, dans la même galerie, retrace à nos yeux la scène avec une expression ineffable de grandeur et de sainteté.

Je me souviens aussi d'avoir vu dans ce musée, où fourmillent les chefs-d'œuvre, deux bons tableaux de Pierre Breughel le Vieux, représentant la *Prédication de saint Jean-Baptiste*, qui m'ont frappé par leur originalité. Dans l'un, le Précurseur est entouré d'une multitude empruntée à toutes les contrées et à toutes les conditions, spectacle étrange dans un désert; dans l'autre, il prêche au sein d'une forêt touffue, que l'on ne saurait confondre avec les bocages du Jourdain; idée non moins extraordinaire du peintre.

La ville de Vienne possède de bien riches collections particulières, mais, comme toujours, je suis obligé d'aller vite. Je ne parlerai donc que du musée impérial du Belvédère, où m'attirent une belle *Décollation*, de Cesare da Sesto, un fort beau tableau de Bernardo Strozzi: *saint Jean déclarant sa mission aux lévites et aux prêtres* (demi-figures), sujet rarement traité, et surtout une *Vierge glorieuse*, de Francia, aux pieds de laquelle se tient debout un petit saint Jean, le doigt levé, dont l'attitude et l'expression sont d'une infiniment tendre poésie.

Une large composition de Gérard de Harlem, vieux maître flamand qui florissait vers le commencement du xiv siècle, mérite au Belvédère une mention toute spéciale. Le peintre a pris pour sujet la *Triple histoire des reliques de saint Jean-Baptiste*. Selon la remarque de M. Viardot, Gérard ignorait la récente découverte de la peinture à l'huile; aussi emploie-t-il encore dans ce tableau les procédés byzantins, sans cependant faire usage des fonds d'or.

J'ai peu de choses à dire sur le musée de Berlin. Un seul tableau m'y semble réclamer l'attention au point de vue spécial où je me place. C'est un panneau de triptyque représentant le *Baptême*, dû au pinceau de Rogier Van der Weyden, disciple de Van Eck.

Il serait injuste de quitter l'Allemagne sans signaler à l'admiration des connaisseurs une Bible illustrée d'après les dessins de Jules Schnorr de Karolsfeld, peintre fort habile de notre siècle. Plusieurs épisodes de la vie de saint Jean-Baptiste s'y trouvent retracés avec une grande pureté de dessin et un charme infini de pensée et d'exécution. Inspiré par la foi chrétienne, l'artiste a, pour ainsi dire, assisté aux scènes profondément attachantes que son crayon a reproduites, et dans ces mystiques extases il a vu vivre ses personnages. On l'a dit avec vérité : ces images-là sont éternelles, parce qu'elles sont réelles.

TROISIÈME PARTIE

§

La Belgique possède un inappréciable trésor. C'est un grand triptyque dont le panneau central représente le *Baptême du Christ*, merveille due au pinceau d'Hemling. A ce nom la pensée, émue et ravie tout à la fois, se transporte à Bruges, dans les salles étroites et calmes de l'hôpital Saint-Jean. On voit un soldat blessé, entouré des soins empressés des bonnes sœurs du couvent. Etendu sur son lit de douleurs, il se livre à de saintes réflexions dans cet asile de la bonté, de la piété, et, par conséquent, du bonheur. Sa voix se mêle, de loin, à celle des religieuses qui chantent l'office divin. Dieu et l'art rentrent, en même temps, dans son cœur. Alors il se souvient qu'il fut peintre autrefois, qu'il a une dette de reconnaissance à payer, et qu'à défaut de pistoles dont les soldats de tous les temps ont toujours plus ou moins manqué, son pinceau peut lui servir à s'acquitter. Il doit maintenant son talent, épuré par la souffrance et la prière, à Dieu, à son saint patron Jean-Baptiste et aux hospitalières de Saint-Jean de Bruges. Aussi va-t-il produire désormais d'incomparables chefs-d'œuvre, entre autres ce baptême du Christ dont nous parlons.

Dans cette composition le Saint-Esprit plane au-dessus du groupe principal, et, plus haut encore, le Père Eternel. Au fond, en délicieuses figurines, la prédication dans le désert. Ce tableau d'Hemling, qui se trouve au musée de Bruges, rivalise avec ceux de l'hôpital Saint-Jean. C'est le plus bel éloge qu'on en puisse faire. La figure du Précurseur est sublime, l'art ne saurait atteindre plus haut. Les groupes de jeunes filles sont d'une finesse prodigieuse ; leurs visages, d'une expression suave, respirent à tel point la grâce et la candeur que ces vierges charmantes semblent être une vision du ciel.

Il faut que le fameux triptyque de Quentin Metzis, qui se trouve au musée d'Anvers, soit une œuvre bien admirable aussi pour qu'il soit possible de la comparer à ce merveilleux chef-d'œuvre. Ce triptyque, dont les personnages sont de grandeur naturelle, représente, au centre, la *Mise au Tombeau*; sur le volet droit, la *Tête de saint Jean-Baptiste offerte à Hérode*; sur le volet gauche, saint Jean l'Évangéliste dans l'huile bouillante. C'est la corporation des menuisiers d'Anvers qui le commanda à l'artiste au commencement du XVIe siècle et le paya 300 florins ; plus tard, la ville en donna 1500 pour l'acquérir. Selon M. Viardot, c'est le chef-d'œuvre du maître, et l'on peut ajouter hardiment que c'est un des chefs-d'œuvre de la peinture.

Cette corporation des menuisiers était riche et

amie des arts. Longtemps on vit dans sa chapelle, à la cathédrale d'Anvers, un tableau de Henri Van Balen *La prédication de saint Jean-Baptiste*, maintenant au musée. Il est cité avec éloges par Decamps.

Le même sujet a été magistralement traité par Lucas Van Aden, dans l'église Saint-Jean, aujourd'hui Saint-Bavon, à Gand. C'est pour cette église que fut faite, dans le principe, par les frères Van Eck, la composition multiple (12 panneaux avec leurs volets), si connue sous le nom de l'*Agnus Dei*, et dont certaines pièces, originales ou admirablement copiées, sont allées plus tard enrichir les musées de diverses nations. La partie supérieure est restée à Gand. Elle nous montre saint Jean-Baptiste à la gauche de Dieu le Père, dont la sainte Vierge occupe la droite; précieux hommage rendu au Précurseur par ces très-illustres représentants de l'art flamand.

L'un d'eux, Hubert Van Eck, a doté l'église Saint-Étienne de la même ville d'une œuvre dont elle se glorifie à bien juste titre. C'est un *saint Jean-Baptiste assis, tenant un livre sur ses genoux*. Il est revêtu d'un grand manteau qui laisse voir la peau de chameau traditionnelle. Regardez surtout la figure : elle est d'une éclatante beauté.

LÉGENDE ARTISTIQUE DE S. J.-BAPTISTE

§

L'Angleterre présente à nos regards une composition d'un tout autre genre, mais également bien remarquable. C'est un *petit saint Jean qui joue avec un agneau*. Une peau de chèvre couvre à peine son enfantine nudité, et laisse apercevoir un des plus gracieux corps d'enfant qui soit sorti du pinceau de Murillo. Le visage du jeune solitaire offre une expression ravissante de candeur. Et le mouton ! comme il est doux à voir et comme on envie le bonheur de l'enfant qui le caresse ! Ce délicieux agneau est bien le frère de celui que le même peintre a placé dans cette page à la fois aimable et sublime qui se trouve au musée de Madrid, et qu'on nomme le *Jésus au mouton*. Les yeux et l'âme sont ravis en présence de ces deux innocences si bien faites pour s'aimer, et le regard a peine à se détacher de cette scène paisible qu'un fond obscur de rochers et de broussailles met si heureusement en lumière.

L'un des plus précieux ornements de la *National Gallery*, à Londres, est une peinture en détrempe de Michel-Ange, représentant la Vierge, l'enfant Jésus et saint Jean-Baptiste en compagnie d'autres saints; œuvre malheureusement inachevée du maître. « Elle était, depuis trente ans, en Angleterre, où on l'attribuait à Ghirlandajo, dit M. Charles Blanc, lorsqu'en 1855 le parlement anglais s'émut des ardentes polémiques soutenues par M. Morris Moore et une partie de la presse anglaise contre les directeurs de la Galerie nationale, qui avaient refusé d'acheter le tableau. — Une commission fut nommée ; on procéda à une enquête, et l'authenticité de la peinture de Michel-Ange fut reconnue. »

Il existe aussi, dans ce musée, un saint Jean-Baptiste isolé du Parmegianino, et une Sainte Famille de Joshua Reynolds, peintre anglais d'un grand talent [1] ?

Enfin, on peut voir à Bleinheim (magnifique propriété qui récompensa les victoires de Marlborough) une Madonna col Bambino (de Raphaël), ayant, à ses côtés, saint Jean-Baptiste et saint Nicolas ; admirable tableau, portant la date de 1505.

Puisque l'île de Malte est aujourd'hui une possession de la Grande-Bretagne, parlons ici d'une magnifique toile que l'on y conserve dans l'église Saint-Jean, cathédrale de cette ancienne résidence des Chevaliers.

Voici la description qu'en a faite Lamartine dans

---

1. Voir la gravure dans l'*Histoire des Peintres* de Charles Blanc.

son *Voyage en Orient :* « Un seul tableau me frappe dans la chapelle de l'Election ; il est de Michel-Ange de Carravaggio, que les Chevaliers du temps avaient appelé dans l'île pour peindre la voûte de Saint-Jean. Il l'entreprit, mais la fougue et l'irritabilité de son caractère sauvage l'emportèrent ; il eut peur d'un long ouvrage et partit. — Il laissa son chef-d'œuvre à Malte, la *Décollation de saint Jean-Baptiste*. Si nos peintres modernes, qui cherchent le romantisme par système, au lieu de le trouver par nature, voyaient ce magnifique tableau, ils trouveraient leur prétendue invention inventée avant eux. — Voilà le fruit né sur l'arbre, et non le fruit artificiel monté en cire et peint en couleurs fausses ; — pittoresque d'attitudes, énergie du tableau, profondeur de sentiment, vérité et dignité réunies ; — vigueur de contraste, et cependant unité et harmonie, horreur et beauté tout ensemble, voilà le tableau. — C'est un des plus beaux que j'aie vus de ma vie. — C'est le tableau que cherchent les peintres de l'école actuelle. — Le voilà ; il est trouvé ; qu'ils ne cherchent plus [1]. »

[1]. Une anecdote assez curieuse se rattache à la confection de ce tableau, en récompense duquel Carravaggio reçut la croix de l'ordre de Malte. Le fougueux artiste, obligé de quitter Rome à la suite d'un homicide, se rendit à Naples où il resta quelque temps. Il y provoqua en duel le chevalier d'Arpino, qui refusa de croiser le fer

TROISIÈME PARTIE

§

En Danemark, la cathédrale de Copenhague porte sur son fronton le *Sermon* ou la *Prédication de saint Jean-Baptiste*. C'est l'un des principaux chefs-d'œuvre de Thorvaldsen; œuvre vraiment magistrale, dit M. Jacquemont [1], unique dans l'art moderne, et qui montre mieux que toute autre quelle source féconde est encore pour les sculpteurs l'étude de l'antiquité... La composition se développe sur une longueur de plus de douze mètres. Le Saint Jean qui en occupe le milieu, sous l'angle même du fronton, comme la Minerve dans le *Combat des Troyens et des Grecs*, mesure deux mètres et demi de hauteur avec sa base, ce qui lui donne des proportions doubles de celle des marbres éginètes. Le groupe entier se compose de seize figures exécutées en terre cuite, sans doute pour qu'il fut plus facile de les élever à cette hauteur, ou plutôt pour

avec lui pour motif d'indignité, Carravaggio ayant été son domestique. Dès lors ce dernier n'eut plus qu'une seule idée : celle de se faire ennoblir afin de pouvoir se battre avec d'Arpino. Il passa donc volontiers à Malte dans cette espérance et vit son désir exaucé, puisqu'il y obtint une distinction qui conférait la noblesse.

La Décollation de saint Jean-Baptiste s'est heureusement ressentie de la furia de l'artiste.

[1]. *Revue des deux mondes*, n° du 15 septembre 1879 : Musée Thorvaldsen.

éviter l'action fâcheuse d'un climat très-humide sur le marbre; au reste ces terres cuites surpassent en blancheur et en éclat celles que nous ont laissées les artistes de la Renaissance. Ces statues n'ont d'autre base qu'une plinthe qui figure le sol sur lequel marchent les personnages, sauf le saint Jean qui se tient debout sur une sorte de rocher, parce que le cadre même de la composition exige que la figure du centre soit plus grande que les autres.

M. Jacquemont donne une description, non moins intéressante que détaillée, de l'ordonnance de cette œuvre dans laquelle le fameux sculpteur danois, l'auteur du *Lion de Lucerne* et du *Tombeau de Pie VII*, montre, dans tout leur jour, la richesse et la rectitude de sa pensée, en même temps que sa science de composition et la sûreté de son goût. L'éminent critique loue beaucoup la manière ingénieuse dont l'artiste accommode la vérité de son thème aux effrayantes exigences d'un cadre triangulaire, en plaçant aux côtés de saint Jean « deux figures beaucoup moins hautes, deux jeunes garçons, car les jeunes gens, toujours plus ardents et plus enthousiastes, devaient approcher le plus près de l'éloquent prophète. Après eux la silhouette se relève : ce sont des hommes faits qui se tiennent debout, par respect ou par bravade. Cependant la corniche s'abaisse, l'espace diminue; il faut des figures assises, agenouillées ou enfin couchées. L'artiste a mis là des enfants d'abord, puis des femmes qui n'osent approcher comme les hommes et qui, plus faibles après un long voyage, s'asseoient sur une pierre ou sur leurs talons, à la manière des Orientaux et des paysannes italiennes dans les églises, enfin des auditeurs plus indifférents qui se couchent paresseusement pour écouter. Tout cela est naturel et humain au suprême degré... Rien n'est médiocre dans cette grande création, et il faut la regarder longtemps pour en retrouver toutes les intentions, toutes les finesses et les élégances. Manifestement, Thorvaldsen y a mis tous ses soins; comme les grands artistes qu'il imitait, il a voulu faire de son fronton un tableau. »

Les belles représentations isolées du Précurseur par la sculpture sont rares; encadrées dans une scène, animée par de nombreux personnages, elles le sont davantage encore. Nous sommes donc heureux de pouvoir citer, dans ce dernier genre, un exemple aussi remarquable que celui du *Sermon de saint Jean-Baptiste*, et de l'emprunter à la sympathique nation danoise.

§

Le musée de l'Ermitage, à Saint-Pétersbourg,

contient plusieurs œuvres bien dignes d'une mention spéciale et dont le Baptiste a fourni le sujet. C'est, après l'Espagne, le plus riche en tableaux de Murillo. Là se trouve cette toile, d'une angélique suavité, qui représente Jésus et Jean, tout enfants, sujet affectionné par ce maître. Elle provient de la vente du maréchal Soult. La Russie, en l'acquérant au prix de 66.000 francs, n'a pas cru payer trop cher un pareil chef-d'œuvre. J'en appelle à tous les amis des arts. Comment, en présence d'un tel tableau, ne pas se sentir remué jusqu'au fond de l'âme? N'est-ce point là une de ces œuvres essentiellement touchantes, autant aimables qu'aimées, qui appellent le sourire sur les lèvres et emperlent les yeux de larmes?

L'École espagnole est également représentée à l'Ermitage par don Juan Carreno de Miranda, auteur d'un *Baptême*, fort harmonieux de couleur et d'une grande manière, et par Juan Fernandez Navaretta, dit le Muet, artiste du XVIᵉ siècle. Il nous montre le Précurseur dans sa prison; belle figure à mi-corps. C'est un sujet fort rarement traité par les peintres. Je ne connais guère, en ce genre, que le tableau de Camillo Procaccini, à San Giovanni della Trinità, à Milan, et celui de Battista Franco, (*Mise en prison de saint Jean-Baptiste*), dans l'oratoire de San Giovanni decollato, à Rome. Comment les artistes n'ont-ils fait généralement qu'indiquer de telles scènes dont ils auraient pu cependant tirer un si grand parti? Le cardinal Frédéric Borromée, le fondateur de la bibliothèque Ambrosienne et le cousin de saint Charles, déplore amèrement cet oubli. « L'art, dit-il, déploie toutes ses ressources pour représenter Hérodiade et Salomé, entourées de bourreaux, de gardes et de femmes à peine vêtues; ne vaudrait-il pas mieux qu'il les réservât pour nous faire contempler les horreurs du cachot de saint Jean, sa sublime résignation, sa joie même à l'annonce cruelle de sa mort ou la piété de ses disciples cherchant son corps pour l'ensevelir [1]. » Trop souvent l'impudique aspect de Salomé détourne le regard du spectateur de la tête sanglante du Baptiste!

Je m'aperçois qu'au musée de l'Ermitage, ébloui par les splendeurs de l'école espagnole, je n'ai fait mention que d'elle seule. Puis-je oublier pourtant, parmi tant d'autres œuvres exquises, une toile de Raphaël Mengs, auteur d'un *saint Jean-Baptiste dans le désert*, composition où le Raphaël de l'Allemagne réunit, comme toujours, l'expression de son divin modèle au coloris du Titien et au clair-obscur du Corrége.

Une tradition spéciale aux Orientaux veut que saint Jean-Baptiste ait été mis au tombeau par saint Pierre et par saint André, son frère: L'art latin ne l'a guère adoptée:

CHAPITRE SIXIÈME

LES BAPTISTÈRES

Le Jourdain est le plus auguste comme le plus ancien des Baptistères. Saint Jean y administra le baptême de pénitence; Notre-Seigneur y fut baptisé par son Précurseur, et, dans les premiers temps de l'Église, les populations accoururent en foule demander la régénération spirituelle à ses eaux sanctifiées par le contact divin. Le baptême par immersion dans les fleuves et les rivières, partout enfin où le néophyte trouvait de l'eau pour s'y plonger, demeura fort longtemps une pratique universelle, à l'imitation de celui du Jourdain.

On trouve une représentation intéressante de cette manière d'administrer le baptême dans l'*His-*

toire de l'art par les monuments. D'Agincourt l'a tirée d'un évangéliaire grec manuscrit du xiie siècle, appartenant à la bibliothèque du Vatican, et qui précède l'Évangile de saint Marc. Ce dessin renferme des détails fort curieux et que l'on ne trouve point ailleurs sur ce qui se pratiquait quand le baptême avait lieu pour les deux sexes dans les cours d'eau [1].

Philippe baptisa ainsi par immersion l'ennuque de Candace. Ce dernier, touché par les paroles de l'apôtre qu'il avait rencontré en chemin et fait monter à ses côtés sur son char pour entendre de lui l'explication d'un texte sacré, lui dit : « Voici de l'eau ; qui empêche que je ne sois baptisé ? Cela se peut, répondit Philippe, si tu crois de tout ton cœur. L'ennuque reprit : Je crois que Jésus est le fils de Dieu. Et il fit arrêter le char. Alors tous deux *descendirent dans l'eau*, et Philippe le baptisa [2]. »

[1]. Sur le premier plan de cette composition on remarque une petite figure qui, se préparant à entrer dans le fleuve, ôte sa chaussure, espèce de petites bottes peintes en noir, du genre de celles qui, suivant Montfaucon, étaient couvertes de ce noir qu'il appelle *atramentum mettalicum ad ligulam calceorum denigrandam*. (D'Agincourt, *Peinture*, vol. iv. pl. lix. n. 4)

[2]. De même, en Macédoine, à Philippes, saint Paul baptisa Lydie, la marchande de pourpre, avec toute sa maison, dans un fleuve qui coulait aux portes de la ville.

Cette simple et belle scène, qu'éclaire l'aurore du christianisme, est retracée sur les murs du baptistère de l'église St-Roch, à Paris, avec un respect scrupuleux de la tradition, en ce qui concerne les cérémonies du baptême par immersion ; fait trop rare pour ne point être signalé.

Tertullien nous montre les néophytes romains allant accomplir dans le Tibre le mystère de notre régénération ; Bède rapporte que les Angles se plongeaient dans les fleuves pour satisfaire à ce rit expiatoire, et Sidoine Apollinaire nous apprend qu'à Ravenne et à Marseille les catéchumènes se rendaient à la mer pour s'y faire baptiser.

Pendant les persécutions, l'auguste sacrement se donnait surtout dans les catacombes, où existaient, ainsi qu'on l'a vu, des bassins alimentés par des sources.

Le baptême, dans les premiers siècles chrétiens, s'administrait donc en tous lieux avant la construction des *Baptistères*. Ces édifices, qu'on ne doit pas confondre avec les Fonts-Baptismaux, ne semblent pas antérieurs au règne de Constantin. Etablis ordinairement à côté des Eglises, ils furent successivement appelés : « Eglises baptismales, temples ou basiliques du Baptistère, titres baptismaux. » On y faisait arriver, dans une large mesure, les eaux des fleuves et des lacs ; aussi nomma-t-on piscines les réceptacles de ces grands amas d'eau. C'est ainsi que le pape Damase avait eu soin de conduire le tribut de plusieurs sources dans les fonts baptismaux du Vatican, et que saint Lin fit passer un cours d'eau dans le Baptistère de Besançon, origine de l'église de Saint-Jean-Baptiste, première paroisse de cette ville.

Cet usage d'employer les cours d'eau à l'alimentation des baptistères invariablement dédiés au Précurseur et dans lesquels on voyait presque toujours son image[1] ou une inscription commémorative, gravée soit sur les gradins des fonts baptismaux, soit sur la circonférence de la cuve[2], soit enfin sur les murs, donna lieu, par la suite, à la nouvelle appellation d'*Ecclesiæ S.-Johannis in fonte* ou *ad*

---

1. Cet usage se conserve encore de nos jours, et le rituel lyonnais, notamment, prescrit de suspendre, au-dessus des fonts baptismaux, autant que faire se peut sans difficulté, une image représentant le Baptême du Christ par saint Jean.

2. On peut citer, à titre d'exemple, une cuve baptismale en marbre, conservée à Venise, d'abord chez les Capucins de Saint-Sauveur et aujourd'hui au musée Corrérien. Elle paraît provenir de Nona, ville de Dalmatie, où elle servit de fonts baptismaux dans la cathédrale jusqu'en 1646. C'est un monument illyrien qui, selon la remarque du R. P. Martinov, intéresse, à la fois, les arts et l'histoire. Si l'on considère, dit-il, que les origines chrétiennes de peuples slaves remontent au XIe siècle,

LÉGENDE ARTISTIQUE DE S. J.-BAPTISTE

fontes. Ainsi furent désignés les antiques baptistères de Naples, de Véronne, de Ravenne et de Milan, où saint Augustin reçut, dit-on, le baptême.

Pendant longtemps on se rendit aux Baptistères en grande pompe et en procession, le jour de la Nativité du Précurseur, pour y faire de longues prières. Il y avait même, comme nous l'apprennent d'antiques Sacramentaires, après les oraisons de la dernière des trois messes que l'on célébrait ce jour-là en l'honneur de saint Jean-Baptiste, des prières spéciales nommées « Collectes des Fonts. » Ce glorieux anniversaire était, d'ailleurs, choisi parfois pour l'époque solennelle de l'administration du baptême, comme l'ont été toujours, dès les origines du christianisme et jusqu'au xii° siècle, les fêtes de Pâques et de la Pentecôte. On faisait alors de grands

auquel appartient, selon toute probabilité, le monument en question, on doit le compter au nombre des plus grandes raretés archéologiques du monde slave. Il eût été unique dans son genre, s'il portait une légende slavonne, au lieu de l'inscription latine suivante, qui le place au ix° ou x° siècle : « Hac fons nempe sumit infirmos, ut reddat illuminatos. Hac expiant scelera sua quod de primo sumpserunt parente, ut efficiantur christicole salubriter confitendo trinum perenne. Hoc Johannes presbiter sub tempore Wissaslavo duci opus bene composuit devote, in honore videlicet sancti Johannis baptistæ, ut intercedat pro eo clientuloque suo. »

— Voir un autre exemple, très-remarquable aussi, rapporté par Muratori. (*Thes. inscr.* T. IV, class. 25.)

festins, en signe de réjouissance; mais pour qu'ils ne dégénérassent point en abus, les convives avaient sans cesse sous les yeux la représentation du baptême de Jésus-Christ, et les coupes dans lesquelles ils étanchaient leur soif, offraient à leurs regards l'image austère de saint Jean-Baptiste.

La bénédiction des eaux, le μεγας αγιασρος des Grecs, avait lieu le jour de l'Epiphanie. Le prêtre frappait l'eau par trois fois, avec une croix de buis en invoquant Jésus-Christ et saint Jean-Baptiste, pour que cette eau reçût du ciel la vertu d'éloigner les démons, les maladies et toutes les embûches du malin esprit. Ces croix, ordinairement en buis, étaient revêtues de sculptures assez grossières, présentant une légère saillie; elles portaient le nom et l'image du Précurseur.

Elles avaient, d'ordinaire, pour ornements des dentelures, des arabesques, des paillettes d'argent; des figures d'anges en occupaient les extrémités, et des creux habilement ménagés permettaient d'y introduire des reliques. C'était l'œuvre des moines du mont Athos, qui les offraient parfois en présents, et, parfois aussi, les vendaient pour se procurer des vivres et des vêtements.

En voici un spécimen intéressant qui représente le baptême de J.-C.. En haut de la croix on lit cette inscription grecque : « Jésus lui-même vint trouver

Jean. » Le Précurseur, en costume apostolique et

portant des ailes, comme il arrive souvent dans les monuments grecs offrant l'image de ce Saint, baptise dans le Jourdain le Sauveur du monde, sur lequel descend le Saint-Esprit. Les anges assistent, en adorant, à l'accomplissement de cette auguste cérémonie.

Mais pourquoi des étoiles semblent-elles sortir du fleuve au lieu de figurer au ciel, leur place naturelle ?

Est-ce une allusion faite par l'artiste au passage de l'Apocalypse où il est dit que le Christ tient, dans sa main droite, les étoiles ? Est-ce un symbole destiné à rappeler ce passage de l'Evangile de saint Mathieu : « Lui-même vous baptisera dans l'Esprit-saint et dans le feu », passage si mal interprété par les Hémérobaptistes ? Est-ce enfin une tradition très-répandue et rapportée par les auteurs anciens les plus sérieux, qui veut qu'une éclatante lumière soit sortie des flots du Jourdain au moment du baptême du Sauveur ? Je n'oserais trancher la question ; toutefois cette dernière hypothèse me sourit assez, car la métamorphose spirituelle, opérée par le baptême, était désignée dans la primitive Église par le mot *d'illumination*, ou d'infusion de la lumière céleste. Parmi beaucoup d'autres exemples on peut citer le suivant, tiré d'une inscription des catacombes de Rome : « Ici dort Achillia, *illuminée* depuis peu de jours. « N'oublions pas non plus que, dans les premiers temps, la fontaine baptismale

LÉGENDE ARTISTIQUE DE S. J.-BAPTISTE

outre les dénominations de *Jordanes*, *piscina*, *baptisterium*, portait aussi le nom d'*Illuminatorium*. Ne serait-ce point là l'explication la meilleure à donner ici des étoiles que le contact du Rédempteur fait jaillir des flots sanctifiés du Jourdain?

Le revers de la croix de buis dont nous parlons, offre aux regards le Christ crucifié.

On rencontre, en Sicile, un assez grand nombre de ces objets précieux, par la raison sans doute que cette contrée fut longtemps couverte de monastères grecs, où la *bénédiction de l'eau* se faisait par l'immersion d'une croix en bois, remplacée, plus tard, par une statue de l'Enfant Jésus.

Il y eut donc, d'abord, le baptême par immersion dans les fleuves et les cours d'eau, puis le baptême par immersion dans les vastes piscines des baptistères. Assez souvent même on se servait, pour cet usage, dans les premiers siècles de l'Église, soit d'urnes sépulcrales, soit de conques de granit ou de porphyre employées dans les thermes antiques.

On montre à la bibliothèque Richelieu une cuve de cette dernière matière, rare et précieuse merveille, comme le dit dom Germain Millet (*Description du trésor de St-Denys*), dans laquelle saint Martin aurait été baptisé par saint Hilaire au IVe siècle. Elle a quatre pieds et demi de long sur un pied et demi de profondeur. On la nomme vulgairement la cuve de Dagobert, parce que ce prince, au vii⁰ siècle, la fit apporter de Poitiers, où elle servait de piscine dans un très-antique baptistère. Ce dernier subsiste encore aujourd'hui sous le nom de *Temple St-Jean* et figure parmi les monuments historiques. Pour en faire apprécier toute la valeur, nous rappellerons avec Gailhabaut que c'est le seul de cette espèce que possède la France, et le plus ancien édifice religieux qu'on y connaisse.

On faisait usage également des piscines au viii⁰ siècle, en Orient comme en Occident, et je n'en veux d'autre preuve que le surnom de *Copronyme*, donné à Constantin IV à la suite d'une aventure fâcheuse qui lui arriva dans les fonts baptismaux et que je ne me charge pas de raconter.

A propos de ce genre de baptême, on me saura gré, je pense, d'appeler l'attention sur une planche de l'*Histoire de l'art*, par d'Agincourt [1], où ce savant a reproduit un dessin tiré d'un manuscrit latin du ix⁰ siècle, qui appartient à la bibliothèque de la Minerve, à Rome. Comme celui dont nous avons parlé plus haut au sujet du baptême par immersion dans les fleuves, ce dessin renferme des indications fort curieuses ; mais Dieu nous garde de le citer

---

1. Peinture, pl. xxxix.

pour sa valeur artistique! Les quatre fleuves du Paradis, rappelés dans les cérémonies de la bénédiction de l'eau, y sont peints grossièrement ; le dessin est incorrect, l'attitude des personnages insignifiante. Nous sommes loin de la perfection qu'atteindront, à la fin du xv⁰ siècle, les miniatures des manuscrits.

A côté des baptistères on voyait s'élever, d'ordinaire, la demeure des évêques, qui, jusqu'au xi⁰ siècle, eurent seuls le pouvoir de baptiser. A partir de cette époque ce pouvoir ayant été conféré aux prêtres, il ne fut plus nécessaire d'avoir des emplacements aussi spacieux et spécialement destinés à cet usage. Jusque là, d'ailleurs, l'Europe avait eu à pratiquer, dans la plus large mesure, le baptême des adultes par suite de la conversion de peuples entiers ; il fallait donc que les fonts baptismaux eussent une capacité bien supérieure à celle que nous leur voyons aujourd'hui. Ils étaient encore cependant très-vastes pendant le siècle suivant.

La ville de Liége, au rapport du Père Cahier, conserve des fonts de cuivre, exécutés dans le commencement du xii⁰ siècle, et qui serviraient fort aisément à baptiser un homme fait, pour peu qu'il se tint replié sur lui-même dans la cuve baptismale. Ils sont actuellement dans l'église St-Barthélemy. Le savant Père en fournit la description dans ses

TROISIÈME PARTIE

Mélanges d'archéologie. Il en donne, de plus, deux aspects dans ses *Caractéristiques des Saints*, où il reproduit, en même temps, une belle cuve baptismale du VIIe siècle, sur laquelle saint Jean-Baptiste est représenté trois fois dans la fonction qui lui a valu son surnom populaire.

Les monuments du XIIIe siècle nous montrent également le baptême donné par immersion. On voit notamment au Louvre, dans les Antiquités capétiennes, un bassin de forme orientale désigné sous le nom de Baptistère de St-Louis. Il y aurait, par conséquent, anachronisme, à représenter un baptême des douze premiers siècles, au moins, avec des fonts baptismaux tels que le sont les nôtres actuellement, et qui ne peuvent servir qu'au baptême par affusion.[1]

Les baptistères, généralement de forme octogone, comme, d'ailleurs, les fonts baptismaux, étaient toujours décorés avec la plus grande richesse. Celui de Saint-Jean-de-Latran reçut des marques

---

1. On trouve dans le magnifique *Livre d'Heures d'Anne de Bretagne* (XVIe siècle) une représentation fort belle d'un évêque baptisant, dans une cuve en bois, trois enfants qui ont de l'eau jusqu'aux genoux. C'est un exemple du baptême conféré simultanément par immersion et par affusion.
— Même exemple dans les *Grandes Heures du Duc de Berry* — Manuscrit latin. N. 919 de la Bible. Richelieu. (folio 97.)

nombreuses de la munificence de Constantin, son fondateur, et du pape Hilaire, très dévot à saint Jean-Baptiste. Le corps du bâtiment est précédé d'un portique, partie indispensable dans les premiers siècles, vu le grand nombre de personnes qui se présentaient, à la fois, pour recevoir le baptême[1]. Par suite de son illustre origine, ce baptistère était réservé aux Papes dans le temps où ils administraient souvent eux-mêmes le précieux sacrement. On admire encore, de nos jours, les mosaïques fort anciennes des baptistères de Ravenne et de Saint-Marc à Venise.

Arrêtons-nous quelques instants dans ce dernier monument dont une chapelle abrite un marbre antique représentant, incrustée dans un plat, une tête pleine de majesté et ornée d'une longue barbe. Nous en avons donné la gravure page 187. Au-dessous de cette tête, on montre, enchâssée dans le mur,

---

1. Il existe une vue du baptistère de Saint-Jean de Latran dans *Gally Knight*. (Ecclesiastical architecture of Italy.)

— Une statue, en bois, de saint Jean-Baptiste, a été exécutée par Donatello pour ce baptistère. Elle est gravée sous le no. 20 de la planche XXXVIII de l'*Histoire de l'art par les monuments*.. (Sculpture.) Le temps ayant détérioré cette figure, elle a été transférée dans la sacristie de la basilique et, à sa place, on en a substitué une autre qui a été faite en bronze d'après l'original de Donatello.

une large plaque de marbre, parsemée de taches rouges que la tradition populaire prétend être du sang de l'auguste victime d'Hérode. Ces taches se seraient imprimées, au moment du supplice, sur ce morceau de marbre, partie intégrante du rocher formant la prison de Jean et contre lequel, par l'ordre du bourreau, le Saint posa la tête pour recevoir le coup mortel. Le fragment de roche, détaché ensuite du bloc même par les soins de personnes pieuses, fut apporté à Venise par l'illustre doge Vitale Faliero qui, pour perpétuer le souvenir d'un tel prodige, donna l'ordre de sculpter la tête du Précurseur et de l'incruster dans le marbre aujourd'hui doré, auquel on donna la forme d'un plat.

On compte, parmi les principaux baptistères, après ceux dont j'ai déjà eu l'occasion de parler, les baptistères de Saint-Sauveur, à Aix, de Bologne, de Padoue, de Parme, de Pesaro, de Pistoja et de Pise, le plus important sans aucun doute, mais dont je crois bien inutile de donner ici la description, tant il est connu par tous les amis des arts et par toutes les personnes qui ont voyagé en Italie.

Quant au baptistère de Florence, son histoire se lie tellement à mon sujet par les souvenirs artistiques de toute sorte qui s'y rattachent que je ne puis

LÉGENDE ARTISTIQUE DE S. J.-BAPTISTE

me dispenser d'en faire une mention toute spéciale [1].

Les érudits sont partagés sur l'origine de ce temple. Les uns le font dater du temps d'Auguste; les autres des dernières années du vi⁰ siècle ou des premières du siècle suivant. Le P. Richa, auteur de savantes *Notices historiques sur les églises de Florence,* propose un moyen terme que, pour notre part, nous sommes tout disposé à adopter. D'après lui, ce temple a été commencé sous le règne d'Auguste, qui l'avait élevé au dieu Mars en reconnaissance de sa victoire d'Actium. La statue en pied de cette divinité figurait sur un piédestal au milieu d'un octogone renfermé dans une colonnade.

---

[1]. Je ne reviendrai point ici sur les fêtes magnifiques dont ce baptistère fut un des principaux théâtres. Je dirai seulement que Canta Gallina, Jules Parigi et Jacques Callot dessinèrent les fêtes de Florence et en burinèrent les estampes commémoratives. Jacques Stella, artiste lyonnais du xvii⁰ siècle, dessina, à son tour, ces belles fêtes et en fit une gravure qui ne le cédait en rien, dit M. Ch. Blanc, aux œuvres de Parigi et de Callot. La perspective y est fort bien entendue, les grandes processions équestres qui s'y meuvent, les bannières, les costumes, les édifices de Florence qui encadrent la fête, sont admirablement rendus.

Stella a reproduit aussi la cérémonie de la présentation des tributs au Grand Duc de Toscane. L'artiste se remarque, à gauche, sur un toit, à côté d'un homme qui lui tient un parasol. (Eau-forte très-rare.)

L'édifice était complétement ouvert par en haut, comme il y en eut, d'ailleurs, à Rome, un certain nombre de semblables. Nous en trouvons le spécimen dans un dessin antique reproduit par cet illustre jésuite (Tome V, p. 14). Plus tard, quand la paix fut rendue à l'église, on construisit successivement le mur qui entoure la colonnade, puis la coupole. L'Église resta cependant avec une ouverture, sans la lanterne, jusqu'au xiie siècle, époque où l'on plaça une croix sur le faîte.

Dès le commencement du xiiie siècle, on mura l'unique porte de ce temple, tournée vers le couchant. Selon toute probabilité, elle était précédée d'un vestibule, car on possède d'anciens parchemins où figurent des contrats et des donations, contenant la mention suivante : « *Actum in atrio Domûs sancti Johannis de Florentia.* »

Cette porte fut remplacée par trois autres en bronze dont l'une est l'œuvre d'Andrea de Pise, qui l'exécuta, dit-on, d'après les dessins de Giotto. Quand elle fut achevée, la ville entière accourut au baptistère pour la voir. La Seigneurie qui ne sortait jamais du palais, excepté dans les grandes solennités, voulut assister à sa mise en place en compagnie des ambassadeurs du royaume des Deux-Siciles, et Andrea de Pise fut nommé citoyen de Florence en récompense de son œuvre. Sur cette

LÉGENDE ARTISTIQUE DE S. J.-BAPTISTE

porte se trouve, retracé en bas-reliefs, tout le développement de la vie du Baptiste[1].

Les deux autres sont dues au ciseau du fameux Lorenzo Ghiberti. Dignes de servir d'entrée au Paradis, au jugement de Michel-Ange, elles présentent presqu'autant de charme et de variété qu'un peintre habile pourrait en mettre dans la composition d'un tableau.

« La Seigneurie de Florence et la Communauté des commerçants résolurent d'enrichir, dit Vasari, le temple de San-Giovani de deux belles portes de bronze. Ils appelèrent tous les meilleurs maîtres d'Italie à Florence, en les invitant à exécuter un panneau semblable à ceux dont Andrea de Pise avait formé la première porte du temple. Sept d'entre les concurrents, trois florentins et quatre toscans, furent choisis parmi les plus renommés. De ce nombre étaient le fameux Brunelleschi et le non moins célèbre Donato Ghiberti.

» L'époque du jugement étant arrivée, les sept

---

[1]. Parmi ces bas-reliefs il faut citer entre tous celui qui représente le baptême du Christ; œuvre aussi jolie que curieuse.(Voir d'Agincourt. *Sculpture*, vol. IV pl. XXXV n 8).Signalons aussi le très-intéressant bas-relief représentant la Déposition de saint Jean dans le tombeau. (Voir également d'Agincourt. *Sculpture*, vol. II p. 68, et vol. IV pl. XXXV, n. 7.)

modèles furent livrés à la Communauté des commerçants. Les consuls nommèrent trente-quatre experts, tous très-habiles dans leur art, parmi les peintres, les sculpteurs et les orfèvres. Ces derniers reconnurent unanimement que les modèles de Filippo Brunelleschi et de Lorenzo Ghiberti l'emportaient par l'entente de la composition, par l'abondance et la beauté des figures sur celui de Donato, qui cependant se distinguait par un dessin large et vigoureux.

» Mais, sans attendre la décision des juges, Donato et Brunelleschi, frappés de la supériorité de l'œuvre de Lorenzo, se retirent à l'écart, s'interrogent réciproquement et se confessent vaincus. Ils reconnaissent que leur rival, alors seulement âgé de vingt ans, a mieux réussi que tous les autres, et que sa jeunesse fait encore espérer davantage pour la gloire de sa patrie. D'un commun accord ils lui cèdent généreusement la palme.

» Le brillant succès obtenu par Lorenzo, ajoute Vasari, engagea les consuls de la Communauté des marchands à lui commander un Saint Jean-Baptiste en bronze destiné à occuper une niche des pilastres d'Orsanmichel.

» Lorenzo le commença aussitôt. Il le mit en place vers 1414 et grava son nom sur la bordure du manteau. On admire la tête, les bras, les mains et l'attitude de cette statue, qui annonce un grand progrès vers la bonne manière romaine. Lorenzo fut le premier à imiter les chefs-d'œuvre des anciens Romains.

» La renommée de Lorenzo s'était répandue de tous les côtés, lorsque les Siennois, qui avaient vu ses travaux à Florence, le chargèrent d'exécuter en bas-relief deux sujets tirés de la vie de saint Jean-Baptiste, destinés au baptistère de leur cathédrale, pour lequel Jacopo della Fonte, le Vecchietta de Sienne et Donato avaient déjà jeté en bronze plusieurs bas-reliefs. Lorenzo représenta le Christ baptisé par saint Jean, entouré de figures nues et de personnages richement vêtus, et saint Jean traîné devant Hérode. Il vainquit dans ces compositions tous ses rivaux et reçut les plus grands éloges. »

Mais revenons au baptistère florentin dont une des merveilles intérieures est le fameux *Dossale*, qui sert de couverture à l'autel portatif d'argent sur lequel on expose, deux fois l'année, les saintes reliques du patron vénéré de la cité. On entend généralement par le mot *Dossale* de somptueuses draperies ou tentures employées à l'ornementation du pourtour des autels pour les grandes cérémonies. Le dossale de Florence est en argent fin et pèse 325 livres. C'est un splendide témoignage de la magnificence de l'ancienne république florentine, qui voulut non-seulement imiter, mais dépasser la richesse de celui dont Constantin dota la basilique byzantine ; c'est, encore et surtout, une preuve de l'ardente dévotion des Florentins pour saint Jean-Baptiste. Cette œuvre extraordinaire est due à la corporation des commerçants, qui appela, pour y concourir, les orfèvres, les sculpteurs et les peintres les plus renommés dans ce genre de travail. Elle ne marchanda aux artistes, qui s'en occupèrent successivement, ni l'or, ni le temps, car ils y employèrent plus d'un siècle ! On se mit à l'œuvre en 1366 et en 1477 ; les registres de la corporation font foi d'un paiement à Bartholomeo Cenni, qui en avait ciselé les bas-reliefs.

Ces bas-reliefs d'argent, au nombre de douze, représentent les différentes scènes de la vie du Baptiste. Ils sont séparés par des pilastres de même métal, incrustés de lapis-lazuli. On voit sur le devant du dossale la statue du Saint, en argent aussi, du poids de 14 livres.

Que de richesses dans ce baptistère tant de fois séculaire, et que de souvenirs de toute sorte [1]. On

---

[1]. C'est là que l'Alighieri, deux cents ans environ après sa mort, survenue à Ravenne pendant son exil, fut couronné poëte. Florence qui l'avait banni vivant, et qui ne pouvait le ressaisir après sa mort, Florence repentante le rappela par un décret public du Sénat, le rétablit dans toutes

LÉGENDE ARTISTIQUE DE S. J.-BAPTISTE

nous pardonnera de nous y être attardé, car la religion et l'art y ont, de tout temps, à l'envi, célébré la gloire du Précurseur.

ses charges, et, en témoignage de gratitude et de réconciliation, couronna de lauriers son buste à l'endroit même où ce grand homme avait été baptisé sous les noms de Durante Alighieri en l'an de grâce 1265.

Le Chantre de la *Divine Comédie* avait un amour passionné pour sa belle église de saint-Jean, comme lui-même l'appelle dans le XIX° chant de *l'Enfer* (il mio bel San Giovanni). Un jour, il nous l'apprend dans le même passage, il eut la joie d'y sauver la vie à un enfant qui se noyait dans l'un des quatre grands trous de forme circulaire, pratiqués aux quatre coins des vastes fonts de baptême de cette époque pour permettre au prêtre, au moment de la cérémonie, d'atteindre l'eau plus facilement.

CHAPITRE SEPTIÈME

LES DIPTYQUES ET LES CALENDRIERS

Parmi les monuments rares et précieux que nous a transmis l'antiquité, la place principale appartient aux diptyques. Les écrivains grecs et latins en font souvent mention, et l'usage en était fort répandu chez les Romains. On les appela d'abord *pugillares*, parce que, dit Gori (*Thesaurus veterum diptycorum*), le poing suffisait pour les contenir, peut-être aussi parce qu'on les tenait continuellement à la main. Ils se composaient ordinairement de deux tablettes pouvant se replier sur elles-mêmes, d'où leur nom de diptyques (δὶς πτυχή); ces tablettes étaient préparées pour recevoir intérieurement l'écriture et extérieurement des sculptures. On employait, pour la confection des diptyques, le buis, le bois de citronnier, l'ivoire, l'or ou l'argent. La partie intérieure était enduite de cire afin que le stylet pût y tracer des caractères. Les diptyques servirent, dans le principe, de memento à leurs possesseurs qui y inscrivaient les mille choses dont se compose la vie journalière. Aussi les Romains les portaient-ils suspendus à leur poignet par deux ou trois cordons, quand ils ne les confiaient pas à un esclave chargé de les leur présenter tout ouverts, à l'occasion, comme nous l'apprennent les vers suivants d'Ausone :

> Puer, notarum perpetuum
> Solers minister, advoca;
> Bipatens pugillar expedi.

Plus tard les chrétiens les suspendirent à leur ceinture, s'il faut en croire les termes d'un antique glossaire :

> Clerice, diptycha lateri sit semper amica,
> Nam sine diptycha non retinebis ea..

Les diptyques servaient aussi de moyen de correspondance.

Voulait-on adresser une lettre à une personne habitant la même ville ou le voisinage (car, en cas d'éloignement, on employait le papyrus), on écrivait sur l'un des côtés enduits de cire, laissant l'autre libre pour la réponse ; puis on réunissait les

LÉGENDE ARTISTIQUE DE S. J.-BAPTISTE 497

deux tablettes par un ruban, revêtu d'un cachet qui mettait la correspondance à l'abri de l'indiscrétion. L'ami rompait le cachet, répondait, si bon lui semblait, sur le côté resté libre, et renvoyait les tablettes, avec les mêmes précautions, à l'auteur de la missive [1].

Outre les diptyques dont nous venons de parler, il y avait aussi les diptyques appelés *consulaires*, sur lesquels étaient inscrits des noms et sculptées des images. Au moment des jeux publics, les ques-

---

[1]. Ovide nous révèle, dans une charmante élégie, des détails intéressants sur ce genre de diptyques. « Pleurez, dit-il, mon infortune : tristement me sont revenues mes tablettes; sa lettre m'annonce, hélas! que la voir est impossible aujourd'hui!...Loin de moi, tablettes maudites! bois funèbre! et toi, cire, qui devais ne m'apporter qu'un refus. Extrait de la fleur de la longue ciguë, tu fus sans doute formée du miel impur de l'abeille de Corse; ce n'est pas au vermillon, comme il semblait, mais bien au sang que tu devais ta couleur rouge; allez, comme un bois inutile, embarrasser la rue; que la première roue en passant vous broie sous son poids!
...Et je m'en étais servi pour envoyer de tendres paroles! Cette cire convenait bien à l'assignation qu'un juge bavard débite d'un ton farouche; elle était bien plus propre à servir d'éphémérides à l'avare, qui n'y aurait qu'en pleurant noté la brèche faite à son trésor. Je le vois maintenant, ce n'est pas sans motifs qu'on vous appelle *doubles*; et, d'ailleurs, ce nombre-là n'était pas d'un bon augure. Que puis-je vous souhaiter dans ma colère? Que le temps vous mine et vous ronge, et qu'une rouille immonde blanchisse enfin la cire qui vous couvre.

teurs, les préteurs et surtout les consuls, pour gagner la faveur générale, en envoyaient à l'Empereur et au Sénat, aux amis présents et absents; parfois même ils en faisaient distribuer au peuple. Une loi d'Arcadius et de Théodose ordonna que les consuls seuls pourraient donner des diptyques d'ivoire à cause du prix qu'on attachait à cette matière.

Beaucoup de ces diptyques consulaires devinrent plus tard des diptyques ecclésiastiques, par exemple les fameux diptyques de Liége et de Bourges, ivoires bysantins du vi$_e$ siècle, si intéressants pour les antiquaires et décrits par Gori avec tant de soin et de savoir.

Les diptyques ecclésiastiques étaient de deux sortes : avec texte seul, ou avec images.

Sur les premiers la primitive Église inscrivait des oraisons; elle y consignait, en outre, religieusement le nom des saints et des martyrs; elle y ajouta, plus tard, ceux des confesseurs; puis, ceux des empereurs et des évêques qui s'étaient distingués par leurs vertus; puis enfin, ceux des personnes mortes en paix avec Dieu. L'Église faisait ainsi ressortir l'indissolubilité de la communauté chrétienne qui, en honorant la mémoire des morts, les maintenait avec les vivants dans une étroite communion. Ces mystiques catalogues avaient leur place marquée parmi les objets du culte, et, pendant le saint sacrifice, le diacre répandait autour d'eux les fumées de l'encens ; puis on en faisait la lecture aux fidèles. Ce sont les diptyques qui ont fourni aux plus anciens sacramentaires grecs et latins cette longue et glorieuse nomenclature de saints dont s'honore le catholicisme.

Je tenais à initier le lecteur à ces détails avant de constater que, dans ces annales vénérables entre toutes, dont l'âge remonte au IIIe siècle, peut-être même au IIe, et qui sont certainement antérieures aux antiques calendriers, aux martyrologes, je dirai même aux Litanies, on est toujours sûr de rencontrer le nom de saint Jean-Baptiste.

Quant aux diptyques avec images, ces tableaux ciselés, sculptés ou peints, se divisent en quatre classes. Les uns servaient à parer les autels ; les autres à couvrir les évangiles ; on donnait les troisièmes à baiser au peuple pendant la célébration des saints mystères ; les quatrièmes, enfin, étaient souvent une propriété particulière dont la piété se plaisait à orner sa demeure.

Parfois ces tableaux, au lieu d'être des diptyques et même des monotypes, étaient des triptyques, c'est-à-dire formés d'un panneau sur lequel se refermaient deux autres panneaux portant souvent des peintures sur chaque face.

En reproduisant très-fréquemment l'image de

saint Jean-Baptiste, ces monuments nous donnent, encore ici, la mesure de la célébrité dont son culte a toujours joui.

Parmi les diptyques qui ont servi à l'ornement des autels, on peut citer un tableau d'ivoire existant à Florence dans le musée Gori [1]. Sa grandeur est à peu près celle de la largeur des deux mains ; le haut se termine en triangle isocèle. L'image du Père éternel occupe toute la surface du triangle ; en-dessous, dans le rectangle, on voit la sainte Vierge avec l'enfant Jésus dans ses bras ; à droite, saint Jean-Baptiste et sainte Marguerite ; à gauche, saint Antoine et sainte-Catherine.

On peut citer aussi un diptyque d'ivoire, appartenant au musée Barberini, et représentant le baptême de Notre-Seigneur [2]. C'est la même composition que celle de la fresque des catacombes, tant de fois reproduite. — Un homme nu, assis au milieu des flots, personnifie le Jourdain.

Enfin l'un des plus précieux monuments de cette espèce est un triptyque grec qui se trouve dans le musée chrétien de Benoît XIV, et qui nous montre l'auguste réunion du Christ, de la sainte Vierge et du Précurseur.

Le deuxième genre de diptyques était ceux qui

---

1. Paciaudi, p. 229.
2. Gori, lib. III, p. 288. Tab. XXXVII, no 2.

servaient de couverture aux évangiles. Ils furent souvent envoyés en présents par les Papes à des églises importantes, et par les rois à d'autres princes dont ils voulaient gagner les bonnes grâces. Le musée du Vatican possède un monument grec d'ivoire de ce genre où nous apparaît Jésus-Christ bénissant entre la Vierge et son Précurseur [1].

Dans ce triptyque la sainte Vierge est du côté de l'évangile ; c'est le contraire qui a lieu dans un autre triptyque d'ivoire, ouvrage dû également à un artiste grec et destiné à l'ornement des autels [2].

Le troisième genre de monotypes ou de diptyques (ceux qu'on donnait à baiser au peuple en remplacement du baiser de paix) n'a jamais porté, si ce n'est par suite de l'ignorance de l'artiste, l'image isolée du Précurseur ; il ne pouvait que représenter des scènes faisant allusion à la paix profonde qui doit régner entre les chrétiens, retracer des cérémonies du culte, ou offrir aux regards l'auguste sacrifice du corps de Notre-Seigneur. On conserve, à la cathédrale de Milan, des tablettes

---

1. Gori, lib. III, p. 98. Tab. xi, n° 2. — Voir une représentation identique : Gori, lib. III, p. 104. Couverture d'un évangéliaire conservé à Florence.

2. Triptycum sacrum casanatense. — Gori, lib. III, p. 242. Tab. xxvi.

d'ivoire, représentant le baptême, tout usées par les pieux embrassements de plusieurs générations de fidèles [1].

Le quatrième genre (les triptyques particuliers) fut, comme on le pense, fort répandu par suite de la dévotion universelle de tous les peuples pour saint Jean-Baptiste. Du Cange a placé, en tête de sa dissertation *de Nummis inferioris œvi*, le dessin d'un tableau grec de ce genre où l'on voit réunis Jésus-Christ, sa divine Mère et le Précurseur. L'Agiologe d'Anvers nous offre la même représentation dans deux triptyques moscovites. La petite dimension de ces trois specimens ne permet pas de douter qu'ils ont appartenu à des particuliers.

Un monument des plus curieux du même genre est un triptyque russe en cuivre représentant le Christ, la Vierge et saint Jean ailé, portant Jésus dans une sorte de calice et le montrant du doigt [2].

Saint Jean a les apparences d'un homme fait ; anachronisme choquant, puisque le Précurseur n'avait que six mois de plus que son divin parent [3]. Ceci

---

1. Gori, lib. III, p. 264. Tab. XXXII.

2. *Trésor de Glyptique*, tome II, pl. III, n° 4.

3. Cette représentation bizarre est loin, cependant, de constituer un fait isolé. Il est de tradition très-ancienne et constante en Russie, notamment à Palekh, dont les habitants ont une spécialité d'imagerie, comme

me rappelle un tableau du Louvre, de Cima de Conegliano, remarquable par la beauté du paysage et la grâce des personnages, mais où l'on voit, à gauche de la Vierge tenant le bambino dans ses bras, saint Jean-Baptiste à l'âge de dix-huit ans !

Du reste, les licences sont familières aux artistes et aux poètes, et, comme le dit Horace :

................................pictoribus atque poetis
Quid libet audendi semper fuit æqua potestas.

On conviendra cependant que, dans les deux cas précédents, la licence est vraiment trop forte.

Le *Trésor de Glyptique*, qui contient la représentation du triptyque russe dont il vient d'être question, en reproduit un autre en cuivre de très-petite dimension, ouvrage byzantin d'une époque peu ancienne [1]. Le sujet du milieu est Jésus-Christ descendant aux Limbes pour en tirer les âmes des Patriarches. Sur le volet de droite, on voit le baptême du Christ ; sur celui de gauche, la mort de sa très-sainte Mère. Ces petits triptyques sont encore

ceux d'Epinal, en France, de faire tenir à saint Jean l'enfant Jésus dans un calice, quand on ne le représente pas portant sa propre tête. Le recueil, publié pour 1866 par la Société de l'art russe ancien à Moscou, ne laisse aucun doute à cet égard.

1. *Trésor de Glyptique*, tome I. pl. 11.

en usage partout où l'on professe la religion grecque ; on les porte en voyage, et c'est à genoux devant ces saintes images que les fidèles adressent à Dieu leurs prières.

§.

L'étude des *Calendriers* anciens, qu'on appelle aussi *Ménologes* et *Ephémérides*, est, pour les amateurs des antiquités chrétiennes, une source inépuisable d'observations intéressantes. Un mot seulement sur leur origine avant de nous en occuper au point de vue spécial à notre sujet.

C'étaient, dans le principe, les grands livres sur lesquels les banquiers et les prêteurs d'argent inscrivaient leurs comptes avec leurs clients ; ils tiraient leur nom de ce que l'intérêt était exigible aux *Calendes* ou premier jour du mois.

Les Romains illustraient leurs calendriers de peintures. Outre les couleurs dont ils se servaient pour distinguer les jours fastes des jours néfastes, comme Ovide semble le rappeler dans ce vers :

« Quæque ferunt illi pictos signantia Fastos, »

ils plaçaient des figures astronomiques au commencement de chaque mois, pour indiquer les différentes phases du soleil et de la lune.

Les calendriers, au point de vue de leur usage, ne sont pas sans avoir de grands rapports avec les diptyques, après le passage du paganisme au christianisme. Dès les premiers siècles chrétiens, on voit l'Église en user pour tenir une note exacte de la mort de ses évêques et du *natale* de ses martyrs.

Des clercs étaient chargés d'informer, chaque jour, l'évêque de la mort de ces derniers. On ajouta, plus tard, à leurs noms ceux des confesseurs, comme nous l'avons vu faire pour les diptyques. Les calendriers ecclésiastiques marquaient donc, à chaque jour de la semaine, outre les fêtes de Notre-Seigneur et les mystères de la religion, les mémoires dont il s'agit; c'est ce que Tertullien appelle les *Fastes de l'Église*, et, lorsque les anniversaires des martyrs se célébraient encore dans les cimetières, le calendrier indiquait, avec le nom du saint, l'endroit où les fidèles devaient se rendre.

Dans le calendrier du Père Boucher, qui est le plus ancien calendrier de l'église romaine, on trouve, à chaque jour de la semaine, la mémoire d'un martyr ou la *déposition* des pontifes romains. Chaque église avait son calendrier spécial et ses fêtes propres. Tel fut celui de Carthage, qui remonte au Vᵉ siècle. Il y avait aussi, dans chaque calendrier, la fête générale de tous les martyrs de la ville.

Les calendriers étaient manuscrits ou gravés sur

bois, sur métal, sur pierre; d'autres étaient sculptés sur ivoire ou sur marbre. Un des plus anciens monuments de ce genre est celui qui est connu sous le nom de *Cycle de saint Hippolyte*, exécuté sur le pourtour du siège sur lequel le saint est représenté assis. Ce monument paraît dater du ive ou du ve siècle. Il est au musée du Vatican.

Les chrétiens semblent avoir, les premiers, introduit l'usage d'orner de peintures chacun des jours de l'année, ou, du moins, les plus solennels. Toutes leurs éphémérides sont remplies d'images de saints, destinées à indiquer la fête du jour, et à imprimer, dans les cœurs, par le moyen des yeux, le souvenir durable de leurs actes et de leurs vertus. Le Père Mabillon rapporte avoir vu, à Rome, sous le péristyle d'un monastère nommé *ad Guttam manantem*, un calendrier où se trouvaient représentées par la peinture les fêtes qu'on avait coutume de célébrer dans l'Ordre pendant tout le cours de l'année.

Cette coutume de peindre les calendriers était fort en honneur chez les Grecs. Jean Commène, dans sa description de l'un des monastères du mont Athos, s'exprime ainsi : « Dans le chœur, à droite, sont placées douze peintures moscovites, représentant les saints que l'on fête pendant les douze mois de l'année. » L'auteur se sert de l'expression

LÉGENDE ARTISTIQUE DE S. J.-BAPTISTE

« Moscovites » parce que les Russes, les Slaves, les Bulgares et les Serbes avaient alors et ont encore, au mont Athos, de nombreux couvents du rit grec.

Je pourrais multiplier ces exemples généraux, mais j'ai hâte d'arriver à ceux qui ont trait à saint Jean-Baptiste, et qui se rattachent directement à des points importants de cet ouvrage.

C'est, d'abord, une gravure appartenant à un calendrier græco-russe, qui représente la première Invention du Chef sacré du saint Précurseur, opérée par des moines à Jérusalem[1]. Les détails de cette composition sont parfaitement étudiés. Le costume des deux religieux est dépourvu de manches, comme l'exigeaient alors les règlements monastiques. Le moine, placé à gauche de la caverne, porte un long scapulaire, descendant presque à ses pieds; l'artiste y a mis, à dessein, une croix, selon une coutume qui s'est perpétuée chez les moines d'Orient depuis la prescription faite, à ce sujet, par saint Pacôme aux religieux d'Egypte. Ce calendrier græco-russe, dit *calendrier de Kiev*, ville sainte de Russie, a pour auteur un moine russe du XVIIe siècle. Il fut donné en présent à Papebrock, qui, le publia dans la préface des Actes des saints du mois de Mai. (*Collection des Bollandistes.*)

C'est, ensuite, un tableau sur bois, tiré des Ephé-

[1] Voir la gravure de la page 255.

mérides de l'église russe, que Marchio Caponiano, personnage très-distingué, a légué à la bibliothèque du Vatican. Celui-ci fut fait par un peintre de

Invention du Chef de saint Jean-Baptiste à Emèse.

Moscou; il est postérieur au premier de plus de vingt ans. Longtemps on a cru qu'il avait une origine beaucoup plus ancienne, mais le Père Martinov a démontré victorieusement le contraire dans son bel ouvrage intitulé : l'*Annuaire ecclésiastique greco slave*. On y retrouve l'histoire de la seconde Invention du glorieux Chef à Emèse. Le peintre y réunit deux faits distincts, mais que ne sépare point cependant un bien long intervalle. D'un côté, la sœur du potier tient l'urne dont elle vient d'extraire la sainte relique ; de l'autre, l'évêque Uranius agenouillé la reçoit avec un profond respect. — A moins pourtant que l'artiste n'ait suivi la version du Métaphraste, d'après laquelle l'insigne relique aurait été remise par une femme d'Emèse à de saints personnages. — Mais cette hypothèse n'est pas probable ; tout porte à croire, au contraire, qu'il a voulu représenter Uranius. Le vêtement brodé et les manches ajustées indiquent qu'il s'agit d'un évêque, comme le prouvent un grand nombre de tableaux, de mosaïques et de bas-reliefs grecs. La dignité épiscopale est également exprimée par le pallium, enrichi de croix, qui entoure le col et vient flotter sur les jambes du personnage. Quant au nimbe dont sa tête est ornée, on peut s'étonner de sa présence, puisque l'évêque Uranius n'est point compté parmi les saints ; mais le nimbe était souvent une marque de dignité, plutôt que de sainteté, ainsi que les antiquités chrétiennes en font foi.

C'est enfin un troisième sujet emprunté à un ménologe de l'empereur Basile. Ici nous sommes en présence de la dernière Invention : celle de Comanes. Le précieux Chef, mystérieusement apporté dans cette ville, vient d'y être découvert par suite d'une révélation divine, comme il arrive, d'ordinaire, pour les corps saints, selon la remarque de l'évêque d'Hippone : la partie droite du tableau nous fait assister à cette découverte ; la partie gauche nous montre l'empereur Michel, le front

Invention du Chef de saint Jean-Baptiste à Comanes.

ceint du diadème et nimbé, venant recevoir, en grande pompe, l'insigne relique. A ses côtés s'avance le patriarche Ignace tenant un encensoir à la main ; il est revêtu, comme l'évêque Uranius, d'un pallium orné de croix. Derrière eux se presse une foule nombreuse, impatiente, avide d'approcher ses yeux, son front et ses lèvres de l'auguste Chef, au devant duquel s'envolent, en attendant, tous les cœurs !

Je termine par la description de deux tableaux sur bois, faisant partie des fastes de l'Eglise russe. Leur teinte uniforme, à part quelques nuances de détail, permet de les ranger au nombre des peintures dites *monochromes*. Il est difficile de déterminer leur âge exact ; mais à la manière dont se comportent les ombres et les lumières, à la disposition du dessin, au genre d'architecture, à l'inspection des vêtements des personnages, à l'ensemble, en un mot, de la composition, on peut affirmer sans hésiter, avec Paciaudi, auquel ces peintures furent communiquées par le conservateur du musée du Capitole, qu'elles appartiennent à une époque assez ancienne.

Malheureusement il ne reste que les mois de janvier et de février ; mais, dans ce court espace de temps, le Baptiste est nommé deux fois.

La première, le 7 janvier, sous le nom de : « Consociation (ζυναξις) de saint Jean-Baptiste, prophète et Précurseur. » Le tableau représente une caverne redoutable, pleine d'obscurité et de mystère. Saint Jean, debout à l'entrée, harangue des personnes placées à l'intérieur. Il est possible qu'on ait voulu représenter ici la descente du Précurseur aux Limbes, où il vient annoncer l'approche du

Sauveur aux patriarches qui s'y trouvent renfermés.

Il faut reconnaître cependant que le dessin précédent, qui représente le baptême de Jésus-Christ par saint Jean (6 janvier,) est juxtaposé à celui-ci de telle sorte que les eaux du fleuve viennent baigner les jambes de la foule. On pourrait donc admettre aussi que le Précurseur, debout sur la rive, se dispose à baptiser les assistants et à les réunir aux justes par le baptême.

La seconde fois qu'il est fait mention du Baptiste dans les fastes dont nous parlons, c'est à la date du 12 février, et sous ce titre : « Invention de l'auguste Chef du Précurseur. » La scène retracée étant l'exhumation de la précieuse relique par des moines, nous n'avons à entrer dans aucun nouveau détail intéressant notre sujet; mais de ce tableau, comme de tous ceux qui précèdent, nous dégageons le sentiment incontestable de la profonde dévotion de l'église russe pour saint Jean-Baptiste.

J'allais oublier de parler de deux tablettes en mosaïque, ayant servi de calendrier grec, que l'on conserve au baptistère de Florence [1]. Elles retracent la scène du baptême, et semblent appartenir au xe siècle. Ce monument des plus curieux, présent d'une grande dame florentine du xive siècle, offre les caractéristiques de la cognée et des jeunes pousses dont nous entretiendrons bientôt le lecteur.

1. Gori, 3 vol. p. 334, pl. I.

CHAPITRE HUITIÈME

CARACTÉRISTIQUES DE SAINT JEAN-BAPTISTE DANS L'ART.

L'AGNEAU, LA PEAU DE CHAMEAU, LES JEUNES POUSSES.

L'AGNEAU est la principale caractéristique de saint Jean-Baptiste dans l'art ; c'est sous cette figure que le Précurseur signala au monde le Messie; agneau divin qui, pour satisfaire à la justice du Père, vint charger son innocence de toutes les iniquités humaines.

Cette coutume de représenter ainsi le fils de Zacharie avec un agneau est fort ancienne dans l'Eglise, ainsi que l'attestent les plus antiques monuments. Dès l'époque de Constantin le Grand, le poëte chrétien Juvencus donne à saint Jean le titre d'*Agnifer*. Ce même empereur, au témoignage de Saint Athanase, prit soin, lors de l'ornementation du baptistère de Saint-Jean de Latran, de faire placer, à l'entrée des fonts baptismaux, un agneau d'or d'où l'eau s'échappait et qui pesait trente livres. Il mit, à la droite de l'agneau, une statue du Sauveur en argent très-fin et de grandeur naturelle, et, à sa gauche, une statue également en argent et du même modèle, représentant saint Jean-Baptiste tenant une banderolle, avec ces mots que l'église répète, chaque jour, pour célébrer les louanges du Rédempteur : *Ecce Agnus Dei, ecce qui tollit peccata mundi* [1].

Le fameux concile in Trullo, qui se tint, en 692, dans le secrétariat (troullos) du palais impérial de Constantinople, concile qui autorise expressément la représentation de Jésus-Christ sur la croix, dit, en propres termes, que « dans plusieurs recueils d'images édifiantes se trouve peint un agneau désigné du doigt par le Précurseur; » mais il désapprouve cette coutume, car le symbolisme avait envahi la réalité dans les premiers temps du christianisme, et, au lieu de représenter le Christ sous les traits d'un homme, on le montrait toujours sous ceux d'un agneau, soit d'après le texte de saint Jean : « *Ecce Agnus Dei*; » soit d'après celui d'Isaïe : « *Sicut*

---

[1]. Voir dans d'Agincourt (Peinture), pl. CXII, la reproduction d'une belle figure du Précurseur, (XIII° ou XIV° siècle. Ecole gréco-italienne). Le saint tient un phylactère où l'on lit : « *Ecce Agnus Dei.* » Les exemples de cette caractéristique sont innombrables. — (Voir aux *Indications complémentaires*. Art. Ecce Agnus Dei.)

ovis ad occisionem ducetur, et quasi agnus coram tondente se obmutescet; » soit, enfin, d'après celui de l'Apocalypse : « *Et vidi... agnum stantem tanquam occisum.* » Le concile dont je parle fit plus ; il interdit aux artistes de représenter Jésus autrement que sous la forme humaine. L'église grecque obéit, et remplaça, dès lors, l'agneau par une feuille de parchemin portant ces mots: « Je suis la voix qui crie dans le désert: « Préparez les voies du Seigneur, rendez droits ses sentiers, » ou bien encore : « Faites pénitence, car le royaume du ciel est proche. » Malgré la défense cependant, elle peignit parfois l'Agneau de Dieu, comme le prouve une fresque du couvent de Philothéon, au mont Athos. (V. *Icon. chrét.* p. 299, 323.)

L'Eglise latine perdit de vue cette défense, et l'agneau symbolique a été sculpté et peint chez nous un nombre infini de fois. Les artistes du moyen âge ont suivi cette tradition. Aussi les voyons-nous presque constamment placer dans une des mains de saint Jean, ordinairement étendue, l'agneau triomphateur en un disque, tandis qu'ils le lui font montrer de l'autre main. Cet usage remonte au xiie siècle.

A la Renaissance, on a trop souvent négligé les emblèmes du disque ou du nimbe crucifère et, dans un assez grand nombre de toiles on voit un simple agneau broutant auprès de saint

Jean. C'est une irrévérence et un abus contre lesquels s'élève, avec juste raison, au xvɪᵉ siècle, l'illustre Ayala, archevêque de Valence, en Espagne.

Parfois aussi le Précurseur porte l'agneau couché sur un livre, ce qui signifie, selon les uns, qu'il lui fut donné de montrer l'accomplissement des prophéties : « *Lex et Prophetæ usque ad Johannem,* » et rappelle, selon les autres, le passage de l'Apocalypse où il est question du livre de vie de l'Agneau. Coïncidence remarquable! Saint Jean-Baptiste et saint Jean Théologien ont, tous deux, désigné le Christ sous la même figure. Très-probablement l'Evangéliste futur se trouvait à côté du Baptiste, dont il était alors le disciple, lorsque celui-ci donna ce doux nom au Messie. L'apôtre centenaire, sentant battre son cœur à cet émouvant souvenir, âgé pour lui de près d'un siècle, s'en inspirait encore à Pathmos en écrivant son œuvre dernière.

Cette caractéristique se voit sous la première forme (l'Agneau sans le livre) dans le musée chrétien du pape Benoît XIV, sur un antique médaillon de jaspe, orné d'un encadrement d'or et muni d'un anneau. Cette circonstance a fait supposer que cet objet fut porté au cou, dans le principe, par une personne animée d'une grande dévotion pour saint Jean-Baptiste, peut-être même guérie, grâce à lui, de l'épilepsie, et qui, en manière d'*ex-*

LÉGENDE ARTISTIQUE DE S. J.-BAPTISTE

voto, aura fait placer dans un cadre d'or le précieux médaillon [1].

La même caractéristique se trouve sous la seconde forme (l'Agneau avec le livre) sur un camée

fort antique aussi, reproduit dans un savant ouvrage intitulé : « *Nummus æreus veterum Christia-*

---

1. Barradius rapporte, sur la foi de Rupert, qu'une très-ancienne coutume consistait à porter sur la poitrine l'image d'un agneau, soit en forme de médaille, soit autrement, comme on porte maintenant le crucifix. On considérait cette figure comme une protection contre toute espèce de maux.

norum. » C'est incontestablement l'œuvre d'un artiste italien, mais la date précise reste ignorée. Le nom de l'auteur est caché sous cette signature F. P. C. que Paciaudi n'a pu parvenir à déchiffrer, même à l'aide du dictionnaire des Monogrammes des peintres, comme il l'avoue humblement avec la modestie d'un véritable savant.

Saint Jean-Baptiste est également représenté tenant, d'une main, l'Agneau sur un plomb historié du moyen âge, trouvé dans la Seine et qu'a publié M. Arthur Forgeais dans les *Enseignes de pèlerinages* p. *299*. Dans cette composition le Précurseur désigne l'Agneau divin de la main gauche. Comme le contraire a, d'ordinaire, toujours lieu, on a cherché à expliquer cette bizarrerie par la raison que les artistes du moyen âge paraissent parfois avoir mal calculé le résultat des *creux* qu'on leur donnait à graver sur pierre pour servir de moule à la fonte. Cette supposition semble très-vraisemblable.

On voit le Précurseur avec l'Agneau sur la face d'une monnaie frappée à Rhodes par les chevaliers [1]. Elle est entourée d'une inscription ainsi conçue: « *Ospitalis. S. Joannis DRS.* » Les trois dernières lettres signifient : *de Rhodis*. Le revers offre l'image du Maître hospitalier des Ursins, age-

---

[1]. Voir p. 346.

nouillé et les mains étendues devant une croix patriarcale.

Il y avait aussi, à Malte, dans la chapelle du palais du Grand-Maître, une statue du Saint, en argent, fort ancienne, avec la même caractéristique.

Enfin, un antique sceau de l'Ordre de Malte offre aux regards un agneau nimbé et soutenant l'étendard crucifère. Cet emblème constitue ici la caractéristique de saint Jean-Baptiste, bien que l'agneau *isolé* soit presque toujours le symbole du Sauveur, comme, par exemple, sur les monnaies frappées au moment des croisades et que du Cange appelle *Nummi ad Agnum* [1]. Sur le sceau dont nous parlons l'agneau a pour but de rappeler les paroles et les actes du Précurseur; il forme comme un résumé de la représentation entière du Saint, le cadre trop étroit du cachet n'ayant pas permis d'y faire figurer le personnage lui-même [2].

J'ai choisi ces exemples entre mille, et parmi les

---

[1]. Deniers d'or à l'Agnel. « Monnaie, dit l'édit de Philippe le Bel, qui sera appelée à l'Aignel, laquelle est du temps de saint Louis, notre très-cher aïeul. »
Sous le roi Jean. — Deniers d'or pur (Deniers à l'Agnel d'or fin), sur lesquels on voit un agneau, dit *Agnus Dei*, et portant l'inscription suivante : « Johannes rex, » et, de plus : « *Agnus Dei*, etc. » Sur le revers, dans les angles, 4 lis. (Du Cange, *Glossarium mediæ et infimæ latitatis*.)

[2]. Paciaudi, p. 312.

plus anciens que j'aie pu rencontrer. Il est inutile de les multiplier. Quel dommage, ajouterai-je seulement, que cette caractéristique, si chère aux artistes du moyen âge, et qui parlait si vigoureusement aux yeux et à l'esprit, semble être aujourd'hui délaissée !

Une autre caractéristique, très-fréquemment employée par l'art chrétien, lorsqu'il s'agit de représenter saint Jean-Baptiste, c'est le *Vêtement de poils de chameau*, serré autour des reins par une ceinture de cuir. Que de pieux solitaires, en se contentant, pour tout vêtement, de la dépouille grossière des animaux, ont, depuis, imité cet exemple qu'avait aussi donné le prophète Elie ! — L'art grec et l'art latin ont souvent remplacé le vêtement de poils de chameau par une toison de laine ou par une peau de chèvre ; mais cette représentation artistique s'écarte de la réalité des faits. D'abord, l'Evangile parle, en termes précis, d'un vêtement de poils de chameau ; ensuite, l'Apôtre de la pénitence eût dédaigné la laine comme un vêtement trop luxueux. Saint Clément d'Alexandrie en a fait la remarque au iie siècle, et, après lui, dans les vers suivants, saint Paulin, qui florissait au ive.

Vestis erat curvi setis conserta cameli
Contra luxuriem, molles duraret ut artus
Arceret que graves compuncto corpore somnos. 1.

1. Nous avons cité des passages importants du même

LÉGENDE ARTISTIQUE DE S. J.-BAPTISTE 521

Ne convenait-il pas, du reste, que celui qui venait dans l'esprit d'Elie en eût aussi l'extérieur, et que son aspect seul invitât à la pénitence ?

On a pu voir déjà des spécimens de cette caractéristique dans la plupart des œuvres d'art que nous avons précédemment signalées [1].

On la retrouve sur les monnaies florentines, notamment sur le florin d'or, (V. la dernière médaille de la gravure de la p. 346) sur celles des pontifes Jean XII et Adrien VI, sur celles aussi du saint-Siége frappées après la mort de Léon X, etc. [2]; enfin sur un nombre infini de monuments de toute espèce, entre autres sur les deux suivants :

Le premier de ces monuments archéologiques appartient au xv⁰ siècle. C'est un sceau que possédait Paciaudi et qui avait appartenu au cardinal

poëme dans la première partie de ce livre. — Les œuvres de saint Paulin de Nole ont été éditées en 1685. Le frontispice de l'édition est orné d'un beau portrait du Baptiste. Le Saint tient, d'une main, la houlette pastorale, et, de l'autre, une bourse d'où s'échappe un flot de pièces d'or, emblème de son inépuisable charité pour les âmes.

1. Voir cette représentation sur deux reliquaires. Gori, tome III p. 38, tab. IV. Voir la vierge de Foligno de Raphaël Armengaud, au Vatican. *Galeries publ. de l'Europe*, p. 29.

2. Lire dans les *Indications complémentaires*, au mot *Monnaies*, une nomenclature très-intéressante de celles frappées à l'effigie de saint Jean Baptiste.

Jean Bessarion. Ce célèbre prélat, d'abord religieux de Saint-Basile dans un monastère du Péloponèse, fut tiré de sa retraite, nommé évêque de Nicée, puis amené en Italie avec plusieurs autres savants par l'Empereur Jean Paléologue dont le projet était de réunir l'église grecque à l'église latine. L'union ayant été prononcée, le pape Eugène IV, pour récompenser le zèle de l'évêque, le créa cardinal. Jean Bessarion qui, par parenthèse, obtint, à la mort de Nicolas V et de Paul II, un grand nombre de voix pour la tiare, était animé, à l'égard de son saint patron, d'une extrême dévotion. Aussi l'a-t-il fait figurer dans son sceau; il y paraît sous le rude costume du désert, à gauche de la Vierge Marie, tenant l'Enfant Jésus dans ses bras. Le Saint lève une main en signe de prédication, et, de l'autre, porte une croix.

A droite de la sainte Vierge on aperçoit un ange, ou plutôt un archange, car j'incline à croire qu'on a voulu représenter Gabriel, qui révéla à Daniel l'époque de la venue du Messie; à Zacharie, la naissance de saint Jean-Baptiste; à Marie, sa maternité divine. Il faut, du reste, que l'artiste ait voulu peindre un des princes de la milice céleste, puisqu'il l'a couronné du nimbe crucifère, attribué, d'ordinaire, au Christ seul. D'un côté donc, le céleste messager; de l'autre, l'homme angélique

LÉGENDE ARTISTIQUE DE S. J.-BAPTISTE

envoyé par Dieu sur la terre pour annoncer au monde le Sauveur [1].

Le second de ces monuments artistiques est un petit tableau, peint sur bois de cèdre, de la largeur de la main, que Paciaudi, étant à Malte, acheta à un marchand grec. Le docte antiquaire attribue au XIII° siècle cette peinture dont nous avons donné la gravure en tête de la première partie de cet ouvrage. Les inscriptions grecques qui y figurent « Saint Jean Précurseur » et « Voici l'Agneau de Dieu » sont écrites perpendiculairement ; ce qui témoigne, ainsi que la forme des lettres

---

[1]. Voir la caractéristique de la peau de chameau sur de nombreux sceaux conservés aux Archives Nationales. N° 10705 (XIII° siècle). N° 10706 (XIV° siècle). Sceau de la ville de Gand. N° 5516 (XIII° siècle). Sceau de la ville de Bourbourg. Le saint tient une banderolle sur laquelle on lit : *Sanctus Joannes Baptista*. N° 6206 (XV° siècle). Sceau du cardinal Guillaume d'Estouteville. N° 6208 (même époque). Sceau de Jean de Mella, cardinal de St-Prisce. N° 6209. (même époque. (Sceau de Louis, cardinal d'Albret. N° 9312. (Office claustral d'abbaye). Sceau de Guillaume, prieur de St-Nicolas de Marcheroux (Diocèse de Rouen). Le saint tient un phylactère sur lequel on lit : *Hic est sanctus Johannes Baptista* (XIII° siècle). N°. 1141. Nicolas, abbé de St-Gower, en Saxe (XIV° siècle). (Matrice originale provenant du Musée du Louvre.)

et des accents, de l'antiquité de cette œuvre intéressante.

Dans ce petit tableau on aperçoit, de chaque côté du saint, un arbuste revêtu de *jeunes pousses*. Ce n'est pas sans intention que le peintre les a placées là, car elles peuvent passer pour une des caractéristiques de saint Jean-Baptiste. Elles rappellent sa vie au désert, et surtout sa nourriture, qui se composait, au dire de plusieurs commentateurs, non pas seulement de sauterelles (ἀκρίδες) mais de la tendre et flexible extrémité d'une certaine espèce d'arbustes, et d'herbes même, dont le nom se rend par le même mot.

Cette caractéristique se distingue aussi sur la monnaie florentine dont nous parlions tout à l'heure; on la voit, enfin, sur un sceau de Nicolas de Piglis, Préposé de la cure de Saint-Jean-le-Majeur dans la banlieue de Florence. Le Précurseur, revêtu du *pallium*, est debout sur le tronc d'un arbrisseau, peut-être même sur le corps d'une racine dont la tige s'épanouit en larges feuilles.

Ces quelques exemples prouvent que l'opinion d'après laquelle saint Jean se serait nourri de jeunes pousses a fait, même chez les artistes, d'assez nombreux adeptes; et, chose digne de remarque, il n'existe pas, que je sache, à une seule exception près peut-être, de monuments artistiques où figure, à propos de saint Jean-Baptiste, la caractéristique de la sauterelle. C'est ici le lieu d'examiner un point controversé.

Le diacre Pantaléon, écrivain du ixe siècle, dit que saint Jean se nourrissait de sauterelles et de jeunes pousses. Saint Isidore de Péluse est plus exclusif, car il prétend, et d'autres auteurs avec lui, que les personnes qui, par le mot *acrides*, entendent des êtres vivants, commettent une grave erreur. Telle est aussi l'opinion de Nicéphore Calliste, et c'est également le sens de la version Éthiopienne. Les Éthiopiens, du reste, à l'exemple d'autres peuples encore, emploient les acrides comme aliments; aussi Eustache de Thessalie les nomme-t-il *Acridiphages*, et Diodore *Ulophages*. D'après ce dernier historien, on les voit sortir de leurs demeures avec leurs familles pour aller chercher leur nourriture qu'ils demandent aux tendres tiges des arbres.

Le sentiment d'Isidore de Péluse est partagé par le cardinal Cajétan et l'illustre orientaliste Bochard. Il est fortifié par l'autorité du célèbre cardinal de Vitri. Ce prélat, après avoir décrit, dans son *Histoire de Jérusalem*, le désert de Saint-Jean-Baptiste, rapporte un entretien qu'il eut avec un moine d'un couvent voisin de cet endroit et soumis à une règle très-sévère. Interrogé sur ce qu'il fallait entendre par les *acrides* dont se nourrissait le Précurseur, le religieux répondit, sans hésiter, qu'on servait très-fréquemment au réfectoire des herbes que les moines appelaient *Langustæ*, en d'autres termes *Locustæ* (mot latin qui veut dire sauterelles). Il ajouta qu'on les récoltait en grand nombre aux environs du monastère, et qu'elles étaient de l'espèce de celles dont se nourrissait saint Jean.

Enfin les habitants de la Terre-Sainte montrent aux pèlerins, en s'appuyant sur des traditions locales, un arbuste qui servait de nourriture au Précurseur: c'est le caroubier. « Les pauvres gens s'en nourrissent, dit Mgr Mislin ; ils en mâchent la pulpe ou la mêlent à l'eau. Parmi les arbres que l'on remarque sur la colline où se trouve la Grotte de Saint-Jean il y a encore aujourd'hui plusieurs caroubiers. Cet arbre s'appelle en allemand *Arbre du pain de Saint-Jean*, précisément parce qu'on croit que saint Jean se nourrissait de ses fruits. »

D'autres interprètes, au contraire, prétendent que le mot *acrides* signifie exclusivement sauterelles. Ils produisent, à l'appui de leur opinion, un texte du Lévitique (chap. xi, v. 22), d'où résulte que les sauterelles étaient du nombre des animaux que la loi juive permettait de manger. Ces insectes, de la grosseur du doigt, dans quelques pays, sont, du reste, un genre d'alimentation très en usage dans plusieurs contrées [1].

Une troisième opinion s'est produite au sujet des *acrides*. C'étaient, dit-on, des écrevisses (*cancri*) que saint Jean se procurait dans le Jourdain. Sans me faire, le moins du monde, le champion de cette opinion, émise par Mélanchton, — l'un des savants les plus distingués de l'Allemagne, il est vrai, mais, hélas, aussi l'un des chefs de la Réforme, — je dois appeler cependant l'attention sur les points suivants :

Je remarque, d'abord, qu'en latin *locusta* signifie,

---

(1) Le passage suivant, emprunté au Dictionnaire de Zoologie de M. Jéhan, ne laisse aucun doute à cet égard.

« Les peuples du midi de l'Europe, dit-il, ceux de la Barbarie, de l'Arabie et de presque toute l'Afrique, s'en nourrissent avec plaisir ; ils les font griller, bouillir ou frire, et en amassent des provisions pour leur propre usage et pour leur commerce ; ils enlèvent les élytres et les ailes de l'animal et conservent le reste dans la saumure ; c'est *l'acridium lineola* que l'on prépare ainsi dans le nord de l'Afrique. Les indigènes du Sénégal en font sécher une autre espèce, à corps jaune tacheté de noir, la réduisent en poudre et l'emploient comme de la farine. Les Hottentots, en Afrique, en font aussi un grand usage, et l'apparition de ces insectes est une époque d'allégresse publique. »

« Dans l'empire du Maroc, ajoute Mgr Mislin, les sauterelles étaient assujetties à la taxe des objets de première nécessité, appelée *Kebala*, dont on a fait le mot *gabelle*. »

tout à la fois, *sauterelle* et *écrevisse*, et, de plus, qu'en italien on se sert aussi du mot sauterelle (*locusta*) pour désigner une langouste, qui n'est, après tout, qu'une grosse écrevisse. Les moines de Terre-Sainte usaient d'une synonymie analogue en désignant les herbes qu'ils mangeaient, par l'expression de *langustæ*, « c'est-à-dire *locustæ*, » comme nous le remarquions tout à l'heure. On pourrait donc, jusqu'à un certain point, soutenir que par *acrides* il est permis d'entendre, en même temps, des sauterelles, des herbes et des écrevisses.

Je rappelle, ensuite, (et cette seconde remarque est plus importante que la première,) un passage, précédemment cité, du vénérable Bède. Cet écrivain signale l'existence, sur les bords du Jourdain, dans les premiers siècles chrétiens, d'un monastère dont la chapelle, placée sous l'invocation de saint Jean-Baptiste, avait pour soubassement quatre écrevisses en pierre. Faut-il voir là une allusion faite par l'artiste au genre de nourriture de saint Jean-Baptiste? Ce serait apporter à l'opinion de Mélanchton un témoignage d'un grand poids, car la construction de ce monastère étant relativement rapprochée des origines chrétiennes, l'artiste, plus près des traditions, en aurait mieux saisi la vérité.

Est-ce simplement un attribut du Jourdain? C'est possible, car on a représenté parfois ce fleuve dans les monuments antiques sous les traits d'un vieillard, couronné de roseaux, et, dans la mosaïque de Sainte-Marie *in Cosmedin* de Ravenne dont j'ai déjà parlé, l'artiste a remplacé la couronne de joncs par deux pattes d'écrevisse.

Est-ce enfin la représentation mal réussie des sauterelles dont se nourrissait saint Jean? Je penche beaucoup vers cette dernière hypothèse: d'abord, parce que la loi juive rangeait l'écrevisse au nombre des animaux impurs dont on ne pouvait, par cela même, user comme aliments (Lévitique, ch. XI, v. 10. 11. 12); ensuite, parce que l'art commençait à devenir barbare à cette époque, et qu'une sauterelle, grossièrement sculptée, a pu fort bien ressembler à une écrevisse. Nous venons de voir, d'ailleurs, des peuples, frappés par la ressemblance naturelle qui existe entre ces deux êtres, employer la même expression pour les désigner tous les deux. A plus forte raison peut-on se tromper en présence d'une sculpture mal exécutée?

Un dernier mot sur les *acrides*. — Les Ebionites, hérétiques qui parurent dans le premier siècle de notre ère, ont prétendu qu'au lieu d'ἀκρίδες il fallait lire ἐγκρίδες (gâteaux de miel). Ingénieuse, mais perfide supposition, où, comme il arrive souvent, l'erreur se dore d'un reflet de la vérité, puisque saint Jean-Baptiste se nourrissait de cette substance! Loin de constituer une alimentation succulente, le miel dont il usait était un miel déposé dans le creux des arbres ou des rochers, et d'une fort grande amertume, au dire d'Isidore de Péluse. Et puis, et surtout, cette interprétation est absolument contraire au récit de l'Evangile, qui, à part l'hypothèse d'une répétition inadmissible, désigne *deux* aliments distincts (le miel et les sauterelles), comme ayant formé la base de la nourriture du Prince des Anachorètes.

CHAPITRE NEUVIÈME

CARACTÉRISTIQUES DE SAINT JEAN-BAPTISTE DANS L'ART.

LES AILES. — LA TÊTE TRANCHÉE MISE EN UN PLAT. — LA CROIX, LA BANDEROLLE ET LE DRAPEAU. — LA HACHE. — LA GRILLE. — LA TROMPETTE. — LE BATON.

Passons maintenant à une autre caractéristique du Précurseur, celle des *Ailes*. On la rencontre, d'abord, au 7 Janvier et au 24 février, dans les *Ménés* 1 dont j'ai parlé précédemment, et qui furent imprimés pour la première fois, à Venise, en 1635, accompagnés de gravures d'une exécution grossière. Ils présentaient, auparavant, des encadrements peints à la main, et de nombreuses images étaient intercalées dans le texte. Il en existe à Rome, à Florence, à Venise, à Paris.

1. Voir la gravure du frontispice.

L'image ailée du Précurseur rappelle le passage suivant d'Isaïe : (40,31) : « *Qui sperant in Domino adsument pennas, sicut aquilæ current et non deficient,* » et surtout, celui de Malachie : *Ecce ego mitto angelum meum...*»[1] Comme sur le sceau du cardinal Bessarion, le Saint, dans les *Ménés*, élève la main droite en signe d'allocution, et, de la gauche, tient une croix et un phylactère où sont écrits ces mots : « Faites pénitence, car le royaume de Dieu est proche. » Dans le premier geste les artistes grecs font parfois réunir à saint Jean-Baptiste le pouce à l'annulaire ; aussi quelques personnes ont supposé que, dans ces compositions, le Précurseur donne sa bénédiction à la manière grecque. Supposition, d'ailleurs, assez motivée, puisque, dans un ouvrage intitulé : « *De Canonisatione,* » le pape Benoit XIV décrit une ancienne mosaïque où les souverains Pontifes exécutent ce geste pour bénir le peuple. Toutefois, en ce qui concerne saint Jean-Baptiste, on croit plus généralement à un geste oratoire, semblable à celui par lequel les orateurs anciens commençaient leurs discours et saluaient leurs auditeurs.

L'image ailée du Précurseur ornait également le reliquaire byzantin contenant primitivement le bras

---

[1]. Nous avons dit aussi que beaucoup de Juifs prirent, de son vivant, saint Jean-Baptiste pour un ange incarné.

gauche de saint Jean-Baptiste que l'on conserve à Perpignan [1]. Et remarquons incidemment la précaution, prise par l'auteur des vers grecs qui figuraient sur ce reliquaire, pour ne pas être confondu avec ceux aux yeux desquels le Précurseur passait pour un ange mortel : « Tu portes des ailes, dit le poëte, en signe de ta ressemblance avec les anges : être matériel, *pour ainsi dire* immatériel, selon les paroles du Sauveur. »

Molanus, théologien catholique flamand du XVIe siècle [2], rapporte avoir vu à Gand et à Bruges d'anciennes images dans lesquelles le Précurseur ailé foulait aux pieds le cruel Hérode, pour montrer que son trépas même fut une victoire remportée sur le tyran. L'image ailée de saint Jean-Baptiste se voit aussi sur des dyptiques décrits par Gori, ainsi que sur des bas-reliefs cités dans le *Trésor de Glyptique*.

La piété populaire des races latines ne semble

---

[1]. Voir la gravure placée en tête de la Troisième Partie. Elle provient d'un ouvrage intitulé : *Disquisitio de theca reliquiarum S. Johannis Baptistæ quæ servantur in ecclesia Dominicanorum Perpiniani.* (Perpignan, 1660.) — Le manque d'espace nous a empêché de reproduire les inscriptions qui l'accompagnent.

[2]. Voir ce que dit Molanus au sujet des images du Baptiste. *Historia imaginum sacrarum.* (Edition in-4º p. 49. 135. 294. 296. 299. 300 et 523.)

pas s'être familiarisée avec ce symbolisme né dans d'autres contrées.

Quelquefois saint Jean-Baptiste ailé est représenté entre deux anges, comme dans le cachet de Bartholomeo Zabarella, archevêque de Florence. (Paciaudi. p. 241.) Cette représentation signifie-t-elle que le Précurseur mérita par sa pureté angélique d'être associé aux anges ? Rappelle-t-elle le passage de Malachie, si souvent cité dans ce livre ? Est-ce une allusion à l'antique croyance que tout homme a son ange gardien, et l'artiste a-t-il voulu indiquer que le Fils de Zacharie avait deux anges tutélaires, pour le désigner comme plus particulièrement cher au Seigneur ? Je n'ose décider la question, mais je penche plutôt vers la première de ces trois suppositions [1].

§

J'ai déjà eu l'occasion de parler de la caractéristique de la *Tête tranchée mise en un plat*, en décrivant une mosaïque gréco-sicilienne fort remar-

---

[1]. Voir la même représentation sur un sceau de la ville de Gand, xiv⁰ siècle. Inventaires des archives nationales, no 10,706. J. 544 no 1. Sous un portique gothique à trois arcades, St J.-B. est debout, accompagné de deux anges, tenant chacun un livre.

Sigillum S. J.-Bapt. civium Gandensium patroni, ad legationes. (Appendu à un traité de paix de la ville de Gand, avec Philippe-le-Bel. Gand, 20 mai 1300).

Voir également le no 10,707.

LÉGENDE ARTISTIQUE DE S. J.-BAPTISTE 535

quable. Un monument des plus remarquables aussi, dont la gravure fut exécuté d'après une peinture ornant le couvercle d'un reliquaire que possédait Gori, nous offre une représentation presqu'identique. Saint Jean ailé, vêtu d'une peau de chameau et portant une croix, présente en holocauste à Dieu, qui lui tend les bras du haut du ciel, sa tête tranchée reposant en un calice. Il tient à la main un phylactère, contenant une prière au Tout-Puissant pour la délivrance des âmes du Purgatoire. On voit également cette caractéristique dans une fresque du couvent de Kaiçariani, au mont Hymète. Saint Jean-Baptiste s'y montre ailé, nimbé et portant sa tête. Didron en donne une reproduction dans *l'Iconographie chrétienne*, p. 72. J'ai dit qu'en Russie, notamment à Palekh, les fabricants d'images représentent ainsi saint Jean-Baptiste depuis des siècles.

Parfois, et lorsqu'on le place avec la Vierge auprès de la Sainte Trinité, le Précurseur porte, au lieu de sa tête, un cartel où se lit l'inscription suivante: « Et moi aussi, je me joins aux prières de votre Mère, ô mon Maître, avec la voix qui a eu le bonheur de vous annoncer, ô Verbe de Dieu ! Accordez à ceux que vous avez rachetés de votre sang précieux, en vous laissant attacher à une croix et immoler injustement, la grâce de se réconcilier, de nouveau, ô Verbe miséricordieux et qui aimez les hommes. » Lorsqu'il est seul, son cartel particulier est ainsi conçu: « Faites pénitence, car le royaume de Dieu approche; » paroles communes au Christ et à son saint Précurseur.

Pour en finir chez les Grecs avec la caractéristique qui nous occupe, remarquons que leurs artistes peignent ou sculptent la barbe de saint Jean-Baptiste d'après un type invariable : elle se compose de boucles légères, flottantes, séparées entre elles. C'est la barbe vierge du Nazaréen que le fer respecta toujours.

§

Les Occidentaux, de leur côté, ont souvent reproduit la caractéristique de la tête tranchée. Une foule d'exemples se présentent à notre souvenir, mais sur lesquels fixer notre choix ? Sortons d'embarras en suivant une mine moins explorée que d'autres, celle des sceaux, mais fort curieuse aussi à étudier.

Celui de la ville de Mézin (Lot-et-Garonne) attire d'abord notre attention. On voit sur le revers la tête de saint Jean-Baptiste, et, au-dessous, un bras mouvant à dextre tenant une épée. Il est appendu à une charte du 30 mars 1243, par laquelle la commune de Mézin s'engage à poursuivre les hérétiques albigeois [1]. Un autre, très-intéressant

---

1. Arch. Nat., N° 5561.

LÉGENDE ARTISTIQUE DE S. J.-BAPTISTE 537

aussi, est celui de l'Hôpital, jadis du Temple, près Mondoubleau (Loir-et-Cher). C'est un sceau ovale du xv⁰ siècle. La tête de saint Jean-Baptiste en un plat est entourée de fleurs de lis et comprise dans un encadrement à huit compartiments contenant chacun une rosace [1]. Non moins remarquable que les précédents est celui de la ville de Perth (en Écosse), lequel date du xiv⁰ siècle. Sur le revers, dans l'intérieur d'un monument gothique, saint Jean-Baptiste, à genoux, reçoit le coup mortel. A gauche, Hérodiade debout, séparée du bourreau par une fleur de lis. Le sceau d'Olivius, abbé de Saint-Jean d'Angély (diocèse de Saintes), date du même temps. Sur le contre-sceau, appendu à un échange contre l'abbé et le roi, la tête de saint Jean-Baptiste apparaît dans une coupe [2]. Même représentation de la caractéristique qui nous occupe dans le contre-sceau du Chapitre de Saint-Jean au bourg de Laon et dans celui de l'abbaye de Saint-Jean de Laon [3]. J'ai réservé pour la fin le plus original : celui de Jean Moustier, chapelain du château d'Hesdin, en Artois (xiii⁰ siècle). On est surpris d'y voir sous une arcade gothique, saint Jean décollé portant... l'*Agnus Dei*; je ne connais

---

1. Arch. Nat N⁰ 9877.
2. Arch. Nat., N⁰ 10286.
3. Arch. Nat. N⁰ˢ 7193 et 8257.

point d'autre exemple de cette étrange fantaisie artistique [1].

La *croix*, la *banderolle* et le *drapeau* constituent aussi des caractéristiques de saint Jean-Baptiste. Elles sont fort en honneur depuis la Renaissance, bien que la croix longue ne soit pas une fantaisie des artistes de cette époque, car les Grecs l'ont fréquemment donnée au Précurseur. C'est peut-être, a-t-on dit, une manière d'exprimer que ce Saint a, le premier, montré ce qu'il en coûte de labeurs pour emporter d'assaut le royaume des cieux. La croix est généralement tressée de joncs ; quelquefois elle est formée d'un bâton duquel se détache une sorte d'oriflamme ou de drapeau portant ces mots : « *Agnus Dei.* » Autour d'elle s'enroule assez fréquemment une banderolle revêtue de la même inscription.

La présence de la croix en forme de bâton, mise par l'art entre les mains du Précurseur, peut encore s'expliquer d'une autre manière et répondre à un très-antique usage liturgique dont font mention les plus anciens rituels et sacramentaires. Pendant la messe, au moment de l'Evangile, tous les fidè-

1. Arch. Nat. No 2554. — Un autre sceau assez original aussi est le suivant : Arch. Nat. No 7539. Sceau rond de Jean de Moulignon, précepteur de Franoy. (fin du XIIIe siècle). La tête de saint Jean dans une coupe accostée de deux poissons (sans doute pour rappeler le baptême).

les quittaient le bâton qu'ils avaient à la main pour supporter plus aisément la longueur des offices, car les premiers chrétiens se tenaient debout pour prier. Or ce bâton, à raison de la poignée transversale qui le surmonte, a toujours été, dans les premiers temps, présenté par les Pères comme symbole de la croix.

Voici peut-être encore une autre raison. On sait que, pour la manducation de l'Agneau pascal de l'Ancien Testament, il fut prescrit aux Hébreux d'avoir un bâton à la main. (Exode, xii. 2.) Les disciples de Jésus-Christ ayant continué ce rit, pendant qu'ils se nourrissaient, dans l'Eucharistie, de la chair du nouvel et véritable Agneau, les premiers artistes chrétiens furent, naturellement, amenés à mettre le bâton crucifère entre les mains de saint Jean-Baptiste, qui désigna au monde ce divin agneau.

Ici encore l'art nous fournirait mille exemples de cette caractéristique de la croix. Il existe au Cabinet des Médailles et Antiques à la Bibliothèque nationale, sous le N° 4,651, un agiothyride grec, en ivoire, très-remarquable par la finesse du travail et qui paraît être du xi° siècle, où l'on voit, dans un médaillon qui fait pendant à celui d'Elie, saint Jean-Baptiste en costume juif, (chose rare), tenant la croix de la main gauche, par suite d'une autre bizarrerie de l'artiste [1].

De son côté, d'Agincourt (pl. CLXVIII N° 6) décrit un émail de Limoges où saint Jean porte, d'une main, la croix, tandis qu'il caresse, de l'autre, un agneau qui s'appuie sur ses genoux. Il est revêtu d'une blanche tunique qui laisse à découvert le sein et l'un des bras. Les plis de son manteau bleu foncé sont rehaussés de lignes d'or très-fines. Des ombres violettes, rosées sur les extrémités, font ressortir les blancheurs moelleuses des clairs de la carnation.

Cette jolie chose est signée: P. NOUALLIER.

Elle rappelle, par son faire et sa grâce efféminée, un tableau de Giov. Antonio Beltraffio, représentant un Saint Jean-Baptiste en pied, qui se trouve au musée Brera, à Milan, et semble être le portrait d'un beau et grand jeune homme, à l'abondante et soyeuse chevelure [2]. Ici rien du désert, pas même la peau du chameau, qui ressemble à une douce toison de brebis. La croix est enrubannée comme celle des bergers de Florian et, fait unique, un agneau microscopique marche sur le bord d'un petit cercle placé au point d'intersection des bran-

---

1. Voir *Trésor de Numismatique..* Recueil de bas-reliefs et d'ornements (p. 28 du texte, pl. LVII).

2. Ecole Milanaise. — Gravé dans l'*Histoire des peintres*.

ches de la croix. C'est très-original, très-gracieux, trop gracieux même, car la grâce exclut ici la vérité. L'écueil est dangereux, mais le talent bien inspiré sait l'éviter : témoin le Saint Jean, si gracieux aussi, caressant un agneau, de Bernardino Luini, à l'Ambrosienne de Milan ! Témoin encore le Saint Jean portant la croix de roseau, dans la Sainte Famille de Murillo, au Louvre, (N° 548), si absolument adorable !

De nombreux sceaux offrent, en outre, l'image de la caractéristique de la croix. Prenons-en seulement deux exemples. D'abord une bulle de plomb de 36 millimètres. (Archives nat. n° 11 731.) Saint Jean-Baptiste, debout, tient une croix de la main gauche, et indique de la main droite. Au dessus cet exergue bien connu : « *Senatus populusque florentinus.* » Le champ du revers est occupé par ces mots : « *Leonis X, Pontificis maximi beneficio.* » — Le sceau est appendu à un acte où les Florentins nomment le cardinal Jules leur procureur pour ratifier la ligue conclue entre Léon X et les Médicis, d'une part, et le roi de France, d'autre part (2 mars 1516).

L'autre, du XVIII° siècle, appartenait à la corporation des marchands de fer. C'est un sceau rond de 40 millimètres (Archiv. nat. n° 11 750), portant l'exergue suivant : « *Mercatorum ars florentina.* » Il est placé sur un extrait d'acte de baptéme du 11 septembre 1742, dont le registre original était entre les mains des consuls. Le Saint, debout, tient la croix et montre du doigt le ciel. Il est accompagné d'une fleur de lis à dextre, et d'un aigle à senestre. L'artiste, on le voit, donne ici, par erreur, au Baptiste la caractéristique de saint Jean l'Évangéliste. Une piété attentive n'eût point fait cette confusion !

La nécessité de me borner m'oblige à passer sous silence une foule de belles compositions de tout genre où brillent les caractéristiques de la croix, de la banderolle et du drapeau. Les souvenirs du lecteur suppléeront à cet indispensable silence, et chacun évoquera à ce propos ses toiles les plus aimées. Je profite cependant de la présence de la caractéristique de la croix dans le tableau d'un peintre de nos jours, d'un grand talent, M. Perrault, pour faire ici, de cette œuvre si remarquable, une mention toute spéciale. Quelle poésie sauvage, quelle beauté étrange dans cet enfant, au teint jaune, aux joues amaigries, qui crie dans le désert, un doigt levé en l'air et une petite croix dans l'autre main ! Quelle clarté mystérieuse et divine illumine ce jeune front ! On pressent l'ascète, l'apôtre, le martyr !

§

Au lieu de cette caractérisque de la croix, on a

peint, quelquefois aussi, à côté du Précurseur, un arbre dont le pied est entamé par une *hache*, en souvenir de ses prédications aux Pharisiens qu'il invitait à la pénitence par ces paroles menaçantes: « Déjà la hache a été mise à la racine des arbres. » (Math. III, 10. Luc, III, 9.) J'ai eu précédemment l'occasion de signaler des mosaïques où figure cette caractéristique. J'ajoute ici que ce sujet est sculpté dans la cathédrale de Reims sur le mur occidental, à l'intérieur. Auprès de l'arbre, où se trouve la hache, on lit: « Mais déjà la hache, etc... »

Le moyen âge a souvent montré saint Jean-Baptiste causant avec ceux qui viennent le visiter à travers une *grille* ou une *fenêtre munie de barreaux*, symboles de sa captivité. Ainsi le voyons-nous sur l'un des vieux vitraux de l'église Saint-Merry.

Il est très-rarement représenté tenant une *épée*, qui rappellerait cependant assez bien sa Décollation. Toutefois le Père Cahier, dans ses *Mélanges d'Archéologie*, (p. 364) nous apprend qu'il « apparaît ainsi aux regards sur un bas-relief d'un sépulcre de Bamberg, en Bavière. Il y rappelle, je pense, dit le savant jésuite, l'église de Saint-Jean de Latran, et, partant, la papauté de Clément II, ancien évêque de Bamberg, auquel le tombeau est élevé.

Quant à la caractéristique de la *coquille*, c'est

un anachronisme, très fréquemment commis par les artistes modernes. On ne saurait prétendre cependant qu'il leur soit tout-à-fait spécial, car les antiques et fort belles mosaïques du baptistère de Ravenne offrent un exemple de la même erreur. On la retrouve encore sur un bas-relief des portes en bronze d'un temple de Bénévent et sur quelques rares monuments de l'antiquité chrétienne.

Toutefois il n'y a pas de règles sans exception : aussi Valafride Strabon, bénédictin du IXe siècle, dit-il que le baptême était parfois administré, même à une époque reculée, non-seulement par immersion, mais aussi par aspersion, dans les cas de nécessité, ainsi que cela eut lieu, par exemple, pendant le martyre de Romanus, auquel saint Laurent apporta de l'eau dans un vase pour la lui répandre sur la tête, comme le démontre une peinture très-ancienne du cimetière de Saint-Cyriaque [1]. Peut-être même est-ce ainsi que saint Paul baptisa son geôlier dans sa prison ? On avait aussi recours à ce moyen lorsque les personnes baptisées étaient d'une taille trop grande pour tenir dans les urnes baptismales ; et c'est probablement là l'explication de ce bas-relief en marbre, si étrange, décrit par Ciampini [2], qui retrace à

---

1. Ciampini, *De Sacris œdificiis*, t. III, p. 30.
2. Ciampini, *De Sacris œdificiis*, t. III, p. 14.

LÉGENDE ARTISTIQUE DE S. J.-BAPTISTE

nos yeux le baptême d'Agilulphe et de Théodelinde. Les royaux époux, dépouillés de leurs vêtements, se tiennent ensemble et debout dans une sorte de sarcophage, tandis qu'un troisième personnage (un laïque !), muni d'une aiguière, verse l'eau sainte sur leurs fronts ; mais, je ne saurais trop le répéter, dans ces âges éloignés du nôtre, c'était là l'exception et non la règle, et ces exceptions, d'ailleurs, ne peuvent servir d'excuse aux artistes qui représentent un baptême dans le Jourdain, en plaçant une coquille entre les mains du Baptiste.

§

Nous ne prétendons pas que la *tunique* et le *pallium* soient une caractéristique de saint Jean-Baptiste. Cependant il est si souvent représenté dans ce costume, dit apostolique, parce que l'art chrétien l'attribue, d'ordinaire, aux apôtres, qu'il semble impossible de terminer ce chapitre, sans entrer dans quelques détails à ce sujet.

Les œuvres des artistes se ressentent, en général, de leurs sentiments intimes ; elles sont, pour ainsi dire, le son de leurs âmes. Mais, comme les âmes diffèrent, les sons diffèrent aussi. Tous ne sont pas frappés de même en présence du même saint, et tel côté de sa vie qui s'illumine aux yeux de l'un, demeure à peu près dans l'ombre pour l'autre.

C'est ce qui explique la multiplicité des aspects sous lesquels l'art nous représente le Précurseur. Toutefois, beaucoup d'anciens artistes, grecs et latins, se sont rencontrés pour rendre le côté apostolique de son existence ; aussi voyons-nous très-fréquemment saint Jean-Baptiste revêtu de la tunique et du pallium, qui sont les attributs du prêtre et de l'ermite. Prêtre, il le fut par la prédication ; ses clameurs sacerdotales retentissent aux avenues de l'Évangile, et, dans les livres juifs, son nom figure parmi ceux des prêtres et des pontifes. Ermite, n'est-il pas le père, le prince et le modèle des solitaires de tous les temps ?

Le Précurseur est revêtu du costume apostolique et nimbé sur un fond de coupe décrit par le sénateur Philippe Buonarotti.[1] (*Vetri Antichi*, tome VI, p. 1.) Ce serait certainement l'une des plus anciennes images du saint, si l'on adopte l'opinion de ce savant antiquaire de préférence à celle qui veut retrouver dans cette figure les traits de l'apôtre saint Paul.

1. Sur une feuille d'or, au fond d'un verre à boire, dit d'Agincourt, on formait des lettres, ou bien on dessinait des figures ; les contours des membres, ainsi que les plis des draperies, étaient tracés légèrement au moyen d'une pointe très-fine, comme dans la peinture au sgraffito ; puis, afin de mieux conserver le tout, on appliquait par-dessus une autre couverture de verre, de manière que, soudés au feu l'un contre l'autre, ces verres laissaient voir parfaitement les figures et les inscriptions.

Saint Jean-Baptiste est également revêtu du pallium dans une mosaïque du VII_e siècle, citée par Ciampini[1], où, dans le haut d'un arc, on aperçoit le Christ bénissant entre deux anges. Le pape Jean IV la fit exécuter par un artiste grec pour l'abside de la basilique de Théodore, en d'autres termes, l'oratoire de saint Venant. La tunique du saint est rouge, le pallium vert. Ce dernier vêtement porte brodées les lettres G et H; l'autre, la lettre T. Les anciens avaient coutume d'orner ainsi les étoffes dont se couvraient les grands personnages, et les auteurs qui ont écrit sur ce sujet les nomment *étoffes à lettres*. On y plaçait parfois aussi des images, des mots et des noms. Quant au sens des lettres, il est toujours resté mystérieux; on n'a pu faire, à cet égard, que des conjectures. Les uns veulent y voir une expression symbolique; d'autres, une pure fantaisie des artistes; d'autres encore, comme Ciampini, les marques des fabricants d'étoffes; d'autres enfin, et nous sommes de ce nombre, tout simplement des initiales de signatures. Ce qui nous le fait croire, c'est qu'il y a certaines lettres plus fréquemment reproduites que d'autres, sans doute parce que l'habileté des

---

1. *Vetera monumenta*, Tom. II. (Tab. XXXI.) Paciaudi, page 182.

mosaïstes, dont elles commençaient le nom, leur procurait de plus nombreux travaux [1].

Quelques exemples encore relatifs au costume apostolique donné par l'art au Précurseur.

Au nombre des objets sacrés que conserve religieusement la cathédrale de Cortone, en Toscane, il est une antique croix d'ivoire, qui, d'après la tradition, aurait orné et protégé l'étendard de Nicéphore III, Botoniate, au xie siècle. Le Précurseur s'y montre en costume apostolique ; il étend les bras en signe de prière ; geste que nous lui voyons reproduire dans un bas-relief en marbre de la basilique de Saint-Marc, à Venise. De nombreuses œuvres grecques et latines nous représentent des chrétiens dans cette attitude ; elle leur était habituelle dans leurs ferventes communications avec Dieu [2].

Le Précurseur nous apparaît encore vêtu du même costume dans une figure en pied d'un triptyque de style gréco-italien, œuvre d'un maître italien du xive siècle. Son nimbe est formé d'étoiles,

---

1. Au sujet des étoffes à lettres voir un manuscrit syriaque de la bibliothèque Laurentienne à Florence, vie siècle. d'Agincourt (peinture) en donne des spécimens. Fl. 27. — Voir aussi Ciampini. (Vetera monumenta. Tom. 3. p. 34. No 1.)

2. Paciaudi, page 182 et p. 1. Gori, tom. III. tab. xviii, page 137.

LÉGENDE ARTISTIQUE DE S. J.-BAPTISTE

comme dans un autre triptyque du même siècle, peint sur bois à la détrempe; distinction toute spéciale qui constitue un hommage exceptionnel rendu par l'art à saint Jean-Baptiste [1].

Au quinzième siècle, nous trouvons cette même représentation sur deux sceaux ainsi décrits dans la publication des Inventaires des Archives nationales:

N° 9468. Le prieur de la Croix d'Annecy. Sceau ogival. Dans une niche gothique saint Jean-Baptiste debout; au-dessous un écu portant une croix de Malte (Provenant du musée du Louvre.)

N° 9968. Sceau ogival de la bourse de l'Hôtel-Dieu de Paris. Sous un clocheton saint Jean-Baptiste debout, vu de trois quarts à droite, tenant à la main gauche un *Agnus Dei* qu'il indique de la droite et accosté de quatre fleurs de lis, les deux du haut couronnées.

Le seizième siècle nous montre saint Jean revêtu du pallium dans un sceau ogival de la « Charité des chapelains de Saint-Pierre de Lille. » Le saint tient un calice d'où s'échappe un dragon ailé [2]. La même idée se retrouve dans un sceau ovale du xvııᵉ siècle de l'hôpital de Saint-Jean de Roye, où le Précurseur porte un calice surmonté d'un serpent, —

---

1. D'Agincourt (peinture), vol. IV, pl. CXII et CXXXIV.
2. Arch. nat., n. 6586.

par l'ignorance, d'ailleurs, de l'artiste. Cette caractéristique appartient à saint Jean l'Evangéliste; c'est une allusion au breuvage empoisonné que l'apôtre avait bu sans éprouver aucun mal. Honorius d'Autun fait mention du fait, d'après le récit attribué à Abdias [1].

Un seul mot maintenant sur la représentation du Précurseur en costume d'ermite. Mammachi (*Antiquitates christianæ*) décrit un triptyque du vıııᵉ siècle, où l'on voit saint Jean debout, vêtu suivant l'usage liturgique de l'Église grecque, et adressant à Dieu sa prière [2].

§

Un autre specimen consiste en un bijou d'un travail exquis; c'est une calcédoine saphirienne gravée en camée. Gori en a communiqué le dessin à Paciaudi, qui l'a lui-même reproduit dans son bel ouvrage latin auquel j'ai fait de si nombreux emprunts. Cette pierre précieuse fut-elle apportée à

---

1. Arch. nat., n. 7561.
Voir encore la caractéristique du pallium sur les sceaux suivants : No. 6306. Abbaye de St-Jean de Valenciennes. No 9614. Le Prieur du châteaux de Troyes (xıvᵉ siècle) No 9705. Sceau de la Chartreuse de Vauvert (fin du xvᵉ siècle); appendu à un accord entre les Chartreux de Paris et les Célestins de Marcoussis. — No. 9706 — Même type. Suspendu à une promesse de prières pour le roi. (10 xbre. 1367.)

2. T. V, pars prima, lib. IV. Caput II. — Gori, T. III. p. 235.

Florence par des Grecs, ou rapportée de Grèce par un Florentin, ou bien encore gravée par un Grec établi dans cette ville? On l'ignore, mais la dernière hypothèse est soutenable, car on a trouvé à Florence des monuments de ce genre. On sait, d'ailleurs, que cette illustre cité, qui, dès le vᵉ siècle, avait voué à saint Jean-Baptiste un culte des plus fervents, comptait, à cette époque, parmi ses habitants un certain nombre de grecs.

Cette jolie pierre, que la disposition des caractères grecs permet d'attribuer au viiiᵉ siècle, nous montre saint Jean-Baptiste sous un jour auquel la tradition et l'art ne nous ont guère habitués. Sa chevelure abondante, sa longue barbe sont peignées avec soin ; son vêtement, plein d'ampleur, est orné de riches bandelettes et de... manches !

Mais ce n'est point là, dira-t-on, saint Jean-Baptiste : ce contempteur de toute gloire humaine, ce mangeur de sauterelles, cet ennemi du luxe, ce solitaire qui n'eut jamais d'autre ornement que sa grande âme !

Vous vous trompez : reconnaissez-le à son regard sévère, à ce rouleau qu'il tient d'une main, où le mot «pénitence,» indiqué par lui du doigt, est tracé en caractères grecs. Lisez même son nom inscrit en abrégé d'un côté de son front nimbé ; lisez de l'autre sa glorieuse appellation de Précurseur.

Alors pourquoi cette pompe inusitée ? — Parce que, dans les anciens monuments chrétiens, il n'est pas rare de voir représentés dans un semblable costume Jésus-christ, les anges et les saints ; parce que les ornements sacerdotaux recevaient souvent des broderies analogues ; parce qu'enfin le graveur, fort habile en son art, mais absolument ignorant des mœurs du temps de saint Jean-Baptiste, l'aura revêtu, pour lui faire grand honneur, du riche vêtement qu'il voyait porté par les plus augustes personnages de son époque [1].

§

Je termine : l'art a donné parfois, mais rarement, il est vrai, pour caractéristique à saint Jean-Baptiste une trompette de forme très-allongée, insigne de sa prédication. Elle ressemble beaucoup à ces longues flûtes recourbées, si communes au xve et au xvie siècle, dont le Titien nous a laissé un spécimen dans son tableau de « La leçon de flûte, » au musée du Capitole [2]. Gori donne la description et le dessin d'un diptyque d'argent où se trouve cette caractéristique. Ce diptyque renfermait des reliques du Pré-

---

[1]. Voir Arch. nat. N° 6224. Jean de Ferrières, chantre du chapitre de Lille (xvie siècle). Ecu en sautoir cantonné de quatre croissants, soutenu par un Saint-Jean-Baptiste en ermite, montrant l'*Agnus Dei*.

[2]. Gravé. Armengaud. *Les Galeries publiques de l'Europe*, page 158.

LÉGENDE ARTISTIQUE DE S. J.-BAPTISTE

curseur ; il en retrace la vie sur ses six compartiments. Saint Jean, porteur de l'instrument dont nous parlons, reproche à Hérode son infâme conduite : « *Habes, Herodes, mulierem Philippi* (dit l'inscription) ; *iniqua patras, et iniquos odio habeo*[1]. »

[1]. Ce monument offrant de l'intérêt à divers points de vue, nous en donnons ici la description tout entière. Le premier compartiment représente la naissance de saint Jean : sainte Elisabeth est sur un lit élevé, selon la coutume ancienne ; une femme lave l'enfant dans un bassin et une autre apporte à manger à la mère. Zacharie contemple ce spectacle.

Inscription : Vocem tu generas Verbi, Zacharia : crede in reliquum, et superne vocationem scribe.

Le second compartiment nous fait voir l'ange emmenant saint Jean-Baptiste au désert.

Inscription : Infert eremo Summus Angelus Dei Angelum etiam te, licet adhuc infans sies.

Le troisième compartiment (celui dont il est question dans le texte), nous montre saint Jean Baptiste reprochant son crime à Hérode.

Quatrième compartiment — On voit saint Jean-Baptiste en prison. Un garde est couché à ses côtés — Inscription : Habitas carcerem ex Tyranni infamia : Lucerna lucis, at convincis amplius.

Cinquième compartiment. — Festin d'Hérode — Hérodiade danse en maniant des serpents.

Inscription : Impium impii Regis convivium, miscens sanguinem homicidii.

Sixième compartiment. — Invention du Chef de saint Jean-Baptiste à Jérusalem par deux moines.

Inscription : Prænuntiat caput... ex adytis nunc exoritur Præcursoris.

(Gori. *Thesaurus diptycorum*, page 349.).

TROISIÈME PARTIE

Quelquefois enfin, mais plus rarement encore, les artistes font tenir au Précurseur un long bâton, comme en avaient autrefois les légats; il remplace alors le *pedum* que nous montre Ciampini dans une scène du baptême, où le Jourdain, assis sur un rocher au milieu du fleuve, porte à la main une palme.

CHAPITRE DIXIÈME

APOTHÉOSE ARTISTIQUE
DE SAINT JEAN-BAPTISTE

L'ART ne s'est pas borné seulement à nous montrer saint Jean-Baptiste enfant aux côtés de Jésus et de Marie, ou réuni seul à son jeune Maître dans un embrassement d'une ineffable tendresse, et, plus tard, spectacle infiniment auguste, administrant le Baptême au Rédempteur; il a fait plus : il illumine davantage encore, s'il est possible, cette douce et austère figure, lorsque, dans les scènes représentant le Christ glorieux, bénissant les hommes, ou le Christ souverain Juge de l'humanité, il place le fils d'Elisabeth d'un côté du Sauveur du monde, tandis que la Sainte Vierge occupe l'autre. Exceptionnelle glorification, créée par les plus sublimes expressions de l'art en présence de l'expression la plus haute de l'humaine sainteté.

Cette auguste réunion de Notre-Seigneur, de la Sainte Vierge et de saint Jean-Baptiste, plusieurs fois déjà signalée dans le cours de cet ouvrage, est fort ancienne. On l'observe sur la belle fresque de façade de l'antique basilique de Saint-Marc, et, à l'intérieur du même monument, près de la porte du baptistère, dans un bas-relief en marbre de Paros, de forme oblongue, se composant de trois compartiments, qui forment autant d'arceaux, soutenus par des colonnes torses. On voit, dans celui du milieu, le Sauveur du monde bénissant selon le rit latin, ou faisant le geste oratoire ; dans celui de gauche, la Sainte Vierge; et, dans celui de droite, saint Jean-Baptiste, tous deux étendant les bras vers le Christ, en signe de prière. Le nom de chacun des trois augustes personnages est figuré, dans chaque case, par ces abréviations :

$\overline{\text{IC}}.\ \overline{\text{XC}}$ (Jésus-Christ), $\overline{\text{MHP}}\ \Theta\Upsilon$ (Mère de Dieu), Ⓐ IΩ $\overset{P}{\underset{o}{}}$ (Saint Jean Précurseur).

Certains amateurs pensent que les encadrements architecturaux sont d'une époque postérieure aux figures elles-mêmes, dont l'âge vénérable se trouve déterminé par ce témoignage de Sansovino : « A droite, dit-il, près de la porte du baptistère, existent trois statues que le peuple appelle *les*

Trois Saints. Elles sont dues au ciseau d'un fervent chrétien auquel Dioclétien avait, un jour, ordonné de représenter Jupiter, Junon et Mercure. Le courageux artiste, au lieu de ces divinités

païennes, sculpta l'image de Jésus-Christ, de Notre-Dame et du Précurseur; sublime désobéissance qui lui valut la palme du martyre ! Ces statues, qui datent, par conséquent, du IIIe siècle, ont été transportées d'Aquilée à Venise.

Cette dénomination des *Trois Saints* me fait songer à l'œuvre éblouissante de Raphaël : *les Cinq Saints* ; merveilleuse composition, lumineuse et grandiose, où le Christ, les pieds appuyés sur un nuage, ayant, à sa droite, sa Sainte Mère, bénit, à gauche, son Précurseur qui le désigne du doigt. A leurs pieds, sur la terre, se tiennent debout saint Paul avec le glaive, et sainte Catherine avec la roue et une palme [1].

Raphaël fait exécuter le même geste à saint Jean-Baptiste dans la fresque du Vatican, si connue sous le nom de : « Dispute du Saint-Sacrement », où l'on voit la Sainte Vierge en adoration près de son Divin Fils [2]. Mais ne quittons pas encore les artistes grecs.

Gori, dans le *Thesaurus veterum diptychorum* [3], a reproduit un reliquaire en ivoire, vu de face, que possédait Cortone, ville très-ancienne, puisqu'avant d'avoir été soumise par les Romains, elle formait une des douze cités principales de la Confédération étrusque. Ce reliquaire, ouvrage grec du xe siècle, affecte la forme d'une croix et contient une parcelle du bois sacré où le Sauveur du monde fut attaché pour le salut des hommes. D'après Gori, — et l'on sait de quel poids est l'opinion de cet érudit, — les plus célèbres églises de l'Italie ne peuvent produire un monument du même genre ni plus ancien, ni plus remarquable. Notre-Seigneur y figure entre les archanges

---

1. Gravure de Marc Antoine Raymondi, élève de Raphaël. Voir l'*Histoire des peintres*.

2. Gravé. Armengaud, *Galeries publiques de l'Europe*, pl. 101.

3. Vol. IIIe, p. 136, tab. xviii et xix.

Gabriel et Michel ; puis viennent la Sainte Vierge et saint Jean-Baptiste, en costume apostolique et priant ; puis saint Etienne et saint Jean Théologien ; puis enfin sainte Hélène, Constantin et saint Longin. Cette œuvre, exceptionnellement précieuse, témoigne encore de l'importance du rang que l'art assigne au Fils d'Elisabeth dans la hiérarchie des saints.

Le même auteur nous a laissé la description d'un triptyque grec appartenant au musée du Vatican[1]. Le Christ est sur un trône, et, comme toujours, entre deux anges. Saint Jean-Baptiste est à sa droite (côté de l'Évangile) et la Vierge à sa gauche, (côté de l'Épitre). Tous deux sont en prières. Les têtes des personnages sont ornées d'un nimbe radié, et leurs pieds reposent sur une sorte d'escabeau, marque de prééminence et de dignité. L'œuvre est aussi admirable par la richesse de la matière que par le talent de l'artiste. Elle paraît dater du temps de l'empereur Basile Porphyrogénète, c'est-à-dire de l'an 1000 du Christ[2].

La continuité dans l'art grec de cette association si glorieuse pour saint Jean-Baptiste nous est, en outre, attestée par des auteurs de différents temps. Sophronius Damascène, archevêque de Constan-

1. Vol. IIIe, p. 222, tab. xxiv.

2. Gori (T. III, p. 105, tab. n° 2) cite, en outre, une miniature d'un évangéliaire grec conservé à Florence.

tinople au viie siècle, parlant de la visite d'une église, s'exprime ainsi : « Nous y vîmes une très-grande et fort belle peinture, représentant Notre-Seigneur Jésus-Christ, ayant à sa gauche sa divine Mère et, à sa droite, son Précurseur. » On sait aussi, par le témoignage de l'empereur Jean Cantacuzène, écrivain du xive siècle, [que, lorsque l'un des Patriarches de Constantinople modifia le *flammeum*, coiffure des archevêques byzantins, il l'enrichit d'or et prescrivit d'y peindre, avec les images du Sauveur et de la Vierge, celle de saint Jean-Baptiste, si vénéré chez les Grecs. Enfin du Cange et Papebrock, dans les siècles suivants, signalent, de leur côté, dans les tableaux grecs qu'ils ont décrits, la très-sainte réunion dont nous parlons.

En 1735, Georgios Marcos, peintre d'Argos, et trois de ses élèves peignirent, à Salamine, une grande fresque, représentant le Jugement dernier, dans l'intérieur de l'église du couvent de la Panagia-Phanéroméni, sur la muraille occidentale (muraille du portail des églises grecques). Tous les Jugements derniers que l'on voit en Grèce ressemblent beaucoup, sauf certains détails sans importance, à celui de Salamine. « Trois étages composent ce grand tableau ; ils sont eux-mêmes partagés verticalement en trois sections. A l'étage supérieur, au centre, Jésus-Christ rayonne dans une auréole circulaire, traversée par des carrés à côtés concaves, et formant plusieurs triangles s'enchevêtrant l'un dans l'autre. La Vierge et saint Jean-Baptiste se tiennent aux côtés du Christ; ils implorent la bonté divine en faveur des hommes. Dans les étages inférieurs se déroulent les scènes d'allégresse ou de désespoir qui signaleront cette heure si redoutable. [1]

En Grèce, l'Avénement est distinct du Jugement dernier. Le premier tableau domine le second. Chez nous, ils sont ordinairement réunis: le Christ apparaît et juge en même temps. Quant à la disposition que l'art grec affecte aux personnages, elle ressemble beaucoup à celle des Latins: la Sainte Vierge est toujours placée au-dessus des anges, et saint Jean-Baptiste au-dessus des patriarches.

Le savant antiquaire, qui m'a fourni les détails précédents, parle encore, dans son excellent ouvrage, de plusieurs autres triptyques du même genre; mais nous ne pouvons les citer tous [2]. Puis-je cependant passer sous silence les triptyques gréco-moscovites dont il est question dans le

[1]. Voir dans les Annales Archéologiques (vol. I, p. 165, pl. XII) une gravure de cette fresque remarquable.

[2]. Voir Gori. III, vol. tab. I (Très-curieux spécimen.)

3e volume [1]. Ces deux monuments, si précieux pour l'art, consistent en petites planchettes, artistiquement peintes et couvertes d'un enduit brillant; elles sont encadrées de baguettes en bronze, percées de trous ; ce qui permettait de les suspendre au col, selon l'usage russe. Au XVIIe siècle, un poète célèbre du temps les envoya en présent au Père Bolland, qui les décrivit et les fit graver. Ici encore apparaissent, aux côtés du Sauveur du monde, les archanges Gabriel et saint Michel, ainsi que la Vierge et saint Jean-Baptiste.

Quelques personnes s'étonneront peut-être de voir souvent, dans les monuments artistiques des Grecs, saint Jean-Baptiste à droite de Notre-Seigneur, tandis que sa sainte Mère est à gauche. Leur étonnement cessera lorsqu'elles sauront que chez les Grecs, contrairement aux habitudes hébraïques et même païennes, cette dernière place était plus honorable que la première, parce qu'à leurs yeux la droite se trouvait être le côté que les Latins regardaient comme la gauche [2].

1. Voir les Bollandistes. Mois de Mai.

2. La question de préséance souleva la plus vive discussion au Concile de Ferrare entre le pape et l'empereur. Chacun de ces très-illustres personnages prétendant occuper la place la plus importante, il paraissait impossible, au premier abord, de leur donner à tous deux satisfaction. Rien ne devint plus simple cependant lors-

Dans l'église latine, en effet, la droite est déterminée par la position du Christ sur l'autel, et non par celle du célébrant qui lui fait face. C'est le contraire, du moins d'après l'usage le plus fréquent, dans l'église grecque. Chez nous, la droite est le côté de l'Évangile, la gauche, celui de l'Épître ; aussi, pour éviter tout malentendu, a-t-on pris l'excellente habitude de désigner, par ces deux mots (Évangile et Épître), la droite et la gauche de l'autel. Si donc on était appelé, par exemple, à placer, de chaque côté d'un sanctuaire, les images de saint Pierre et de saint Paul, on devrait mettre la première du côté de l'Evangile et la seconde du côté de l'Épître. Cette question a été,

qu'on songea que, pour atteindre ce but, il suffisait de se conformer simplement aux usages respectifs des Grecs et des Latins. On attribua alors au pape la partie de l'Église répondant au côté de l'Evangile, et à l'empereur celle qui se trouvait du côté de l'Epitre.

En fait, le pape occupait le premier rang, puisqu'il était placé à la droite du Christ qui, sur l'autel, fait face aux fidèles. Aussi les Latins ont-ils écrit, avec raison, que, dans l'église de Ferrare, la droite, où le Pontife suprême avait son siège, leur avait été réservée, tandis que la gauche, où figurait l'empereur, avait été assignée aux Grecs.

Ces derniers, cependant, se montrèrent fort satisfaits de cet arrangement, car, au point de vue de leurs usages, on leur avait concédé les places de droite, alors que les Latins leur semblaient occuper celles de gauche.

du reste, agitée chez les Latins à l'occasion de quelques peintures et même de quelques sceaux des Bulles pontificales où l'on avait négligé d'observer cet ordre à l'égard de ces deux illustres apôtres. Il en serait de même pour la sainte Vierge et le Précurseur, car la Mère de Dieu ne saurait occuper le second rang. Les paroles mêmes de l'Évangile la mettent en dehors de toute comparaison.

D'une manière générale, la question de la droite et de la gauche a été, d'ailleurs, fort controversée, et les érudits, en présence de monuments artistiques anciens, venant à l'appui de l'une et l'autre opinion, se sont partagés sur le point de savoir quel était autrefois le côté considéré comme le plus honorable par les chrétiens.

Pour ne citer, chez les Grecs, que deux exemples de ces divergences, nous rappellerons que, dans le bas-relief de Saint-Marc, le Précurseur est à la droite du spectateur, tandis qu'il est à sa gauche dans le triptyque de Benoît XIV. Au reste, le Pape dont nous venons de prononcer le nom fait observer qu'en matière liturgique on doit tenir grand compte de l'époque, puisque les Latins aussi ont varié parfois d'opinion à ce sujet. Ajoutons avec Molanus qu'il faut faire, en outre, la part de l'inattention ou de la négligence des artistes qui, tous, n'attachent pas le même degré d'importance à la place qu'ils assignent aux saints dans les tableaux, mettant ainsi, parfois, le plus illustre au second rang.

§

Les pages qui précèdent montrent suffisamment combien l'auguste réunion du Christ, de la Sainte Vierge et du Précurseur fut une habitude antique et constante de l'Église grecque. L'art latin en offre aussi des exemples, moins nombreux, il est vrai, et moins anciens, en tant que représentation de groupe isolé. J'en puis citer cependant de différents genres: d'abord une mosaïque qui remonte au IXe siècle et qui se trouve à Rome, à Sainte-Praxède, dans l'oratoire de Zénon, si beau jadis que les anciens fidèles l'appelaient le Paradis [1]; ensuite une très-riche dalmatique portée par Charlemagne le jour de son sacre et conservée dans le Trésor de Saint-Pierre. Un autre exemple encore m'est fourni par une chronique manuscrite, où l'auteur énumère les bienfaits reçus, par un monastère de Bourgogne, de la munificence du fils du duc Godefroy. Le chroniqueur parle, entre autres dons, d'un magnifique pupitre doré et admirablement ouvragé, destiné à la lecture de l'Évangile, et sur lequel un habile artiste avait représenté Notre-Seigneur majestueusement assis sur un trône, ayant à ses côtés la Sainte Vierge et saint Jean-

---

1. Ciampini, Vet. monum., tom. II, c. XXVI, p. 149 et 152.

Baptiste, et recevant les hommages des anges [1]. Je signalerai enfin une représentation latine du genre de celles dont nous parlons, également ancienne et provenant du Trésor des Chanoines réguliers de Sainte-Geneviève, à Paris. Elle figure dans les Bollandistes (Mois de Mai).

Si maintenant je passe aux scènes de l'Avénement et du Jugement dernier, ces exemples deviennent innombrables. Au moyen âge, surtout au XIIIe siècle, l'art s'est plu souvent à embrasser, dans une seule et même composition, le ciel, la terre et l'enfer, à l'exemple de Dante dans la litérature; souvent alors aussi il a placé le Précurseur soit agenouillé, soit debout, à la gauche du Souverain Juge. Cette re-

---

[1]. Hugo Flaviniacensis in Chronico Viridunensi parte II, enumerans beneficia a comite Frederico Godefridi Ducis filio collata monasterio St.-Vitoni in Burgundia post Templi restaurationem, fabrœcatum scribit illius pecunia anno MIV « Pulpitum, quo Evangelium recitatur, œre crebris tunsionibus in laminas tabulasque producto, et deaurato, satis accuratè, et eleganter. Huic imagines circum quaque sculptorio et polymito opere exaratæ. In facie autem Dominus Jesus in throno majestatis residens, et Virgo Mater et Baptista Johannes apparent. Dextra lœvaque Domini Angeli Redemptori obsequium exhibentes. In Biblioth. msc.—Labbeï Tom. I. Parisiis 1657.

présentation est commune en Italie, un peu moins fréquente en France, mais toujours constatée, pourtant, lorsqu'il a influence byzantine. Chez nous, le Baptiste, à tort assurément, est parfois remplacé par saint Jean l'Evangéliste avec lequel, soit dit en passant, certains auteurs, plus nombreux qu'on ne pense, l'ont confondu dans leurs descriptions. Et cependant le disciple bien-aimé est toujours facile à reconnaître à sa figure imberbe ainsi qu'à la longue tunique qui descend jusqu'à ses pieds nus[1].

« L'art byzantin, suivant le R. P. Martinov, ne commet point cette confusion ; il y reste même tellement étranger, que l'usage constant de représenter saint Jean-Baptiste et la Mère de Dieu en prière devant Notre-Seigneur, placé au milieu, a donné lieu à une icône spéciale, connue sous le nom de ΔΕΗΣΙΣ, qu'on rencontre partout en Orient et sous des formes variées. (Voir les *Antiquités chrétiennes*, de 1875, par Prochorcv.

Sous ce nom, les iconographes grecs et russes désignent l'icône représentant Notre-Seigneur ayant à ses côtés la Sainte Vierge et le Précurseur,

---

1. A Notre Dame de Paris, c'est St Jean l'Evangéliste que l'artiste a représenté agenouillé dans la scène du Jugement dernier ; à Notre-Dame d'Amiens, au contraire, c'est le Précurseur qui figure au tympan central du portail occidental.

tournés vers lui et *suppliant*. De là le vocable de δέησις, qui veut dire *prière, supplication*. C'est un des plus importants sujets de l'art iconographique oriental.

On le représente de diverses manières : tantôt sur un tableau, tantôt sur trois tableaux séparés ; tantôt en grandeur entière et tantôt à mi-corps ; Notre-Seigneur Jésus-Christ est quelquefois debout ou assis sur un trône ; quelquefois encore on ajoute aux trois figures deux anges (Michel et Gabriel) se tenant derrière le trône ; quelquefois aussi saint Pierre et saint Paul ; parfois enfin les sept figures occupent à elles seules les iconostases dans l'ordre suivant : Notre-Seigneur au milieu ; à sa droite la Sainte Vierge ; puis saint Michel, puis saint Pierre ; à gauche, saint Jean-Baptiste, Gabriel, saint Paul. Sur des iconostases plus grandes, on représente les douze apôtres, six de chaque côté.

Anciennement le δέησις était un ornement essentiel des iconostases sans lesquelles, on le sait, une église grecque ne serait pas complète. C'est donc la place principale des δέησις.

En dehors des églises, le δέησις se rencontre partout : sur des chapelles portatives, sur des calices, des évangiles, des couronnes, des ciboires, des vêtements sacrés, des manuscrits, etc., etc.[1] »

[1]. Voici quelques exemples, disposés par ordre chro-

Mais revenons à l'art latin.

On peut voir dans le Cabinet des Estampes, à la bibliothèque Richelieu, une gravure reproduisant un tableau du Jugement dernier, d'une grande

nologique, à partir du ɪxᵉ siècle, et recueillis par M. Prohorov, dans ses *Antiquités chrétiennes* (1875), avec des planches.

δέησις — sur un Évangile du couvent de Gaénade près Koutaïs, au Caucase. (ɪxᵉ s.)
— sur un ivoire sculpté au musée du Vatican, xᵉ s.
— sur la mosaïque de Ste-Sophie de Kiev, du xɪᵉ s.
— sur un ivoire grec sculpté, du xɪɪᵉ s.
— sur la mosaïque d'un couvent du mont Athos, ornée d'une inscription grecque, (en forme d'arc,) du xɪɪᵉ s.
— sur les murs de Ste-Sophie de Novgorod, du xɪɪᵉ s.
— sur un Évangile de 1272.
— sur un saint Ciboire du xɪvᵉ s.

N. B. Ces trois derniers δέησις sont à mi-corps et enchâssés dans des médaillons de forme ronde.

— sur un encensoir de 1405, avec deux anges.
— sur une ancienne Icône du mont Athos, également avec deux anges.
— sur un bonnet d'évêque : celui du patriarche de Moscou, Job.
— sur de petits diptyques en métal.

On trouve le même sujet sur l'icône dite *Ste-Sophie* ou la Sagesse divine, (Sur celle de *Prédication des Apôtres*, saint Jean et la sainte Vierge figurent en haut du tableau avec la Sainte Trinité. Sur celle aussi de la *Glorification de la Ste Vierge* etc., etc.

beauté, dû au pinceau d'un artiste du XIIe siècle [1]. Cette œuvre orne le dôme de Torcello (dans les lagunes de Venise), monument très-intéressant par lui-même, au point de vue archéologique, avec ses colonnes antiques, son pavé de mosaïques et ses volets de marbre roulant sur des gonds de fer, selon l'usage oriental. Dans l'imposante composition que je signale l'artiste a répété, plusieurs fois, l'image de saint Jean-Baptiste présidant à différentes scènes de ces redoutables assises. La répétition, dans la même œuvre, du même Saint exerçant d'aussi sublimes fonctions, ne donne-t-elle pas la mesure de la puissance et de la gloire que l'art, d'accord avec le sentiment religieux et populaire, se plaît à attribuer dans le ciel au Précurseur ?

D'un autre côté, un manuscrit latin de la bibliothèque Nationale, portant le n° 1176 et paraissant appartenir à la première moitié du XIVe siècle (j'ai déjà eu l'occasion d'en parler), offre une représentation fort bien exécutée du Jugement dernier, où figure saint Jean-Baptiste, à genoux et les mains jointes.

Non moins curieuse dans son exécution grossière et sa naïve expression est une gravure représentant la même scène dans la Grande Chronique de Nuremberg, imprimée en 1493.

1. Topographie de Venise; portefeuille n° 1947, intitulé : Royaume Lombardo-Vénitien.

Notre-Seigneur, revêtu du nimbe crucifère, est assis sur l'arc-en-ciel dont fut illuminée la vision d'Ezéchiel. Au côté droit de son front divin fleurit un lis, récompense des élus; au côté gauche étincelle un glaive, châtiment des réprouvés. Le Sauveur du monde bénit les premiers de la main droite, tandis que, de l'autre, il indique aux seconds le gouffre béant de l'enfer.

Deux anges font retentir la trompette éclatante du Jugement dernier, et voici que les morts sortent de leurs tombeaux. A gauche, les damnés, dont les contorsions sont horribles, sont précipités à jamais dans l'abîme. Celui-ci indique du doigt sa langue, qui, peut-être, a prononcé d'injustes sentences contre les hommes, ou vomi contre Dieu d'horribles blasphèmes; un démon lui arrache l'oreille coupable aussi, sans doute, d'avoir écouté la voix du vice ou de la trahison. Celle-là est arrachée de sa tombe par un autre démon avide de sa proie; il l'attire brutalement à lui par sa longue et abondante chevelure.

Tout autre est la scène paisible qui s'offre sur la droite à nos regards. Saint Pierre, tenant en main les clefs du bienheureux séjour, fait entrer les élus dans la gloire, figurée par un nuage qui s'entrouve en laissant deviner les splendeurs du paradis.

De ce côté, près du Christ, la Sainte Vierge est à

genoux ; de l'autre apparaît saint Jean-Baptiste dans la même posture et revêtu du costume apostolique. Sans doute ils intercèdent, à cette heure suprême, pour les pauvres humains que l'indifférence ou l'orgueil éloignent, à chaque pas, du chemin qui conduit à la céleste patrie. Insensés ou rebelles, qui n'aperçoivent point, ou ne veulent point apercevoir, au delà des terrestres horizons, Dieu qui les attend dans sa patiente éternité !

Il nous serait facile de poursuivre plus loin cette étude, mais à quoi bon? Ce que nous venons de dire ne justifie-t-il pas assez le titre de notre dernier chapitre. Arrêtons-nous donc à la Renaissance, et, cette dernière fois comme toujours, obligé de nous tracer des limites, bornons-nous à nommer Michel-Ange. Ne le nommons, d'ailleurs, que pour faire ressortir davantage encore l'hommage rendu au Précurseur, à cette brillante époque, par l'un des plus beaux génies artistiques dans l'une de ses plus grandioses créations, car dans la fresque du Jugement dernier de la Chapelle Sixtine on ne saurait trouver, suivant nous, l'idéal d'une représentation et vraie de saint Jean-Baptiste. Le personnage est beaucoup trop académique ; de plus, il ne porte ni la barbe, ni la peau de chameau traditionnelles, en un mot, aucun de ses attributs ordinaires.

Tandis que le Christ tient son bras levé dans une attitude sublime de menace, et que son auguste Mère, à genoux à sa droite et baissant le front, se presse, avec un compatissant effroi, contre son divin Fils, le Précurseur, à gauche, agenouillé à demi, indique, d'une main, le ciel d'un geste majestueux, mais froid; et bien que, de l'autre, il semble, en même temps, désigner l'enfer qui s'entrouvre, et appeler sur les coupables la suprême miséricorde, il n'impose pas l'émotion au spectateur comme dans beaucoup d'autres scènes du même genre [1].

Telle fut, peut-être, au reste, l'intention de Michel-Ange. N'aura-t-il pas voulu peindre ici saint Jean-Baptiste plutôt dans l'attitude du Précurseur indiquant le second avénement que dans celle d'un personnage suppliant? De son temps, en effet, cette dernière attitude, donnée généralement par l'art, en pareille circonstance, à la Mère de Dieu et au Précurseur, soulevait de vives et nombreuses critiques, celles entre autres d'un controversiste très-célèbre, nommé Clichtove. C'est à tort, selon lui, que les peintres offrent à nos regards la sainte Vierge agenouillée devant le Souverain Juge et intercédant pour les pécheurs, en montrant

---

[1]. Une copie de la fresque du Jugement dernier, faite par le peintre Sigalon, se voit à l'Ecole des beaux-Arts. (Gravé.) Armengaud. *Galeries publiques de l'Europe.*

au Christ le sein qui l'a nourri ; à tort aussi qu'ils représentent le fils d'Elisabeth, à genoux, adressant une semblable prière [1]; car, dit-il, ces saints personnages ne sauraient être alors des suppliants, puisqu'ils rempliront le rôle d'assesseurs et qu'au moment du Jugement dernier la miséricorde devra rester muette pour laisser parler la justice.

On peut supposer, néanmoins, à la décharge des artistes qui ont placé la sainte Vierge et saint Jean-Baptiste dans l'attitude de la prière, qu'ils ont voulu précisément exprimer ainsi les actions de grâces rendues par ces saints personnages à l'occasion de l'Avénement du Christ et leur reconnaissance pour ses innombrables bienfaits; mais nous n'hésitons pas à préférer, comme plus conformes à l'esprit de l'Evangile, les tableaux où la Sainte Vierge et saint Jean-Baptiste se montrent à nos yeux debout, aux côtés du Christ, dans les scènes du Jugement dernier.

En résumé, il nous est permis de penser, avec les incomparables artistes dont nous avons signalé les œuvres, qu'au dernier jour le Précurseur du Christ, placé jadis par le Sauveur aux avenues de l'Evan-

---

[1]. Dans *l'Hortus deliciarum*, manuscrit de la Bibliothèque de Strasbourg, on lit près de Marie : « Sancta Maria Filio suo pro Ecclesia supplicat » et près de saint Jean : « Johannes Baptista supplicat. »

gile pour annoncer le royaume des cieux, lors du premier avénement, apparaîtra à son côté, lors du second, brillant de gloire entre tous, au seuil de l'éternité.....

§

Au moment où je termine une tâche, qu'il m'a fallu plusieurs années pour accomplir, il m'en coûte, ô grand Saint, de vous quitter après un si long temps vécu dans votre intimité. Puissé-je, du moins, espérer, et telle sera ma consolation, que ces pages, écrites tout entières à votre gloire, raviveront dans les cœurs des sentiments puissants d'admiration et d'amour, capables de rendre à votre culte, qui passionna les siècles du moyen âge, l'éclat si justifié des anciens jours !

FIN

INDICATIONS COMPLÉMENTAIRES [1]

Annonciation de Zacharie. — D'Agincourt (*Histoire de l'art par les monuments*), pl. xvi, n° 40.
Andrea del Sarto (Dessin). Louvre.
Même peintre (Esquisse en grisaille). Munich.

Baptême. — *Ménologe* de l'empereur Basile. — *Calendrier* de Kiev (Bollandistes. Mai). Bianchini, *Demonstratio historiæ ecclesiasticæ*, tabula 1, sœculi i, n° 49. (On y voit le parrain. Il ne faut pas s'en étonner, car le Baptistère de la cathédrale de Verceil, d'une origine fort ancienne, offre cette particularité, qu'il renferme deux siéges : l'un pour le prêtre, l'autre pour le parrain.)

— Autre sur les murs d'une chapelle ou crypte souterraine. *Ibid.*, pl. xliii, n° 3. — Tirée d'un Ménologe grec.
Ibid., pl. xxxi, n° 24.

Dans l'ouvrage intitulé : *Antiquitates Aquiliæ*. Plusieurs sujets de ce genre peints ou sculptés.

— Autres exemples dans l'Atlas de la 6e partie du *Cours d'antiquités monumentales* de M. de Caumont, pl. lxxxix, figure 1, et le texte à l'appui, p. 1 à 21.

---

1. Nous n'entendons donner ici, bien entendu, qu'un aperçu très-général.

INDICATIONS COMPLÉMENTAIRES

— Aringhi, tome II, p. 355. Bas-relief d'un sarcophage dénotant une époque un peu basse. Saint Jean reçoit dans une sorte de patère l'eau qui tombe d'un rocher et la verse sur la tête du Sauveur, plongé dans l'eau jusqu'à la ceinture.

— Vettori *(Num. œr. expl.)*. Médaillon en bronze où se trouve inscrite cette légende : *Redemptio filiis hominum.*

— D'Agincourt *(Sculpture)*, vol. III, p. 20; vol. IV, pl. XXVI, n° 8. Bas-relief exécuté en marbre sur la principale porte de l'église Saint-Jean-Baptiste de Monza, près de Milan, construite au VII° siècle par la reine Théodelinde; la partie inférieure représente le baptême de Jésus-Christ, en présence de la Vierge et des apôtres saint Pierre et saint Paul. Dans la partie supérieure on voit Théodelinde avec Agilulphe, son époux, et sa famille.

— *Très-ancien bas-relief de la cathédrale de Monza.* On voit une colombe qui, d'un vase renversé qu'elle tient à son bec, répand de l'eau sur la tête du Sauveur. Saint Jean-Baptiste est à droite du Sauveur; à gauche, un ange qui garde sa tunique.

— *Diptyque de Milan*, du IV° ou du V° siècle. Le Précurseur appuie une main sur la tête de Jésus, plongé jusqu'aux genoux dans le Jourdain, et, circonstance inusitée, tient, de l'autre main, un roseau.

Inventaires des archives nationales. N° 7189. Jacques, abbé de Saint-Jean de Valenciennes. — Contresceau (XIII° siècle). N° 8378. Abbaye de Saint-Jean-au-Bois, diocèse de Soissons. Fragment de sceau rond. —

Sacramentaire de Metz. Bibliothèque Richelieu. Manuscrit latin, n° 9428.

— *Grandes heures du duc de Berry* (folio n° 86). Le Christ est dans le fleuve jusqu'à mi-jambe. Saint Jean répand l'eau sur la tête de Notre-Seigneur au moyen d'une ampoule.

INDICATIONS COMPLÉMENTAIRES 579

Même sujet traité par des peintres de l'Ecole italienne [1] :

Ecole bolonaise.	Francia	Hampton Court.
—	Annibal-Carrache	Église St-Grégoire, à Bologne.
—	Albane	Musée de Bologne.
—	—	Reggio (en Lombardie). Eglise St-François.
—	Dominiquin	Musée des Offices à Florence.
Ecole florentine.	Verocchio	Académie des Beaux-arts à Florence.
—	Lorenzo di Credi	Fiesole. Couvent de St-Dominique.
—	Domenico-Beccafumi	Sienne. Couvent du Mont-Olivet.
—	Andrea del Sarto	(Dessin). Louvre.
—	Pietro-della-Francesca	Londres. (National Gallery).
Ecole milanaise.	Cesare da Sesto	Milan. Palais des ducs Scotti Galanti.

1. Quant aux écoles des autres pays, j'ai signalé, autant que possible, dans le cours de cet ouvrage, les principaux chefs-d'œuvre produits par chacune d'elles, dans le genre de ceux que nous allons énumérer, et qui perpétuent, dans de plus ou moins grandes proportions, le pieux souvenir du Précurseur. Sauf quelques brillantes exceptions de second ordre, il serait, d'ailleurs, sans intérêt véritable, d'entrer, à cet égard; dans les détails. Au point de vue artistique, l'Italie est un soleil en face duquel pâlissent les étoiles des autres nations. (Même remarque en ce qui concerne les articles Décollation, Désert, Nativité, Prédication et Saintes Familles.)

580 INDICATIONS COMPLÉMENTAIRES

Ecole génoise.	Luchetto de Gênes	Gênes.
—	Bernardo Strozzi	Vicence.
Ecole napolitaine.	Andrea Vaccaro	Musée d'Orléans.
Ecole ombrienne.	Pérugin	Pérouse. Église San Agostino. Rome. Chapelle Sixtine.
Ecole romaine	Giannicola Mam	Musée du Louvre. Gravé. Histoire des peintres. (Ch. Blanc.)
—	Carlo Maratti	Rome. Église Ste Marie des Anges ; c'est d'après ce tableau que fut exécutée la mosaïque de Saint-Pierre.
Ecole vénitienne.	Giovanni Bellini	Vicence.
—	Tintoret	Venise. San Silvestro (très-beau morceau du maître).
—	Salviati	Académie de Venise. Gravé. Ch. Blanc.
—	Paul Véronèse	Venise. (Saint-Sébastien.)

Carte des Lieux parcourus par saint Jean-Baptiste. — Voir les Bollandistes, mois de juin, tome IV. — Voir également une note intéressante de l'abbé Barret, *Le Précurseur*, B, p. 415.

Décollation.

Ecole lombarde.	Le Corrège	Florence.
Ecole florentine.	Daniel de Volterre	Turin.
—	Vasari	Eglise de la Miséricorde, à Rome.

INDICATIONS COMPLÉMENTAIRES

Ecole vénitienne.	Girolamo Muziano	Rome. Eglise San Giorgio et San Giov. Battista.
—	—	Rome. San Bartolommeo da Bergamaschi.
—	Giov. Battista Piazetta	Padoue (dans le Santo). Un de ses meilleurs ouvrages.
Ecole milanaise.	Andrea Solari	Louvre (tableau donné par M. Lecomte).
—	—	Galerie Pourtalès, à Paris. Peinture sur un plat d'argent. Ce morceau précieux est reproduit dans l'ouvrage photographique publié par la maison Goupil sur la galerie Pourtalès.
Ecole bolonaise.	Le Guide	Palais Corsini (Gravé). Armengaud, *Galeries publiques de l'Europe*, p. 315.

Inventaires des Archives nationales, n° 7191. — Contre-sceau de Simon, abbé de St-Jean de Valenciennes. Le bourreau tranche la tête au saint devant sa prison. Exergue : *Hic decollatur Baptista Domini.*

N° 7188. Jacques, abbé de St-Jean de Valenciennes. Sceau ogival du XIII° siècle. — Contre-sceau : La tête de saint Jean-Baptiste dans un plat.

N° 6805. Sceau de l'abbaye de St-Jean de Valenciennes (XIV° siècle). Saint Jean debout, revêtu d'un pallium et portant l'*Agnus Dei*; à ses pieds, une tête rappelant sa Décollation. — Contre-sceau : La tête du saint dans un plat, accosté de deux étoiles; au-dessus, une main céleste bénissant.

582   INDICATIONS COMPLÉMENTAIRES

N° 3868. Sceau ovale de Bazas (xvi° siècle). Ecu portant la Décollation de saint Jean-Baptiste dans sa prison. (Matrice originale.)

N° 6184. Jean de la Houssoie, doyen du chapitre de Lille. La Décollation de saint Jean-Baptiste devant sa prison ; en haut du champ, une main tenant deux clefs.

N° 1149. Sceau (rond) de la Collégiale de Saint-Jean-au-Bourg de Laon (xvi° siècle).—Contre-sceau : la tête de saint Jean.

Eglise San Giovani decollato à Rome. Sur ses murailles intérieures et extérieures sont incrustées des têtes de saint Jean-Baptiste en un plat. L'une d'elles (rue Montanara) est d'une véritable beauté. Cette église appartient à une archiconfrérie de nobles toscans, qui en signe de propriété, ont fait sculpter sur les murs la tête du saint patron de leur cité ainsi que la fleur de lis florentine.

Désert.

Ecole bolonaise.	Le Guide	Padoue, (Eglise degli Eremitani).
Ecole florentine.	Andrea del Sarto	Munich, (Esquisse en grisaille).
—	Francesco de Rossi (Il Salviati)	Berlin.
Ecole ombrienne.	Pinturicchio	Chapelle Bufalini, dans l'Église d'Aracœli à Rome.(Gravé. Ch. Blanc.)
Ecole romaine	Le Carravaggio	Musée de Lille.
—	Perino del Vaga	Tivoli.
Ecole vénitienne	Titien	Venise.
—	Andrea Schéavone	Venise, (à l'Académie.)
—	Jean Tiepolo	Padoue, (San Massimo.)

INDICATIONS COMPLÉMENTAIRES 583

Ecce Agnus Dei. — *Inventaires des archives nationales*, n° 1074. Ville de Gand. I. 532, n° 3. St Jean-Baptiste bénissant et tenant un livre. Le personnage accosté de deux chandeliers. — Sigillum S. J. Baptiste, Gandensium civium patroni. Sceau appendu à un engagement de la ville de Gand d'observer le traité conclu entre Philippe Auguste et Baudoin, Cte de Flandre. (Fin du xiie siècle.)

Un *Agnus Dei* au contre-sceau, appendu à une charte de l'an 1244.

N° 1075. Autre sceau de la ville de Gand. I. 541, n° 2.

Sigillum S. J.-Baptiste, Gandensium patroni, ad legationes (xiiie siècle).

N° 8618. Pierre, abbé de St-Jean-en-Vallée-les-Chartres.

Un *Agnus Dei* au contre-sceau, appendu à une promesse de prières pour saint Louis (1271).

N° 8942. Jean II (xive siècle). Exergue : Johannes est nomen ejus. Appendu à une charte relative à la réparation d'un pont sur la Bièvre.

N° 5517. Fragment de sceau rond de la ville de Bourbourg.

N° 6799. Abbaye de St-Jean-du-Mont, près Térouane. Ratification du traité d'Arras (28 janvier (1482).

N° 7979. *Archives nationales*. Fragment de sceau ogival (xiiie siècle.)

Jean d'Aubusson, curé de St-Jean-en-Grève. St J.-B. debout et nimbé.

N° 5975. Officialité de Florence (xiie siècle). Sceau ogival. Archives du Nord, Chambre des comptes. Le saint tient un rouleau où l'on lit : *Agnus Dei*. En haut du sceau : un *Agnus Dei* en arc-en-ciel. (Ce sceau est remarquable.)

N° 9267. *Archives nationales*. Sceau ogival (xviiie siècle). Catherine de Choiseul, abbesse de St-Maur de Verdun. St J.-B. est debout sous un portique carré.

Au dessous un écu timbré d'une crosse aux armes de Choiseul.

N° 9932. *Archives nationales*. Fragment de sceau ogival. Le Prieuré de St-Jean-en-l'Isle. Hospitalis S. Johannis de insula prope Corbolium. Appendu à un accord avec le roi au sujet d'arrérages de rente de blé du 12 décembre 1412.

N° 9934. Commanderie de St-Jean-en-l'Isle. Même représentation.

N° 1073. Sceau ogival de Jean de Boissy, évêque d'Amiens (xve siècle). — Très-joli spécimen (Picardie).

N° 1496. Hôtel-Dieu de Beauvais (xve siècle). Picardie.

N° 2522. Jean Vickeponghe, curé de St-Jean de St-Omer (xive siècle). Artois.

N° 3954. Très-beau sceau rond de la ville de Gand (xiiie siècle). Archives du Nord. Chambre des comptes. Dans l'arcade du milieu, St Jean; dans chaque arcade latérale, un ange thuriféraire agenouillé. — Contre-sceau : un *Agnus Dei*. La ville de Gand reconnaît devoir à Marguerite, Ctesse de Flandre, 7,000 livres qu'elle lui a prêtées en son « grant besoing et néchessité » (9 octobre 1276).

N° 5856. Jean de Bourgogne, évêque de Cambrai. (xve siècle).

N° 2263. Hugues de Lielle, chapelain de la Ctesse d'Artois (xiiie siècle).

N° 2281. Sceau (rond) de Jean d'Argenteuil, maître de l'Hôtel-Dieu de Paris (xiiie siècle).

N° 2662. André de Becquerelle, abbé de Chocques. (xiiie siècle).

N° 2864. Contre-sceau de l'hôpital de St Jean l'Estrée d'Arras (xiiie siècle).

N° 7496. Etienne d'Enghien, gardien des frères Mineurs de Valenciennes. Sceau ogival du xiiie siècle.

INDICATIONS COMPLÉMENTAIRES

N° 7750. La maîtresse de l'hôpital de la Bassée (xvi⁰ siècle).

N° 7545. Sceau rond de l'hôpital St-Jean de Cambrai (xvi⁰ siècle).

N° 6938. Jean, 34ᵉ abbé de Cambron. Archives du Nord (xvii⁰ siècle). — Très-joli spécimen. — Droit de bénédiction conféré à Marguerite de Chastel, abbesse de Marquette.

N° 7434. Sceau ovale du Prieur des Carmes de Montreuil (xvii⁰ siècle). St Jean assis, montrant un agneau, accosté à dextre d'un arbre, et à senestre d'une croix avec une banderolle sur laquelle est écrit : « *Ecce Agnus Dei.* »

Festin d'Hérode. — D'Agincourt *(Sculpture)*, vol. III, pl. xiii, n⁰ˢ 19 et 20 ; vol. IV, pl. xii (x⁰ ou xi⁰ siècle). — Un des sujets de la vie du saint, sculptés sur un dyptique d'argent du baptistère de Saint-Jean à Florence ; ouvrage de l'Ecole grecque. Salomé danse, tenant des serpents à la main. Hérode est à table. Le bourreau paraît dans l'embrasure d'une porte. La tête tranchée du saint plane au-dessus de celle de la danseuse et des murs de la prison qui forment le fond du tableau. (Composition très-originale.)

— Filippo Lippi (Ecole florentine). Chœur du dôme du Prato. Salomé dansant devant Hérode.

— Andrea del Sarto (Ecole florentine), Munich. Esquisse en grisaille. (Même sujet.)

Chronique de Nuremberg (p. 94). — Hérodiade, assise à table, se dispose à percer, d'un coup de couteau, la tête du saint placée dans un plat. A côté d'Hérode, coiffé d'un bonnet pointu, apparaît Salomé, en costume du xv⁰ siècle, comme, du reste, tous les autres personnages. Un page porte un vase dans lequel il va déposer la tête du Saint, lorsque Hérodiade aura satisfait sa vengeance. Dans un coin, le bourreau, la main appuyée sur le pommeau de son glaive, rentré dans le fourreau, contemple cette scène d'un air stupide et indifférent.

Généalogie de saint Jean-Baptiste. — *Chronique de Nuremberg*. Représentation, par la gravure, de la Généalogie de saint Jean-Baptiste; là figurent les noms d'Eliud, d'Asmeria, de Tomges, de Zacharie et d'Elisabeth. Saint Jean-Baptiste s'y offre aux regards nimbé et revêtu du pallium. Il tient dans ses mains un livre sur lequel repose un agneau, également nimbé, ainsi qu'une croix où flotte une banderolle.

Hymnes.

Antra deserti teneris sub annis,
Civium turmas fugiens petisti,
Ne levi saltem maculare vitam
  Flamine posses.

Præbuit hirtum tegumen camelus
Artubus sacris, strophium bidentes
Cui latex haustum, sociata pastum
  Mella locustis.

Cæteri tantum cecinere vatum
Corde præsago jubar affuturum,
Tu quidem mundi scelus auferentem
  Indice prodis.

Non fuit vasti spatium per orbis
Sanctior quisquam genitus Joanne,
Qui nefas secli meruit lavantem
  Tingere lymphis.

―――

O nimis felix, meritique celsi,
Nesciens labem nivei pudoris,
Præpotens martyr, Eremique cultor,
  Maxime vatum.

INDICATIONS COMPLÉMENTAIRES

Serta ter denis alios coronant
Aucta crementis, duplicata quosdam,
Trina centeno cumulata fructu
    Te, sacer, ornant.

Hinc potens nostri meritis opimis
Pectoris duros lapides repelle,
Asperum planans iter, et reflexos
    Dirige calles.

Ut pius mundi sator et redemptor,
Mentibus pulsa livione puris,
Rite dignetur veniens sacratos
    Ponere gressus.

Laudibus cives celebrant superni,
Te, Deus simplex, pariterque trine,
Supplices et nos veniam precamur,
    Parce redemptis. Amen.

Christe, prolapsi reparator orbis,
Ut tuum casto celebremus omnes
Ore Baptistam, maculas profani
    Elue cordis.

Hunc paraturum Domino sequenti
Semitam prisci cecinere vates
Vatibus cunctis fuit ipse major,
    Judice Christo.

Hic et inclusus genitricis alvo
Sentit exultans Dominum latentem;
Jamque cœlesti trepidat venire
    Obvius agno.

Quid fide pendes dubia sacerdos?
Muta torpebit tibi vox : at infans
Protinus nascens patriæ resolvet
    Vincula linguæ.

Quin repromissam, subitus Propheta,
Cernis humano generi salutem ;
Nuntias pacem, reserasque fatis
    Grandibus ora.

Gaudet admirans populus stupetque ;
Quis puer, clamant, erit iste, cujus
Se statim prodit manifesta tantis
    Gloria signis?

Laus sit æternæ sua Trinitati,
Quæ novam mundo paritura lucem
Prævium Soli voluit Joannem
    Surgere sidus. Amen.

Exlit cunis pretiosus infans
Munus Excelsi : venit ut tenello
Corpori robur, nova ditat intus
    Gratia mentem.

Jamque conventus fugiens profanos,
Horridis blanda procul urbe lustris,
Militem Christo parat, innocentes
    Sœvus in artus.

Cinctus hirsuti spoliis cameli,
Arido vitam tolerare victu
Gaudet, insulsas medicans agresti
    Melle locustas.

Scilicet, sacra stimulante flamma,
Perfidam natus renovare gentem,
Ad Patrum mentes revocabit olim
　　Corda nepotum.

Qui creat mundum sit honos Parenti,
Laus tibi compar reparator orbis :
Æquus amborum sit honos per omne
　　Tempus Amori. Amen.

Nunc suis tandem novus e latebris
Prodit Elias, populisque Christum
Clamat, exprobrans sua viperinæ
　　Crimina proli.

En Deus judex, Deus en propinquat,
Ventilans fruges : superis recondet
Triticum cellis, paleasque diras
　　Tradet in ignes.

Hujus adventu, rigidum superbi
Deprimant montes caput; erigantur
Vallium passim cava : corrigantur
　　Prava viarum.

Sancte Præcursor, date præco lucis,
Excitet somno tua vox mentes :
Ut graves olim fugiamus Agni
　　Vindicis iras.

Summa laus Patri genitoque Verbo :
Æquus amborum sit honos Amori,
Qui sacrum Christi pugilem potenter
　　Ungit et armat. Amen.

Quid moras nectis Domino jubenti
Cede : Qui sacro lavat igne corda,
Hic tuis ardet manibus, Joannes,
    Amne lavari.

Quis fuit sensus tibi, cum videres
Supplicis ritu dare colla pronum,
Cui pedum summo reputes honori
    Solvere lora ?

Cernis ut, nimbo rutilante, Christo
Spiritus, Patris comitante voce,
Incubat; sese Triadisque tota
    Pandit imago?

Diligens instas operi minister :
Victimam mundi scelus auferentem
Prædicas Agnum, digitoque fidus
    Indice monstras.

Immemor laudis propriæ, magistro
Debitos Christo properas alumnos
Reddere : ardebas minui, decebat
    Crescere Christum.

Nec fidem vita sat erit probasse;
Vindicem læsi rigidum pudoris
  Te manet carcer : Domino cruenta
    Morte pœribis.

Lætus æternam celebret Parentem
Orbis : æternum celebret Parentis
Filium : par sit tibi laus per omne,
    Spiritus, ævum. Amen.

Quis ille, silvis e penetralibus
Egressus, ad se tot populos trahit?
Ab ore pendentes loquentis
Qua subito tenet arte turbas?

An ille fastu regifico tumens?
Molli solutus diffluit otio?
Levis-ne arundo ventilatur
Arbitrio popularis auræ?

Atqui ter annos jam decies trahit
Vitam in profundis saltibus asperam,
Virtutis Eliæ futurus
Atque animi generosus hæres.

Ergo severam Numinis omnibus
Ostentat iram, non timidus mori :
Assertor acer veritatis.
In·proceres tonat inque plebem.

Aula receptum non retinet timor,
Non blanda flectit gratia Principis,
Contaminati, quin reprendat
Flagitium opprobriumque lecti.

Sit summa Patri, summaque Filio,
Sanctoque compar gloria Flamini :
Sanctæ litemus Trinitati
Perpetuo pia corda cultu. Amen.

Impune Vati non erit : impotens
Totum furorem femina colligit;
Iræque causas aggerando
Exstimulat fera corda Regis.

Quid non libido cogis adultera?
Dantur catenis innocuæ manus :
At alligari veritatis
Nescia vox sua jura servat.

Christum vel atro carceris in specu
Præco fidelis nuntiat; et suos
Divina patranti Magistro
Discipulos jubet ire testes.

Vinctus triumphat ; tu pavitans fremis,
Tyranne. Cœcum mens male conscia
Quatit flagellum; stricta vatem
Impavidum feriet securis.

Sit summa Patri, summaque Filio,
Sanctoque compar gloria Flamini :
Sanctæ litemus Trinitati
Perpetuo pia corda cultu.

Monnaies

(Extrait, traduit par nous, de Paciaudi, page 203).

ANCIENS CHRÉTIENS. Monnaies dont la face présente la tête du Christ, orné du nimbe crucifère, et le revers le baptême du Christ avec l'exergue : Redemptio Filiis Hominum. Voir le commentaire de François Victor : Nummus Œreus Vet. Christ. Rome, 1737.

COMTES DE BATEMBOURG (HOLLANDE.) Guillaume de Paris. Trésor des monnaies d'or et d'argent. Fol. N, p. 6, col. II. Anvers, 1580.

FRÉDÉRIC DUC DE BAVIÈRE. Idem, fol. O. p. 1, col. I.
JEAN, DUC DE BRABANT. Fol. C, p. 11, col. I.
FRÉDÉRIC, GEORGES ET ALBERT, MARGRAVES DE BRANDEBOURG. Idem, fol. I., p. 6, col. I.
VILLE DE CAMPEN. Ibid., fol. N, p. 8, col. I.
JEAN, DUC DE CLÈVES. Fol. N, p. 2, col. I.
THÉODORIC, ÉLECTEUR DE COLOGNE. Fol. L, p. 1, col. II.

INDICATIONS COMPLÉMENTAIRES

DAUPHIN CHARLES. Du Cange. Glossaire latin, tome II, col. 630. Paris, 1687.

FLORENCE. Le chevalier Victor. Il florino d'oro. Firenze, 1738.

PHILIPPE VI, ROI DE FRANCE. Du Cange. Col. 618.

VILLE DE FRANCFORT. Guillaume de Paris. Fol. L, p. 4, col. 1.

COMTE ENNON DE LA FRISE ORIENTALE. Idem, fol. M, pl. 8 col. I.

ORDRE DE JÉRUSALEM. Sébastien Paul. Manuscrits diplom. Tome 1. Lucques, 1733. Paciaudi, 7ᵉ dissertation.

JEAN, COMTE DE HOLLANDE. Tornelius Alkemade. Monnaies des comtes de Hollande. 1700.

RÉPUBLIQUE DE GÊNES. Pierre Ferrare, homme très-érudit, en vit une à Gênes, en argent, frappée vers 1250.

COMTES DE LANDO. Très-noble famille investie du droit de battre monnaie. Il existe à Plaisance des spécimens de ces monnaies d'argent.

JEAN, ÉVÊQUE DE LIEGE. De Pariis. Fol. N, pl. 1, col. II.

VILLE DE LUBECK. Délices des Numismates Hambourgeois, p. 385. Hambourg, 1753.

VILLE DE LUNEBOURG (Hanovre). André de Brau. Nummophylie, p. 387. Helmstœdt, 1747.

JEAN, ÉLECTEUR DE MAYENCE. De Pariis, fol. 4, p. 3, col 2.

VILLE DE NORDLINGEN. Marcuard Hergott. Numotheca Principium Austriæ. part 1, p. 9. Fribourg en Briscau, 1752.

FRÉDÉRIC, BURGRAVE DE NUREMBERG. Histoire des Burgraves de Nuremberg, p. 144. Francfort et Leipsik, 1751.

JEAN XII, ADRIEN VI, PONTIFES ROMAINS. VACANCE DU ST-SIÈGE APRÈS LE DÉCÈS DE LÉON X. Anciennes monnaies des Pontifes romains. Benedicto Floravante. Rome, 1738.

PHILIPPE ET AMÉDÉE, DUCS DE SAVOIE. Monnaies portant l'image du Baptiste, non point à cause de l'alliance des ducs de Savoie avec Florence, comme le pense Guichenon, ni à cause d'un changement de type emprunté aux Florentins, comme le pense Muratori, mais à cause de la dévotion héréditaire et exceptionnelle de la Savoie pour St Jean.

ALBERT LE COURAGEUX, FRÉDÉRIC LE SAGE, JEAN LE

594 INDICATIONS COMPLÉMENTAIRES

Sage et Georges le Barbu, ducs de Saxe. Shediasma de Nummis Salfedensibus, etc, fol G et H. Dresde, 1697.

Cunon et Werner, électeurs de Trèves. Des monnaies des électeurs de Trèves. Annexe à l'histoire diplomatique de Trèves. Augsbourg, 1750.

Frédéric, évêque de Trèves. Collections des monnaies d'or et d'argent. P. 31. Leipsik, 1751.

Evêques de Breslau. Il n'y a peut-être aucune ville transalpine ayant eu plus de dévotion pour S. J.-B.

Nativité de saint Jean-Baptiste. — Tableau de Paul Ucello, peintre florentin du XIV° au XV° siècle. Peintres primitifs. Collection de tableaux recueillis par M. Artaud, publiée par Challamel, in-4°, pl. XLVIII, n° 124 du catalogue. (Composition remplie de détails curieux, costumes et bâtiments.)

Tableau de Jacobus Florentinus (XVI° siècle). Gravure de Jules Bonazone et des autres graveurs de cette époque. Voir les œuvres du peintre et des graveurs. (Très-belle composition.)

Andrea del Sarto (Ecole florentine). Voir l'œuvre du peintre.

Le Sarzane (Dominico Fiasella). Ecole génoise, à Loano.

Prédication. — D'Agincourt *(Peinture)*, pl. CV, n° 20.

(Peinture du XI° au XII° siècle.)

Ecole bolonaise.	Louis Carrache	Bologne (Musée).
—	Le Dominiquin	Florence (Offices).
—	Pier. Fr. Mola	Louvre.
Ecole génoise.	Luchetto de Gênes	Escurial.
—	Domenico de Gênes	Gênes (Annunziata).
Ecole romaine.	Carlo Maratti	Louvre.

INDICATIONS COMPLÉMENTAIRES

Proses

Inter natos mulierum Nemo major prodiit.	Ut testatur verbum verum
Salvatoris precursore Miris signis docuit.	Cujus ortus miro more
Pater senex mater anus Gaudent puerperio.	Quos fecundat Dei manus
Prohibebat partum etas Laborabat senio.	Juventutis ultra metas
Thura litans regi celi Pater mutus tacuit.	Dum non credit Gabrieli
Ut parentes infecundi Vox ad patrem rediit.	Genuere jubar mundi
Mater matrem salutavit Matris clausus utero.	Et Johannes exultavit
Preconatur preco Regem Sensus hic in puero.	Et nature vincit legem
Nondum natus nondum na- Nasciturum spiritu. [tum	Sensit vates vatem vatum
Hujus virtus societatis Ventris sub accubitu.	Mundat illum a peccatis
Vox clamantis in deserto Viam parent Domino.	Monet omnes id aperto
Verbum preit vox nascendo Baptizando populos.	Predicando moriendo
Sic venturo viam parat Convertit incredulos.	Sic serendo sulcos arat
Hic baptismo Ihesum mersit Sanguinis antidoto.	Qui peccati sordes tersit
Speciale datum ei Demonstrare digito.	Singulare donum Dei

Certi magnum heremitam Contempsisse prospera.	Presentem sprevisse vitam
Mel silvestre cibus vilis Vestris probat aspera.	Et cameli texta pilis
Hic dum legem Dei zelat Arguendo publice.	Crimen Herodis revelat
Levitate puellari Vite vir angelice.	Mox est jussus decollari
Rex devictus hoc precinctu Fedavit convivium.	Herodiadis instinctu
Martyr Christi passus mor- Supernorum civium. [tem	Est assumptus intra sortem
Quo nos suos laudatores Affirmat ad bravium.	Post pressuras et labores Amen.

Représentations diverses du Saint. — Voir toutes les gravures réunies dans la Collection des saints du Cabinet des Estampes, à Paris, et dans celle de Guénebault.

Voir également Cicognara, *Storia della scultura in Italia*. L'auteur donne plusieurs statues de saint Jean mises en parallèle (xiiie au xvie siècle), tome II, pl. v, xii et xx.

Les artistes pourront également consulter avec fruit le *Guide du Peintre*, manuscrit grec, rédigé (très-probablement au xve siècle) par un moine du Mont-Athos, à l'intention des peintres à venir de cette contrée, moines comme lui. La manière de traiter chaque sujet religieux y est minutieusement indiquée : les peintres de ce pays ouvrent le Manuel à la page voulue et exécutent leur travail sans s'écarter jamais des indications données par l'auteur du manuscrit. M. Didron a rapporté en France cette œuvre curieuse et l'a fait traduire.

INDICATIONS COMPLÉMENTAIRES

Saintes Familles. — Tableaux (authentiques) de Raphaël, où figure le groupe *isolé* de la Vierge, de l'Enfant-Jésus et de St Jean-Baptiste.

1. La Vierge du duc de Terranuova (Berlin). — 2. La Vierge dans la Prairie (Vienne). — 3. La Vierge au Chardonneret (Florence). — 4. La Vierge belle Jardinière (Louvre). — 5. La Vierge au Voile (Louvre). — 6. La Vierge de la Galerie Esterhazy (Pesth, Hongrie). — 7. La Vierge de la maison d'Albe (St-Pétersbourg). — 8. La Vierge de la maison Aldobrandini (Gal. nat. Londres). — 9. La Vierge au Diadème (Louvre). — 10. La Vierge au Rideau (Pinacothèque de Munich). — 11. La Vierge à la Chaise (Florence).

SAINTES FAMILLES DE RAPHAËL.

La Sainte Famille au Palmier.
La S. F. de l'Ermitage.
La S. F. de la maison Canigiani.
La S. F. du Musée de Madrid.
La S. F. dessinée pour Domenico di Paris Alfani.
La S. F. de Lorrette.
La S. F. de Naples.
La S. F. dell' Impannata.
La S. F. à la Perle.
La S. F. à la Légende.
La S. F. *del Passeggio*.
La S. F. sous le Chêne.
La S. F. dans les Ruines.
La grande S. F. du Louvre.
La petite S. F. du Louvre.

Tableaux d'autres peintres italiens célèbres où saint Jean-Baptiste est représenté avec la Vierge et l'Enfant-Jésus seuls, ou bien en leur divine compagnie et celle de plusieurs autres saints :

598 INDICATIONS COMPLÉMENTAIRES

Ecole bolonaise	Francia	Musée de Bologne. (Histoire des peintres. Gravé. Ch. Blanc.)
—	J. C. Procaccini	Louvre. (Gravé. Ch. Blanc.)
—	—	Gênes (Palais Cambiaso).
—	Annibal Carrache	Florence (Offices).
Ecole lombarde	Il Parmigianino	Munich (Pinacothèques).
—	—	Dresde (Galerie royale.) Gravé. Ch. Blanc.
—	—	Louvre.
—	Andrea Mantegna	Londres, (National Gallery).
—	—	Louvre (Vierge de la Victoire).
—	Boccacino Boccaci	Venise (Eglise San Giuliana. (Très-beau tableau sur bois).
—	M. A. Anselmo	Louvre (œuvre remarquable).
—	Pomponio Allegri	Parme (Cathédrale).
—	Le Parmesan	Idem.
Ecole ferraraise	Il Garofano	Louvre.
—	Il Bastaruolo	Ferrare (Eglise San Francesco).
Ecole vénitienne	Giovanni Bellini	Venise.
—	Titien	Musée de Dresde.
—	—	Louvre.
—	Gio. Ant. Licinio	Académie de Venise. (Gravé. Ch. Blanc.)
—	Bonifazio Veneziano	Louvre. (Gravé. Ch. Blanc.)
—	Salviati	Padoue (la Misericordia).

INDICATIONS COMPLÉMENTAIRES 599

Ecole vénitienne	Paul Véronèse	Venise (Académie des Beaux-Arts). C'est la fameuse Vierge au piédestal. — Très-charmant petit St-Jean vu de dos. (Gravé. Ch. Blanc.)
—	J. B. Moroni	St Pétersbourg (Galerie Leuchtenberg). Gravé. Ch. Blanc.
—	Bartolommeo Montagna	Chartreuse de Pavie.
—	Palma le Jeune	Gravure à l'eau forte très-originale, représentant St J.-B. puisant de l'eau.
Ecole milanaise	Bernardino Luini	Lugano (Église degli angeli). Gravé. Ch. Blanc.
—	—	Louvre.
—	Marco da Oggione	Louvre. Tableau célèbre et connu sous le nom de la Vierge aux balances.
—	Giov. Antonio Beltraffio	Louvre (Vierge de la famille Casio).
—	Daniele Crespi	Milan. Chartreuse de Garignano. (Fresque.)
Ecole ferraraise	Pierre Francesco Sachi	Gênes. Église Sta Maria di Castello.
—	Filippino Lippi	Florence. (Académie des beaux-arts.)
—	Lucca Signorelli	Pérouse (Cathédrale).

INDICATIONS COMPLÉMENTAIRES

Ecole ferraraise	Filippino Lippi.	Florence (Musée des Offices).
—	—	Florence (Palais Pitti).
—	D. Beccafumi	Berlin.
—	—	Florence (Palais Pitti). Charmant tableau. (Gravé. Ch. Blanc.)
—	Lorenzo di Credi	Berlin.
—	—	Florences (office).
—	—	Pistoïa (Cathédrale).
—	Fra Bartolommeo	Florence (Académie des beaux-arts). Composition pleine de charme.
—	Angolio Bronzino	Musée de Vienne. (Gravé. Ch. Blanc.)
—	Vasari	Vienne.
—	Balthazar Peruzzi	Palais Pitti (Gravé). Ch. Blanc.
—	François Bigio	Florence (Offices). (Gravé.) Ch. Blanc.
—	Andrea del Sarto	Florence. Les quatre saints (Gravé). Ch. Blanc.
—	—	Louvre.
—	—	Musée de Nantes.
—	—	Florence (Palais Pitti).
—	—	Munich. —
—	Domenico Ghirlandajo	Idem.
Ecole ombrienne	Giovani Santi	Très-joli petit saint-Jean (Gravé). Ch. Blanc.

INDICATIONS COMPLÉMENTAIRES

Ecole ombrienne	Pérugin	Rome. Villa Albani.
—	—	Florence (Tribuna).
—	—	Munich (sur bois).
—	—	Londres (National Gallery), sur bois et en détrempe.
Ecole romaine	Timoteo della Vite	Musée Brera, à Milan (Gravé). Ch. Blanc.
—	—	Berlin (Gravé). Ch. Blanc.
—	Jules Romain	Louvre (Gravé). Ch. Blanc.
—	Perino del Vaga	Rome (Galerie Borghèse) La sainte conversation (Gravé). Ch. Blanc.
—	—	Même galerie (Œuvre infiniment gracieuse) (Gravé). Ch. Blanc.
Ecole napolitaine	Andrea da Salerno	Naples (Cathédrale).
—	—	Naples (Église San-Giorgio de Genovesi.)

TABLE DES MATIÈRES

Dédicace	V
Préface	VI
Introduction — Les Prophéties	VII

PREMIÈRE PARTIE

VIE DE SAINT JEAN-BAPTISTE.

	pages
Chapitre I. — La Vision de Zacharie	3
Chapitre II. — La Visitation	19
Chapitre III. — La Nativité de saint Jean-Baptiste	31
Chapitre IV. — Le Désert	41
Chapitre V. — L'Auditoire du Précurseur	67
Chapitre VI. — La Prédication	85
Chapitre VII. — Le Baptême	105
Chapitre VIII. — Le Témoignage. (Le Gué des douze pierres)	123
Chapitre IX — Le Témoignage (Ennon)	143
Chapitre X. — La Forteresse de Machéro	155
Chapitre XI. — L'Ambassade du Précurseur au Messie	167
Chapitre XII. — La Décollation	181
Épilogue	193

TABLE DES MATIÈRES

DEUXIÈME PARTIE

CULTE DE SAINT JEAN-BAPTISTE.

Chapitre I. — Considérations préliminaires. — Antiquité et universalité du culte de saint Jean-Baptiste. — Fête de la Conception de saint Jean. — Fête de sa Nativité. — Fête de sa Passion. — Fête de la Décollation. — Fête de la *Synaxis*. — Sous-diacre représentant autrefois saint Jean-Baptiste dans la procession et *Credo* récité avant la messe le jour de la Nativité du Précurseur. — Vénération des Mahométans pour saint Jean-Baptiste. . . . 201

Chapitre II. Première Invention du Chef de saint Jean-Baptiste au temps de Julien l'Apostat. — Récit de Sozomène le Scholastique. — Des moines ariens découvrent l'auguste relique à Jérusalem et l'apportent en Cilicie. — Théodose la fait transporter à Constantinople. — Deuxième Invention du même Chef sous l'empereur Marcien. — Relation de l'abbé Marcel. — Un potier apporte à Emèse la vénérable relique. — Elle y demeure longtemps cachée dans un couvent. — Saint Jean-Baptiste lui-même en révèle la présence à Marcel. — Les divergences entre les deux récits proviennent d'interpolations pratiquées par les hérétiques. 219

Chapitre III. — Légende de Saint Jean-d'Angely : Un moine français prend à Alexandrie la vénérable relique et la porte, en Aquitaine, au roi Pépin. — Ce monarque fait construire, à cette occasion, une magnifique église. — La relique, longtemps regardée comme le Chef de saint Jean-Baptiste, est celui de saint Jean d'Edesse. 235

TABLE DES MATIÈRES

Chapitre IV. — Troisième et dernière Invention du précieux Chef. — Cette découverte, faite à Comanes, ne soulève aucune controverse. — Prise de Constantinople par les Français en 1204. — Transport de l'insigne relique en France par Walon de Sarton. 241

Chapitre V. — Arrivée de Walon de Sarton à Amiens. — L'auguste Chef y est reçu avec les plus grands honneurs. — Erection de la cathédrale d'Amiens. — Description de la relique et du reliquaire tels qu'ils étaient avant la Révolution. — Miracles opérés à Amiens. — Guérison miraculeuse de la maladie dite le Saint-Jean. — Peste d'Amiens au xviie siècle. — La cité est délivrée du fléau par l'intercession du saint Précurseur. — Vœu de la Ville à saint Jean-Baptiste. — Chapelle du Vœu. 251

Chapitre VI. — Présents faits à la cathédrale d'Amiens par saint Louis, Charles VII, Louis XI, etc. — Médailles et bijoux portant le nom de *Chefs de saint-Jean*. — Spoliation du Trésor de la cathédrale en 1793. — Le maire Lescouvé sauve les reliques de saint Jean. — Leur réintégration dans la basilique en 1795. — Description du nouveau reliquaire. 267

Chapitre VII. — Indication des églises possédant des reliques de saint Jean-Baptiste. — Souvenirs du Précurseur en Judée. — Sébaste. — Violation du tombeau du Saint par Julien l'Apostat. — Saint Jean dans le désert. — Chapelle de la Visitation. — La Chaire de saint Jean. 279

Chapitre VIII. — L'Italie : Florence, Gênes, etc. — Rome : Saint Sylvestre *in Capite*. — L'Espagne et le Portugal. 289

TABLE DES MATIÈRES

Chapitre IX. — La France : relique de Perpignan. — Légende se rattachant à cette relique. — Saint Jean de Troyes et saint Jean de Valenciennes. — Saint-Jean du Doigt en Bretagne. — Notre-Dame de Paris et la Sainte-Chapelle. — La Belgique : Monastère de Neu-Moutier. — L'Angleterre. — L'Autriche : Légende de saint Jean-Baptiste dans le Tyrol. — La Silésie. 305

Chapitre X. — Réjouissances diverses en l'honneur de saint Jean-Baptiste. — Feux de la Saint-Jean. — Ancienne coutume parisienne. — Fêtes magnifiques célébrées à Florence à l'occasion de la Saint-Jean. — Les cierges, les tours, les chars et les nuages. — Les processions et les Palii. — Sonneries, agapes, chants de cantiques, ablutions et immersions, la veille de la Fête, dans différentes autres contrées. — Une lettre de Pétrarque. — Hémérobaptistes. — Anabaptistes. 319

Chapitre XI. — Malte : Les Chevaliers ; Relique de la main droite de saint Jean-Baptiste. — La Russie. — Chanoines de Saint-Jean-Baptiste en Angleterre. — Ermites de Saint-Jean-Baptiste en Navarre. — Contrées, villes, églises, corporations, placées sous le patronage du Précurseur. — Saint Jean-Baptiste patron des Vignerons et leur protecteur contre la grêle. — Proverbes se rattachant à la Saint-Jean. 341

Chapitre XII. — Chants liturgiques et prières en l'honneur de saint Jean-Baptiste. 361

Chapitre XIII. — Saint Jean-Baptiste dans la littérature. 379

TABLE DES MATIÈRES

TROISIÈME PARTIE

LÉGENDE ARTISTIQUE DE SAINT JEAN-BAPTISTE

Chapitre I. — L'Italie. — Considérations générales. — Une fresque des Catacombes. — Les mosaïques. 395

Chapitre II. — L'Italie. — Les peintures des manuscrits. — Les artistes de la Renaissance. . 411

Chapitre III. — L'Espagne. 427

Chapitre IV. — La France. 435

Chapitre V. — L'Allemagne, la Belgique, l'Angleterre, le Danemark et la Russie. 457

Chapitre VI. — Les Baptistères. 473

Chapitre VII. — Les Diptyques et les Calendriers. 495

Chapitre VIII. — Caractéristiques de saint Jean-Baptiste dans l'art. (L'agneau, la peau de chameau, les jeunes pousses). 513

Chapitre IX. — Caractéristiques de saint Jean-Baptiste dans l'art. (Les ailes. La tête tranchée mise en un plat. La croix, la banderolle et le drapeau. La hache. La grille. La trompette. Le bâton). 531

Chapitre X. — Apothéose artistique de saint Jean-Baptiste. 555

Indications complémentaires. 577

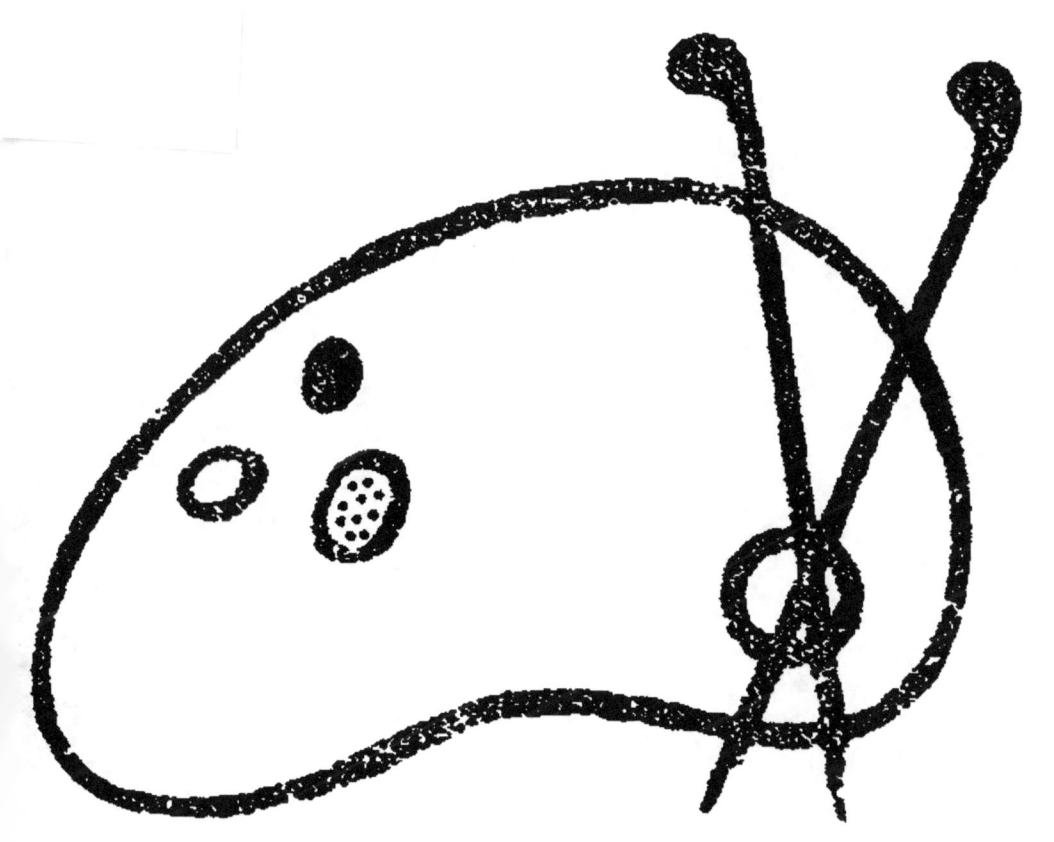

Original en couleur

NF Z 43-120-8

www.ingramcontent.com/pod-product-compliance
Lightning Source LLC
Chambersburg PA
CBHW051323230426
43668CB00010B/1125